高等教育轨道交通教材・土木工程类

# 工程经济学

（第 3 版）

主编　陈　娟

北京交通大学出版社

・北京・

## 内 容 简 介

本书采用理论与实际相结合的方法，以引例为导向，系统地介绍了工程经济学的基本原理和方法及其在工程项目管理决策中的应用。主要内容包括：绪论、现金流量与资金时间价值、工程项目现金流量的构成及其估算、工程项目经济评价方法、工程项目不确定性分析与风险分析、工程项目可行性研究、工程项目的融资方案、工程项目财务分析、工程项目经济费用效益分析、设备更新分析、价值工程。

本书可作为工程管理相关专业的本科生、专科生的教材或教学参考书，也可作为研究生、工程技术人员、工程管理人员和经济管理人员的学习用书。



**图书在版编目（CIP）数据**

工程经济学 / 陈娟主编 . -- 3 版 . -- 北京 ：北京交通大学出版社，2024. 10. --ISBN 978-7-5121-5379-0

Ⅰ. F062. 4

中国国家版本馆 CIP 数据核字第 2024BN6524 号

**工程经济学**

GONGCHENG JINGJIXUE

责任编辑：田秀青

出版发行：北京交通大学出版社　　电话：010－51686414　　http：//www. bjtup. com. cn

地　　址：北京市海淀区高梁桥斜街 44 号　　邮编：100044

印 刷 者：北京时代华都印刷有限公司

经　　销：全国新华书店

开　　本：185 mm×260 mm　　印张：17. 75　　字数：454 千字

版 印 次：2012 年 10 月第 1 版　　2024 年 10 月第 3 版　　2024 年 10 月第 1 次印刷

定　　价：49. 00 元

本书如有质量问题，请向北京交通大学出版社质监组反映。对您的意见和批评，我们表示欢迎和感谢。

投诉电话：010－51686043，51686008；传真：010－62225406；E-mail：press@ bjtu. edu. cn。

# 前　言

党的二十大报告指出："高质量发展是全面建设社会主义现代化国家的首要任务。"科教兴国、人才强国、科技创新驱动发展是党中央提出的需要长期坚持的国家重大战略，也是事关现代化建设高质量发展的关键问题，共同服务于创新型国家建设。推动高质量发展迫切需要加强高质量的人才队伍建设，特别是加强高质量的投资决策人才教育，通过工程经济学基本理论、方法以及案例的学习，有益于培养学生可持续投资决策的素质和能力，助力我国经济社会高质量发展。

本书以培养应用型、创新型人才为目标，紧密结合工程项目实践，采用理论与实践相结合的方法，以引例为导向，深入浅出地介绍了工程经济学的基本原理、概念和方法，并结合 Excel 软件对读者学习给予完整的指导，书中每一章均给出内容概要、学习重点与难点，给出一个引例及章节后的案例分析，引导读者运用所学知识解决实际中的问题，培养分析问题和解决问题的能力。

《工程经济学》第 1 版于 2012 年 11 月出版，第 2 版于 2019 年 10 月出版。《工程经济学》（第 3 版）在保留第 2 版知识结构框架的基础上，对书中的内容进行了更新和完善，本次修订的内容主要体现在以下几个方面：

（1）依据国家最新的经济法规、财税制度、投融资体制等对相关章节的内容进行了修改和调整，使教材内容与时俱进，更加符合当前教学需要。

（2）增加了教学二维码，用于提供延伸阅读资料以及复习思考题和模拟试题参考答案。

（3）部分章节增加了一些练习题，附录部分增加了标准正态分布表，对附录 A 中不常用的复利系数表进行了删减。

在本书的修订再版过程中，林晓言教授给予了宝贵的指导，赵婧妤为编撰工作付出了大量劳动，在此表示衷心的感谢。同时，感谢北京交通大学出版社田秀青编辑为本书出版做的大量工作。本书的修订，参阅了大量的著作、教材和资料，已尽所能将书目列于参考文献，在此向相关学者、作者表示感谢，如有疏漏，敬请谅解。

尽管编者做了很大的努力，但由于水平和时间的限制，书中难免存在不足和错误，恳请广大读者批评指正。

编　者

2024 年 6 月

# 目　　录

# 第 1 章 绪　论

【本章内容概要】

工程经济学是工程与经济相结合的综合性交叉学科，是一门应用性较强的学科。本章主要介绍了工程经济学的产生与发展、工程经济学的概念、工程经济学的研究对象和内容、工程经济学的特点和分析方法、工程经济分析的基本原则和程序等方面的内容。

【本章学习重点和难点】

**学习重点**：工程经济学的研究对象和内容、工程经济学的特点和分析方法、工程经济分析的基本原则和程序。

**学习难点**：工程经济学的特点和分析方法、工程经济分析的基本原则和程序。

**【引例】** 1919 年，孙中山先生在《建国方略之二——实业计划》中最早提出建设三峡工程的设想。1994 年 12 月 14 日三峡工程正式开工。三峡工程从最初的设想到论证再到实战准备、开工建设经历了七十多年。

**分析与讨论**

(1) 为什么三峡工程从设想到建设经历的时间这么长?

(2) 三峡工程建设与否应如何决策?

## 1.1 工程经济学的产生与发展

工程经济学是建立在工程学与经济学基础之上的一门应用性学科，它的产生有其历史原因。直到 19 世纪末，工程师的工作仍是把科学家的发明转变为有用的商品，他们仅仅关心机械设计、制造和运转，很少注意有限资源的合理配置。随着科学技术的飞速发展，社会投资活动的增加，他们的职责范围不断扩大，不得不对许多工程问题进行决策。例如，对于多个相互竞争的设计方案应该选择哪一个？在资源有限的情况下如何选择投资方案？工程师要在日益复杂的经济环境下对这些问题做出正确的决策，必须兼有工程学和经济学的知识，掌握工程经济的评价方法。这就促成了工程经济学的产生。

### 1.1.1 工程经济学的形成

工程经济学的历史可以追溯到1887年美国土木工程师惠灵顿（A. M. Wellington）的著作《铁路布局的经济理论》的出版。在该著作中，他首次将成本分析方法应用于铁路的最佳长度或路线曲率方案的选择，并提出了工程利息的概念，开创了工程领域经济评价工作的先河。他将工程经济学描述为“一门少花钱多办事的艺术”。

1915年美国斯坦福大学教授菲什（J. C. L. Fish）出版了第一部直接冠以《工程经济学》名称的著作。在这部著作中，菲什将投资模型与证券市场联系起来，其分析内容包括投资、利率、初始费用与运营费用、商业组织与商业统计、估价与预测、工程报告等。

1920年戈尔德曼（O. B. Goldman）在他的《财务工程》一书中提出了决定相对价值的复利模型，并强调指出：“有一种奇怪而遗憾的现象，就是许多作者在他们所著的工程学著作中，没有或很少考虑成本问题。实际上，工程师的最基本责任是分析成本，以达到真正的经济性，即赢得最大可能数量的货币，获得最佳的财务效率。”

真正使工程经济学成为一门独立的、系统化科学的学者则是美国斯坦福大学土木工程系的格兰特（E. L. Grant）教授。他在1930年出版了被誉为工程经济学经典之作的《工程经济学原理》（*Principle of Engineering Economics*）。在该书中格兰特教授不仅剖析了古典工程经济学的局限性，而且以复利计算为基础，讨论了投资决策的理论和方法。这本书作为教材被广为使用。格兰特的许多理论贡献获得了社会公认，所以他被誉为“工程经济学之父”。

从惠灵顿到格兰特，经历了43年的探索，一门独立的、系统的工程经济学终于成形了。

### 1.1.2 工程经济学的发展

第二次世界大战以后，随着西方经济的复兴，工业投资机会急剧增加，出现了资金短缺的局面。如何使有限的资金得到最有效的利用成为当时投资者与经营者普遍关注的问题。在这种客观条件下，工程经济学的研究内容从单纯的工程费用效益分析扩大到市场供求和投资分配领域，工程经济分析的理论和实践得到了进一步的发展。

1951年迪安教授出版了著作《资本预算》，在著作中不仅发展了现金流量的贴现方法，而且开创了资本限额分配的现代分析方法。迪安指出：“时间具有经济价值，所以近期的货币要比远期的货币更有价值。”银行要向存款者支付利息，向借款者索取利息。正是由于这个道理，当对一项工程进行经济评价时，总要遇到不同时期、不同数量的货币支出和货币收入的各种方案。要比较这些方案，必须将资金的时间价值计入投资收益之中。具体的方法有很多，如净现值法、净年值法、内部收益率法等。但是不论哪种方法都表明经济收益尽可能提前，资金投入尽可能靠后，这是获得好的经济效果的基本思路。

1978年布西（L. E. Bussey）出版了著作《工业投资项目的经济分析》。在该著作中布西引用了大量的文献资料，全面系统地总结了工程项目的资金筹集、经济评价、优化决策及项目的风险和不确定性分析等。

1982 年里格斯（J. L. Riggs）出版了著作《工程经济学》（*Engineering Economics*）。该著作具有观点新颖、内容丰富、论述严谨的特点，系统地阐明了货币的时间价值、时间的货币价值、货币理论、经济决策和风险与不确定性分析等工程经济学的内容，把工程经济学的学科水平向前推进了一大步。

近几十年来，工程经济学出现了宏观化研究的新趋势，工程经济学中的微观部门效益分析逐渐和宏观的社会效益分析、环境效益分析结合起来，国家的经济制度和政策等宏观问题成为现代工程经济学研究的新内容。

### 1.1.3　工程经济学在我国的发展

我国工程经济学的发展大致分为三个阶段。第一阶段是 1953—1966 年，经济效果学阶段。第一个五年计划时期，在苏联专家的帮助下，我国对国家 156 项重点项目进行了工程经济分析，取得了很好的效益。后来，经济分析方法在工程建设和许多领域得到广泛应用。第二阶段是 1966—1976 年，停滞、涣散阶段。这个阶段经济发展缓慢，许多建设项目投资效益低。第三阶段是 1976 年以后，蓬勃发展阶段。工程经济学的原理和方法在许多行业部门中得到系统、广泛的应用；对学科体系、理论与方法、性质与对象的研究也不断地深入，形成了较完整的学科体系。

## 1.2　工程经济学的概念

### 1.2.1　工程的含义

一般意义上，工程是指把自然科学的原理运用到工农业生产部门中去而形成的各学科的总称，如土木工程、机械工程、化学工程、交通工程、水利工程等。这些学科是运用数学、物理学、化学、生物学等基础科学的原理，并结合在科学实验及生产实践中积累的技术经验而发展起来的。在实践生活中，工程也常指具体的建设项目，如三峡工程、南水北调工程等。

工程技术是人类在认识自然和改造自然的实践中积累起来的有关生产劳动的经验、知识、技巧等，工程技术与科学是既有联系又有区别的两个概念。科学是人们对客观规律的认识和总结，是技术存在的前提，技术是科学的应用。对于工程技术人员来说，其基本任务就是把科学家的发现应用到各种系统、结构、过程的设计和制造中去。

由于各种活动的需要，人们已经把工程的概念广泛化。今天所说的“工程”，已不仅仅指土木工程等有物质实体的技术经济活动，更多的指各种项目方案。工程经济学中的工程即是这种“大工程”的概念。

工程经济学中的工程，通常是指投入一定资源的计划、规划和方案等可以进行分析和评价的独立系统。

### 1.2.2　经济的含义

在中国古汉语中，“经济”一词是“经邦”“济民”“经国”“济世”“经世济民”

等词的综合和简化，含有“治理平天下”的意思。其内容不仅包括国家如何理财、如何管理其他各种经济活动，而且包括国家如何处理政治、法律、教育、军事等方面的问题。

“经济”的含义概括起来大致有以下四种。

①“经济”是指生产关系。经济是人类社会发展到一定阶段的社会经济制度，是社会生产关系的总和，是政治和思想等上层建筑赖以存在的基础。

②“经济”是指国民经济的总称，或指国民经济的各个部门，如工业经济、农业经济、运输经济等。

③“经济”是指社会生产和再生产。经济是指物质资料的生产、交换、分配和消费的社会经济活动。

④“经济”是指节约或节省，即人们在日常工作与生活中的节约，既包括了对社会资源的合理利用与节省，也包括了个人家庭生活开支的节约。

工程经济学研究中应用较多的概念是第四种，是指人、财、物、时间等资源的节约和有效利用。例如，在工程建设中，以较少的费用建成具有同样效用的工程，或以同样数量的费用，建成更多更好的工程等，不论哪一种情况，都表现为为了获得单位效用所消耗的费用的节约。此外，工程经济决策所涉及的经济问题，又多与社会生产和再生产的部门经济发展有关，因而工程经济学的经济概念基本上是上述第三种和第四种含义。

### 1.2.3 工程经济学的含义

工程经济学是工程与经济相结合的综合性交叉学科，是研究如何有效利用资源，提高工程技术实践活动经济效益的学科。工程经济学研究各种工程技术方案的经济效益，是指研究各种技术在使用过程中如何以最小的投入获得预期产出或者如何以等量的投入获得最大的产出；如何用最低的寿命周期成本实现产品、作业及服务的必要功能。

工程经济学是在资源有限的条件下，运用经济学分析方法，对工程技术（项目）各种可能方案进行分析比较，选择并确定最佳方案的学科。它的核心任务是对工程项目技术方案进行经济决策。工程经济学所关心的不是怎样设计一个建筑物或者如何建造它，而是研究如何分析工程经济活动的代价以及目标实现的程度，寻求实现目标的最有效途径，设计和选择最佳实施方案的一门学科。例如，对于京沪高铁工程项目，工程经济学关心的重心不是怎样设计京沪高铁或者如何建造，而是京沪高铁项目应不应该建设？应该经过哪些地方？什么时间建设？建设需要花费多少资金？能够产生多大的经济效益和社会效益？类似的问题可以应用于许多工程项目，如三峡工程方案的选择、南水北调工程方案的选择、设备更新还是维修方案的选择等。

学习工程经济学的目的在于培养工程技术人员的经济意识，增强经济观念，运用工程经济分析的基本理论和经济效果的评价方法，从可持续发展的战略高度，以市场为前提、经济为目的、技术为手段，确保工程项目有较高的质量，并以最少的投入达到最佳的产出，为人类创造更好的生活。

# 1.3　工程经济学的研究对象和研究内容

## 1.3.1　工程经济学的研究对象

工程经济学的研究对象是工程项目技术经济分析的最一般方法，即研究采用何种方法，建立何种方法体系，才能正确评估工程项目的有效性，寻求到技术与经济的最佳结合点。工程经济学为具体工程项目分析提供基础方法，而工程经济分析的对象则是具体的工程项目。这里所说的工程项目不仅仅是指固定资产建造和购置活动中能够独立发挥功能的工程整体，而且更主要的是指投入一定资源的计划、规划和方案并可以进行分析和评价的独立单位。因此，工程项目的含义是十分广泛的。它可以大到一个水利枢纽工程，小到一项技术革新，甚至一个零部件的更换。复杂的工程项目总是由许多不同内容的子项目所组成的，每个子项目由于具有独立的功能和明确的费用投入，因而都可以作为进一步工程经济分析的对象。例如，可以把一个钢厂的改造项目作为经济分析的对象，同时，还可以把钢厂中的炼钢车间和热处理车间也作为工程经济分析的对象。需要强调的是，不要把工程经济学的研究对象与工程经济分析的对象相混淆。

## 1.3.2　工程经济学的研究内容

工程经济学研究的主要内容包括以下方面。

① 经济评价指标与方法。研究方案的评价指标，以分析方案的可行性。

② 投资方案选择。投资项目往往具有多个方案，分析多个方案之间的关系，进行多方案选择是工程经济学研究的重要内容。

③ 筹资分析。研究各种筹资方案的成本和风险。

④ 财务分析。研究项目对各投资主体的贡献，从企业财务角度分析项目的可行性。

⑤ 经济费用效益及效果分析。研究项目对国民经济的贡献，从国民经济的角度分析项目的可行性。

⑥ 社会影响分析。研究项目对社会发展目标的贡献，从社会福利角度来评价和分析项目的可行性。

⑦ 区域经济宏观经济分析。研究项目对区域经济宏观经济各方面的影响。

⑧ 风险和不确定性分析。研究识别和估计风险的方法，研究不确定性分析的方法。

⑨ 项目后评价。研究项目后评价的指标和方法。

⑩ 设备更新分析。研究何时更新设备最佳。

# 1.4　工程经济学的特点和分析方法

## 1.4.1　工程经济学的特点

工程经济学是工程技术与经济相结合的综合性边缘学科。因此，它具有边缘学科的特点。

**1. 综合性**

工程经济学是一门综合性应用学科，其理论基础与研究方法综合了政治经济、战略管理、工程技术、生产经营管理、财务管理、经济学、数学等多种学科的基本理论和方法。它所研究的问题往往是多目标、多因素的，它所研究的内容既包括技术因素与经济因素，又包括社会因素与生态环境因素等。因此，研究和处理工程技术经济问题时，需要用多学科的知识进行分析与评价，综合考虑诸多目标、诸多因素。

**2. 系统性**

工程技术的经济分析和评价与所处的客观环境关系密切。工程技术方案的择优过程必须受到自然环境和社会环境客观条件的制约。工程经济学是研究工程技术在某种特定的社会经济环境下所产生的效果的科学，是把工程技术问题放在政治、经济与自然环境的大系统中加以综合分析、综合评价的科学。

**3. 预测性**

工程经济学要研究并回答的问题，大多和“未来”有关。对在未来可能实现的或要在未来实现的技术政策、措施、方案进行分析评价，首要是进行技术经济预测，既要预测方案所需的人力、物力、财力，也要预测方案所能带来的各种效果，更要预测方案面临的风险等。通过预测，使工程技术方案更接近实际，避免盲目性。

**4. 对比性**

工程经济学是对新技术的各种可行方案的未来“差异”进行经济效果分析比较的科学。工程经济学的着眼点，除研究各种工程技术方案可行性与合理性之外，还要通过比较各工程技术方案的经济效果，从许多可行的工程技术方案中选择最优方案或满意的可行方案。

**5. 实用性**

工程经济学是一门应用性较强的学科，其发展一开始就直接为社会经济活动所需要。它的研究直接和实际相结合，它所研究的具体对象往往是从实践中提炼出来的实际工程项目和技术方案等；它所采用的理论和方法是为了解决实际问题；它所使用的数据、信息资料来自生产实践；它所分析和研究的成果直接用于生产，并通过实践来验证分析结果是否正确。

## 1.4.2 工程经济学的分析方法

工程经济学的分析方法主要包括以下方面。

**1. 理论联系实际的方法**

工程经济学是西方经济理论的延伸，具体研究资源的最佳配置方法，许多概念如投资、费用、成本、寿命周期等均来自西方经济学。因此，要正确地运用工程经济学分析方法，必须正确地把握经济学中的基本概念，了解经济学所描述的经济运行过程。当然，每一项工程都有其不同的目标、条件和背景，有可能处在不同的经济发展阶段，因而还需要对具体问题进行具体分析。

**2. 定量与定性分析相结合的方法**

工程经济学对问题的分析过程，是从定性分析出发，通过定量分析，再返回到定性分析，即首先从工程项目的行业特点、分析的目标要求、基本指标的含义出发，通过资料的搜集、数据的计算得到一系列的判别指标，最后通过实际指标与基准指标的对比以及不同方案之间经济指标的对比，对工程项目各方案作出优劣判断。

**3. 系统分析和平衡分析的方法**

工程项目通常都是由许多个子项目所组成的，每个项目的运行都有自己的寿命周期，因此，工程经济学的分析方法必须是全面的、系统的分析方法。虽然工程经济学分析过程需要计算成本、收益和费用，但是其目的在于寻求技术与经济的最优平衡点。

**4. 静态评价与动态评价相结合的方法**

对工程项目可以根据需要进行静态评价和动态评价。静态评价就是在不考虑资金时间价值的前提下，对项目经济指标进行计算和考核，也就是所谓的粗略评价；动态评价就是考虑资金的时间价值，对不同时点上的投入与产出作出不同的核算处理，从而对项目进行更客观的分析和计算，也就是所谓的详细评价。通常在确定投资机会和对项目进行初步选择时采用静态评价，而为了更科学、更准确地反映项目的经济情况时，则必须采用动态评价。

**5. 统计预测与不确定性分析的方法**

在对工程项目实施分析时，它们往往还停留在考察阶段，因此，工程项目中的投资、成本、费用、收益等现金流量只有依靠预测来获得，评价结论的准确性与预测数据的可靠性有着密切关系。由于影响未来的因素是众多的，许多因素处在发展变化之中，还需要对项目的经济指标做不确定性分析。

## 1.5　工程经济分析的基本原则和程序

工程经济分析是工程经济学的基础和核心内容。工程经济分析是对工程经济活动的各种结果进行估计和评价的过程。其目的是提高工程经济活动的经济效益，其重点是科学地预见活动的结果。在工程经济分析过程中必须坚持一定的原则和程序。

### 1.5.1　工程经济分析的基本原则

在工程经济分析中，应遵循以下基本原则。

**1. 资金时间价值原则**

工程经济学中一个最基本的概念是资金具有时间价值，即今天的 1 元钱比未来的 1 元钱更值钱。由于资金时间价值的存在，未来时期获得的财富价值需要打一个折扣，才能反映其现在时刻的价值。

**2. 现金流量原则**

衡量投资收益用各期实际发生的现金流量，而不是用会计账面数字。

**3. 效益与费用计算口径一致原则**

在进行分析时，只有将项目的效益与费用限定在同一个范围内，才有比较的基础，计算的净收益才是项目投入的真实回报。

**4. 机会成本原则**

企业投入自己拥有的资源，应计入机会成本，排除沉没成本。机会成本是指将一种具有多种用途的有限资源置于特定用途时所放弃的其他各种用途的最高收益，机会成本不是实际发生的成本，而是由于方案决策时所产生的观念上的成本。沉没成本是指决策前已经发生的一种成本，这些成本不因决策而变化，是与决策无关的成本。

**5. 有无对比原则**

“有无对比法”是将有这个项目和没有这个项目时的现金流量情况进行对比，它与“前后对比法”不同，“前后对比法”是将某一项目实现以前和实现以后所出现的各种效益费用情况进行对比。

**6. 增量分析原则**

增量分析符合人们对不同事物进行选择的思维逻辑。对不同方案进行选择和比较时，应从增量角度进行工程经济分析，即考察增加投资的方案是否值得。

**7. 可比性原则**

在工程经济分析中，方案的比较是极其重要的内容。在进行方案评价、比较时，必须满足原始资料和数据的可比性、需要上的可比性、消耗费用的可比性、价格和时间上的可比性等。

**8. 风险收益权衡原则**

投资任何项目都是存在风险的，因此必须考虑方案的风险和不确定性。不同项目的风险和收益是不同的，高收益的项目常常伴有高风险。在进行投资决策时，不仅要看收益，也要关注风险，要权衡利弊得失。

### 1.5.2 工程经济分析的程序

工程经济分析的一般程序如下。

**1. 确定方案的目标功能**

方案的目标功能是方案最终要实现的功能，目标功能是根据问题的性质、范围、原因和任务设定的，确定目标功能是工程经济分析中至关重要的一个环节，如果目标功能出错，就会导致建设失败，造成投资失误。

**2. 调查研究收集资料**

目标确定后，要对实现目标所需的信息资料进行调查收集，这是构思实现目标方案的前提。信息资料收集的数量、质量、全面性、及时性在一定程度上决定了备选方案的数量与质量。

**3. 穷举方案**

调查研究收集资料后，要对这些信息资料进行归纳整理、鉴别筛选、研究分析，在对能够实现既定目标的各种途径进行充分挖掘的基础上，构思尽可能多的备选方案。例如，有关专家在对三峡工程进行研究的过程中，曾比较研究了51个以不同运行水位组合为特征的方案，其比选的范围：正常蓄水位130～180 m，防洪限制水位130～155 m，大坝坝顶高程175～195 m。

**4. 评价方案**

从不同角度对方案进行评价，评价的依据是国家的政策法规与反映决策者意愿的评价指标体系。例如，厂址选择要符合地区布局与城建规划，生产要符合国家的技术政策、环保条例等，产品要符合国家的产业政策、质量标准等。在符合基本条件后，最重要的是要有较好的经济效益和社会效益。通过系统评价，淘汰不可行方案，保留可行方案。

**5. 决策最优方案**

通过对所保留的不同可行方案的经济效果进行衡量与比较，从中选择综合效益最佳的方案。

**6. 完善实施方案**

在可能的条件下，对确定的最优方案进行进一步的优化，并实施方案。

工程经济分析的一般程序如图 1-1 所示。

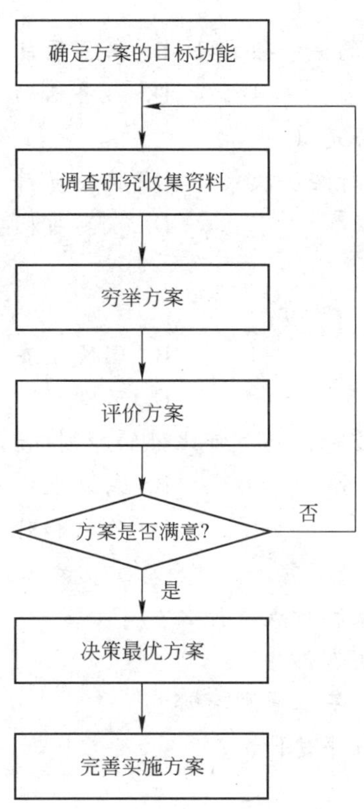


图 1-1 工程经济分析的一般程序

## 延伸阅读

1. 翟爱丽．工程经济对工程项目的重要性分析［J］．商业观察，2023，9（13）：117-120.

2. 瞿剑．工程经济分析在项目成本管理中的应用［J］．工程建设与设计，2022（5）：252-254.

3. 杜君涛，杨伟．工程经济分析在项目成本管理中的运用［J］．工程建设与设计，2019（9）：261-262，265.

## 复习思考题

**1. 单项选择题**

(1) 真正使工程经济学成为一门独立的、系统化科学的学者是（　　）。

A. 格兰特　　B. 迪安　　C. 布西　　D. 里格斯

(2) 工程经济学的研究对象是（　　）。

A. 工程项目技术经济分析的最一般方法　　B. 工程项目

C. 技术方案　　D. 经济活动

(3) 工程经济学的核心任务是（　　）。

A. 对工程项目技术方案进行经济决策　　B. 收集资料

C. 设计方案　　D. 确定目标功能

**2. 多项选择题**

(1)“经济”的含义包括（　　）。

A. 社会生产关系的总和　　B. 国民经济的总称

C. 社会生产和再生产　　D. 节约

(2) 在进行方案评价、比较时，满足可比性的原则包括（　　）。

A. 原始资料和数据的可比性　　B. 需要上的可比性

C. 消耗费用的可比性　　D. 价格和时间的可比性

**3. 思考题**

(1) 工程经济学的研究对象和特点是什么？

(2) 工程经济学的分析方法有哪些？

(3) 工程经济分析应遵循的基本原则有哪些？

(4) 工程经济分析的一般程序是什么？

答案

# 第2章 现金流量与资金时间价值

## 【本章内容概要】

现金流量与资金时间价值是工程经济学的理论基础。本章介绍了资金时间价值、现金流量及现金流量图的作法、名义利率与实际利率的概念及计算；对一次支付类型、等额分付类型、等差序列、几何序列等不同形式现金流量的等值计算公式进行了推导，介绍了利用 Excel 中的函数求终值（FV）、现值（PV）和等额年值（PMT）的方法。

## 【本章学习重点和难点】

**学习重点：**掌握名义利率与实际利率之间的换算，一次支付类型、等额支付类型复利计算公式的推导和运用、现金流量的概念及识别。

**学习难点：**名义利率与实际利率之间的换算以及资金等值计算公式的具体运用。

**【引例】** 某企业有两个备选的投资方案 A 与 B，它们的初始投资都是 200 万元，在寿命期 6 年中总收益是相同的，但每年的收益值不同，具体数据见表 2-1。

**表 2-1 两个投资方案的投资额和年收益情况** 单位：万元

| 年末 | 方案 A | 方案 B |
|---|---|---|
| 0 | -200 | -200 |
| 1 | 80 | 30 |
| 2 | 70 | 40 |
| 3 | 60 | 50 |
| 4 | 50 | 60 |
| 5 | 40 | 70 |
| 6 | 30 | 80 |

**分析与讨论**

(1) 通常直观上人们会认为 A 方案的经济效果比 B 方案好，为什么？

(2) 不同时点上流入的现金量若相同，其价值是否相同？

# 2.1 现金流量

## 2.1.1 现金流量的概念

在进行工程技术经济分析时，可把所考察的对象视为一个独立的经济系统，这个系统可以是一个工程项目、一个企业，也可以是一个地区或一个国家。而投入的资金、花费的成本、获取的收益，均可看成是以货币形式体现的该系统的现金流入或现金流出。这种特定的经济系统在各个时间点上实际发生的资金流出或流入称为现金流量，记为 CF（cash flow）。其中流出系统的资金称为现金流出，记为 CO（cash outflow）；流入系统的资金称为现金流入，记为 CI（cash inflow）；同一时点上现金流入（CI）与现金流出（CO）之差称为净现金流量，记为 NCF（net cash flow）。当同一时点上现金流入大于现金流出时，其净现金流量为正值，反之为负值。

在计算项目的现金流量时，需要注意以下问题：一是每一个现金流量应有明确的发生时点；二是现金流量必须是实际发生的，例如，应收或应付账款就不是现金流量；三是同一现金流量，从不同的角度看可能是不同的结果，例如，税收，从企业角度看是现金流出，从国家角度看既不是现金流出也不是现金流入。

## 2.1.2 现金流量图

现金流量是由现金流入和现金流出构成的。具体的表示通常采用现金流量图或现金流量表的形式。本节主要介绍现金流量图，现金流量表将在第 8 章介绍。

由于一个方案的实施，往往要延续一段时间，在方案实施年限内，各种现金的流向(收入与支出)、数额和发生的时点都不尽相同，为了便于分析不同时点上的现金收入和现金支出情况，计算其现金流量，常常借助于现金流量图这一简洁有效的工具。

现金流量图是将投资方案在计算期内所发生的现金流出和现金流入按其所发生的时间顺序及一定的规则，用图的形式表示出来。

现金流量图的作图方法和规则如下。

① 以横轴作为时间坐标轴，将它分成若干等份，每一等份代表一个时间单位，它可以是年、月、日等。在时间坐标轴上，0 代表时间序列的起始点，从 1 到 $n$ 分别代表各计息期的终点。除 0 和 $n$ 以外，每个数字都有两个含义，如对于 2 来说，它既代表第二个计息期的终点（结束），又代表第三个计息期的始点（开始）。

② 与横轴相连的垂直箭头线代表不同时点上流入或流出系统的现金流量。垂直箭头线的箭头方向表示现金流动的方向：箭头向下表示现金流出，此时现金流量为负值；箭头向上，表示现金流入，此时现金流量为正值。

③ 垂直箭头线与时间轴的交点即为现金流量发生的时点。

④ 在现金流量图中，垂直箭头线的长度与现金流量绝对值的大小成比例，金额越大，相应的箭头线的长度越长，一般而言，现金流量图上要注明每一笔现金流量的金额。

⑤ 现金流量的方向（流入与流出）是对特定的系统而言的。贷款方的现金流入就是借款方的现金流出；反之亦然。通常工程项目现金流量的方向是针对资金使用者的系统而言的。

总之，要正确绘制现金流量图，必须把握好现金流量的三要素：现金流量的大小（资金数额）、方向（资金流入或流出）和作用点（资金发生的时间点）。

为了计算上的方便和统一，画现金流量图时有以下规定：若无特别说明，一般假设投资发生在第一年初即第 0 年末，销售收入、经营成本、税收、残值等发生在各年末。

**【例 2-1】** 某工程项目预计期初投资 1 000 万元，自第一年起，每年年末净现金流量为 500 万元，计算期为 5 年，期末残值为 100 万元。请画出该项目的现金流量图。

**【解】** 根据题意及现金流量图的作图规则，该项目的现金流量图如图 2-1 所示。

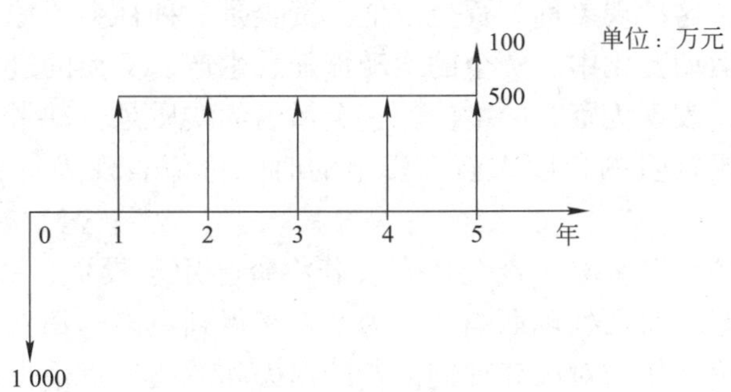


图 2-1　现金流量图

# 2.2　资金时间价值

## 2.2.1　问题的引入

生产经营活动中如何考虑时间因素？可以通过下面两个问题来考虑。

① 今天的 1 万元与明年今日的 1 万元是否具有相同的价值？

② 某企业拟购买一台设备，采用现付方式，其价款为 40 万元；如延期至 5 年后付款，则价款为 52 万元。设企业 5 年期存款年利率为 10%，问现付与延期付款比较，哪个有利？

上述两个问题的答案都与资金的时间价值有关。资金的价值与时间密切相关，投资者都明白这一点。今天可以用来投资的一笔资金，即使不考虑通货膨胀因素，比起将来同等数量的资金也更有价值。因为当前可用的资金能够用来投资，并在项目投产后获得更多的资金。而将来可取得的资金，则不能在今天投资，也就不能适时获得更多的资金。

## 2.2.2　资金时间价值的概念

资金是社会再生产过程中财产物资的货币表现。任何项目的建设和运行，任何技术方案的实施，都要求投入一定量的资金，而且这些资金的投入都有一个时间上的延续过程。对于投资活动来说，资金的投入与收益的获得往往构成一个随时间变化的现金流量序列。项目的现金流量存在两种差异，一是投入及产出数量上的差异，即现金流量大小的差异；二是投入及产出时间上的差异，即现金流量时间分布的差异。现金流量的差异是决定方案经济效果的重要因素。因此，要客观地评价工程项目或技术方案的经济效果，不仅要考虑现金流量的大小，还必须考虑现金流量发生的时间。

资金的一个重要特征是具有时间价值。在不同时点付出或得到同样数额的资金在价值上是不等的，也就是说资金的价值会随时间而发生变化。不同时点发生的等额资金在价值上的差别称为资金的时间价值。资金的时间价值就是随着时间的推移，资金运动过程中产生的价值增值。它表示为同一数量的资金在不同时点上具有不同的价值。这里的时间是指资金的运动时间。如果把资金积压起来，不投入到生产经营中，时间再长，资金也不会增值，也就不存在资金的时间价值。资金时间价值的客观基础可以从两个角度来理解。

第一，从投资者的角度来看，资金的增值特征使资金具有时间价值。资金随着时间的推移，其价值会增加，这种现象称为资金增值。资金是一种社会资源，在社会生产过程中是处于循环、周转的运动变化中。资金的运动伴随着生产、交换的进行，生产与交换活动会给投资者带来利润，表现为资金的增值。资金增值的实质是劳动者在生产过程中创造了剩余价值。因此，从投资者的角度来看，资金的时间价值表现为资金运动过程中价值的增值。

第二，从消费者的角度来看，资金持有者若将资金用于投资，就必须牺牲现期消费，把现期消费推迟到将来。而牺牲现期消费是为了将来得到更多的消费，因此，资金使用者就应当付出一定的代价，作为对放弃现期消费的损失和对放弃货币占用的损失的补偿。从消费者的角度，资金的时间价值体现为对放弃现期消费的损失而得到的必要补偿。

资金时间价值的大小取决于多方面因素，从投资者来看主要有以下方面。

① 投资利润率，即单位投资所能取得的利润。这是支配投资行为的诱因，投资利润率越高，资金时间价值越大，反之就越小。

② 通货膨胀率，即对因货币贬值造成的损失所应做的补偿。

③ 风险因素，即对因投资风险的存在可能带来的损失所应做的补偿。

因此，资金的时间价值表明，在不同时点上对投资项目所投入的资金和所取得的收益，它们的价值可能是不同的。为了获得经济效果的正确评价，就必须把不同时点的资金换算成同一时点上的资金，然后在相同的时点基础上进行比较。

在工程技术经济分析评价中，资金时间价值的计算方法与银行利息的计算方法相同。实际上，银行利息也是一种资金时间价值的表现形式。

### 2.2.3 利息与利息率

衡量资金时间价值的尺度有两种：一是绝对尺度，即利息或收益；二是相对尺度，即利率或收益率。

**1. 利息与利息率的概念**

利息是货币资金借贷关系中借方支付给贷方的报酬。从资金使用者的角度来看，利息是指占用资金所付的代价；从资金所有者的角度来看，利息是放弃使用资金所得的补偿。如果某人将一笔资金存入银行，这笔资金就称为“本金”，经过一段时间后，可在本金外再获得一笔资金，这笔除本金之外另获得的资金，就是利息。即：

$$I = F - P \tag{2-1}$$

式中：$I$——利息；

$F$——还本付息总额；

$P$——本金。

利率是在一个计息周期内所得的利息额与借贷金额之比，通常用百分比表示。即：

$$i = \frac{I_t}{P} \times 100\% \tag{2-2}$$

式中：$i$——利率；

$I_t$——一个计息周期内的利息；

$P$——借款本金。

用于表示计算利息的时间单位称为计息周期。计息周期通常为年、半年、季，也可以为月、周或日。根据利息的计息周期不同，利率有年利率、月利率、日利率等。除特殊指明外，一般都是指年利率。

影响利率的因素有以下几个方面。

① 社会平均利润率。在通常情况下，平均利润率是利率的最高界限。因为如果利率高于利润率，借款人投资后无利可图，也就不会去借款了。

② 金融市场上借贷资本的供求情况。在平均利润率不变的情况下，借款资本供过于求，利率会下降；反之，利率会上升。

③ 银行所承担的贷款风险。借出资本要承担一定的风险，而风险的大小也影响利率的波动。风险越大，利率也就越高。

④ 通货膨胀率。通货膨胀对利率的波动有直接影响，资金贬值往往会使实际利率无形中成为负值。

⑤ 借出资本的期限长短。借款期限长，不可预见因素多，风险大，利率也就高；反之，利率就低。

**2. 利息的计算**

利息的大小取决于利率的高低和资金占用时间的长短。在同等利率的情况下，占用资金的时间越长，则利息越多。计算利息的方法有单利法和复利法两种。当计息周期在一个以上时，就需要考虑“单利”与“复利”的区别。复利是相对于单利而言，是以单利为基础进行计算的。所以要了解复利的计算，必须先了解单利的计算。

1）单利法

单利法是指以本金为基数计算利息，即每期均按照初始本金计算利息，先前利息不计利息。其计算公式如下：

$$I_t = P \times i \tag{2-3}$$

式中：$I_t$——第 $t$ 计算期的利息；

$P$——本金；

$i$——计算期利率。

设 $I_n$ 代表 $n$ 个计算期所付或所收的单利总利息，则：

$$I_n = \sum_{t=1}^{n} I_t = \sum_{t=1}^{n} (P \times i) = P \times i \times n \tag{2-4}$$

由式（2-4）可知，在单利计息的情况下，总利息与本金、利率以及计息周期数是成正比的关系。而 $n$ 期期末单利本利和 $F_n$ 等于本金加上利息，即：

$$F_n = P + I_n = P(1 + i \times n) \tag{2-5}$$

其中，$(1 + i \times n)$ 称为单利终值系数。

同样本金可由本利和 $F_n$ 减去利息 $I_n$ 求得，即：

$$P = F_n - I_n = F/(1 + i \times n) \tag{2-6}$$

其中，$1/(1 + i \times n)$ 称为单利现值系数。

在利用式（2-5）和式（2-6）计算时，要注意式中 $n$ 和 $i$ 所对应的周期要匹配。若 $i$ 为年利率，则 $n$ 应为计算的年数；若 $i$ 为月利率，则 $n$ 应为计算的月数。

式（2-5）的推导过程见表 2-2。

**表 2-2　单利计算表**

| 期末/年 | 借款本金 | 本期利息 | 期末本利和 |
|---|---|---|---|
| 0 | $P$ | 0 | $P$ |
| 1 | 0 | $Pi$ | $P(1+i)$ |
| 2 | 0 | $Pi$ | $P(1+2i)$ |
| 3 | 0 | $Pi$ | $P(1+3i)$ |
| ⋮ | ⋮ | ⋮ | ⋮ |
| $n$ | 0 | $Pi$ | $P(1+ni)$ |

**【例 2-2】** 王某现存入银行 1 000 元，存定期 5 年，若年利率为 5%，问 5 年后的今天王某能从银行取出多少钱？

**【解】** 根据式（2-5）计算：$F_n$ = 1 000（1+5%×5）= 1 250（元）

即 5 年后的今天王某能从银行取出 1 250 元。

2）复利法

复利法是指用本金和前期累计利息总额之和进行计息，即除最初的本金要计息外，先前每一计息周期的利息都要并入本金进行计息，俗称“利滚利”。每期期末利息 $I_t$ 的计算可用公式表示为：

$$I_t = i \times F_{t-1} \tag{2-7}$$

式中：$i$——计息期利率；

$F_{t-1}$——第 $t-1$ 期期末复利本利和。

第 $t$ 期期末复利本利和 $F_t$ 的表达式为：

$$F_t = F_{t-1} + I_t = F_{t-1} + i \times F_{t-1} = F_{t-1}(1 + i) \tag{2-8}$$

由表 2-3 可知，当期初借款本金为 $P$，每期利率为 $i$ 时，第 $n$ 期期末复利本利和 $F_n$ 为：

$$F_n = P(1 + i)^n \tag{2-9}$$

**表 2-3　复利计算表**

| 期末/年 | 借款本金 | 本期利息 | 期末本利和 |
|---|---|---|---|
| 0 | $P$ | 0 | $P$ |
| 1 | 0 | $Pi$ | $P+Pi=P(1+i)$ |
| 2 | 0 | $P(1+i)i$ | $P(1+i)+P(1+i)i=P(1+i)^2$ |
| 3 | 0 | $P(1+i)^2 i$ | $P(1+i)^2+P(1+i)^2 i=P(1+i)^3$ |

**续表**

| 期末/年 | 借款本金 | 本期利息 | 期末本利和 |
| --- | --- | --- | --- |
| ⋮ | ⋮ | ⋮ | ⋮ |
| $n$ | 0 | $P(1+i)^{n-1}i$ | $P(1+i)^{n-1}+P(1+i)^{n-1}i=P(1+i)^{n}$ |

**【例 2-3】** 张某以 6%的年利率向银行贷款 1 000 万元，贷款期为 2 年，以复利计算，问 2 年后张某应支付多少利息？如果以单利计算，情况又会如何？若贷款期为 5 年，利息各为多少？

**【解】** (1) 贷款期为 2 年，若按复利计息，第 2 年年末本利和为：

$$1\ 000\ (1+6\%)^{2}=1\ 123.6\ （万元）$$

其中利息为：1 123.6−1 000=123.6（万元）

若按单利计息，第 2 年年末本利和为：

$$1\ 000\ (1+6\%\times 2)\ =1\ 120\ （万元）$$

其中利息为：1 120−1 000=120（万元）

(2) 贷款期为 5 年，若按复利计息，第 5 年年末本利和为：

$$1\ 000\ (1+6\%)^{5}=1\ 338.23\ （万元）$$

其中利息为：1 338.23−1 000=338.23（万元）

若按单利计息，第 5 年年末本利和为：1 000（1+6%×5）=1 300（万元）

其中利息为：1 300−1 000=300（万元）

从例 2-3 可以看出，在本金、利率和计算期（大于 1）都相同时，资金的复利利息大于单利利息，且时间越长，差别越大。由于利息是资金时间价值的表现，而时间是连续不断的，所以利息也是不断地发生的。从这个意义上来说，复利计算方法比单利计算方法更能反映资金的时间价值。在工程技术经济分析中，绝大多数情况是采用复利计算。在本书中，除特别指出外，所讨论的利息问题都采用复利计算方法。

3) 普通复利和连续复利

复利计息有普通复利（间断复利）和连续复利之分。如果计息周期为一定的时间区间，如年、季、月、日，并按复利计息，称为普通复利；如果计息周期无限缩短，即按瞬时计算利息，则称为连续复利。在实际应用中，因计息期不可能无限缩短，因而都采用较为简单的普通复利计息。

**3. 名义利率和实际利率**

利率通常以年为基础，利息的计算以年为计息周期来划分，但在实际工作中，有时计息周期更短，如一个月、一个季、半年等。当利率的时间单位与计息期不一致时，就出现了名义利率和实际利率的概念。

1) 名义利率

名义利率是指计息周期利率 $i$ 乘以一个利率周期内的计息周期数 $m$ 所得的利率周期利率 $r$。即：

$$r=i\times m \tag{2-10}$$

若计息周期为月，月利率为 1%，利率周期为年，一年内有 12 个月，计息 12 次，则年名义利率为 1%×12=12%。很显然，计算名义利率时忽略了前面各期利息再生利息，这与单利的计算相同。所以也可以说，名义利率是按单利法计算利率周期内所得利息与本金之比。通常所说的利率周期利率都是名义利率。

2）实际利率

实际利率（有效利率），是指按计息周期的利率以利率周期内计息周期数连续计息后所得到的利率周期利率，即按复利法计算利率周期内所得利息与本金之比。

3）名义利率与实际利率的关系

如果年名义利率为 $r$，一年内计息次数为 $m$，每次计息的利率为 $r/m$，则一年末的本利和为：

$$F = P\left(1 + \frac{r}{m}\right)^{m} \tag{2-11}$$

其中，年利息（本利和与本金差）为：

$$I = F - P = P\left[\left(1 + \frac{r}{m}\right)^{m} - 1\right] \tag{2-12}$$

按定义，利息与本金之比为利率，则年实际利率为：

$$i = \frac{I}{P} = \left(1 + \frac{r}{m}\right)^{m} - 1 \tag{2-13}$$

当 $m=1$ 时，即每年计息一次时，名义利率等于实际利率（$i=r$）。

当 $m>1$ 时，即一年内计息次数大于 1 时，实际利率大于名义利率，即：

$$i = (1 + r/m)^{m} - 1 > r$$

当 $m\to\infty$ 时，即相邻两次计息的时间间隔趋于零，这时的复利计算就是连续复利计算。此时的实际利率为：

$$i_{连} = \lim_{m\to\infty}\left(1 + \frac{r}{m}\right)^{m} - 1 = \lim_{m\to\infty}\left(1 + \frac{1}{\frac{m}{r}}\right)^{\frac{m}{r}\times r} - 1 = e^{r} - 1 \tag{2-14}$$

在实际工作中，虽然很少采用这种方式来计算利息，但从理论上讲，就整个社会而言，资金是在不停地运动的，每时每刻都在增值，连续复利公式在建立数学模型时有重要意义。

设年名义利率 $r=10\%$，则按年、半年、季、月、日计息的年实际利率见表 2-4。

**表 2-4　年名义利率与年实际利率的关系**

| 年名义利率 | 计息周期 | 年计息次数 | 计息周期利率 | 年实际利率 |
|---|---|---|---|---|
| 10% | 年 | 1 | 10% | 10% |
| | 半年 | 2 | 5% | 10. 25% |
| | 季 | 4 | 2. 5% | 10. 38% |
| | 月 | 12 | 0. 833% | 10. 47% |
| | 日 | 365 | 0. 027 4% | 10. 52% |

从表 2-4 可以看出，当实际计息周期为 1 年时，年名义利率与年实际利率相等；当实际计息周期短于 1 年时，年实际利率大于年名义利率；每年计息周期越多，年实际利率与

年名义利率相差越大。名义利率不能完全反映资金的时间价值，实际利率才真实地反映了资金的时间价值。所以在进行工程技术经济分析时，如果各方案的计息期不同，就不能简单地使用名义利率来进行评价，而必须换算成实际利率进行评价，否则会得出不正确的结论。

**【例 2-4】**　张某想从银行贷款 1 000 万元购买设备。现有 A、B 两家银行，A 银行贷款年利率为 6%，按年计息；B 银行贷款年利率为 5.9%，按月计息。问张某应如何决策较好？

**【解】**　A 银行贷款年实际利率为 6%；

B 银行贷款年实际利率为 $(1+5.9\%/12)^{12}-1=6.06\%$；

因 B 银行的年实际利率大于 A 银行的年实际利率，故张某应向 A 银行借款较好。

从例 2-4 可以看出，如果用名义利率来进行决策，会得出向 B 银行借款较好。若这样决策，张某将要支出更多的利息。

# 2.3　资金等值计算公式及应用

## 2.3.1　资金等值的概念

在工程经济分析中，为了考察投资项目的经济效果，必须对项目寿命期内不同时点发生的收入和支出进行计算和分析。在考虑资金时间价值的情况下，不同时点发生的收入或支出，其数值不能直接进行比较，只能通过资金等值计算将它们换算到同一时点上进行分析比较。资金等值是指在考虑资金时间价值因素的情况下，不同时点发生数额不等的资金在一定利率条件下具有相等的价值。例如，现在的 100 元与一年后的 110 元，数量上并不相等，但如果将这笔资金存入银行，年利率为 10%，则两者是等值的。因为现在存入的 100 元，一年后的本金和利息之和为 $100\times(1+10\%)=110$（元）。

资金等值的概念中有两点值得注意：其一，等值是以特定的利率为前提的；其二，在利率一定的情况下，总存在一笔资金与另一笔资金等值。所以，资金的等值与资金的多少、资金发生的时间、利率三个因素有关。

## 2.3.2　资金等值的计算

在对多个方案进行比较时，由于资金时间价值的作用，使得各方案在不同时点上发生的现金流量无法直接比较，利用等值的概念可以将在一个时点发生的资金额换算成另一个时点的等值金额，这一过程叫资金等值计算。资金等值计算一般是计算一系列现金流量的现值、将来值和等额年值。

现值计算是把将来某一时点的资金金额或一系列的资金金额换算成较早时点的等值金额，这个过程称为“折现”或“贴现”。在折算中使用的反映资金时间价值的参数称为“折现率”，通常用 $i$ 表示；折现后的资金金额称为“现值”，通常用 $P$ 表示。

将来值计算是把任何时点发生的资金金额换算成其后某一时点等值金额的过程，与现值等价的将来某时点的资金金额称为“终值”，通常用 $F$ 表示。

等额年值计算是把任何时点发生的资金金额转换成与其等值的每期期末相等金额的过程，间隔相等时期每期期末相等的金额称为“年金”或“年值”，通常用 $A$ 表示。

根据现金的不同支付方式，下面介绍几个主要的资金等值计算公式。

**1. 一次支付类型普通复利计算公式**

一次支付（整付）是指所分析系统的现金流量，无论是流入还是流出，均在一个时点上一次发生。一次支付类型普通复利计算公式包括一次支付终值公式和一次支付现值公式。

1）一次支付终值公式

一次支付终值公式是计算现在时点发生的一笔资金的将来值。其计算公式为：

$$F = P(1+i)^n = P(F/P, i, n) \tag{2-15}$$

式（2-15）表示现有一笔资金 $P$，在折现率为 $i$ 的条件下，$n$ 期后的本利和 $F$ 的计算式。系数 $(1+i)^n$ 称为一次支付终值系数，也可以用符号（$F/P$，$i$，$n$）表示。（$F/P$，$i$，$n$）中斜线右边的大写字母表示已知因素，左边的大写字母表示欲求的因素。整个（$F/P$，$i$，$n$）符号表示在已知 $i$、$n$ 和 $P$ 的情况下求解 $F$ 的值。

为了计算方便，将一次支付终值系数及后面介绍的各复利系数在不同 $i$ 和 $n$ 的情况下的值，预先算好列成表格，此表格称为复利系数表（见附录 A），以供计算时查阅。

一次支付终值公式的现金流量图如图 2-2 所示。

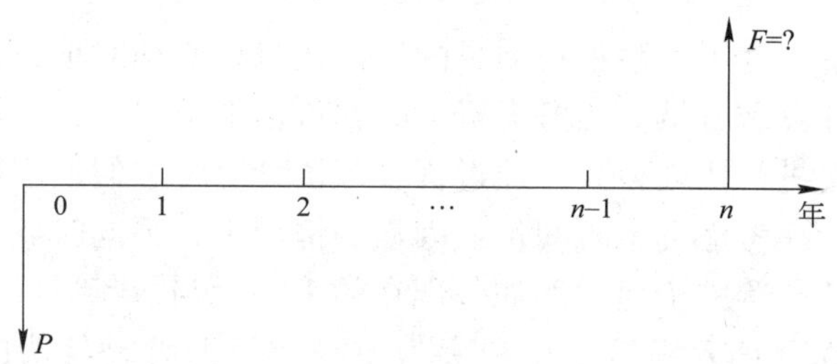


图 2-2　一次支付终值公式的现金流量图

**【例 2-5】** 现在把 500 元存入银行，银行年利率为 4%，按复利计算 3 年后该笔资金的实际价值。

**【解】** 这是一个已知现值求终值的问题，由式（2-15）可得：

$$F = P(1+i)^3 = 500\times(1+4\%)^3 = 562.43 \text{（元）}$$

即 500 元资金在年利率为 4%时，存入银行 3 年后变为 562.43 元，增值 62.43 元。这个问题也可以通过查复利系数表计算。

由复利系数表可查得：$(F/P, 4\%, 3) = 1.124\,86$

所以，$F = P(F/P, i, n) = P(F/P, 4\%, 3) = 500\times1.124\,86 = 562.43$（元）

2）一次支付现值公式

一次支付现值公式是已知终值 $F$ 求现值 $P$ 的等值计算，是一次支付终值公式的逆运算。由式（2-15）可以直接导出。

$$P = F(1+i)^{-n} = F(P/F, i, n) \tag{2-16}$$

系数 $(1+i)^{-n}$ 称为一次支付现值系数，也可记为（$P/F$，$i$，$n$）。

式（2-16）表示为了在 $n$ 年后得到一笔资金 $F$，在年利率为 $i$ 的条件下，现在应支出的资金额 $P$ 的计算公式，其现金流量图如图 2-3 所示。

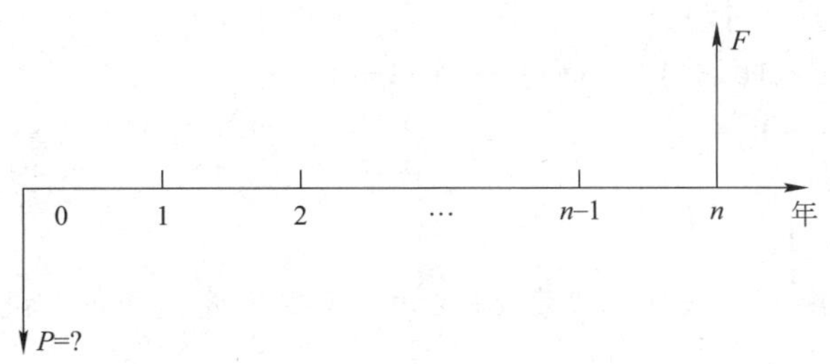


图 2-3　一次支付现值公式的现金流量图

【例 2-6】　如果银行年利率为 5%，为了在 5 年后获得 1 万元，现在应存入银行多少现金？

【解】　这是一个已知终值求现值的问题，按复利计算，根据式（2-16）可得：

$$P=F(1+i)^{-n}=10\ 000\times(1+5\%)^{-5}=7\ 835.26\text{（元）}$$

即现在应存入银行 7 835.26 元。

这个问题也可以通过查复利系数表计算。由复利系数表可查得：$(P/F,\ 5\%,\ 5)=0.783\ 53$，所以，$P=F\ (P/F,\ i,\ n)=10\ 000\times(P/F,\ 5\%,\ 5)=7\ 835.30$（元）。

**2. 等额支付类型复利计算公式**

等额支付是多次支付中的一种。多次支付是指现金流入和流出在多个时点上发生，而不是集中在某个时点上。现金流量数额可以相等，也可以不等。当现金流量序列是连续的，且数额相等时，则称为等额系列现金流量。它包括下述 4 个基本公式。

1）等额支付终值公式（年金终值公式）

$$F=A\left[\frac{(1+i)^n-1}{i}\right]=A(F/A,\ i,\ n) \tag{2-17}$$

其中，$A$ 为普通年金（现金流量从现期的期末开始），若现金流量 $A$ 为即时年金（现金流量即刻开始），应转化为普通年金，将年金 $A$ 乘以 $(1+i)$。$[(1+i)^n-1]/i$ 为等额支付终值系数，记为 $(F/A,\ i,\ n)$。它表示未来每年（期）末存入单位货币额的终值总额的系数，其他符号同前。

式（2-17）表示每年（期）末支付或收入年金 $A$，在利率为 $i$ 的条件下，$n$ 年（期）末一次性收回或支出的资金额 $F$ 的复利计算式，其现金流量图如图 2-4 所示。

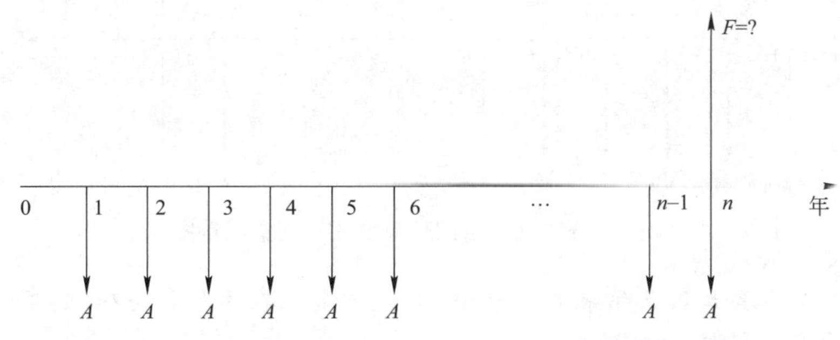


图 2-4　等额支付系列终值公式的现金流量图

根据一次支付终值公式分别计算各年末的 $A$ 到 $n$ 年末的终值，然后求和就是所求的终值 $F$。具体推导如下：

$$F = A(1+i)^0 + A(1+i)^1 + A(1+i)^2 + A(1+i)^3 + \cdots + A(1+i)^{n-1}$$
$$= [A(1+i)^0 - A(1+i)^{n-1}(1+i)]/(1-1-i)$$
$$= A[(1+i)^n - 1]/i$$

即 $F=A\left[\frac{(1+i)^n-1}{i}\right]=A(F/A,\ i,\ n)$

**【例 2-7】** 某运输工程项目总投资 10 亿元，5 年建成，每年末投资 2 亿元，年利率为 7%，求 5 年末的实际累计总投资额。

**【解】** 这是一个已知年金求终值的问题，根据式（2-17）可得：

$$F = A\left[\frac{(1+i)^n - 1}{i}\right] = 2 \times \frac{(1+0.07)^5 - 1}{0.07} = 11.5(\text{亿元})$$

**【例 2-8】** 某学生在大学四年学习期间，每年年初从银行借款 5 000 元用以支付学费，若按年利率 6%计算复利，第 4 年末一次归还全部本息需要多少钱？

**【解】** 本题中的年金是即时年金，应将它化为普通年金后计算。

$$F=5\,000\times(1+0.06)\times[(1+0.06)^4-1]/0.06=23\,185.49\ (\text{元})$$

即第 4 年末一次归还全部本息共需要 23 185.49 元。

2）等额支付偿债基金公式（偿债基金公式）

等额支付偿债基金就是指为了在期末偿还债务 $F$ 而预先准备的年金。其计算公式为：

$$A = F\left[\frac{i}{(1+i)^n - 1}\right] = F(A/F,\ i,\ n) \tag{2-18}$$

其中，$i/[(1+i)^n-1]$ 为等额支付偿债基金系数，记为（$A/F$，$i$，$n$），它表示在给定的年限内为达到清偿单位货币而需要每年（期）存入等额存款准备基金的系数，其他符号同前。

式（2-18）也表示为了在第 $n$ 年末得到一笔资金 $F$，在年利率为 $i$ 的条件下，需要在 $n$ 年内每年年末支付的资金 $A$ 的复利计算式，其现金流量图如图 2-5 所示。

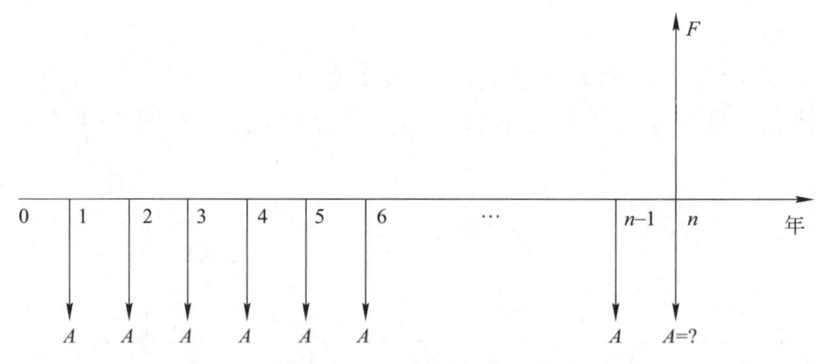


图 2-5 等额支付偿债基金公式的现金流量图

**【例 2-9】** 某人预计第 7 年末需要 1 500 万元资金，在年利率为 6%的条件下，在 7 年之内每年年末应存入银行多少资金？

**【解】** 这是一个已知终值求年金的问题，根据式（2-18）可得：

$$A=1\,500\times6\%/[(1+6\%)^7-1]=178.71\ (\text{万元})$$

即每年年末应存入银行 178.71 万元。

3）等额支付现值公式（年金现值公式）

利用等额支付终值公式（2-17）和一次支付现值公式（2-16）可以推导出等额支付现值公式为：

$$P = A\left[\frac{(1+i)^n - 1}{i(1+i)^n}\right] = A(P/A,\ i,\ n) \tag{2-19}$$

其中，$[(1+i)^n-1]/[i(1+i)^n]$ 为等额支付现值系数，记为（$P/A$，$i$，$n$），它表示未来每年（期）提取的单位货币额的现值总额的贴现系数，其他符号同前。

式（2-19）表示在年利率为 $i$ 的条件下，为了在 $n$ 年内每年年末取得等额资金 $A$，现在必须投入的资金 $P$ 的计算公式，其现金流量图如图 2-6 所示。

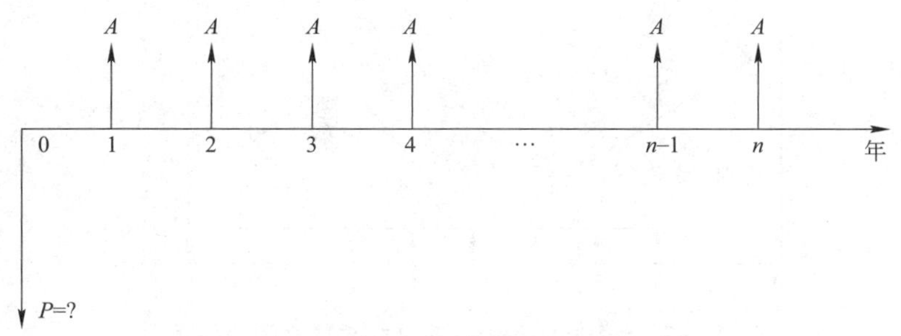


图 2-6　等额支付系列现值公式的现金流量图

**【例 2-10】** 某仓库估计能用 80 年，每年末的维修费为 500 元，若年利为 12%，仓库 80 年寿命期内的维修费的现值是多少？

**【解】** 这是一个已知年金求现值的问题，根据式（2-19）可得：

$$P=500\times\{[(1+12\%)^{80}-1]/[12\%\times(1+12\%)^{80}]\}=4\ 166.19\text{（元）}$$

4）等额支付资金回收公式（资金回收公式）

利用等额支付现值公式（2-19）可以推导出等额支付资金回收公式：

$$A = P\left[\frac{i(1+i)^n}{(1+i)^n - 1}\right] = P(A/P,\ i,\ n) \tag{2-20}$$

其中，$i(1+i)^n/[(1+i)^n-1]$ 为等额支付资金回收系数，记为（$A/P$，$i$，$n$），它表示在给定的年限内为收回单位货币而需要每年（期）收回等额资金的系数，其他符号同前。

式（2-20）表示若现在投资 $P$，在年利率为 $i$ 的条件下，为了在 $n$ 年内收回全部投资，每年年末应收回的等额资金 $A$ 的复利计算式，其现金流量图如图 2-7 所示。

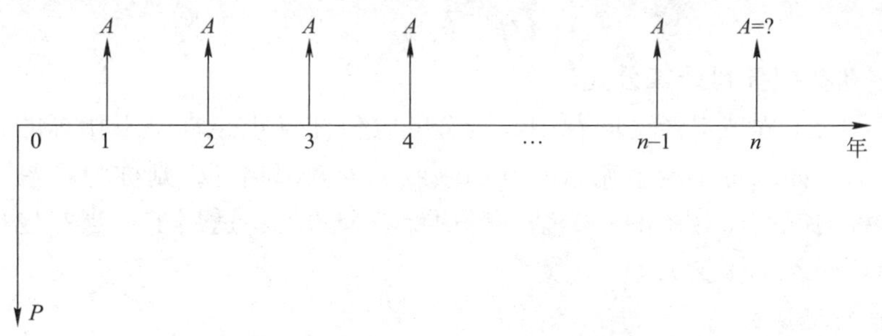


图 2-7　等额支付资金回收公式的现金流量图

**【例 2-11】** 某工程项目投资 1 亿元，年利率为 8%，为了在 10 年内全部回收投资，问每年年末应等额回收多少资金？

**【解】** 这是一个已知现值求年金的问题，根据式（2-20）可得：

$$A=10\ 000\times\{8\%\times(1+8\%)^{10}/[(1+8\%)^{10}-1]\}=1\ 490.30\ （万元）$$

上述 6 个基本等值计算公式系数之间的关系可用图 2-8 表示。

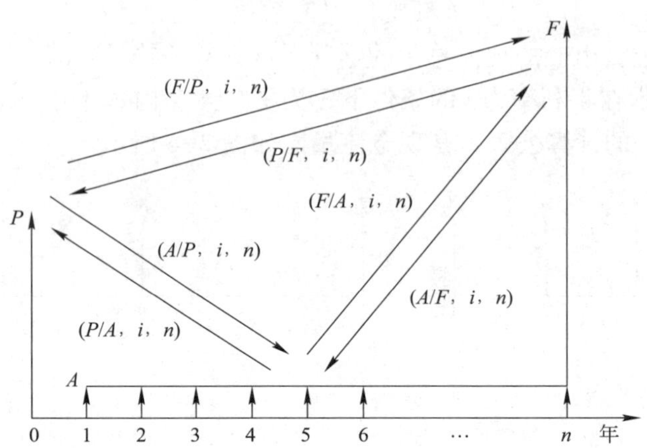


图 2-8　6 个基本等值计算公式系数之间的关系

从图 2-8 可知，6 个基本等值计算公式的系数之间存在以下 3 种关系：

① 倒数关系：$(P/F,\ i,\ n)=1/(F/P,\ i,\ n)$

$(P/A,\ i,\ n)=1/(A/P,\ i,\ n)$

$(F/A,\ i,\ n)=1/(A/F,\ i,\ n)$

② 乘积关系：$(F/P,\ i,\ n)(A/F,\ i,\ n)=(A/P,\ i,\ n)$

$(F/A,\ i,\ n)(P/F,\ i,\ n)=(P/A,\ i,\ n)$

③ 其他关系：资金回收系数与偿债基金系数之间的关系：

$$(A/P,\ i,\ n)=i+(A/F,\ i,\ n)$$

推导：

$$\begin{aligned}(A/P,\ i,\ n)&=i(1+i)^n/[(1+i)^n-1]\\&=\{[i(1+i)^n-i]+i\}/[(1+i)^n-1]\\&=i[(1+i)^n-1]/[(1+i)^n-1]+i/[(1+i)^n-1]\\&=i+i/[(1+i)^n-1]\\&=i+(A/F,\ i,\ n)\end{aligned}$$

**3. 等差序列类型复利计算公式**

在许多实际的工程技术经济问题中，资金的收付在各年经常是不相等的，如设备的维修费用逐年增加。如果每年现金流量的增加额或减少额都相等，则称为等差（定差）序列现金流量。这种情况前面介绍的 6 个基本等值计算公式就不适用了，当然也可用一次支付公式计算，但烦琐，工作量大。

1）等差序列现值公式

设有一资金序列 $A_t$ 是等差数列（等差为 $G$），则有：$A_t=A_1+(t-1)G$（其中 $t=1$，

2，…，$n$），其现金流量图如图 2-9 所示。

现将图 2-9 分解为图 2-10，则：

$$P = P_A + P_G$$

又

$$P_A = A_1(P/A,\ i,\ n)$$

$$P_G = G\left[\frac{1}{(1+i)^2} + \frac{2}{(1+i)^3} + \cdots + \frac{n-1}{(1+i)^n}\right] \quad ①$$

式①两边同乘（1+$i$），得：

$$P_G(1+i) = G\left[\frac{1}{(1+i)} + \frac{2}{(1+i)^2} + \cdots + \frac{n-1}{(1+i)^{n-1}}\right] \quad ②$$

式②减去式①，得：

$$P_G i = G\left[\frac{1}{(1+i)} + \frac{1}{(1+i)^2} + \cdots + \frac{1}{(1+i)^{n-1}} - \frac{n-1}{(1+i)^n}\right]$$

$$= G\left[\frac{1}{(1+i)} + \frac{1}{(1+i)^2} + \cdots + \frac{1}{(1+i)^{n-1}} + \frac{1}{(1+i)^n}\right] - \frac{Gn}{(1+i)^n}$$

$$= G\left[\frac{(1+i)^n - 1}{i(1+i)^n}\right] - \frac{Gn}{(1+i)^n}$$

即

$$P_G = G\left\{\frac{1}{i}\left[\frac{(1+i)^n - 1}{i(1+i)^n} - \frac{n}{(1+i)^n}\right]\right\} = G(P/G,\ i,\ n)$$

故

$$P = A_1(P/A,\ i,\ n) + G(P/G,\ i,\ n)$$

其中，（$P/G$，$i$，$n$）为等差序列现值系数。

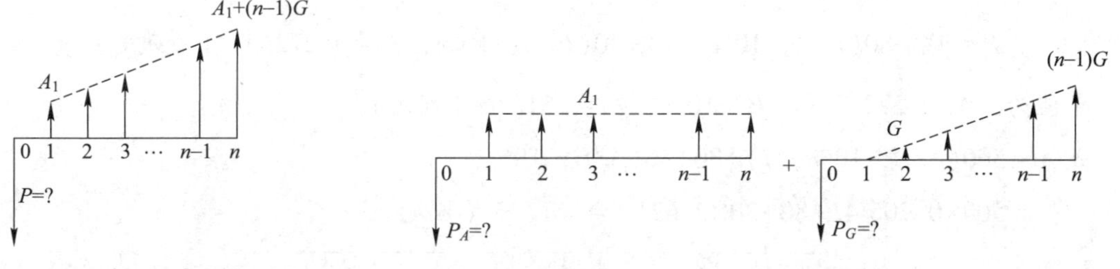


图 2-9　现金流量图　　图 2-10　现金流量图

由此可知：

① 当 $n$ 为有限年时，等差序列现值公式为：

$$P = A_1(P/A,\ i,\ n) + G(P/G,\ i,\ n)$$

$$= \left(\frac{A_1}{i} + \frac{G}{i^2}\right) \cdot \left[1 - \frac{1}{(1+i)^n}\right] - \frac{G}{i} \cdot \frac{n}{(1+i)^n} \quad (2\text{-}21)$$

② 当 $n$ 为无限年，即 $n\to\infty$ 时，等差序列现值公式为：

$$P = \frac{A_1}{i} + \frac{G}{i^2} \quad (2\text{-}22)$$

注意：定差 $G$ 从第二年末开始，其现值必位于 $G$ 开始的前两年。

2）等差序列终值公式

由 $F$ 与 $P$ 的关系可得：

$$
\begin{aligned}
F &= P(1+i)^n \\
&= A_1(F/A,\ i,\ n)+\frac{G}{i}\left[\frac{(1+i)^n-1}{i}-n\right] \\
&= A_1(F/A,\ i,\ n)+G(F/G,\ i,\ n)
\end{aligned}
$$

即
$$F = A_1(F/A,\ i,\ n) + G(F/G,\ i,\ n) \tag{2-23}$$

其中，$(F/G,\ i,\ n)$ 为等差序列终值系数。

3）等差序列等额年金公式

由 $A$ 与 $P$ 的关系可得：

$$A = A_1 + \frac{G}{i}\left[\frac{(1+i)^n-1}{i(1+i)^n}-\frac{n}{(1+i)^n}\right]\cdot\left[\frac{i(1+i)^n}{(1+i)^n-1}\right] = A_1 + G\left[\frac{1}{i}-\frac{n}{(1+i)^n-1}\right]$$

即
$$A = A_1 + G(A/G,\ i,\ n) \tag{2-24}$$

其中，$(P/G,\ i,\ n)$ 为等差序列等额年金系数。

注意：以上等差序列的计算公式中，当现金流量等差递增时，公式中的 $G$ 为正值，当现金流量等差递减时，公式中的 $G$ 为负值。

**【例 2-12】** 某设备期初投资 500 万元，使用该设备每年末的费用分别为 80 万元、110 万元、140 万元……，即每年增加 30 万元。设备寿命为 7 年，若计算利率为 10%，则使用该设备总费用的现值、年值各为多少？

**【解】** 依题意可画出图 2-11 所示的现金流量图。将图 2-11 分解为图 2-12 后可以利用公式求解，则总费用的现值为：

$$P=500+80(P/A,\ 10\%,\ 7)+30(P/G,\ 10\%,\ 7)=1\ 272.37 \text{（万元）}$$

年值为：$A=1\ 272.37(A/P,\ 10\%,\ 7)=261.36$（万元）

或 $A=500(A/P,\ 10\%,\ 7)+80+30(A/G,\ 10\%,\ 7)$

$=500\times0.205\ 41+80+30\times2.621\ 6=261.35$（万元）

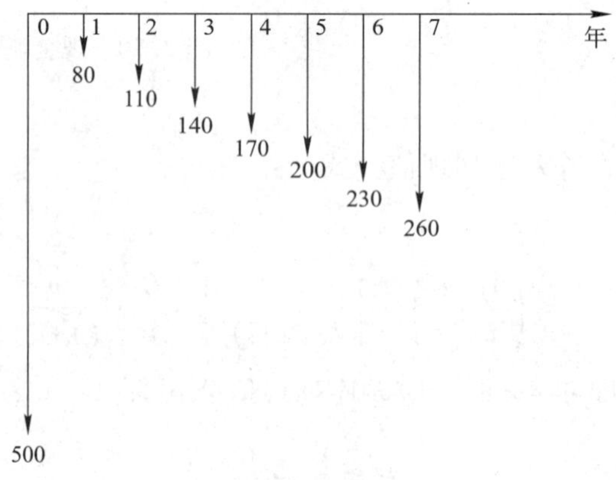


图 2-11　现金流量图

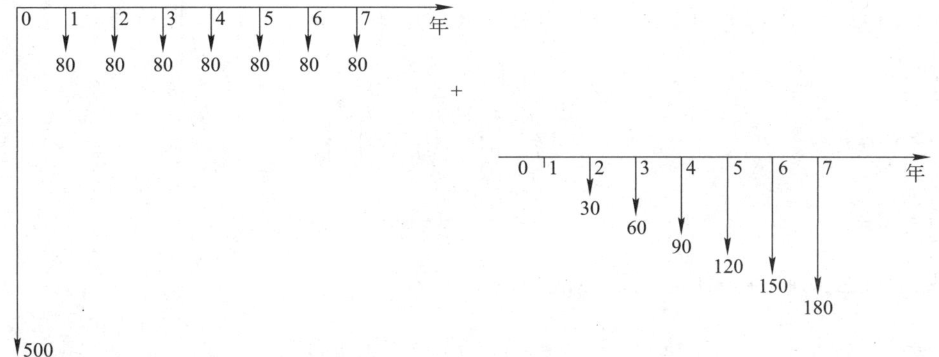


图 2-12　现金流量图

**【例 2-13】**　某股票目前市场价为每股 10 元，每股年股息为 1 元，预计每股年股息每年增加 0.2 元，若投资者希望达到 15%的投资报酬率，目前购进该公司股票是否合算？

**【解】**　由式（2-22）可得：

$$P=A/i+G/i^2=1/0.15+0.2/0.15^2=15.56\ （元）$$

因 $P=15.56$ 元>10 元，故该投资合算。

**4. 等比序列复利公式**

在许多实际的工程技术经济问题中，如果每年现金流量按一定的比例逐年递增或递减，则称此类现金流量为等比序列现金流量，其现金流量图如图 2-13 所示。

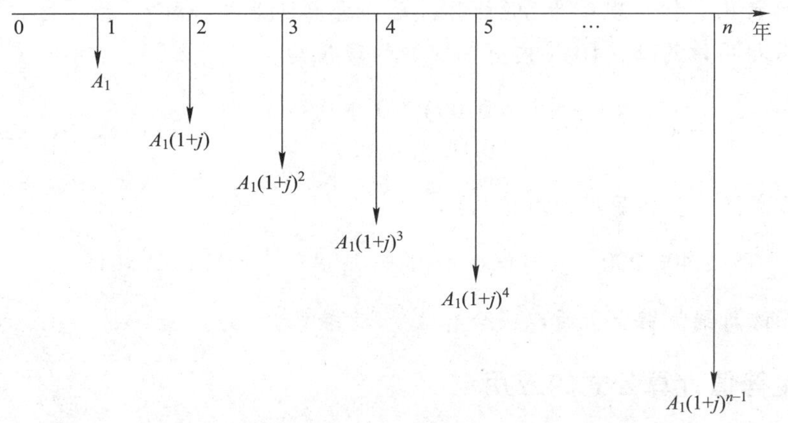


图 2-13　等比序列现金流量图

设 $A_1$ 为第一年末的净现金流量，$j$ 为现金流量逐年递增或递减的比率，其余符号同前。等比序列现金流量的公式为：

$$A_t=A_1(1+j)^{t-1}\quad t=1,\ 2,\ \cdots,\ n \tag{2-25}$$

式中：$A_1$——第一年末的净现金流量；

$A_t$——第 $t$ 年末的净现金流量；

$j$——等比系数。

因此，等比序列现金流量的现值为：

$$P=A_1(1+i)^{-1}+A_1(1+j)(1+i)^{-2}+A_1(1+j)^2(1+i)^{-3}+\cdots+A_1(1+j)^{n-1}(1+i)^{-n}$$

化简得：

当 $i\neq j$ 时，
$$P=\frac{A_1}{i-j}\cdot\left[1-\left(\frac{1+j}{1+i}\right)^n\right] \tag{2-26}$$

当 $i=j$ 时，
$$P=\frac{A_1}{1+i}\cdot n \tag{2-27}$$

利用上述公式可得等比序列现金流量的终值为：

当 $i\neq j$ 时，
$$F=\frac{A_1}{i-j}\cdot[(1+i)^n-(1+j)^n] \tag{2-28}$$

当 $i=j$ 时，
$$F=A_1n(1+i)^{n-1} \tag{2-29}$$

等比序列现金流量的年值为：

当 $i\neq j$ 时，
$$A=A_1i\cdot\frac{(1+i)^n-(1+j)^n}{(i-j)[(1+i)^n-1]} \tag{2-30}$$

当 $i=j$ 时，
$$A=A_1in\cdot\frac{(1+i)^{n-1}}{(1+i)^n-1} \tag{2-31}$$

注意：在上述计算公式中，当现金流量等比递增时，公式中的 $j$ 为正值；当现金流量等比递减时，公式中的 $j$ 为负值。

**【例 2-14】** 某商铺目前年租金为 3 万元（假设每年年末支付），预计租金水平今后 10 年内每年将上涨 5%。若将该商铺买下来，需一次支付 40 万元，但 10 年后估计仍可以 40 万元的价格售出。按折现率为 8%计算，是租合算还是买合算？

**【解】** 若租用该商铺，10 年内全部租金的现值为：

$$P_1=30\,000\times\left[\frac{1-(1+0.05)^{10}(1+0.08)^{-10}}{0.08-0.05}\right]=245\,506.61(\text{元})$$

若购买该商铺，全部费用的现值为：

$$P_2=400\,000-400\,000\times(1+0.08)^{-10}=214\,722.61(\text{元})$$

因为买下该商铺费用少，所以买合算。

### 2.3.3 资金等值计算公式的应用

**1. 一次利用公式计算未知项**

在 $i$、$n$ 一定的情况下，已知 $P$、$F$、$A$ 中的任意一项，可以求出另外两项。

**【例 2-15】** 若年利率 $i=5\%$，按年计息，试求图 2-14 所示连续 5 年年末的等额支付终值、现值。

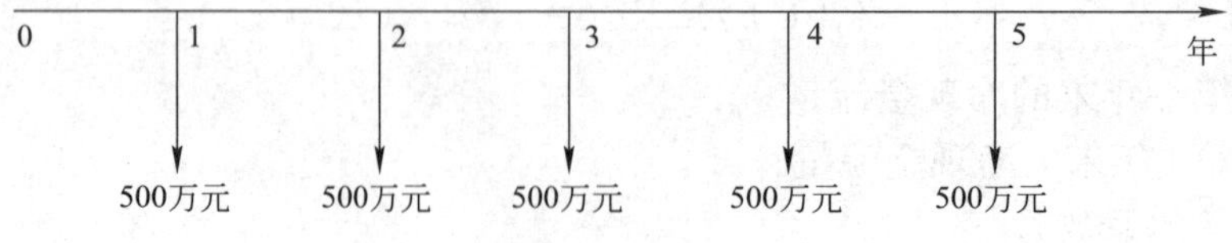


图 2-14 每年年末支付的现金流量图

【解】　利用年金终值公式求终值 $F$：

$$F = A(F/A,\ i,\ n) = 500 \times (F/A,\ 5\%,\ 5) = 500 \times 5.52563 = 2762.82（万元）$$

利用年金现值公式求现值 $P$：

$$P = A(P/A,\ i,\ n) = 500 \times (P/A,\ 5\%,\ 5) = 500 \times 4.32948 = 2164.74（万元）$$

**2. 多次利用公式计算未知项**

**【例 2-16】**　某设备的维修费是第 1 年至第 5 年每年年末需支付 2 000 元，第 6 年年末支付 2 500 元，第 7 年至第 10 年每年年末支付 3 000 元，第 11 年年末支付 4 000 元，第 12 年年末支付 5 000 元。假如按年利率 5%计息，与其等值的现金流量的现值为多少？

【解】　现金流量图如图 2-15 所示。

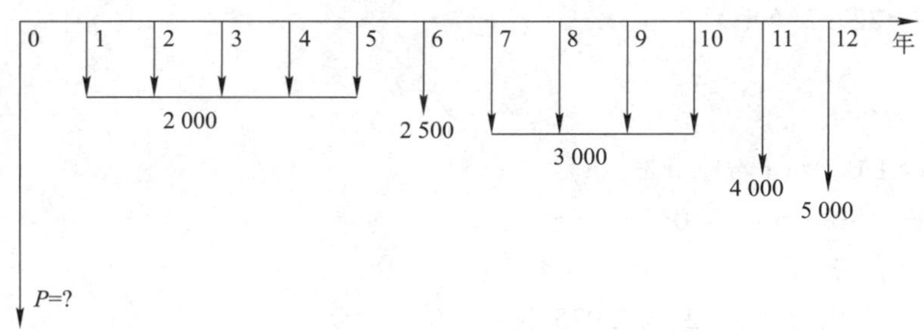


图 2-15　现金流量图

$$\begin{aligned} P &= 2000\times(P/A,\ 5\%,\ 5)+2500\times(P/F,\ 5\%,\ 6)+\\ &\quad 3000\times(P/A,\ 5\%,\ 4)\times(P/F,\ 5\%,\ 6)+4000\times(P/F,\ 5\%,\ 11)+\\ &\quad 5000\times(P/F,\ 5\%,\ 12)\\ &= 2000\times4.32948+2500\times0.74622+3000\times3.54595\times0.74622+\\ &\quad 4000\times0.58468+5000\times0.55684\\ &= 23585.61\ （元） \end{aligned}$$

**3. 利用复利系数表计算未知利率、未知期（年）数**

**【例 2-17】**　要使目前的 1 000 元与 10 年后的 2 000 元等值，年利率应为多少？

【解】　方法一：$P=1000$ 元，$F=2000$ 元，$n=10$ 年

由 $F=P(1+i)^n$

得：$2000=1000\times(1+i)^{10}$

解之得：$i=7.18\%$

方法二：

由 $F=P(F/P,\ i,\ n)$

得：$2000=1000\times(F/P,\ i,\ 10)$

所以 $(F/P,\ i,\ 10)=2.0$

查复利系数表得：

$i=7\%$时，$(F/P,\ i,\ 10)=1.96715$

$i=8\%$时，$(F/P,\ i,\ 10)=2.158\ 92$

用插值法求：

$$i=7\%+\frac{2-1.967\ 15}{2.158\ 92-1.967\ 15}(8\%-7\%)=7.17\%$$

故年利率应为7.17%。

**【例2-18】** 在年利率5%的条件下，现在存入银行的1 000元，多少年后本利和为3 000元？

**【解】** 方法一：$P=1\ 000$元，$F=3\ 000$元，$i=5\%$

由 $F=P(1+i)^n$

得：$3\ 000=1\ 000\times(1+5\%)^n$

解之得：$n=22.52$（年）

方法二：

由 $F=P(F/P,\ i,\ n)$

得：$3\ 000=1\ 000\times(F/P,\ 5\%,\ n)$

所以 $(F/P,\ 5\%,\ n)=3.0$

查复利系数表得：

$n=22$时，$(F/P,\ 5\%,\ 22)=2.925\ 26$

$n=23$时，$(F/P,\ 5\%,\ 23)=3.071\ 52$

用插值法求：

$$n=22+\frac{3-2.925\ 26}{3.071\ 52-2.925\ 26}(23-22)=22.51\text{（年）}$$

由此可知，22.51年后本利和为3 000元。

## 2.4 Excel在资金等值计算方面的应用

利用Excel中的函数，根据给定的参数和已知数据就可以求终值（FV）、现值（PV）和等额值（PMT）。

### 2.4.1 终值计算函数

终值计算函数语法格式为：

FV(Rate,Nper,Pmt,Pv,Type)

式中：Rate——利率；

Nper——总期数，即该项目总的付款期数；

Pmt——各期支出金额，在整个投资期内不变（若该参数为0或省略，则函数值为复利终值）；

Pv——现值，也称本金（若该参数为0或省略，则函数值为年金终值）；

Type——只有数值0或1，0或忽略表示收付款时间是期末，1表示收付款时间是期初。

**1. 利用 FV 函数计算复利终值**

**【例 2-19】** 某人现存入银行 200 万元，每年年利率为 10%，问 5 年后的本利和为多少？

**【解】** 计算过程如下：

(1) 启动 Excel 软件，单击工具栏上的“fx”按钮，弹出“插入函数”对话框。先在“选择类别”栏中选择“财务”，然后在“选择函数”栏中选择“FV”，最后单击对话框下端的“确定”按钮，如图 2-16 所示。

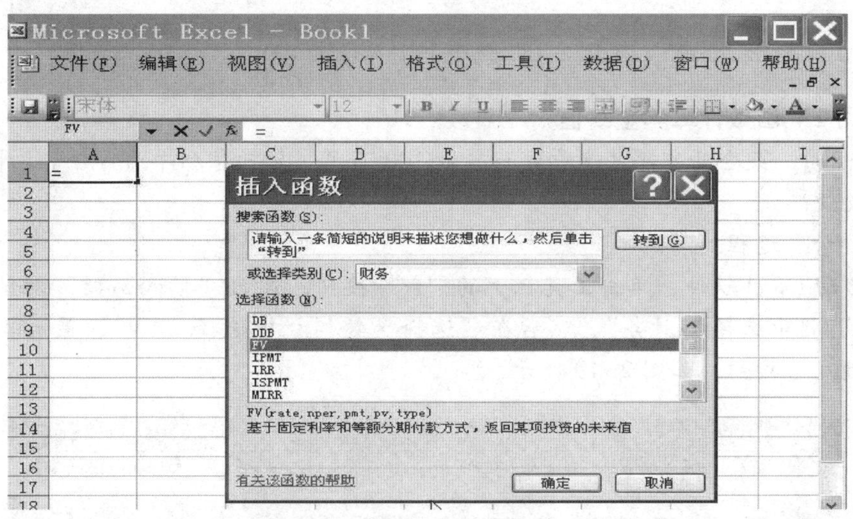


图 2-16　例 2-19 计算步骤（1）

(2) 在弹出的“FV”函数对话框中，在 Rate 栏中输入“10%”，在 Nper 栏中输入“5”，在 Pv 栏中输入“-200”（也可直接在单元格 A1 中输入公式：=FV(10%,5,,-200)）。然后单击“确定”按钮，如图 2-17 所示。

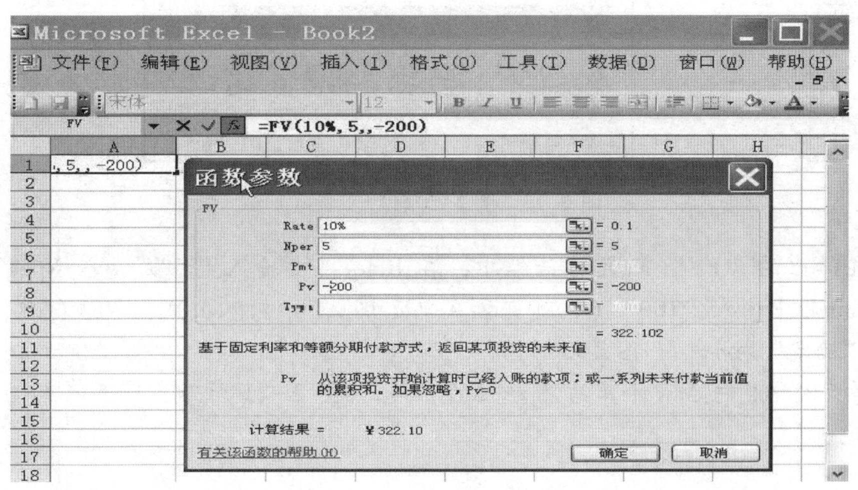


图 2-17　例 2-19 计算步骤（2）

(3) 单元格 A1 中显示计算结果为 322.10，如图 2-18 所示。则 5 年后的本利和为 322.10 万元。

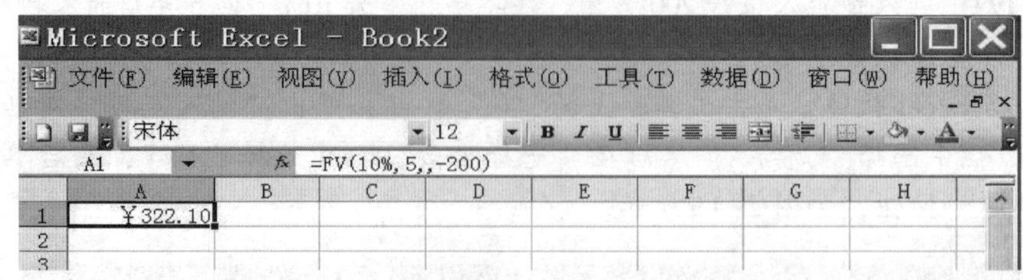


图 2-18　例 2-19 计算步骤 (3)

**2. 利用 FV 函数计算年金终值**

**【例 2-20】** 某企业每年年末向银行贷款 100 万元，贷款年利率为 5%，试计算 5 年后应还贷款数额？

**【解】** 计算过程如下：

(1) 启动 Excel 软件，单击工具栏上的“fx”按钮，弹出“插入函数”对话框。先在“选择类别”栏中选择“财务”，然后在“选择函数”栏中选择“FV”，最后单击对话框下端的“确定”按钮，如图 2-19 所示。

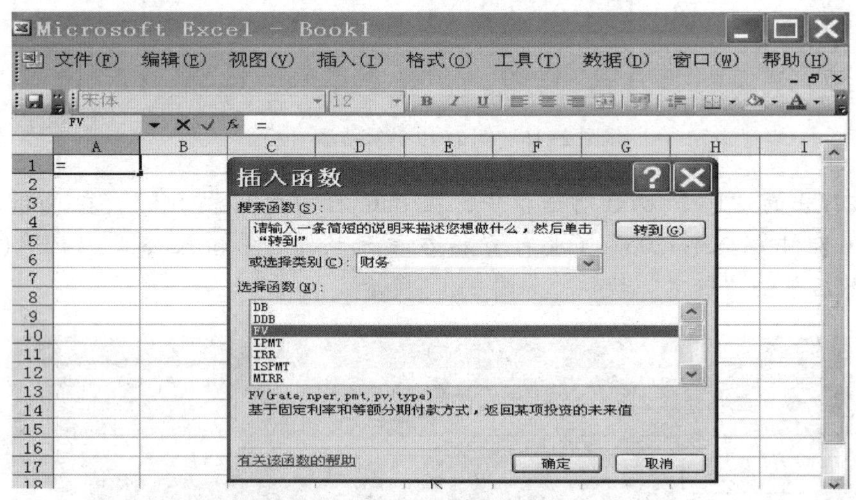


图 2-19　例 2-20 计算步骤 (1)

(2) 在弹出的“FV”函数对话框中，在 Rate 栏中输入“5%”，在 Nper 栏中输入“5”，在 Pmt 栏中输入“100”（也可直接在单元格 A1 中输入公式：=FV(5%,5,100)），然后单击“确定”按钮，如图 2-20 所示。

(3) 单元格 A1 中显示计算结果为-552.56，如图 2-21 所示，则 5 年后应还贷款为 552.56 万元。

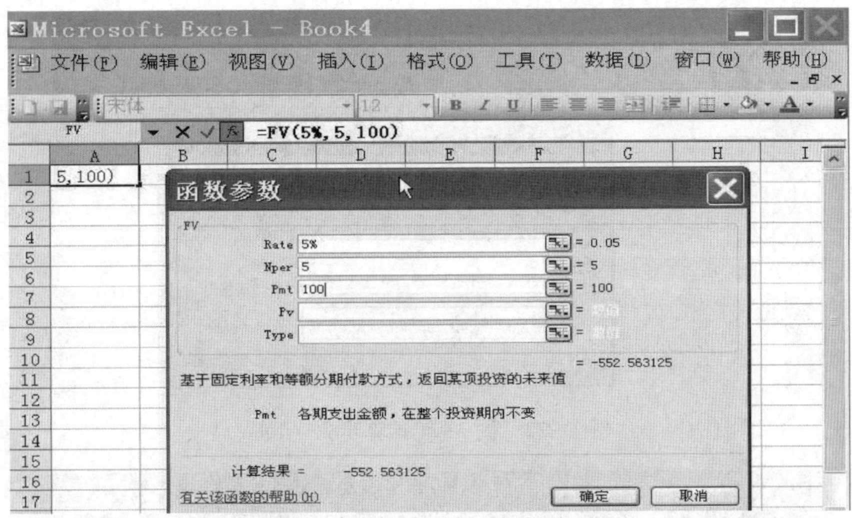


图 2-20　例 2-20 计算步骤（2）

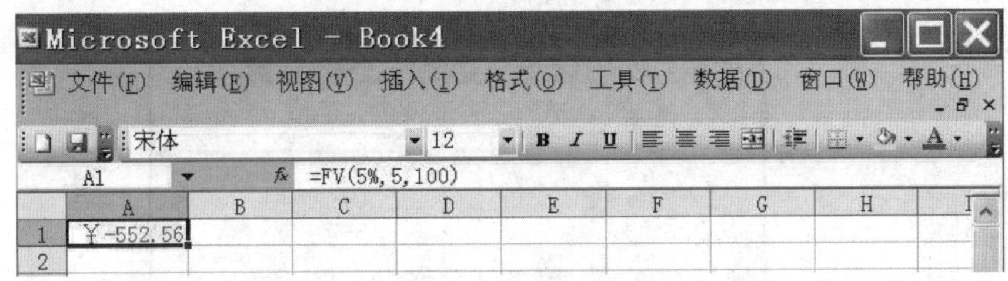


图 2-21　例 2-20 计算步骤（3）

## 2.4.2　现值计算函数

现值计算函数语法格式为：PV(Rate,Nper,Pmt,Fv,Type)

其中，参数 Rate，Nper，Pmt 和 Type 的含义与 FV 函数中的参数含义相同，Fv 代表未来值。在 PV 函数中，若 Pmt 参数为 0 或省略，则函数值为复利现值；若 Fv 参数为 0 或省略，则函数值为年金现值。

**【例 2-21】**　若年利率为 5%，为了在 6 年后从银行取出 10 000 元，问现在应存入银行多少元?

**【解】**　计算过程如下：

(1) 启动 Excel 软件，单击工具栏上的“fx”按钮，弹出“插入函数”对话框。先在“选择类别”栏中选择“财务”，然后在“选择函数”栏中选择“PV”，最后单击对话框下端的“确定”按钮，如图 2-22 所示。

(2) 在弹出的“PV”函数对话框中，Rate 栏输入 5%，在 Nper 栏中输入 6，在 Fv 栏中输入“10000”（也可直接在单元格 A1 中输入公式：=PV(5%,6,,10000)）。然后单击“确定”按钮，如图 2-23 所示。

(3) 单元格 A1 中显示计算结果为-7 462. 15，如图 2-24 所示，则现在应存入银行 7 462. 15 元。

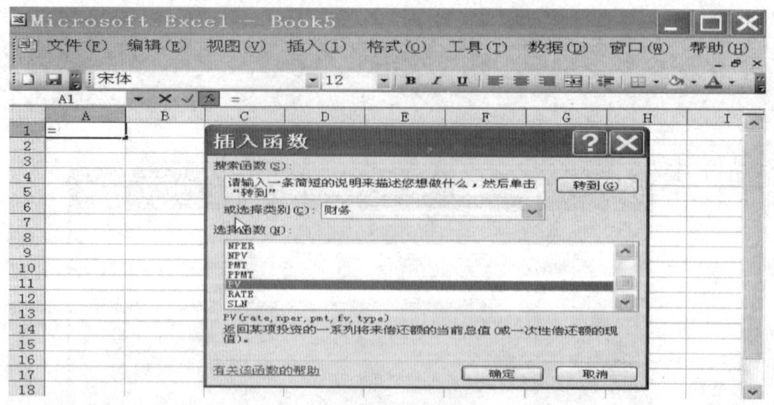


图 2-22　例 2-21 计算步骤（1）

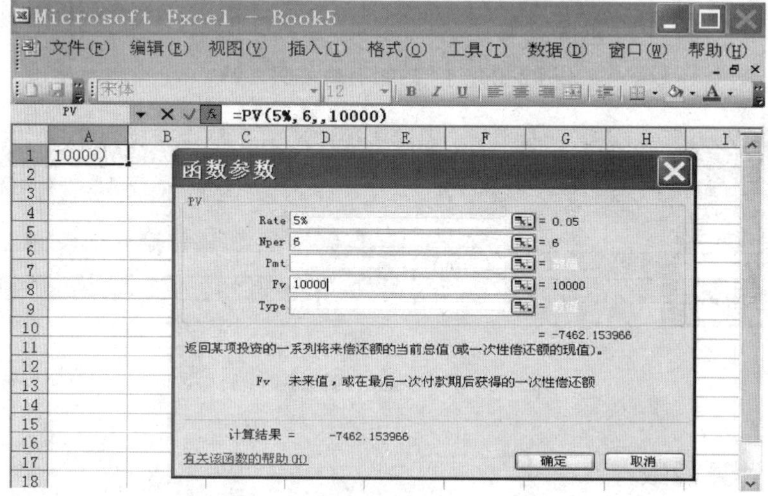


图 2-23　例 2-21 计算步骤（2）

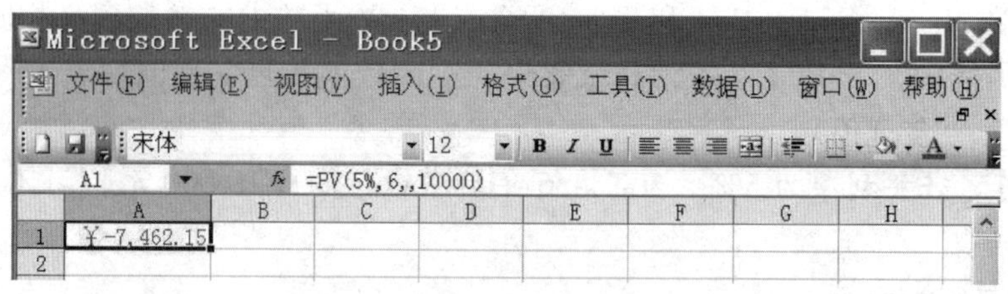


图 2-24　例 2-21 计算步骤（3）

### 2.4.3　等额值计算函数

等额值计算函数语法格式为：PMT(Rate,Nper,Pv,Fv,Type)

其中，参数 Rate，Nper，Pmt 和 Type 的含义与 FV 和 PV 函数中的参数含义相同。Pv 代表一系列未来付款现值之和，Fv 代表未来值。在 PMT 函数中，若 Pv 参数为 0 或省略，则该函数计算的是偿债基金值；若 Fv 参数为 0 或省略，则该函数计算的是资金回收值。

**【例 2-22】**　若年利率为 5%，为了在 6 年后从银行取出 10 000 元，从现在开始每年年末应存入银行多少元?

**【解】** 计算过程如下:

(1) 启动 Excel 软件,单击工具栏上的“fx”按钮,弹出“插入函数”对话框。先在“选择类别”栏中选择“财务”,然后在“选择函数”栏中选择“PMT”,最后单击对话框下端的“确定”按钮,如图 2-25 所示。

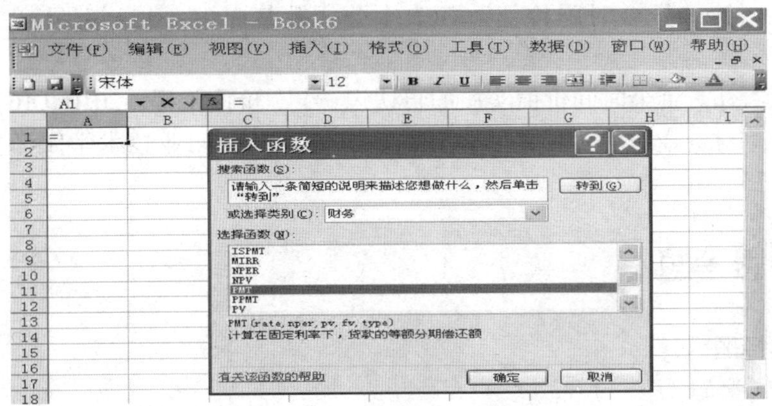

图 2-25　例 2-22 计算步骤 (1)

(2) 在弹出的“PMT”函数对话框中,在 Rate 栏中输入 5%,在 Nper 栏中输入 6,在 Fv 栏中输入“10000”(也可直接在单元格 A1 中输入公式:=PMT(5%,6,,10000))。然后单击“确定”按钮,如图 2-26 所示。

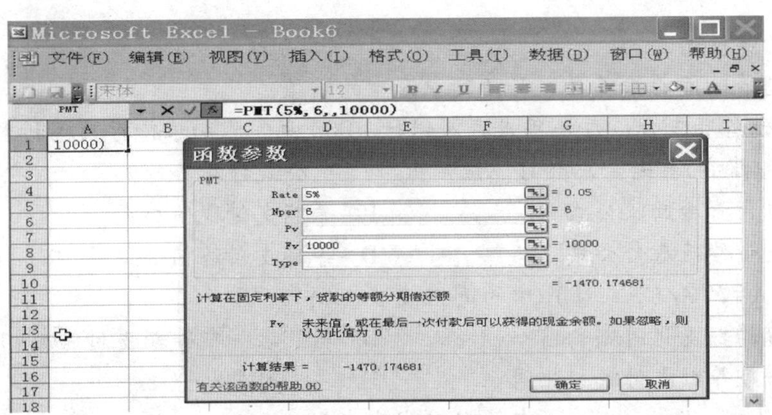

图 2-26　例 2-22 计算步骤 (2)

(3) 单元格 A1 中显示计算结果为-1 470.17,如图 2-27 所示,则每年年末应存入银行1 470.17 元。

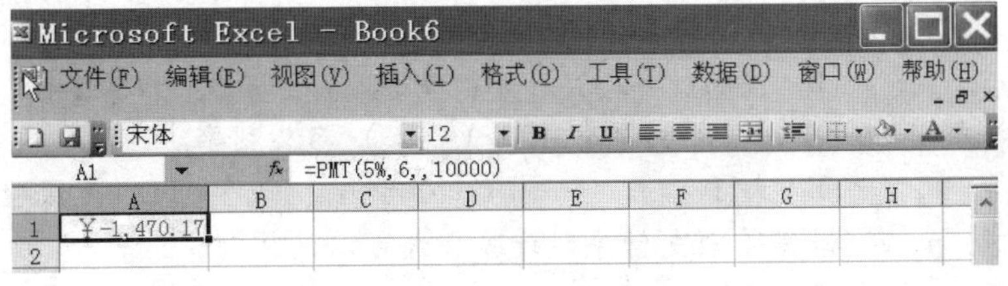

图 2-27　例 2-22 计算步骤 (3)

## 延伸阅读

1. 郭巧莉．资金时间价值在工程活动中的应用分析［J］．中国管理信息化，2013，16（21）：2-4.

2. 杨国胜．论“资金时间价值”四表十公式及其应用［J］．南昌高专学报，2011（6）：16-19.

3. 李慧，石伟．资金时间价值实质的再认识［J］．价值工程，2010（16）：14-15.

4. 万军玲．对资金时间价值的再认识［J］．湖南工业职业技术学院学报，2010，10（3）：49-50，73.

## 复习思考题

**1. 单项选择题**

（1）现金流量是（　　）。

A. 银行存款　　B. 库存现金

C. 现金等价物　　D. 现金与现金等价物的流入流出

（2）资金时间价值是（　　）。

A. 利率

B. 利息

C. 资金的流动

D. 资金随着时间的推移在经营活动中产生的增值

（3）某人储备养老金，每年年末存入银行1 000元，已知银行存款年利率为3%，按复利计算，20年后他的养老金总数可以应用（　　）公式计算。

A. 等额支付资金回收公式　　B. 等额支付现值公式

C. 等额支付偿债基金公式　　D. 等额支付终值公式

（4）公式 $A=F(A/F, i, n)$ 中的 $F$ 应发生在（　　）。

A. 第一期等额支付时刻的前一期　　B. 与最后一期等额支付时刻相同

C. 与第一期等额支付时刻相同　　D. 任意时期

（5）公式 $P=A(P/A, i, n)$ 中的 $P$ 应发生在（　　）。

A. 第一期等额支付时刻的前一期　　B. 与最后一期等额支付时刻相同

C. 与第一期等额支付时刻相同　　D. 任意时期

**2. 多项选择题**

（1）现金流量图有（　　）要素。

A. 大小　　B. 方向　　C. 时点　　D. 利率

（2）在工程经济分析中，实际利率有可能（　　）名义利率。

A. 等于　　B. 大于　　C. 小于　　D. 无法确定

（3）已知 $A$、$n$、$i$，根据等额支付序列计算公式可以计算（　　）。

A. 终值　　B. 现值　　C. 偿债资金值　　D. 资金回收值

**3. 思考题**

(1) 什么是现金流量?

(2) 资金时间价值的含义是什么?

(3) 什么是资金等值?

(4) 单利与复利有何区别?

(5) 名义利率与实际利率有何关系?

(6) 什么是现金流量的现值、终值和年金?

**4. 计算题**

(1) 某企业拟向银行借款 1 500 万元,5 年后一次还清。甲银行贷款年利率为 4%,按年计息;乙银行贷款年利率为 3%,按月计息。试问该企业向哪家银行贷款较为经济合算?

(2) 某人向银行借款 1 000 元,借期为 5 年,利率为 6%,试分别用单利和复利计算借款的利息。

(3) 某人获得 10 000 元贷款,偿还期为 5 年,利率为 10%。在下列几种还款方式中,按复利计算法计算此人还款总额和利息总额各是多少?

① 每年年末只偿还 2 000 元本金,所欠利息第 5 年年末一次还清;

② 每年年末偿还 2 000 元本金和当年利息;

③ 每年年末偿还所欠利息,第 5 年年末一次还清本金;

④ 第 5 年年末一次还清本利。

(4) 某人连续 4 年每年年初存入银行 1 万元,年利率为 4%,按复利计算,此人第 4 年年末可从银行取出多少钱?

(5) 某学校准备设立一项永久性奖励基金,从明年开始每年奖励一次,每次奖金额为 20 万元,设 5%的年利率一直保持不变,按复利计算该校现在应存入银行多少万元?

(6) 某人向银行贷款 20 万元购买商品房,计划 2 年内每月等额还款(本金加利息),若年利率为 6%,求每月的还款额是多少?

(7) 某投资者 5 年前以 150 万元价格买入一房产,在过去的 5 年内每年获得年净现金收益 20 万元,现在该房产能以 250 万元出售。若投资者要求的年收益率为 15%,问此项投资是否合算?

(8) 某人计划从现在算起,第 6 年年末和第 10 年年末分别需要提取现金 80 万元和 100 万元,若银行利率 $i=8\%$,从现在起每年年末等额存款,连续存款 5 年,试求:①每年应存款多少万元?②银行支付的利息总额为多少?

答案

# 第3章 工程项目现金流量的构成及其估算

【本章内容概要】

工程项目现金流量是进行项目经济评价和方案选优的基础。本章介绍了工程项目现金流量的构成，以及工程项目的投资、运营期成本费用、增值税、税金及附加、营业收入和利润等要素的估算方法。

【本章学习重点和难点】

**学习重点**：掌握工程项目的投资、运营期成本费用、税金及附加、营业收入和利润等的构成及估算。

**学习难点**：工程项目的投资、运营期成本费用等的构成及估算。

**【引例】** A城市和B城市间客流量较大，铁路部门计划在A城市和B城市间修建一条客运专线。

**分析与讨论**

(1) 该项目的现金流量由哪些部分组成？

(2) 各组成部分流量的大小如何确定？

## 3.1 工程项目投资

### 3.1.1 投资的概念

投资可分为广义的投资和狭义的投资。

广义的投资是指人们的一种有目的的经济行为，即以一定的资源（人、财、物、技术等）投入，以期望在未来获得收益或避免风险的一种行为。狭义的投资是指人们在社会经济活动中为实现某种预定的生产、经营目标而预先垫支的资金。

工程项目投资是指某项工程从筹建开始到全部竣工投产为止所发生的全部资金投入。

### 3.1.2　投资的构成

工程项目总投资由建设投资、建设期利息和流动资金三部分构成。如图 3-1 所示。

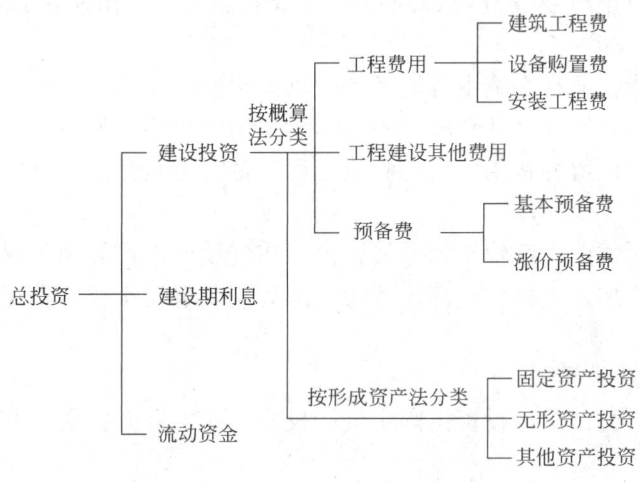


图 3-1　工程项目总投资构成

**1. 建设投资**

建设投资的构成可按概算法分类或按形成资产法分类。

1）按概算法分类

按概算法分类，建设投资由工程费用、工程建设其他费用和预备费三部分构成。

（1）工程费用

工程费用由建筑工程费、设备购置费（含工器具及生产家具购置费）和安装工程费构成。

建筑工程费和安装工程费是指在建筑安装工程施工过程中直接发生的费用和施工企业在组织管理施工中间接地为工程支出的费用，以及按国家规定施工企业应获得的利润和应缴纳的税金的总和。

设备购置费是指为工程建设项目购置或自制的达到固定资产标准的设备、工具、器具的费用。固定资产的标准是：使用年限在一年以上，单位价值在规定的限额以上的可重复使用仍保持原有形态的有形资产。

工器具及生产家具购置费是指新建项目或扩建项目初步设计规定所必须购置的不够固定资产标准的设备、仪器、工卡模具、器具、生产家具和备品备件的费用。

（2）工程建设其他费用

工程建设其他费用是指建设单位在从工程筹建起到工程竣工验收交付使用止的整个建设期间，除建筑工程费、设备购置费（含工器具及生产家具购置费）和安装工程费以外的，为保证工程建设顺利完成和交付使用后能够正常发挥效用而发生的各项费用的总和。

工程建设其他费用具体包括以下三个方面：①与土地使用有关的费用，如土地征用及迁移补偿费、土地使用权出让金等；②与项目建设有关的其他费用，如建设单位管理费、可行性研究费、研究试验费、勘测设计费、环境影响评价费、场地准备及临时设施费、引进技术及引进设备其他费用、工程保险费、工程监理费、市政公用设施建设及绿化费等；③与未来生产经营有关的其他费用，如联合试运转费、生产准备费、办公和生活家具购置费等。

（3）预备费

预备费是为了防止出现投资资金缺口而预留的资金，它由基本预备费和涨价预备费组成。

基本预备费是指在项目实施中可能发生的难以预料的支出，又称为工程建设不可预见费，它包括为可能需要修改设计和施工中必须增加的工程预留的费用，为预防自然灾害和弥补自然灾害损失而预留的费用，考虑验收工程质量时必须开挖和修复隐蔽工程所预留的费用等。

涨价预备费是对建设工期较长的项目，由于在建设期内可能发生材料、设备、人工等价格上涨引起投资增加，工程建设其他费用上涨等需要事先预留的费用，又称价格变动不可预见费。

2）按形成资产法分类

按形成资产法分类，建设投资由固定资产投资、无形资产投资和其他资产投资三部分组成。

固定资产投资是指项目投产时将直接形成固定资产的投资，包括工程费用、预备费和工程建设其他费用中按规定将形成固定资产的费用；无形资产投资是指将直接形成无形资产的建设投资，主要包括技术转让或技术使用费（含专利权和非专利技术）、商标权和商誉等；其他资产投资是指建设投资中除形成固定资产和无形资产以外的部分，主要包括生产准备费、开办费等。

固定资产原值包括固定资产投资及建设期利息。

**2. 建设期利息**

建设期利息是指建设投资中的长期负债部分（包括长期借款、长期债券和其他长期应付款等），在建设期应当支付的利息。这部分利息不论在建设期内是否必须偿还，基于“负债费用资本化”的原则，应计入总投资中。

此外，建设期利息还应包括债务融资中发生的手续费、承诺费、管理费、信贷保险费等。

**3. 流动资金**

流动资金是指项目建成投产前预先垫付，为投产后维持正常生产，用于购买原材料（包括备品备件）、燃料、动力，支付工资和其他费用，以及被在产品、产成品和其他存货所占用的经常性的周转资金。在项目的生产经营中，它以现金（包括存款）、存货、应收和应付账款的形式存在。

流动资金在项目的整个寿命期内始终被占用，并且循环周转，直到项目寿命期结束，全部流动资金才能退出生产和流通，以货币的形式收回。

### 3.1.3 投资估算

投资估算是在投资项目可行性研究过程中，采用模拟已建成的同类项目或参照经验指标或采用编制等方法来估算项目所需的全部投资费用。工程项目的总投资包括建设投资、建设期利息和流动资金，投资的估算也包括建设投资的估算、建设期利息的估算和流动资金的估算。

**1. 建设投资的估算**

建设投资的估算方法通常可采用概略估算方法和详细估算方法。

1）建设投资概略估算方法

概略估算是指根据实际经验和历史资料，对建设投资进行综合估算。这种方法虽然精确度不高，但适合在建设投资的毛估或初估阶段采用。建设投资常用的概略估算方法有单位生产能力估算法、生产能力指数估算法、分项比例估算法等。

（1）单位生产能力估算法

该法是利用已经建成项目的单位生产能力建设投资额或其设备投资额，估算同类项目的建设投资额或其设备投资额的方法，其估算公式为：

$$I_2 = Q_2\left(\frac{I_1}{Q_1}\right)f \tag{3-1}$$

式中：$I_1$——已建类似项目的投资额；

$I_2$——拟建项目的投资额；

$Q_1$——已建类似项目的生产能力；

$Q_2$——拟建项目的生产能力；

$f$——由于时间因素引起的定额、价格、费用标准等变化的综合调整系数。

（2）生产能力指数估算法

该法是利用已建成项目的建设投资额或其设备投资额，估算同类而不同生产能力项目的建设投资额或其设备投资额的方法，其估算公式为：

$$I_2 = I_1\left(\frac{Q_2}{Q_1}\right)^n f \tag{3-2}$$

式中：$n$——生产能力指数，取值范围 0～1；

其他符号含义同前。

该法中生产能力指数 $n$ 是一个关键因素，选取 $n$ 值的原则是：依靠增加设备、装置的数量，增大生产场所扩大生产规模时，$n$ 取 0. 8～1. 0；靠提高设备、装置的功能和效率扩大生产规模时，$n$ 取 0. 6～0. 7。

**【例 3-1】** 已知某一项目生产能力为 15 t，当时项目的建设投资额为 300 万元，现拟建一类似的新项目，设计生产能力为 30 t，由于时隔三年，物价上涨，根据估计给出综合调整系数为 1. 5，又根据经验给出生产能力指数为 0. 7，试估算新项目的建设投资额。

**【解】** 根据式（3-2），新项目的建设投资额为：

$$I_2 = I_1\left(\frac{Q_2}{Q_1}\right)^n f = 300 \times \left(\frac{30}{15}\right)^{0.7} \times 1.5 = 731(\text{万元})$$

（3）分项比例估算法

该法是以拟建项目的设备费为基数，根据已建成的同类项目的建筑安装工程费和其他费用等占设备价值的百分比，求出相应的建筑安装工程费及其他有关费用，其总和即为拟建项目建设投资。其计算公式如下：

$$I = P(1 + f_1P_1 + f_2P_2 + f_3P_3) + C \tag{3-3}$$

式中： $I$——拟建项目的建设投资；

$P$——根据设备清单按现行价格计算的设备费（包括运杂费）的总和；

$P_1$，$P_2$，$P_3$——已建成项目中的建筑、安装及其他工程费用分别占设备费的百分比；

$f_1$，$f_2$，$f_3$——由于时间因素引起的定额、价格、费用标准等变化的综合调整系数；

$C$——拟建项目的其他费用。

式（3-3）中各个部分的系数及指数值都是通过对大量的统计数据进行处理得出的。

**【例3-2】** 某新建项目设备投资10 000万元，根据已建同类项目的统计情况，一般建筑工程占设备投资的30%，安装工程占设备投资的10%，其他工程费用占设备投资的8%。该项目其他费用估计为900万元，调整系数$f=1$。试估算该项目的建设投资额。

**【解】** 根据式（3-3），该项目的建设投资额为：

$$I=10\ 000\times(1+30\%+10\%+8\%)+900=15\ 700\ （万元）$$

2）建设投资详细估算方法

详细估算方法是指把整个建设项目依次分解为单项工程、单位工程、分部工程和分项工程。首先按拟建项目中单项工程的单位工程（如机器设备、厂房建筑、设备安装等）分别套用有关概算指标和定额来编制投资概算，然后把单位工程概算汇总成单项工程的综合概算，最后汇总成建设项目的总概算。其主要依据建筑安装工程定额指标、取费标准、设备材料价格以及国家有关规定等资料。

（1）建筑工程费估算

建筑工程投资估算一般采用单位建筑工程投资估算法和概算指标投资估算法。

① 单位建筑工程投资估算法。

该法是以单位建筑工程量投资乘以建筑工程总量计算建筑工程投资。例如，房屋建筑以单位建筑面积（$m^2$）的投资、铁路路基以单位长度（km）的投资、水库以水坝单位长度（m）的投资等乘以相应的建筑工程总量计算建筑工程费。

② 概算指标投资估算法。

对于没有上述估算指标且建筑工程费占总投资比例较大的项目，可采用概算指标投资估算法。采用这种估算方法，应有较为详细的工程资料、了解建筑材料价格和工程费用指标，投入的时间和工作量较大。其具体估算方法见有关部门发布的概算编制办法。

（2）设备购置费（含工器具及生产家具购置费）估算

设备购置费（含工器具及生产家具购置费）估算应根据项目主要设备表及价格、费用资料编制。对于价值高的设备应按单台（套）估算购置费；价值较小的设备可按类估算。国内设备和进口设备的设备购置费应分别估算。

① 国内设备购置费估算。

国内设备购置费为设备出厂价加设备运杂费。设备运杂费主要包括运输费、装卸费和仓库保管费等，设备运杂费可按设备出厂价的一定百分比计算，其计算公式为：

设备运杂费=设备原价×设备运杂费率　　(3-4)

② 进口设备购置费估算。

进口设备购置费由进口设备货价、进口从属费及国内运杂费组成。进口设备货价按交货地点和方式的不同，分为离岸价（FOB）与到岸价（CIF）两种价格。

如果采用离岸价，进口从属费包括国外运费、国外运输保险费、进口关税、进口环节消费税、增值税、外贸手续费、银行财务费和海关监管手续费。进口设备到岸价与离岸价的关系为：

进口设备到岸价=离岸价+国外运费+国外运输保险费　　(3-5)

国内运杂费包括运输费、装卸费、运输保险费等。进口设备国内运杂费按运输方式，根据运量或者设备费估算。

③ 工器具及生产家具购置费估算。

工器具及生产家具购置费一般按设备费的一定比例计取，其计算公式为：

工器具及生产家具购置费=设备购置费×定额费率　　(3-6)

(3) 安装工程费估算

安装工程费包括：各种机电设备装配和安装工程费；与设备相连的工作台、梯子及其安装工程费；附属于被安装设备的管线敷设工程费；安装设备的绝缘、保温、防腐等工程费；单体试运转和联动无负荷试运转费等。

安装工程费通常按行业或专业机构发布的安装工程定额、取费标准和指标估算投资。具体计算可按安装费率、每吨设备安装费率或者每单位安装实物工程量的费用估算，即：

$$\begin{cases}\text{安装工程费}=\text{设备原价}\times\text{安装费率}\\\text{安装工程费}=\text{设备吨位}\times\text{每吨安装费}\\\text{安装工程费}=\text{安装工程实物量}\times\text{安装费用标准}\end{cases}\tag{3-7}$$

(4) 工程建设其他费用估算

工程建设其他费用按各项费用科目的费率或者取费标准估算。

(5) 基本预备费估算

基本预备费是以建筑工程费、设备购置费（含工器具及生产家具购置费）、安装工程费及工程建设其他费用之和为计算基数，乘以基本预备费率来计算。

基本预备费=(建筑工程费+设备购置费+安装工程费+工程建设其他费用)×基本预备费率　　(3-8)

(6) 涨价预备费估算

涨价预备费是以建筑工程费、设备购置费（含工器具及生产家具购置费）、安装工程费之和为计算基数。计算公式为：

$$C=\sum_{t=1}^{m}I_t[(1+f)^{(n+t)}-1]\tag{3-9}$$

式中：$C$——涨价预备费；

$I_t$——项目建设期第 $t$ 年的建筑工程费、设备工器具购置费和安装工程费之和；

$n$——自可行性研究报告编制至项目建设期前的年份数；

$m$——建设期年份数；

$t$——建设期第 $t$ 年；

$f$——建设期价格上涨指数。

**【例 3-3】** 某运输工程项目在建设期的 3 年里，分别投入 300 万元、400 万元、500 万元的工程费用，设 $n=0$。试计算项目的涨价预备费。设价格上涨指数为 6%。

**【解】** 由式（3-9）计算，涨价预备费为：

$$C = 300\times(1.06-1)+400\times(1.06^2-1)+500\times(1.06^3-1)$$
$$= 18+49.44+95.51=162.95 \text{（万元）}$$

**2. 建设期利息的估算**

国内外借款，无论是按年、季或月计息，均可简化为按年计息，即将名义利率 $r$ 按每年计息次数 $m$ 换算为年实际利率 $i$，计算公式为：

$$i = \left(1+\frac{r}{m}\right)^m - 1 \tag{3-10}$$

计算建设期利息时，为了简化计算，通常假设借款均在每年的年中支用，借款当年按半年计息，其余年份按全年计息。这样建设期每年应计利息为：

本年应计利息=(年初借款本息累计+本年借款额/2)×年实际利率　　(3-11)

对有多种借款资金来源，每笔借款的年利率各不相同的项目，既可分别计算每笔借款的利息，也可先计算出各笔借款加权平均的年利率，并以加权平均利率计算全部借款的利息。

**【例 3-4】** 某运输工程项目建设期 3 年，3 年分别借款 300 万元、400 万元、300 万元，每年借款平均支用，年利率为 5.6%。用复利计算建设期借款利息。

**【解】** 根据式（3-11）计算各年利息：

第 1 年应计利息=(300/2)×5.6%=8.40（万元）

第 2 年年初本息累计=300+8.40=308.40（万元）

第 2 年应计利息=[308.40+(400/2)]×5.6%=28.47（万元）

第 3 年年初本息累计=300+8.40+400+28.47=736.87（万元）

第 3 年应计利息=[736.87+(300/2)]×5.6%=49.66（万元）

建设期借款利息=8.40+28.47+49.66=86.53（万元）

建设期末累计借款本利和=300+400+300+86.53=1 086.53（万元）

**3. 流动资金的估算**

流动资金的估算一般采用分项详细估算法，个别情况或者小型项目可采用扩大指标估算法。

1）分项详细估算法

分项详细估算法也称分项定额估算法，是指按流动资金的构成分项计算并汇总。国际上通行方法是按流动资产与流动负债差额来估算。在可行性研究中，为了简化计算，仅对存货、现金、应收账款、预付账款等流动资产和应付账款、预收账款等流动负债进行估算，计算公式如下：

流动资金=流动资产-流动负债　　(3-12)

流动资产=应收账款+预付账款+存货+现金　　(3-13)

$$流动负债=应付账款+预收账款 \tag{3-14}$$

$$流动资金本年增加额=本年流动资金-上年流动资金 \tag{3-15}$$

其中：

$$应收账款=\frac{年经营成本}{应收账款年周转次数} \tag{3-16}$$

$$预付账款=\frac{年预付的外购商品或服务费用金额}{预付账款年周转次数} \tag{3-17}$$

$$存货（每周期）=外购原材料费+外购燃料费+其他材料费+在产品费+产成品费 \tag{3-18}$$

$$外购原材料费=\frac{年外购原材料费}{按种类分项年周转次数} \tag{3-19}$$

$$外购燃料费=\frac{年外购燃料费}{按种类分项年周转次数} \tag{3-20}$$

$$其他材料费=\frac{年其他材料费}{其他材料年周转次数} \tag{3-21}$$

$$在产品费=\frac{\begin{matrix}年外购\\原材料费\end{matrix}+\begin{matrix}年外购\\燃料费\end{matrix}+\begin{matrix}年工资\\及福利费\end{matrix}+\begin{matrix}年修\\理费\end{matrix}+\begin{matrix}年其他\\制造费\end{matrix}}{在产品年周转次数} \tag{3-22}$$

$$产成品费=\frac{年经营成本-年其他营业费}{产成品年周转次数} \tag{3-23}$$

$$现金=\frac{年工资及福利费+年其他费用}{现金年周转次数} \tag{3-24}$$

$$年其他费用=制造费用+管理费用+营业费用-（以上三项费用中所含的工资及福利费、折旧费、摊销费、修理费） \tag{3-25}$$

$$应付账款=\frac{年外购原材料费+年外购燃料费+年其他材料费}{应付账款年周转次数} \tag{3-26}$$

$$预收账款=\frac{年预收的营业收入金额}{预收账款年周转次数} \tag{3-27}$$

$$周转次数=\frac{360天}{最低周转天数} \tag{3-28}$$

2）扩大指标估算法

该法是按照流动资金占某种基数的比率来估算流动资金，是一种简化的流动资金估算方法。一般常用的基数有营业收入、经营成本、总成本费用和建设投资等，究竟采用何种基数，依行业习惯而定。所采用的比率根据经验确定，或根据现有同类企业的实际资料确定，或依行业、部门给定的参考值确定。其计算公式如下：

（1）产值（或营业收入）资金率估算法

$$流动资金额=年产值（或年营业收入额）×产值（或营业收入）资金率 \tag{3-29}$$

(2) 经营成本(或总成本费用)资金率估算法

$$流动资金额=年经营成本(或总成本)×经营成本(或总成本)资金率 \quad (3-30)$$

(3) 固定资产价值资金率估算法

$$流动资金额=固定资产价值总额×固定资产价值资金率 \quad (3-31)$$

(4) 单位产量资金率估算法

$$流动资金额=年生产能力×单位产量资金率 \quad (3-32)$$

扩大指标估算法简便易行，但准确度不高，适用于项目建议书阶段流动资金的估算。

该方法一般参照同类生产企业流动资金占营业收入、经营成本、固定资产投资的比率，以及单位产量占用流动资金的比率来确定。

**【例3-5】** 某工程项目的工程费用与工程建设其他费用的估算额为56 000万元，预备费为5 000万元，建设期为3年。3年的投资比例是：第1年20%，第2年50%，第3年30%，第4年投产。该项目建设投资来源为自有资金和贷款。贷款的总额为40 000万元，每年按上述比例投资。贷款年利率为6%。

项目达到设计生产能力后，定员为1 100人，工资和福利费按照每人每年36 000元估算。每年其他费用为900万元(其中：其他制造费用为700万元，其他管理费为100万元，其他营业费为100万元)，年外购原材料、燃料、动力费估算为21 000万元，年其他材料费为800万元，年维修费为340万元，年经营成本为27 000万元，项目的年营业收入为45 000万元，设每年预收的营业收入占30%，预付的外购投入费占30%。各项流动资金最低周转天数分别为：应收账款30天，现金40天，应付账款30天，预付账款30天，预收账款30天，存货40天。

问题：(1) 试估算建设期的贷款利息；

(2) 试用分项详细估算法估算拟建项目的流动资金；

(3) 试估算拟建项目的总投资。

**【解】** ① 建设期贷款利息的计算

第1年贷款额=40 000×20%=8 000(万元)

第1年应计利息=(8 000/2)×6%=240(万元)

第2年贷款额=40 000×50%=20 000(万元)

第2年应计利息=(8 000+240+20 000/2)×6%=1 094.40(万元)

第3年贷款额=40 000×30%=12 000(万元)

第3年应计利息=(8 000+240+20 000+1 094.4+12 000/2)×6%

=2 120.06(万元)

建设期贷款利息合计=240+1 094.40+2 120.06=3 454.46(万元)

② 用分项详细估算法估算流动资金

$$应收账款=\frac{年经营成本}{应收账款年周转次数}=\frac{27\ 000}{360/30}=2\ 250\ (万元)$$

$$预付账款=\frac{年预付的外购商品或服务费}{预付账款年周转次数}=\frac{(21\ 000+800)\times 30\%}{360/30}=545\ (万元)$$

$$外购原材料、燃料、动力费=\frac{年外购原材料费、燃料费、动力费}{按种类分项年周转次数}=\frac{21\ 000}{360/40}=2\ 333.33\ (万元)$$

$$其他材料费=\frac{年其他材料费}{其他材料年周转次数}=\frac{800}{360/40}=88.89\ (万元)$$

$$在产品费=\frac{年外购原材料费+年外购燃料费+年工资及福利费+年修理费+年其他制造费}{在产品年周转次数}$$

$$=\frac{21\,000+1\,100\times3.6+340+700}{360/40}=2\,888.89\ (万元)$$

$$产成品费=\frac{年经营成本-年其他营业费}{产成品年周转次数}=\frac{27\,000-100}{360/40}=2\,988.89\ (万元)$$

存货=外购原材料费+外购燃料费+其他材料费+在产品费+产成品费

=2 333.33+88.89+2 888.89+2 988.89=8 300（万元）

$$现金=\frac{年工资及福利费+年其他费用}{现金年周转次数}=\frac{1\,100\times3.6+900}{360/40}=540\ (万元)$$

流动资产=应收账款+预付账款+存货+现金=2 250+545+8 300+540=11 635（万元）

$$应付账款=\frac{年外购原材料费+年外购燃料费+年其他材料费}{应付账款年周转次数}=\frac{21\,000+800}{360/30}=1\,816.67\ (万元)$$

$$预收账款=\frac{年预收的营业收入金额}{预收账款年周转次数}=\frac{45\,000\times30\%}{360/30}=1\,125\ (万元)$$

流动负债=应付账款+预收账款=1 816.67+1 125=2 941.67（万元）

流动资金=流动资产-流动负债=11 635-2 941.67=8 693.33（万元）

③ 项目的总投资=工程费与工程建设其他费+预备费+建设期利息+流动资金=56 000+5 000+3 454.46+8 693.33=73 147.79（万元）

# 3.2 工程项目运营期成本费用

## 3.2.1 工程经济分析中常用的成本概念

### 1. 总成本费用

总成本费用是指项目在一定时期内（一般为一年）为生产和销售产品或提供服务所发生的全部费用。

### 2. 经营成本

经营成本是从投资方案本身考虑的，是在一定期间（通常为一年）内由于生产和销售产品或提供劳务而实际发生的现金支出。它不包括虽计入产品成本费用中，但实际没发生的费用项目。它反映企业的生产和管理水平，是工程经济分析中所使用的特定概念，是项目现金流量表中运营期现金流出的主体部分。其构成如下：

经营成本=外购原材料、燃料和动力费+工资及福利费+修理费+其他费用　　(3-33)

从式（3-33）和式（3-38）可以看出，经营成本与会计学中的总成本费用不同，经营成本是从总成本中扣除折旧费、摊销费和财务费用以后的成本。即：

经营成本=总成本费用-折旧与摊销费-维简费-利息支出　　(3-34)

折旧是指固定资产在使用过程中所发生的损耗价值转移。每年转移的价值以折旧费的形式计入产品成本中，通过产品的销售，企业从销售收入中把折旧费提取出来。可见，折旧费是一笔具有独立经济意义的资金，它不是真正的现金流出。因为在购置固定资产时，固定资产投资已经作为现金流出，不应该再一次把折旧作为现金流出，否则会发生重复计算。在项目评价中，所有的现金流出和现金流入，应当是真正从所分析的系统中流出和流入的资金。所以，在经营成本中不包括折旧费，即必须从总成本中将其剔除。

摊销费包括无形资产摊销费和其他资产摊销费两部分。与固定资产类似，无形资产和其他资产以摊销的方式进行补偿和回收。这两种摊销费也具有独立的经济意义。与固定资产折旧费的性质一样，它们均不属于真正的现金流出，故经济评价中使用的经营成本也不应包含摊销费，应从总成本中剔除。

维简费是为合理开发矿产，维持矿山简单再生产的费用。鉴于该项费用的固有性质，在作为生产的经常性支出的经营成本中，不包括维简费。

利息支出包括长期借款利息、流动资金借款利息以及必要的短期贷款利息。它们作为财务费用计入总成本中，是真正的现金流出。但在经营成本中不包括利息，这是因为在项目的“融资前”评价中，不考虑借款，也就不考虑还本付息的问题，故现金流出中没有利息这一项；而在“融资后”评价中，需要考虑借款和还本付息的问题，将借款利息支出单独列出，经营成本中也不包括利息支出。

**3. 平均成本与边际成本**

平均成本是产品总成本费用与产品产量之比，即平均单位产品成本费用。边际成本是指每增加一个单位的产品产量所增加的成本。边际成本是经济分析中一个很重要的概念。

**4. 机会成本**

机会成本又称经济成本，它是指将一种具有多种用途的有限资源置于特定用途时所放弃的其他可能的最大收益。机会成本存在的两个条件：① 资源是稀缺的；② 资源的投向至少有 2 个。资源的稀缺性决定了人类只有充分考虑了某种资源用于其他用途的潜在收益后，才能做出正确的决策，使有限的资源得到有效的利用。机会成本不是实际发生的成本，而是由于方案决策时所产生的观念上的成本，因此，它在会计账本上是找不到的，但对决策却非常重要。

**5. 沉没成本**

沉没成本是指过去已经支出而现在已无法得到补偿的成本。它主要表现为过去发生的事情，费用已经支付，事后尽管可能认识到这项决策是不明智的，但木已成舟，今后的任何决策都不能取消这项支出。沉没成本的使用是体现这样一种思想：在决策时应着眼未来，不能因未收回的成本而影响未来决策，沉没成本考虑与否不影响决策的正确性，因此，经济分析中不考虑沉没成本。

**6. 固定成本与可变成本**

产品成本费用按其与产量变化的关系分为固定成本和可变成本。固定成本是指在一定生产规模限度内产品成本中不随产品产量而变动的费用，如固定资产折旧费、行政管理费、管理人员工资费用及实行固定基本工资制的生产工人的工资等。可变成本是指产品成本中随产量变化而变动的费用，如构成产品实体的原材料费、燃料费、动力费、实行计件工资制的工人工资等。

### 3.2.2　成本费用的估算方法

**1. 总成本费用的估算**

总成本费用可用生产成本加期间费用估算法和生产要素估算法两种方法估算。

1）生产成本加期间费用估算法

按成本费用项目分类，总成本费用由生产成本和期间费用组成。即：

$$总成本费用=生产成本+期间费用 \tag{3-35}$$

$$生产成本=直接材料费+直接燃料和动力费+直接工资+其他直接支出+制造费用 \tag{3-36}$$

$$期间费用=管理费用+财务费用+营业费用 \tag{3-37}$$

生产成本是为生产产品或提供劳务而发生的各项费用，它包括各项直接支出（直接材料费、直接燃料和动力费、直接工资和其他支出）及制造费用（组织和管理生产所发生的各项费用）；管理费用是指企业行政管理部门为管理和组织经营活动而发生的各项费用；财务费用是指为筹集资金而发生的各项费用，包括生产期间发生的利息净支出、银行手续费、汇兑损失等；营业费用是指为销售产品和提供（服）劳务而发生的各项费用。

2）生产要素估算法

该方法是将生产成本、管理费用、财务费用和营业费用中性质相同的各要素进行归并，计算总成本。即：

$$\begin{aligned}年总成本费用=&外购原材料费+外购燃料和动力费+工资及福利费+\\&修理费+折旧费+维简费+摊销费+利息支出+其他费用\end{aligned} \tag{3-38}$$

其他费用由制造费用、管理费用和营业费用中扣除相应的工资与福利费、修理费、折旧费、维简费及摊销费后的剩余部分。有时可用外购原材料费、外购燃料和动力费、工资及福利费、修理费、折旧费、维简费及摊销费之和的一定比例估算。

**2. 固定资产原值及折旧费的估算**

1）固定资产原值

固定资产原值是指项目投产时（达到预定可使用状态）按规定由投资形成的固定资产部分，它包括工程费用、工程建设其他费用中按规定将形成固定资产的费用（即固定资产其他费用）、预备费和建设期利息。

2）折旧费的估算

固定资产在使用过程中会受到磨损，其价值损失通常是通过提取折旧费的方式得以补偿。固定资产折旧费的计算有以下多种方法。

（1）直线折旧法（平均年限折旧法）

$$\begin{cases}年折旧率=\dfrac{1-预计净残值率}{折旧年限}\times100\% & (3-39)\\[2ex] 年折旧费=固定资产原值\times年折旧率 & (3-40)\end{cases}$$

（2）工作量法

工作量法又分两种，一是按照行驶里程计算折旧费，二是按照工作小时计算折旧费，计算公式如下。

① 按照行驶里程计算折旧费的公式：

$$\text{每单位里程折旧费}=\frac{\text{原值}\times(1-\text{预计净残值率})}{\text{总行驶里程}} \tag{3-41}$$

$$\text{年折旧费}=\text{每单位里程折旧费}\times\text{年行驶里程} \tag{3-42}$$

② 按照工作小时计算折旧费的公式：

$$\text{每工作小时折旧费}=\frac{\text{原值}\times(1-\text{预计净残值率})}{\text{总工作小时}} \tag{3-43}$$

$$\text{年折旧费}=\text{每工作小时折旧费}\times\text{年工作小时} \tag{3-44}$$

（3）年数总和法

$$\text{当年折旧率}=\frac{\text{折旧年限}-\text{已使用年数}}{\text{折旧年限}(\text{折旧年限}+1)/2}\times100\% \tag{3-45}$$

$$\text{年折旧费}=(\text{固定资产原值}-\text{预计净残值})\times\text{当年折旧率} \tag{3-46}$$

（4）双倍余额递减法

$$\text{年折旧率}=\frac{2}{\text{折旧年限}}\times100\% \tag{3-47}$$

$$\text{年折旧费}=\text{固定资产净值}\times\text{年折旧率} \tag{3-48}$$

实行双倍余额递减法的固定资产，折旧年限到期前两年，年折旧费的计算公式为：

$$\text{年折旧费}=(\text{固定资产净值}-\text{预计净残值})/2 \tag{3-49}$$

**【例 3-6】** 某项目的固定资产原值为 2 500 万元，预计残值率为 5%，折旧年限为 10 年，求年折旧费。

**【解】** （1）按直线折旧法计算

$$\text{年折旧率}=(1-5\%)/10=9.50\%$$

$$\text{年折旧费}=2\,500\times9.50\%=237.50\ (\text{万元})$$

（2）按年数总和法计算

这种方法每年的折旧率和折旧费都不同。如第 1 年：

$$\text{年折旧率}=\frac{10-0}{10\times(10+1)/2}\times100\%=18.18\%$$

$$\text{年折旧费}=(2\,500-2\,500\times5\%)\times18.18\%=431.78\ (\text{万元})$$

依次类推，各年折旧费见表 3-1。

**表 3-1　按年数总和法计算折旧费**

| 折旧年限 | 1 | 2 | 3 | 4 | 5 | 6 | 7 | 8 | 9 | 10 | 合计 |
|---|---|---|---|---|---|---|---|---|---|---|---|
| 年折旧率 | 18.18% | 16.36% | 14.54% | 12.73% | 10.91% | 9.10% | 7.27% | 5.45% | 3.64% | 1.82% | |
| 年折旧费/万元 | 431.78 | 388.55 | 345.33 | 302.34 | 259.11 | 216.12 | 172.66 | 129.44 | 86.45 | 43.22 | 2 375 |

（3）按双倍余额递减法计算

年折旧率 $=(2/10)\times100\%=20\%$

第 1 年折旧费 = 2 500×20% = 500（万元）

第 2 年折旧费 = (2 500−500)×20% = 400（万元）

第 3 年折旧费 = (2 500−500−400)×20% = 320（万元）

第 4 年折旧费 = (2 500−500−400−320)×20% = 256（万元）

第 5 年折旧费 = (2 500−500−400−320−256)×20% = 204.80（万元）

第 6 年折旧费 = (2 500−500−400−320−256−204.80)×20% = 163.84（万元）

第 7 年折旧费 = (2 500−500−400−320−256−204.80−163.84)×20% = 131.07（万元）

第 8 年折旧费 = (2 500−500−400−320−256−204.80−163.84−131.07)×20% = 104.86（万元）

第 9 年和第 10 年折旧费 = (2 500−500−400−320−256−204.80−163.84−131.07−104.86−2 500×5%)/2 = 147.22（万元）

**3. 摊销费的估算**

摊销费包括无形资产的摊销费和其他资产的摊销费。

① 无形资产应从使用日起，按照有关规定，在有效使用期限内将无形资产原值平均摊入成本，不计残值。没有规定有效期的，应按不少于 10 年确定摊销年限。无形资产原值主要包括技术转让费、技术使用费等。

② 其他资产应从项目投产之日起，按照不少于 5 年确定摊销年限，将其他资产原值采用平均年限法摊入成本，不计残值。其他资产原值主要包括生产准备费、开办费、样品样机购置费和农业开荒费等。

**4. 运营期借款利息的估算**

运营期借款利息包括长期借款利息、流动资金借款利息和短期借款利息。

1）长期借款利息

长期借款利息是指在项目建设期间的借款余额（含未支付的建设期利息），应当在运营期支付利息。它的计算与还款方式有关，其计算方式一般有以下几种。

① 等额利息法。每期付息额相等，期中不还本金，最后一次归还本期利息和本金。

② 等额本金法。每期偿还相等的本金和相应的利息。

③ 等额本息法。每期偿还本利相等。

④ 一次性偿还法。最后一次偿还本利。

⑤ 量入偿付法。根据项目的盈利大小，任意偿还本利，到期末全部还清本息。

在以上还本付息方式中，最常用的是量入偿付法。对于量入偿付法，每年支付的利息为：

$$\text{每年支付利息} = \text{年初借款余额} \times \text{年利率} \tag{3-50}$$

为简化计算，还款当年按年末偿还，全年计息。

2）流动资金借款利息

流动资金借款使用“等额利息法”的还本付息方法，本金于项目寿命期期末偿还，利息每年支付，各年均计全年利息（包括借款当年）。

$$\text{各年流动资金利息} = \text{各年占用的流动资金借款金额} \times \text{流动资金借款年利率} \tag{3-51}$$

3）短期借款利息

短期借款一般是在项目运营期为了弥补资金短缺而发生的。短期借款一般在借款第二年连本带利一并归还。

$$短期借款利息=短期借款金额\times短期借款利率 \tag{3-52}$$

**5. 维修费的估算**

维修费是为保证项目固定资产的正常运转和使用，进行必要修理的费用（包括大修、中修、小修）。维修费可按固定资产原值的一定比例估算。

# 3.3 增值税、税金及附加的估算

## 3.3.1 增值税的估算

增值税是以商品生产、流通和劳动服务各个环节的新增价值为课税对象的一种流转税。它的基本特点是：以应税产品的销售额为计税依据，同时又准许从税额中扣除（上一个环节）已纳税部分的进项税额，以其余额为应纳税额。即：

$$应纳增值税额=当期销项税额-当期进项税额 \tag{3-53}$$

按照现行税法的规定，增值税作为价外税不包括在税金及附加中。但在财务评价中还需要单独计算增值税额，作为城市维护建设税和教育费附加的计算基数。

① 当增值税为价外税时，应以不含增值税税额的价格为计税依据。此时：

$$销项税额=销售额\times税率 \tag{3-54}$$

$$进项税额=购进货物或应税劳务已交纳的增值税额 \tag{3-55}$$

② 当销售收入为含税销售额或购入货物的费用为含税费用时：

$$销项税额=\frac{销售额}{1+税率}\times税率 \tag{3-56}$$

$$进项税额=\frac{外购原料费、燃料费、动力费等}{1+税率}\times税率 \tag{3-57}$$

## 3.3.2 税金及附加的估算

税金是国家依据法律对有纳税义务的单位和个人征收的财政资金。税金及附加是指从营业收入中扣除的税费，包括消费税、资源税、城市维护建设税及教育费附加等。

**1. 消费税**

消费税是在普通征收增值税的基础上，根据消费政策、产业政策的要求，有选择地对部分消费品征收的一种税，用以发挥特殊调节的作用。

在项目的经济分析中，对适用消费税的产品，应按税法规定，计算消费税。

**2. 资源税**

资源税是国家对在我国境内开采应税矿产品或者生产盐的单位和个人征收的一种税。实质上，资源税是对因资源生成和开发条件的差异而客观形成的级差收入征收的一种税。

资源税的征收范围包括：开采原油、天然气、煤炭、金属矿产品和其他非金属矿产品以及生产盐的项目，其计算公式为：

应纳税额=应税产品课税数量×单位税率　　(3-58)

式中，课税数量为实际销售量或自用量，即纳税人开采或者生产应税产品用于销售的，以销售数量为课税数量；纳税人开采或者生产应税产品用于自用的，以自用数量为课税数量。单位税率是根据资源生成和开发条件的差异而客观形成的级差收入的不同而有所不同。

**3. 城市维护建设税**

城市维护建设税是以纳税人实际交纳的流转税额为计税依据征收的一种税。城市维护建设税按纳税人所在地区实行差别税率：项目所在地为市区的，税率为 7%，项目所在地为县城、镇的，税率为 5%，项目所在地为乡村的，税率为 1%。

城市维护建设税以纳税人实际交纳的增值税税额、消费税税额为计税依据，并分别与上述两种税同时交纳，其计算公式为：

应纳税额=(增值税实纳税额+消费税实纳税额)×适用税率　　(3-59)

**4. 教育费附加**

教育费附加是为了加快地方教育事业的发展，扩大地方教育经费的资金来源而开征的一种附加费。根据有关规定，凡交纳消费税、增值税的单位和个人，都是教育附加费的纳税人。教育费附加随消费税、增值税同时缴纳。教育费附加的征收是依据各纳税人实际交纳的消费税、增值税的税额来计算，目前教育费附加征收税率为 3%，地方教育费附加征收税率为 2%，其计算公式为：

应纳教育费附加额=(增值税实纳税额+消费税实纳税额)×

教育费附加税率　　(3-60)

# 3.4　营业收入及利润的估算

## 3.4.1　营业收入的估算

营业收入是指向社会出售商品或提供劳务所取得的收入。它一般是由产品和服务的价格和数量两个因素确定的。在项目的运营期内，它们有可能发生变化。

在项目经济评价中，一般假设项目的产量等于销售量。营业收入的估算可用以下公式：

营业收入=产品产量(或服务量)×价格　　(3-61)

这里略去了项目在运行过程中的其他投资收益、营业外净收益和补贴收入。

## 3.4.2　利润总额的估算

项目的营业收入扣除总成本费用和税金及附加后，即为利润总额，即：

年利润总额=年营业收入-总成本费用-税金及附加　　(3-62)

### 3.4.3 所得税的估算

按照税法的规定，企业取得利润后，先向国家交纳所得税，即凡在我国境内实行独立经营核算的各类企业或者组织者，其来源于我国境内、境外的生产、经营所得和其他所得，均应依法交纳企业所得税。

企业所得税以应纳税所得额为计税依据。应纳税所得额是纳税人每一纳税年度的收入总额减去准予扣除项目的余额。若纳税人发生年度亏损，可用下一纳税年度的所得弥补；若下一纳税年度的所得不足弥补的，可以逐年延续弥补，但是延续弥补期最长不得超过5年。

企业所得税的应纳税额计算公式为：

$$\text{所得税应纳税额}=\text{应纳税所得额}\times\text{所得税税率} \tag{3-63}$$

在项目工程经济分析中，一般是按照利润总额作为企业应纳税所得额，再乘以所得税税率计算所得税，即：

$$\text{所得税应纳税额}=\text{利润总额}\times\text{所得税税率} \tag{3-64}$$

### 3.4.4 净利润的估算

净利润是企业当期利润总额减去所得税税额后的金额，即企业的税后利润，其计算公式为：

$$\text{净利润}=\text{年利润总额}-\text{所得税税额} \tag{3-65}$$

企业当期实现的净利润，加上年初未分配利润（或减去年初未弥补亏损）和其他转入后的余额为可供分配的利润。我国企业可供分配的利润按下列顺序分配。

**1. 提取法定盈余公积金**

盈余公积金从净利润中提取，用于弥补公司亏损、扩大公司生产经营或者转为增加公司资本。盈余公积金分为法定盈余公积金和任意盈余公积金。公司分配当年税后利润时，应当按照10%比例提取法定盈余公积金，当盈余公积金累计达到注册资本的50%时，可不再继续提取。任意盈余公积金的提取须按公司章程或由董事会根据需要决定。

**2. 提取法定公益金**

法定公益金也从净利润中提取，专门用于职工集体福利设施建设。法定公益金与任意盈余公积金相似，提取的比例须按公司章程或由董事会根据需要决定。在项目的经济评价中，因缺乏预测的依据，一般不对法定公益金和任意盈余公积金进行预测。

**3. 可供投资者分配的利润**

可供分配的利润减去提取的法定盈余公积金、法定公益金等后，为可供投资者分配的利润。分配的顺序为：应付优先股股利、提取任意盈余公积金、应付普通股股利、转作资本（或股本）的普通股股利。

可供投资者分配的利润经上述分配后为未分配利润（或未弥补亏损）。未分配利润可留待以后年度进行分配。若企业发生亏损，可以按规定由以后年度利润进行弥补。

收入、成本和利润的关系如图3-2所示。

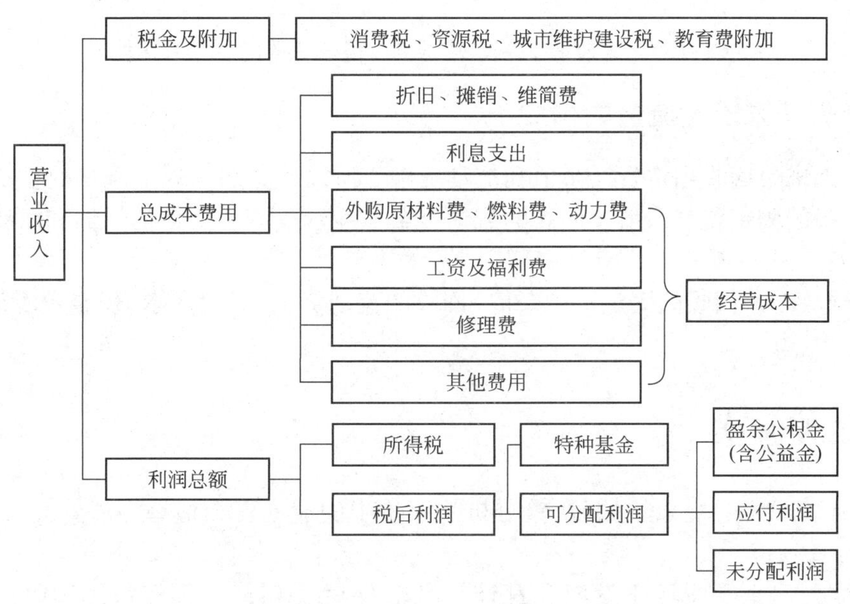


图 3-2　收入、成本和利润的关系图

# 3.5　工程项目现金流量的构成

工程项目现金流入主要有营业收入、回收的固定资产余值和回收的流动资金，现金流出主要有建设投资、流动资金、经营成本、税金及附加和所得税，如图 3-3 所示。

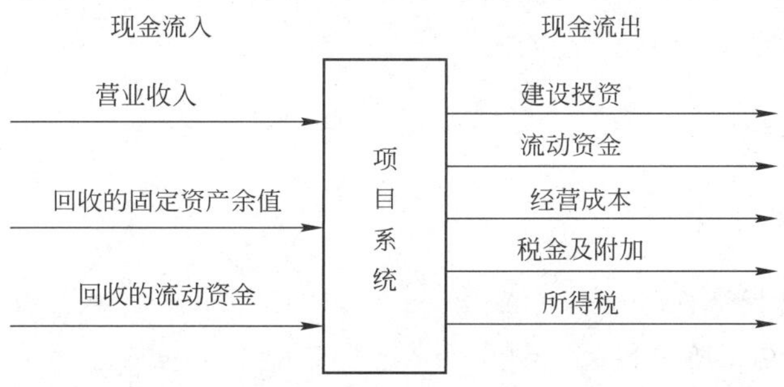


图 3-3　工程项目现金流量主要构成示意图（融资前）

工程项目在建设期、生产经营期、计算期末现金流量的构成有所不同。

## 3.5.1　建设期现金流量的构成

建设期现金流量的构成主要是建设投资和流动资金，其净现金流量为：

$$CI-CO=-建设投资-流动资金 \tag{3-66}$$

## 3.5.2　生产经营期现金流量的构成

生产经营期现金流量的构成主要是营业收入、经营成本、税金及附加和所得税，其净现金流量为：

$$CI-CO=营业收入-经营成本-税金及附加-所得税 \tag{3-67}$$

### 3.5.3 计算期末现金流量的构成

在计算期末要回收固定资产余值和流动资金，所以计算期末现金流量的构成主要是营业收入、回收的固定资产余值、回收的流动资金、经营成本、税金及附加和所得税，其净现金流量为：

$$CI-CO=营业收入+回收的固定资产余值+回收的流动资金-经营成本-税金及附加-所得税 \tag{3-68}$$

## 延伸阅读

1. 孙艳军，王玲．浅谈项目决策分析与评价中的流动资金估算方法［J］．水利天地，2023（12）：16-17.

2. 强维文．建设项目建设期利息计算方法探讨［J］．工程经济，2018，28（12）：15-18.

3. 张晓亮．企业项目投资现金流量估算探析［J］．会计之友，2013（19）：54-56.

4. 王大鹏．可行性研究阶段投资估算的编制方法及注意事项［J］．建筑经济，2012（5）：26-28.

5. 李明哲．工程造价、项目总投资、流动资金有关概念辨析［J］．技术经济，2009，28（9）：73-77，104.

6. 刘群，廖正方．项目投资现金流量估算方法的改进［J］．湖北经济学院学报，2009（11）：101-105.

## 复习思考题

**1. 单项选择题**

（1）工程项目总投资包括（　　）。

A. 建设投资、建设期利息及流动资金

B. 建设投资

C. 建设期利息及流动资金

D. 建设投资及流动资金

（2）建设投资是由（　　）构成。

A. 工程费用、工程建设其他费用、预备费

B. 工程费用

C. 工程建设其他费用及预备费

D. 建设期利息

（3）经营成本是（　　）。

A. 总成本-折旧-摊销-利息　　　　B. 期间费用

C. 总成本-折旧　　D. 总成本-利息

**2. 多项选择题**

(1) 折旧方法有（　　）。

A. 直线折旧法　B. 工作量法　C. 年数总和法　D. 双倍余额递减法

(2) 流动资产包括（　　）。

A. 应收账款　B. 存货　C. 预付账款　D. 现金

(3) 预备费包括（　　）。

A. 基本预备费　B. 涨价预备费　C. 工程费用　D. 流动资金

**3. 思考题**

(1) 工程项目总投资由哪几大项构成？如何计算和处置项目的建设期利息？

(2) 预备费包含哪些？各起什么作用？

(3) 总成本费用由哪几部分构成？

(4) 什么是经营成本？为什么不将折旧费、摊销费和借款利息包含在其中？

(5) 如何计算项目的折旧费和摊销费？

**4. 计算题**

(1) 某运输工程项目建设期为 4 年，4 年内每年分别借款 300 万元、400 万元、400 万元、300 万元，每年借款平均支用，年利率 6%。用复利法计算建设期借款利息。

(2) 某项目的固定资产原值为 1 000 万元，残值率为 10%，折旧年限为 5 年，分别用直线折旧法、双倍余额递减法和年数总合法求每年的折旧率和折旧费。

(3) 某工程项目达到设计生产能力的第 1 年，应收账款为 2 820 万元，存货 7 830 万元，现金 150 万元，应付账款为 2 500 万元，试估算流动资金为多少？

(4) 某工程项目第 1 年初投资 2 000 万元，第 2 年初投资 2 000 万元，第 3 年初投资 2 500 万元，从第 4 年起，连续 10 年每年的营业收入为 6 500 万元，经营成本为 3 500 万元，折旧费为 600 万元，销售税金为 200 万元，所得税率为 25%，项目在期末的残值为 500 万元。试计算该项目的税后净现金流量，并画出现金流量图。

答案

# 第4章 工程项目经济评价方法

## 【本章内容概要】

经济评价是工程经济分析的核心内容。经济评价是通过计算评价对象的一系列经济指标来判断评价对象的优劣。评价指标是多种多样的，它们从不同的角度反映项目的经济性。本章介绍了静态投资回收期、动态投资回收期、差额投资回收期、净现值、净年值、费用现值、费用年值、内部收益率、净现值率、总投资收益率、项目资本金净利润率、利息备付率、偿债备付率、资产负债率等指标的计算方法及评价准则；介绍了互斥方案、独立方案及相关方案之间的比选方法；介绍了利用 Excel 中的函数计算评价指标的方法。

## 【本章学习重点和难点】

**学习重点：**掌握静态投资回收期、动态投资回收期、净现值、净年值、内部收益率等指标的计算和评价方法，掌握互斥方案和独立方案比选的方法。

**学习难点：**掌握静态投资回收期、动态投资回收期、净现值、内部收益率等指标的计算和评价方法及互斥型方案比选的方法。

**【引例】** 为了满足运输要求，有关部门分别提出要在某两地之间修建一条铁路项目 A 和一条公路项目 B。只上一个项目时的净现金流量见表 4-1。若两个项目都上，由于分流的影响，两项目都将减少净收入，其净现金流量见表 4-2。当基准折现率为 10%时应如何决策？

**表 4-1 只上一个项目时的净现金流量** 单位：百万元

| 年末 | 0 | 1 | 2 | 3～32 |
|---|---|---|---|---|
| 铁路 A | -200 | -200 | -200 | 100 |
| 公路 B | -100 | -100 | -100 | 60 |

**表 4-2　两个项目都上时的净现金流量**　　单位：百万元

| 年末 | 0 | 1 | 2 | 3～32 |
|---|---|---|---|---|
| 铁路 A | -200 | -200 | -200 | 80 |
| 公路 B | -100 | -100 | -100 | 35 |
| 铁路 A+公路 B | -300 | -300 | -300 | 115 |

**分析与讨论**

（1）为了能够做出正确的决策，应如何进行经济效果的评价？

（2）在决策时应计算哪些指标？如何计算这些评价指标？

# 4.1　工程项目经济评价指标

在工程项目经济分析中，经济评价是工程经济分析的核心内容。经济评价是通过计算评价对象的一系列经济指标来判断评价对象的优劣。其目的在于保证投资决策的正确性和科学性，避免或最大限度地减少工程项目投资的风险，明确建设项目投资的盈利水平，最大限度地提高工程项目投资的综合经济效益。因此，研究经济评价的指标和方法是十分必要的。

## 4.1.1　经济评价指标体系

经济评价指标多种多样，它们各自从不同角度反映项目的经济性。下面从三个角度对经济评价指标进行分类。

**1. 按经济评价指标是否考虑资金时间价值划分的指标体系**

根据经济评价指标是否考虑资金时间价值，可分为静态评价指标和动态评价指标，如图 4-1 所示。

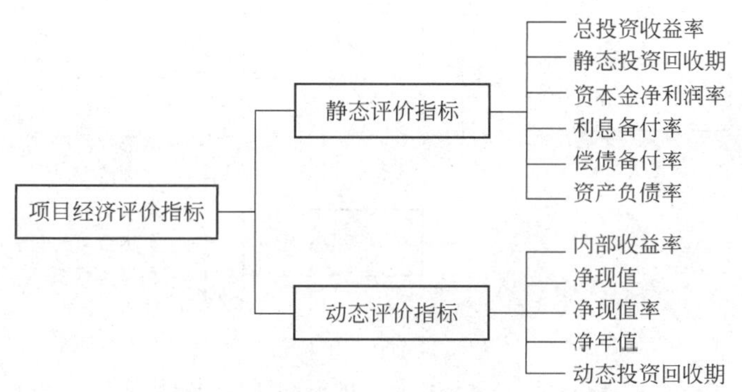


图 4-1　按经济评价指标是否考虑资金时间价值划分的指标体系

静态评价指标是在不考虑资金时间价值的情况下直接通过现金流量计算的经济评价指标。静态评价指标的主要优点是计算简便、计算量较小，多用于经济数据不完备或不够精确的机会研究、初步可行性研究或短期投资项目。

动态评价指标是在考虑资金时间价值的情况下将现金流量进行等值化处理后计算的经

济评价指标。动态评价指标能全面地反映投资方案整个计算期的经济效果，在可行性研究阶段普遍应用，是主要的评价指标。

**2. 按经济评价指标的性质划分的指标体系**

在工程项目评价中，按经济评价指标的性质也可将评价指标分为盈利能力分析指标、清偿能力分析指标和财务生存能力分析指标，如图 4-2 所示。

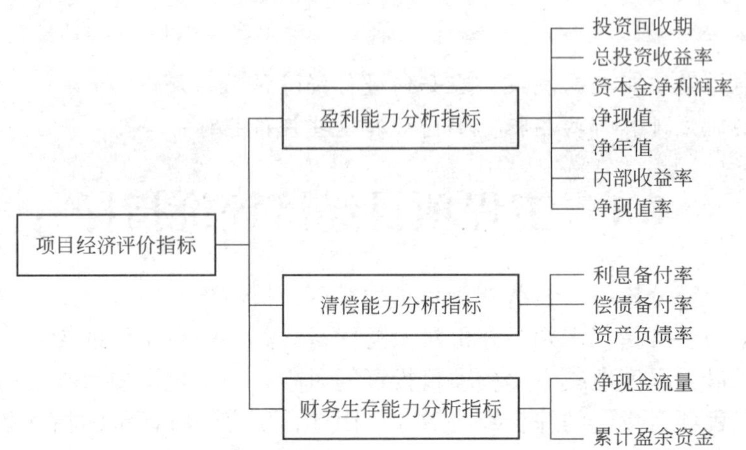


图 4-2　按经济评价指标的性质划分的指标体系

**3. 按经济评价指标的量纲划分的指标体系**

按经济评价指标的量纲，可将经济评价指标分为时间型指标、价值型指标和效率型指标，如图 4-3 所示。

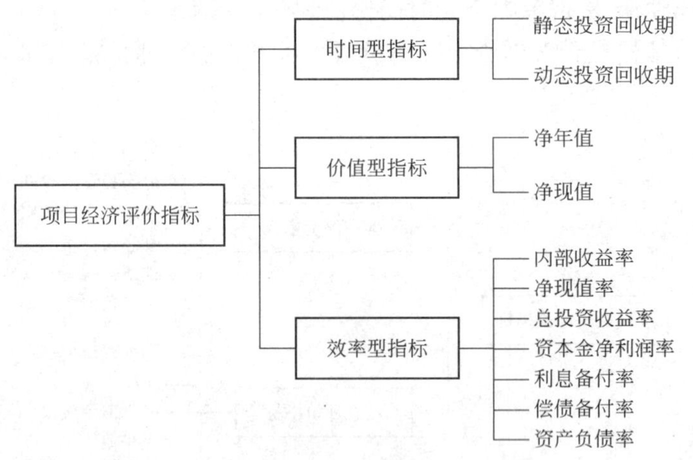


图 4-3　按经济评价指标的量纲划分的指标体系

### 4.1.2　时间型评价指标

**1. 静态投资回收期**

投资回收期也称为投资还本期、投资偿还年限，是反映投资方案盈利能力的指标。静态投资回收期是在不考虑资金时间价值的条件下，从项目投建之日起，用项目的净收益将全部投资收回所需的时间，一般以年为单位。项目投资回收期一般从投建之时算起，若从投产开始算起，应予以特别注明。自项目投建之日起，静态投资回收期的计算公式如下：

$$\sum_{t=0}^{P_t}(CI-CO)_t=0 \tag{4-1}$$

式中：$(CI-CO)_t$——第 $t$ 年净现金流量；

$P_t$——静态投资回收期。

静态投资回收期可借助项目投资现金流量表计算。项目投资现金流量表中累计净现金流量由负值变为零的时点，即为项目的静态投资回收期，其计算公式如下：

$$P_t=T-1+\frac{\text{第}(T-1)\text{年的累计净现金流量的绝对值}}{\text{第}T\text{年的净现金流量}} \tag{4-2}$$

式中：$T$——项目各年累计净现金流量首先为正值或零的年份。

如果项目投产后每年的净收益相等，则静态投资回收期可用式（4-3）简便地计算。

$$P_t=\text{建设期年数}+\frac{\text{总投资}}{\text{每年等额净收益}} \tag{4-3}$$

将计算出的静态投资回收期 $P_t$ 与所确定的基准投资回收期 $P_c$ 进行比较。若 $P_t \leq P_c$，表明项目投入的总资金能在规定的时间内回收，则方案可以考虑接受；若 $P_t>P_c$，则方案不可行。

基准投资回收期是根据当前各部门、各行业反映一般水平的实际投资回收期作为基数，根据国家的需要、技术水平、人才物等因素综合考虑确定的。基准投资回收期不能长于固定资产的折旧年限，否则没有起到促进技术发展的作用。

**【例 4-1】**　某工程项目的建设期为 2 年，第 3 年开始投产，项目的现金流量见表 4-3。试计算项目的静态投资回收期。

**表 4-3　项目的现金流量表**　　　单位：万元

| 年份 | 0 | 1 | 2 | 3 | 4 | 5 | 6 | 7 |
|---|---|---|---|---|---|---|---|---|
| 投资 | 300 | 250 | 100 | | | | | |
| 年净收益 | | | | 250 | 250 | 250 | 250 | 250 |
| 净现金流量 | −300 | −250 | −100 | 250 | 250 | 250 | 250 | 250 |
| 累计净现金流量 | −300 | −550 | −650 | −400 | −150 | 100 | 350 | 600 |

**【解】**　从表 4-3 可以看出，累计净现金流量在第 5 年开始出现正值，根据式（4-2），则：

$$P_t=5-1+|-150|/250=4.6\ (\text{年})$$

因项目每年的净收益相等，根据式（4-3）则：

$$P_t=2+650/250=4.6\ (\text{年})$$

静态投资回收期指标的优点是：①经济意义明确，直观，计算简便；②便于投资者衡量项目承担风险的能力；③在一定程度上反映了投资效果的优劣。

静态投资回收期指标的缺点是：①未考虑回收投资之后的情况及方案的使用年限和期末残值，无法反映盈利水平；②未考虑资金时间价值，无法正确地辨认项目的优劣。

**2. 动态投资回收期**

动态投资回收期是在考虑资金时间价值的情况下，在给定的基准折现率 $i_c$ 下，用方案净收益的现值来回收总投资所需要的时间（$P_t'$）。动态投资回收期计算公式如下：

$$\sum_{t=0}^{P_t'}(CI-CO)_t(1+i_c)^{-t}=0 \tag{4-4}$$

式中：$(CI-CO)_t$——第 $t$ 年净现金流量；

$P_t'$——动态投资回收期；

$i_c$——基准折现率。

动态投资回收期更为实用的计算公式为：

$$P_t'=T-1+\frac{\text{第}(T-1)\text{年累计折现值的绝对值}}{\text{第}T\text{年净现金流量的折现值}} \tag{4-5}$$

式中：$T$——累计折现值首先为正值或零的年份。

评价标准：设基准动态投资回收期为 $P_c'$，若 $P_t' \leq P_c'$，则项目可以考虑接受；若 $P_t'>P_c'$，则项目应予以拒绝。

【例 4-2】 某工程建设项目的现金流量如图 4-4 所示，试计算（$i_c=10\%$）：①静态投资回收期；②动态投资回收期。

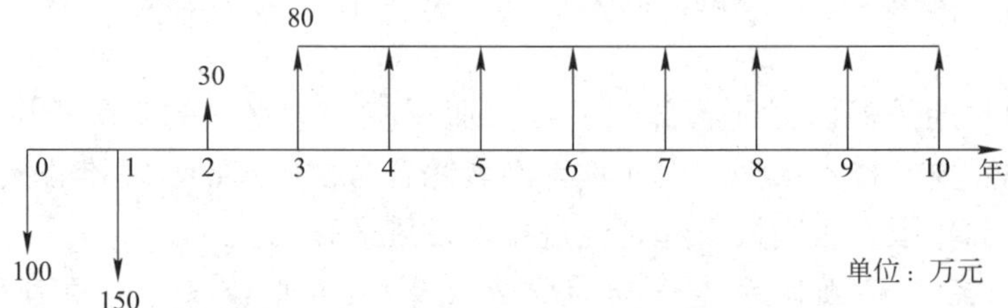


图 4-4 某工程建设项目的现金流量图

【解】 ① 利用表 4-4 进行计算，在求出各年净现金流量的基础上，求出累计净现金流量首次出现正值或零的年份是第 5 年，再根据式（4-2），则：

$$P_t=5-1+|-60|/80=4.75\text{（年）}$$

**表 4-4 某工程建设项目现金流量表**

| 年份 | 0 | 1 | 2 | 3 | 4 | 5 | 6 | 7 | 8 | 9 | 10 |
|---|---|---|---|---|---|---|---|---|---|---|---|
| 净现金流量/万元 | -100 | -150 | 30 | 80 | 80 | 80 | 80 | 80 | 80 | 80 | 80 |
| 累计净现金流量/万元 | -100 | -250 | -220 | -140 | -60 | 20 | 100 | 180 | 260 | 340 | 420 |
| 10%的贴现系数 | 1.0 | 0.909 09 | 0.826 45 | 0.751 31 | 0.683 01 | 0.620 92 | 0.564 47 | 0.513 16 | 0.466 51 | 0.424 10 | 0.385 54 |
| 现值/万元 | -100 | -136.36 | 24.79 | 60.10 | 54.64 | 49.67 | 45.16 | 41.05 | 37.32 | 33.93 | 30.84 |
| 累计现值/万元 | -100 | -236.36 | -211.57 | -151.47 | -96.83 | -47.16 | -2.00 | 39.05 | 76.37 | 110.30 | 141.14 |

② 利用表 4-4 进行计算，按 $i_c=10\%$，求出各年净现金流量的现值，求出累计净现金流量的现值首次出现正值或零的年份是第 7 年，再根据式（4-5），则：

$$P_t'=7-1+|-2.00|/41.05=6.05\ (年)$$

**3. 追加投资回收期**

当一个项目的两个方案进行比较时，若它们的产出相同，但两个方案的投资总额和经营成本可能不同。此时，如果投资总额大、年经营费用也大的方案与投资总额小、年经营费用也小的方案进行比较，显然，后者优于前者。但是，在现实生活中往往是投资总额大的方案投入运行后的年经营费用小，而投资总额小的方案则年经营成本大。此时，就可以用追加投资回收期进行方案的比较。

追加投资回收期也称为差额投资回收期，是用投资额大的方案所获得的超额利润（或节省的费用）来回收超额投资所需的年限。

追加投资回收期也可分为追加静态投资回收期和追加动态投资回收期两种。下面介绍追加静态投资回收期的计算。

① 当对比方案的生产率（或产量）相同且各年经营成本的节约（$C_1-C_2$）或增量净收益（$A_2-A_1$）基本相同时，差额静态投资回收期为：

$$\Delta P_t=\frac{K_2-K_1}{C_1-C_2}=\frac{K_2-K_1}{A_2-A_1} \tag{4-6}$$

各年经营成本的节约（$C_1-C_2$）或增量净收益（$A_2-A_1$）差异较大时，差额静态投资回收期为：

$$(K_2-K_1)=\sum_{t=1}^{\Delta P_t}(C_1-C_2) \tag{4-7}$$

或

$$(K_2-K_1)=\sum_{t=1}^{\Delta P_t}(A_2-A_1) \tag{4-8}$$

式中：$K_2-K_1$——方案 2 比方案 1 增加的投资；

$A_2-A_1$——方案 2 比方案 1 增加的净收益；

$C_1-C_2$——方案 1 比方案 2 节约的经营成本。

② 当对比方案的生产率（或产量）不相同时，则先要作产量等同化处理，然后再计算差额静态投资回收期。产量等同化处理的方法之一可用单位生产能力投资和单位产品经营成本计算。设方案 1、方案 2 的产量分别为 $Q_1$、$Q_2$，则差额静态投资回收期为：

$$\Delta P_t=\frac{\dfrac{K_2}{Q_2}-\dfrac{K_1}{Q_1}}{\dfrac{C_1}{Q_1}-\dfrac{C_2}{Q_2}} \tag{4-9}$$

将追加投资回收期与基准投资回收期进行比较，可以反映追加的投资是否可行。当 $\Delta P_t\leqslant P_c$ 时，投资额大的方案优于投资额小的方案；当 $\Delta P_t>P_c$ 时，投资额小的方案优于投资额大的方案。

**【例 4-3】** 现有两个达到同样目标的设计方案待选。甲方案投资为 2 500 万元，年成本费用为 1 500 万元；乙方案投资为 3 000 万元，年成本费用为 1 300 万元。如果基准投资回收期为 5 年，问追加投资回收期为多少？哪个方案较优？

【解】 利用式（4-6）得：

$$\Delta P_t=(3\ 000-2\ 500)/(1\ 500-1\ 300)=2.5\ (\text{年})$$

因追加投资回收期为 2.5 年，小于基准投资回收期 5 年，故投资额大的乙方案较优。

### 4.1.3 价值型评价指标

**1. 净现值**

净现值（net present value，NPV）是将项目寿命期内每年发生的净现金流量按一定的折现率（一般采用基准收益率 $i_c$）折现到同一时点（计算基准年，通常是期初）的现值累加值，其计算公式如下：

$$\text{NPV}=\sum_{t=0}^{n}(\text{CI}-\text{CO})_t(1+i_c)^{-t} \tag{4-10}$$

式中：$(\text{CI-CO})_t$——建设项目第 $t$ 年的净现金流量；

$n$——计算期；

$i_c$——基准收益率。

净现值的评价标准：对单一方案而言，若 NPV≥0，表示项目方案实施后的收益率不小于基准收益率 $i_c$，方案可以接受；若 NPV<0，表示项目方案的收益率未达到基准收益率 $i_c$，应予以拒绝。

净现值指标的优点是：考虑了资金的时间价值，并全面考虑了项目在整个计算期内的经济状况；经济意义明确，能够直接以货币额表示项目的盈利水平；评价标准容易确定，判断直观。

净现值指标的缺点是：需要预先给定一个符合经济现实的基准收益率，而基准收益率的确定往往是比较复杂的，这给项目决策带来了困难，因为一旦基准收益率定得过高，可行项目就可能被否定，反之，基准收益率定得过低，不可行的项目就可能被选中了（如图 4-5所示）；净现值不能反映项目投资中单位投资的使用效率，无法评定可接受的投资额相差较大的被选项目的优劣，一个勉强合格的大型项目的正净现值可能比一个经济效果很好的小型项目的正净现值大，这样就可能造成决策失误；在用净现值对互斥方案进行评价时，必须慎重考虑互斥方案的寿命，如果互斥方案寿命不等，必须构造一个相同的研究期，才能进行各个方案之间的比选。

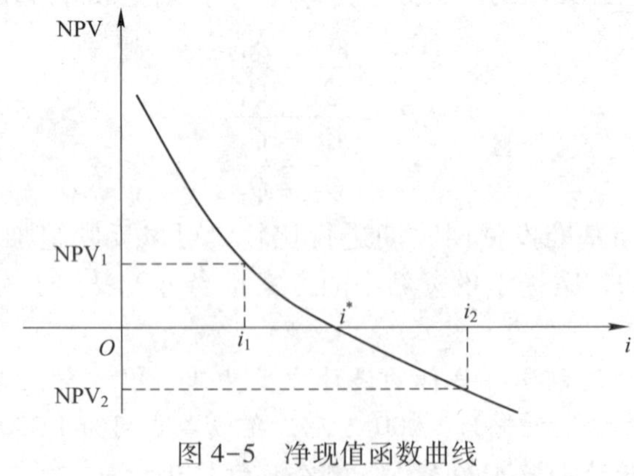


图 4-5　净现值函数曲线

对于具有常规现金流量的投资方案（即在计算期内，项目净现金流量的正负号只变化一次，且所有负净现金流量都出现在正净现金流量之前的项目方案），其净现值的大小与基准收益率的高低有直接的关系。若已知某投资方案各年的净现金流量，则该方案的净现值就完全取决于所选用的基准收益率，即净现值是基准收益率的函数，其表达式如下：

$$NPV(i) = \sum_{t=0}^{n} (CI - CO)_t (1 + i)^{-t} \tag{4-11}$$

可以证明简单的常规投资项目的净现值函数曲线是单调下降的，即随着基准收益率的逐渐增大，净现值将由大变小，由正变负。NPV 与 $i$ 之间的关系如图 4-5 所示。

从图 4-5 可以看出，该方案的 NPV($i$) 曲线与横轴的交点为 $i^*$，当基准收益率取 $i_1$($i_1<i^*$)时 $NPV_1>0$，方案可以接受；当基准收益率取 $i_2$（$i_2>i^*$）时，$NPV_2<0$，方案变得不可以接受。由此可知，如果基准折现率定得过高，可行项目就可能被否定；反之，基准折现率定得过低，不可行的项目就可能被选中。所以，基准折现率确定得合理与否，对投资方案经济效果的评价结论有直接的影响，定得过高或过低都会导致投资决策的失误。

**2. 净年值**

净年值（net annual value，NAV）又叫等额年值，是通过资金等值换算将项目净现值分摊到寿命期内各年（从第一年末到第 $n$ 年末）的等额年金，其计算公式如下：

$$NAV = NPV\ (A/P,\ i_c,\ n) \tag{4-12}$$

或

$$NAV = \left[\sum_{t=0}^{n} (CI - CO)_t (1 + i_c)^{-t}\right] (A/P,\ i_c,\ n) \tag{4-13}$$

净年值的评价标准：若 NAV≥0，则项目在经济上可以接受；若 NAV<0，则项目在经济上不可以接受。

**【例 4-4】** 某项目期初固定资产投资 1 200 万元，第一年初投入流动资金 100 万元，每年销售收入为 600 万元，年经营费用为 340 万元，年税金为 60 万元，项目计算期为 10 年，期末残值为 100 万元，并回收全部流动资金。试按基准折现率 10%，求净现值和净年值。

**【解】** 根据题意可画出如图 4-6 所示的项目现金流量图。

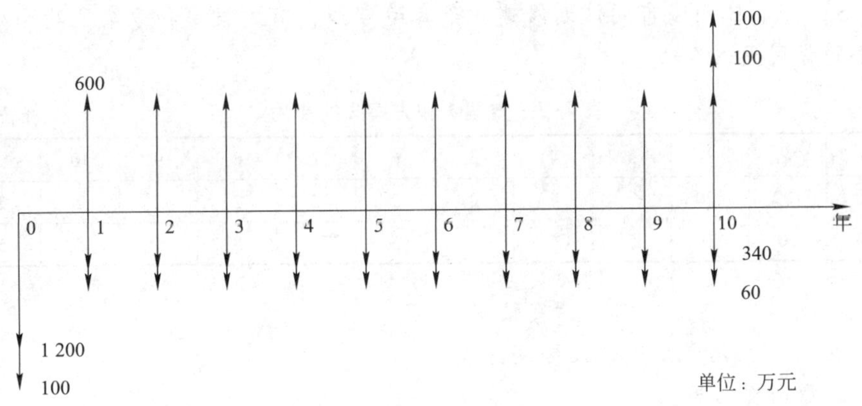


图 4-6　某项目现金流量图

根据式（4-11）可得NPV为：

$$NPV=-1\,300+200(P/A,10\%,10)+200(P/F,10\%,10)$$
$$=-1\,300+200\times 6.144\,57+200\times 0.385\,54$$
$$=6.02\ (万元)$$

根据式（4-12）可得NAV为：

$$NAV=NPV(A/P,10\%,10)=6.022\times 0.162\,75=0.98\ (万元)$$

**3. 费用现值和费用年值**

在对多个方案进行比较选优时，如果各方案产出价值相同，或者各方案能够满足同样需要但其产出效益难以用价值形态（货币）计量时，可以通过对各方案费用现值或费用年值的比较进行选择。

1）费用现值

费用现值（present cost，PC）是将方案计算期内的各年费用按基准收益率换算为基准年的现值之和，其计算公式如下：

$$PC=\sum_{t=0}^{n}(CO)_t(1+i_c)^{-t} \tag{4-14}$$

式中：$(CO)_t$——建设项目第$t$年的现金流出量；

$n$——计算期；

$i_c$——基准收益率。

2）费用年值

费用年值（annual cost，AC）是通过资金等值换算将项目费用现值分摊到寿命期内各年（从第一年末到第$n$年末）的等额年值，其计算公式如下：

$$AC=PC(A/P,i_c,n) \tag{4-15}$$

或

$$AC=\left[\sum_{t=0}^{n}(CO)_t(1+i_c)^{-t}\right](A/P,i_c,n) \tag{4-16}$$

费用现值和费用年值只适用于多方案比选。费用现值或费用年值越小，其方案的经济效益越好。

**【例4-5】** A、B两城市间计划修建一条客运专线，有方案1和方案2两个建设方案，两方案各年的费用见表4-5。

**表4-5　方案1和方案2的费用**　　单位：亿元

| 年末 | 0 | 1 | 2 | 3 | 4 | 5 | 6 | 7 | 8 | 9 | 10 | 11 | 12 |
|---|---|---|---|---|---|---|---|---|---|---|---|---|---|
| 方案1 | 80 | 100 | 120 | 2 | 2 | 2 | 2 | 2 | 2 | 2 | 2 | 2 | 2 |
| 方案2 | 80 | 90 | 110 | 5 | 5 | 5 | 5 | 5 | 5 | 5 | 5 | 5 | 5 |

设基准折现率为6%，问哪个方案较优？

**【解】** 方法一：用费用现值比较两方案。

方案1的费用现值为：

$$PC_1=80+100(P/F,6\%,1)+120(P/F,6\%,2)+2(P/A,6\%,10)(P/F,6\%,2)$$
$$=80+100\times 0.943\,40+120\times 0.890\,00+2\times 7.360\,09\times 0.890\,00$$

$=294.24$（亿元）

方案 2 的费用现值为：

$PC_2=80+90(P/F, 6\%, 1)+110(P/F, 6\%, 2)+5(P/A, 6\%, 10)(P/F, 6\%, 2)$

$=80+90\times0.94340+110\times0.89000+5\times7.36009\times0.89000$

$=295.56$（亿元）

因 $PC_1<PC_2$，故方案 1 较优。

方法二：用费用年值比较两方案。

方案 1 的费用年值为：

$$AC_1=PC_1(A/P, 6\%, 12)=294.241\times0.11928=35.10\text{（亿元）}$$

方案 2 的费用年值为：

$$AC_2=PC_2(A/P, 6\%, 12)=295.558\times0.11928=35.25\text{（亿元）}$$

因 $AC_1<AC_2$，故方案 1 较优。

在运用费用现值或费用年值进行多方案比较时，应注意以下两点：①各方案除费用指标外，其他指标和有关因素应基本相同，在此基础上比较费用的大小；②因为费用现值或费用年值只能反映费用的大小，而不能反映净收益情况，所以这种方法只能比较方案的优劣，不能用于判断方案是否可行。

### 4.1.4　效率型评价指标

**1. 内部收益率**

内部收益率（internal rate of return，IRR）也称为内部报酬率，是使方案寿命期内各年净现金流量现值之和为零时所对应的折现率，或是项目方案现金流入现值等于现金流出现值时的收益率。内部收益率可以通过下述方程求得：

$$NPV(IRR)=\sum_{t=0}^{n}(CI-CO)_t(1+IRR)^{-t}=0 \tag{4-17}$$

式中：IRR——内部收益率；其他符号同前。

式（4-17）是高次方程，不容易直接求解，通常利用试算内插法求 IRR 的近似解，求解过程如下：

先给出一个折现率 $i_1$，计算相应的 $NPV_1$，若 $NPV_1>0$，说明欲求的 $IRR>i_1$，若 $NPV_1<0$，说明欲求的 $IRR<i_1$，据此信息，调整折现率 $i_2$ 的取值，并求 $NPV_2$ 的值。如此反复试算，最终可得到比较接近的两个折现率 $i_1$ 和 $i_2$（$i_1<i_2$，且 $i_2-i_1\leqslant5\%$），使得 $NPV_1>0$，$NPV_2<0$，这时用线性内插法确定 IRR 的近似解，计算公式如下：

$$IRR=i_1+\frac{NPV_1\times(i_2-i_1)}{NPV_1+|NPV_2|} \tag{4-18}$$

式（4-18）可参考图 4-7 推出。在图 4-7 中，当 $i_2-i_1$ 足够小时，可以将曲线段 $\overset{\frown}{AB}$ 近似看成直线段 $\overline{AB}$，$\overline{AB}$ 与横轴交点 $E$ 处的折现率 $i$ 可作为 IRR 的近似值。因 $\triangle ACE\backsim\triangle BDE$，故有：

$$\frac{i-i_1}{i_2-i}=\frac{NPV_1}{|NPV_2|}$$

等比变换可得：

$$\frac{i-i_1}{i_2-i_1}=\frac{NPV_1}{NPV_1+|NPV_2|}$$

展开整理即可得式（4-18）。

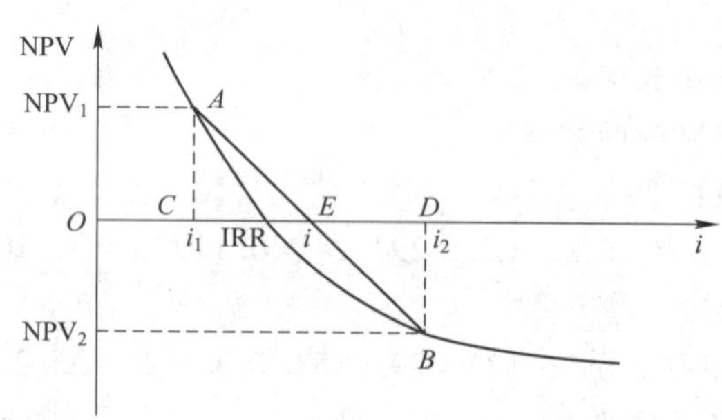


图 4-7　线性内插法图解

采用线性内插法计算 IRR 时，其计算精度与 $i_2-i_1$ 的大小有关。因为折现率与净现值不是线性关系，如图 4-7 所示，$i_2-i_1$ 越小，则计算结果就越精确，反之误差就越大。为保证 IRR 的精度，$i_2-i_1$ 一般以不超过 2%为宜，最大不宜超过 5%。

采用线性内插法计算内部收益率 IRR 只适用于具有常规现金流量的投资方案。而对于非常规现金流量的投资方案，由于其净现值函数可能与 $i$ 轴无交点或有几个交点，这时线性内插法就不太适用。为了解决这个问题，需要对投资项目的净现金流量按其分布特点进行分类。

1）常规投资项目

常规投资项目是指计算期内净现金流量的正负符号只变化一次，且所有负净现金流量都出现在正净现金流量之前的项目。

2）非常规投资项目

非常规投资项目是指计算期内净现金流量的正负符号变化多次的项目。

由于大多数投资项目在项目寿命期初（投资建设期和投产期初）的净现金流量一般为负值，项目进入正常生产期后，其净现金流量就会变成正值。所以，大多数投资项目属于常规投资项目，只要累计各年净现金流量大于零，IRR 就有唯一正数解。

对于非常规投资项目，其内部收益率方程若有多个正根，则所有的根都不是真正的项目内部收益率；若只有一个正根，则这个正根可能是项目的内部收益率。

在实际工作中，对于非常规投资项目可以用通常的办法（如试算内插法）先求出一个 IRR 的解，对这个解按照内部收益率的经济含义进行检验。若满足内部收益率经济含义的要求，则这个解就是内部收益率的唯一解；否则项目无内部收益率，就不能使用内部收益率指标评价方案。

内部收益率的经济含义可以这样理解：在项目寿命期内，按利率 $i$=IRR 计算，项目始终存在未被收回的投资，而在项目寿命期结束时，恰好把投资全部回收。也就是说，在项目寿命期内，项目始终处于用本身的收益“偿还”未被收回的投资状况。因此，项目的“偿付”能力完全取决于项目内部，故有“内部收益率”之称。

内部收益率的判别准则为：设 $i_c$ 为基准折现率，若 $IRR \geq i_c$，项目在经济效果上可以接受；若 $IRR < i_c$，项目在经济效果上不能接受。

内部收益率指标的优点是考虑了资金时间价值因素及项目在整个寿命期内的经济状况；此外，用内部收益率评价项目不需要事先确定一个基准收益率，只要知道基准收益率的大致范围即可。内部收益率的不足之处是计算比较麻烦，对于非常规现金流量的项目来讲，内部收益率可能不存在。

**【例 4-6】** 某工程项目，第 0 年年末投资 1 000 万元，第 1 年年末投资 800 万元，第 2 年年末至第 4 年年末每年可获得净收益 800 万元。若基准收益率为 10%，问该项目的内部收益率为多少？方案是否可行？

**【解】** 首先列出净现值与折现率 $i$ 的函数关系式：

$$NPV = -1\,000 - 800(P/F, i, 1) + 800(P/A, i, 3)(P/F, i, 1)$$

再对 $i$ 取值试算 NPV。

当 $i_1 = 10\%$ 时，

$$\begin{aligned} NPV_1 &= -1\,000 - 800 \times 0.909\,09 + 800 \times 2.486\,85 \times 0.909\,09 \\ &= 81.34\text{（万元）} \end{aligned}$$

当 $i_2 = 12\%$ 时，

$$\begin{aligned} NPV_2 &= -1\,000 - 800 \times 0.892\,86 + 800 \times 2.401\,83 \times 0.892\,86 \\ &= 1.31\text{（万元）} \end{aligned}$$

当 $i_3 = 15\%$ 时，

$$\begin{aligned} NPV_3 &= -1\,000 - 800 \times 0.869\,57 + 800 \times 2.283\,23 \times 0.869\,57 \\ &= -107.31\text{（万元）} \end{aligned}$$

根据式（4-18）用（$i_2$，$NPV_2$）和（$i_3$，$NPV_3$）计算 IRR 的近似值：

$$\begin{aligned} i^* &= 12\% + (15\% - 12\%) \times 1.31 / (1.31 + 107.31) \\ &= 12.04\% \end{aligned}$$

由于 $i^* > i_c$，所以该方案是可行的。

**2. 净现值率**

由于净现值指标用于多方案比较时，没有考虑各个方案投资额的大小，因而不能直接反映资金的利用效率。为了考虑资金的利用效率，人们通常用净现值率（net present value rate，NPVR）作为净现值的辅助指标。

净现值率也称净现值指数，是指项目净现值与项目投资现值总和之比。其经济含义是单位投资现值所能带来的净现值，其计算公式如下：

$$NPVR = \frac{NPV}{C_p} = \frac{\sum_{t=0}^{n}(CI - CO)_t(1 + i_c)^{-t}}{\sum_{t=0}^{n}C_t(1 + i_c)^{-t}} \tag{4-19}$$

式中：$C_p$——项目投资现值之和；

$C_t$——第 $t$ 年的投资；其他符号同前。

净现值率的判别准则：当 $NPVR \geq 0$，表示方案可以接受；当 $NPVR < 0$，项目方案应予以拒绝。

**【例 4-7】** 某投资项目设计方案的总投资为 2 000 万元，投资当年见效，投产后年经营成本为 500 万元，年销售额为 1 500 万元，第 3 年末该项目配套追加投资 1 000 万元。若计算期为 5 年，基准收益率为 10%，残值为 0，试计算该项目的净现值率。

**【解】** 首先计算 NPV：

$$NPV=-2\ 000-1\ 000(P/F,\ 10\%,\ 3)+(1\ 500-500)(P/A,\ 10\%,\ 5)=1\ 039.48\ (\text{万元})$$

再根据式（4-19）可计算 NPVR：

$$NPVR=\frac{1\ 039.48}{2\ 000+1\ 000(P/F,\ 10\%,\ 3)}=\frac{1\ 039.48}{2\ 751.31}=0.38$$

该结果说明项目每单位投资现值可以得到 0.38 单位的超额收益现值。

**3. 总投资收益率**

总投资收益率（return on investment，ROI）表示总投资的盈利水平，是指项目达到设计能力后正常年份的年息税前利润（EBIT）或运营期内年平均息税前利润与项目总投资（TI）的比例。其计算公式如下：

$$ROI=\frac{EBIT}{TI}\times 100\% \tag{4-20}$$

式中：ROI——总投资收益率；

EBIT——项目达到设计能力后正常年份的年息税前利润或运营期内年平均息税前利润；

TI——项目总投资。

$$\text{年息税前利润}=\text{年利润总额}+\text{计入总成本费用的利息费用} \tag{4-21}$$

总投资收益率高于同行业的收益率参考值，表明用总投资收益率表示的盈利能力满足要求。

**4. 项目资本金净利润率**

项目资本金净利润率（return on equity，ROE）表示项目资本金的盈利水平，是指项目达到设计能力后正常年份的年净利润（NP）或运营期内年平均净利润与项目资本金（EC）的比例，其计算公式如下：

$$ROE=\frac{NP}{EC}\times 100\% \tag{4-22}$$

式中：ROE——项目资本金净利润率；

NP——项目达到设计能力后正常年份的年净利润或运营期内年平均净利润；

EC——项目资本金。

$$\text{净利润}=\text{利润总额}-\text{所得税} \tag{4-23}$$

项目资本金净利润率高于同行业的净利润率参考值，表明用项目资本金净利润率表示的盈利能力满足要求。

**5. 利息备付率**

利息备付率（interest coverage ratio，ICR）也称已获利息倍数，是指项目在借款偿还期内各年可用于支付利息的税息前利润（EBIT）与当期应付利息费用（PI）的比值。利息备付率从付息资金来源的充裕性角度反映项目偿付债务利息的保障程度和支付能力，其计算公式为：

$$ICR=\frac{EBIT}{PI} \tag{4-24}$$

式中：ICR——利息备付率；

EBIT——税息前利润；

PI——当期应付利息费用。

当期应付利息是指计入总成本费用的全部利息。

利息备付率应分年计算。利息备付率越高，表明利息偿付的保障程度越高。一般情况下，利息备付率应大于 2，并满足债权人的要求。

**6. 偿债备付率**

偿债备付率（debt service coverage ratio，DSCR）是指项目在借款偿还期内，各年可用于还本付息的资金（EBITDA−$T_{AX}$）与当期应还本付息金额（PD）的比值。偿债备付率从还本付息资金来源的充裕性角度反映项目偿付债务本息的保障程度和支付能力，其计算公式为：

$$DSCR=\frac{EBITAD-T_{AX}}{FD} \tag{4-25}$$

式中：DSCR——偿债备付率；

EBITDA——息税前利润加折旧与摊销；

$T_{AX}$——企业所得税；

FD——当期应还本付息金额，当期应还本金金额及计入总成本费用的利息。

可用于还本付息资金包括可用于还款的折旧和摊销，成本中列支的利息费用，可用于还款的税后利润；偿债备付率应分年计算。正常情况偿债备付率应当大于 1，且越高越好。当指标小于 1 时，表示当年资金来源不足以偿付当期债务，需要通过短期借款偿付已到期债务。

**7. 资产负债率**

资产负债率（liability on asset ratio，LOAR）是指各期末负债总额（TL）同资产总额（TA）的比率，其计算公式为：

$$LOAR=\frac{TL}{TA}\times 100\% \tag{4-26}$$

式中：LOAR——资产负债率；

TL——期末负债总额；

TA——期末资产总额。

资产负债率是反映项目各年所面临的财务风险程度和偿债能力的指标。适度的资产负债率，表明企业经营安全、稳健，具有较强的筹资能力，也表明企业和债权人的风险较小。对该指标的分析，应结合国家宏观经济状况、行业发展趋势、企业所处竞争环境等具体条件判定。

### 4.1.5　评价指标小结

本节讨论了项目经济评价的常用指标，包括①时间型指标：静态投资回收期、动态投资回收期、差额投资回收期；②价值型指标：净现值、净年值、费用现值、费用年值；③效率型指标：内部收益率、净现值率、总投资收益率、项目资本金净利润率、利息备付率、偿债备付率、资产负债率。在这些指标中，盈利能力分析指标包括静态投资回收期、动态投资回收期、净现值、净年值、内部收益率、净现值率、总投资收益率及项目资本金净利润率；清偿能力分析指标包括利息备付率、偿债备付率及资产负债率。其中净现值、内部收益率和投资回收期是最常用的项目评价指标。

# 4.2 工程项目方案的比选

前面介绍了经济评价指标，但是，要想正确评价项目技术方案的经济性，仅凭对指标的计算及判断是不够的，还必须了解工程项目方案所属的类型，从而按照方案的类型选择适合的评价指标，最终为作出正确的投资决策提供科学依据。

## 4.2.1 评价方案的类型

对工程项目方案进行经济评价，一般常遇到两种情况：一种是单方案评价，即投资项目只有一种技术方案或独立的项目方案可供评价；另一种是多方案评价，即投资项目有几种可供选择的技术方案。对单方案的评价，采用前述的经济指标就可以决定方案的取舍。但是在实际中，由于决策结构的复杂性，往往要对多方案进行比较评价，才能作出科学的决策，选出最佳方案。

对多方案进行经济评价所选择的方法与项目方案之间的相互关系有关。项目投资方案之间的相互关系一般可分为互斥关系、独立关系、互补关系、现金流量相关关系和混合相关关系。相应的评价方案分为互斥型方案、独立型方案、互补型方案、现金流量相关型方案和混合相关型方案，如图 4-8 所示。

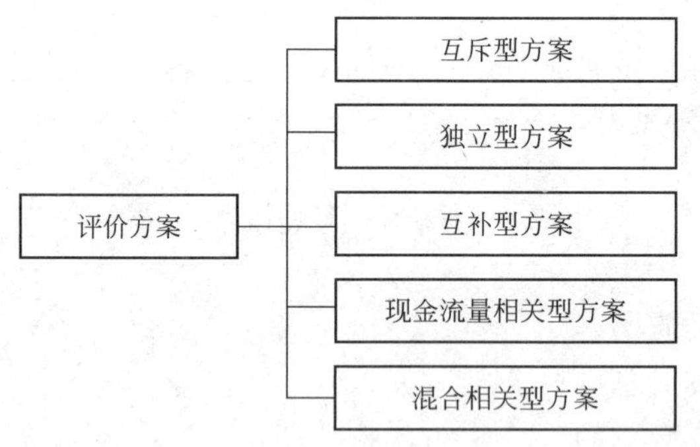


图 4-8　评价方案的分类

### 1. 互斥型方案

互斥型方案是指各个备选方案之间可以相互替代，方案之间具有排斥性，选择其中任何一个方案，则其余方案必须放弃，不能同时选取。例如，某学校要在一块空地上建一栋教学楼，建筑设计单位对教学楼设计出多个可选方案，学校最终只能选择一个方案，其他方案就不能选择了。因为这些方案之间是互斥关系，选择一个方案其他方案必须放弃。

**2. 独立型方案**

独立型方案是指各个备选方案的现金流量是独立的，其中任一方案的采用与否与自身的可行性有关，而与其他方案最终选取与否无关。例如，某学校计划对旧的教学楼、操场和图书馆进行改造，那么教学楼改造方案、操场改造方案和图书馆改造方案之间的关系是独立的，其中任一方案的选取与否，不影响其他方案的选择。

**3. 互补型方案**

互补型方案是指各个备选方案相互之间存在技术经济互补关系，根据互补方案之间相互依存的关系，互补方案可分为紧密互补关系的方案和非紧密互补关系的方案。紧密互补关系的方案之间是相互依存的，如建设一座大型电厂，必须同时建设电网，电厂和电网是相互依存的，缺少其中一个项目，另一个项目就不能正常运行。非紧密互补关系的方案是方案 B 的实施要求以方案 A 的实施为条件，方案 B 可以不采用，如修建教学楼（方案 A）和安装投影仪（方案 B），教学楼本身是有用的，增加投影仪后使教学楼更有用，但不能说采用方案 A 时一定要采用方案 B。

**4. 现金流量相关型方案**

现金流量相关型方案是指各个备选方案的现金流量之间存在相互影响，即方案间不完全互斥，也不完全互补，但如果若干方案中任一方案的取舍会导致其他方案现金流量的变化，这些方案之间具有相关性。例如，某城市为了解决居民出行难问题，欲在 A、B 两地间修建一条公交快速道和（或）一条地铁线路，这两个方案不完全互斥，也不完全互补，但任一方案的取舍会导致另一方案现金流量的变化，这两个方案为现金流量相关型方案。

**5. 混合相关型方案**

在方案众多的情况下，方案间的相关关系可能包括互斥型、独立型、互补型等多种类型，这种类型的方案群称作混合相关型方案。混合相关型方案是实际工作中常遇到的一类问题。例如，某些公司实行多种经营，投资方向较多，这些投资方向就业务内容而言，是互相独立的，而对每个投资方向又可能有几个可供选择的互斥方案，这样就构成了混合相关型方案。

### 4.2.2　互斥型方案的比较和选择

在对互斥型方案进行评价时，经济效果评价包括了两部分的内容：一是考察各个方案自身的经济效果，即进行绝对效果检验，二是考察哪个方案相对经济效果更优，即相对效果检验。这两种检验的目的和作用不同，通常缺一不可，以确保所选方案不但可行而且最优。只有在众多互斥型方案中必须选择其一时才可只进行相对效果检验。

在对互斥型方案进行比较时，必须具备以下的可比条件：

① 被比较方案的费用及效益计算口径一致；

② 被比较方案具有相同的计算期；

③ 被比较方案现金流量具有相同的时间单位。

如果以上条件不能满足，各个方案之间不能进行直接比较，必须经过一定转化后方能进行比较。

**1. 计算期相同的互斥型方案比选**

对于计算期相同的互斥型方案，它们在时间上具有可比性。下面介绍几种常用的比选方法。

1）净现值法和净年值法

（1）净现值法

对互斥型方案进行评价，首先分别计算各个方案的净现值，剔除 NPV<0 的方案，即进行方案的绝对效果检验；然后对所有 NPV⩾0 的方案比较其净现值，选择净现值最大的方案为最佳方案，即 NPV⩾0 且 NPV 最大的方案为最优方案，此为净现值评价互斥型方案的评价准则。

**【例 4-8】** 有三个互斥型的投资方案 A、B、C，计算期都为 10 年，各方案的净现金流量见表 4-6。试在基准收益率为 10%的条件下选择最佳方案。

**表 4-6　三个互斥型方案 A、B、C 的净现金流量** 单位：万元

| 方案 | 初始投资 | 年净收益 |
|---|---|---|
| A | 170 | 44 |
| B | 260 | 59 |
| C | 300 | 68 |

**【解】** 计算各方案的净现值：

$NPV_A=-170+44(P/A，10\%，10)=100.36$（万元）

$NPV_B=-260+59(P/A，10\%，10)=102.53$（万元）

$NPV_C=-300+68(P/A，10\%，10)=117.83$（万元）

因 $NPV_C>NPV_B>NPV_A$，故 C 方案为最佳方案。

（2）净年值法

由于净年值法与净现值法是等效的。在对互斥型方案进行评价时，只需按方案净年值的大小直接进行比较就可得出最优方案，其评价准则是：净年值最大且非负的方案为最优方案。

**【例 4-9】** 试用净年值法对例 4-8 中的三个互斥型方案进行选优。

**【解】** 计算各方案的净年值：

$NAV_A=-170(A/P，10\%，10)+44=16.33$（万元）

$NAV_B=-260(A/P，10\%，10)+59=16.69$（万元）

$NAV_C=-300(A/P，10\%，10)+68=19.18$（万元）

因 $NAV_C>NAV_B>NAV_A$，故 C 方案为最佳方案。

从例 4-8 和例 4-9 可知，当有多个互斥型方案进行两两比较时，从理论上讲，$N$ 个互斥型方案两两比较的次数有 $C_N^2$ 次，方案越多，比较的次数越多。因投资方案比选的实质是判断增量投资（或差额投资）的经济合理性，即投资大的方案相对于投资小的方案多投入的资金能否带来满意的增量收益。显然，若增量投资能带来满意的增量收益，则投资额大的方案优于投资额小的方案，若增量投资不能带来满意的增量收益，则投资额小的方案优于投资额大的方案。因此，在实际分析中，通常采用增量分析法或差额分析法对互斥型方案进行比较。

2）增量分析法

增量分析法（incremental analysis）是通过计算增量净现金流量评价增量投资经济效

果，其计算步骤如下。

① 将各互斥型方案按照投资从小到大的顺序排列，从投资最小的方案开始，在最小投资方案可行的前提下，求出它与紧邻其后的投资较大的方案的净现金流量之差，即差额净现金流量。

② 首先根据差额净现金流量，利用某项指标的计算公式求出相应的指标值，这个指标在这里称为差额指标（如差额净现值、差额内部收益率等），然后将该差额指标同相应的检验标准进行比较（如差额净现值与 0 比较、差额内部收益率与基准收益率比较等），若差额指标可行，则投资额较大者较优；若差额指标不可行，则投资额较小者较优。

③ 用上一步选出的较优方案和紧邻其后的投资规模更大的方案进行同样比较，如此顺序进行两两方案的比选，逐个淘汰，最后余者为最优方案。

（1）差额净现值法

设 A、B 为投资额不相等的互斥型方案，方案 A 投资额比方案 B 的大，两方案的差额净现值 $\Delta NPV_{A-B}$ 为：

$$\Delta NPV_{A-B}=\sum_{t=0}^{n}[(CI_A-CO_A)_t-(CI_B-CO_B)_t](1+i_c)^{-t} \tag{4-27}$$

式中：$\Delta NPV_{A-B}$——差额净现值；

$(CI_A-CO_A)_t$——方案 A 第 $t$ 年的净现金流量；

$(CI_B-CO_B)_t$——方案 B 第 $t$ 年的净现金流量；

其他符号同前。

差额净现值法的评价准则：若 $\Delta NPV_{A-B}\geqslant 0$，投资大的方案被接受；若 $\Delta NPV_{A-B}<0$，投资小的方案被接受。

**【例 4-10】** 某投资项目有三个互斥型方案 A、B、C，其现金流量见表 4-7，设 $i_c=10\%$，试用差额净现值法进行方案选优。

**表 4-7　三个互斥型方案 A、B、C 的现金流量**　　单位：万元

| 年末 | 方案 A | 方案 B | 方案 C |
|---|---|---|---|
| 0 | -150 | -220 | -250 |
| 1～10 | 40 | 50 | 60 |

**【解】** 将各方案按投资额从小到大依次排序为：A，B，C。

① 判断投资额最小方案的可行性，也可看作与方案 0（不投资方案）比较，其差额现金流量如图 4-9 所示。

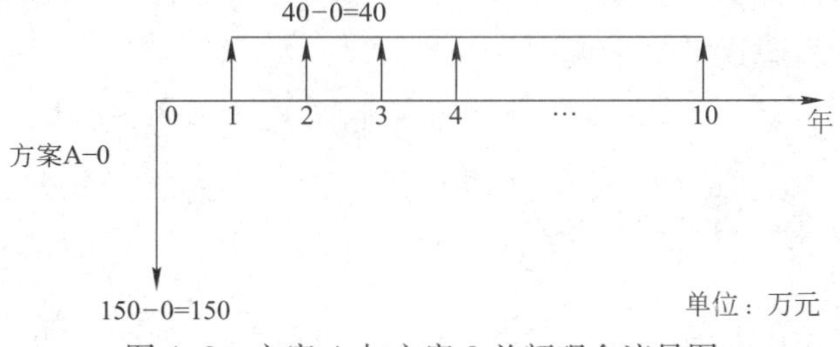


图 4-9　方案 A 与方案 0 差额现金流量图

$$\Delta NPV_{A-0}=-150+40(P/A,\ 10\%,\ 10)=95.78\ (万元)\ >0$$

说明方案 A 相对于方案 0 而言，其增量投资是正效益，故保留方案 A。

② 将方案 A 与方案 B 比较，其差额现金流量如图 4-10 所示。

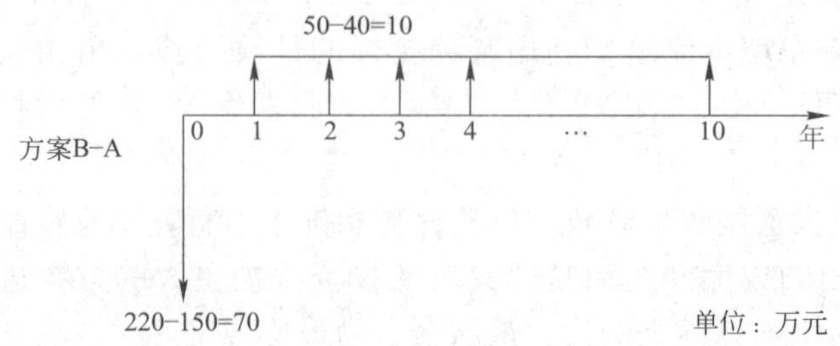


图 4-10 方案 B 与方案 A 差额现金流量图

$$\Delta NPV_{B-A}=-70+10(P/A,\ 10\%,\ 10)=-8.55(万元)<0$$

说明方案 B 相对于方案 A 而言，其增量投资是负效益，故淘汰方案 B。

③ 将方案 A 与方案 C 比较，其差额现金流量如图 4-11 所示。

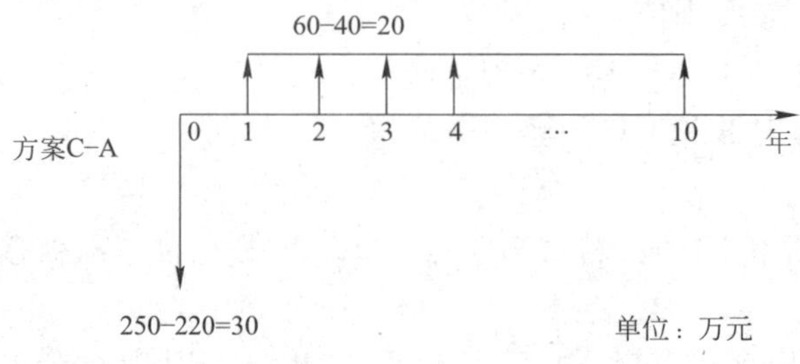


图 4-11 方案 C 与方案 A 差额现金流量图

$$\Delta NPV_{C-A}=-30+20(P/A,\ 10\%,\ 10)=92.89\ (万元)\ >0$$

说明方案 C 相对于方案 A 而言，其增量投资是正效益，故方案 C 最优。

④ 绝对效果检验：

$$NPV_C=-150+60(P/A,\ 10\%,\ 10)=218.67\ (万元)\ >0$$

故 C 方案可行且最优。

（2）差额内部收益率法

内部收益率指标是项目经济评价中经常使用的指标之一，也是衡量项目综合能力的重要指标。但是在进行多方案比选时，必须使用内部收益率法中的增量分析法，即计算增量投资内部收益率来比选方案。如果直接按各个方案内部收益率的高低来评选方案，有时会得出错误的结论。下面通过举例来说明。

**【例 4-11】** 试用内部收益率法和差额内部收益率法对例 4-10 的三个方案 A、B、C 进行选优。

**【解】** 计算各方案的内部收益率：

由方程式

$-150+40(P/A,\ IRR_A,\ 10)=0$

$-220+50(P/A,\ IRR_B,\ 10)=0$

$-250+60(P/A,\ IRR_C,\ 10)=0$

可求得各方案的内部收益率为：

$$IRR_A=23.52\%\quad IRR_B=19.00\%\quad IRR_C=20.00\%$$

从例 4-10 的计算结果可知，如果以净现值非负且最大为评价标准，由于 $NPV_C>NPV_A>NPV_B>0$，所以方案 C 最优；如果以内部收益率大于基准折现率且最大为评价标准，由于 $IRR_A>IRR_C>IRR_B>i_c$，所以方案 A 最优。可见用这两种方法得出的结论不一致，那么用哪种方法能得出正确的结论呢？

由净现值的经济含义可知，净现值最大准则因符合收益最大化的决策准则，所以是正确的。因此，要确定互斥方案的内部收益率评价准则，应与净现值最大化原则相一致才是正确的。若用内部收益率来比选方案，就不能仅看方案自身内部收益率是否最大，而且还要看方案 C 比方案 A 多投资部分的内部收益率（即增量投资内部收益率 ΔIRR）是否大于基准收益率 $i_c$，若 $\Delta IRR>i_c$，投资大的方案 C 为较优方案；若 $\Delta IRR<i_c$，投资小的方案 A 为较优方案。

增量投资内部收益率 ΔIRR（差额内部收益率）是两方案各年净现金流量的差额的现值之和等于零时的折现率，或两方案净现值（或净年值）相等时的折现率。

$$\sum_{t=0}^{n}[(\Delta CI-\Delta CO)_t(1+\Delta IRR)^{-t}=0 \tag{4-28}$$

或

$$\sum_{t=0}^{n}[(CI_A-CO_A)_t(1+\Delta IRR)^{-t}=\sum_{t=0}^{n}[(CI_B-CO_B)_t(1+\Delta IRR)^{-t} \tag{4-29}$$

式中：ΔIRR——增量投资内部收益率；

$(\Delta CI-\Delta CO)_t$——第 $t$ 年两方案的差额净现金流量；

其他符号同前。

ΔIRR 指标评价准则为：当 $\Delta IRR\geqslant i_c$ 时，投资额大的方案被接受；当 $\Delta IRR<i_c$ 时，投资额小的方案被接受。

用差额内部收益率法解例 4-11 的过程如下：

① 计算方案 B 比方案 A 多投资部分的差额内部收益率 $\Delta IRR_{B-A}$：

$$\Delta NPV_{B-A}=[-220-(-150)]+(50-40)(P/A,\ \Delta IRR_{B-A},\ 10)=0$$

整理得：$(P/A,\ \Delta IRR_{B-A},\ 10)=7$

查表可知：$(P/A,\ 10\%,\ 10)=6.144\ 57$

即：$(P/A,\ \Delta IRR_{B-A},\ 10)>(P/A,\ 10\%,\ 10)$

所以，$\Delta IRR_{B-A}<10\%$，故保留方案 A。

② 计算方案 C 比方案 A 多投资部分的差额内部收益率 $\Delta IRR_{C-A}$：

$$\Delta NPV_{C-A}=[-250-(-150)]+(60-40)(P/A,\ \Delta IRR_{C-A},\ 10)=0$$

整理得：$(P/A,\ \Delta IRR_{C-A},\ 10)=5$

即：$(P/A,\ \Delta IRR_{C-A},\ 10)<(P/A,\ 10\%,\ 10)$

所以，$\Delta IRR_{C-A}>10\%$，故保留方案 C。

③ 由于 $IRR_C=20.0\%>10\%$，说明方案 C 可行。

由此可知，方案 C 可行且最优。这个结论与用净现值和差额净现值评价的结论一致。

下面用常规投资项目的净现值函数曲线来分析上述结果。从图 4-12 可以看出，投资额大的方案 C 的净现值曲线与投资额小的方案 A 的净现值曲线的交点 $G$ 对应的折现率为差额内部收益率 ΔIRR。当基准收益率为 $i_1$ 时，$\Delta IRR > i_c = i_1$，$NPV_C > NPV_A$，但 $IRR_A > IRR_C$，这时用净现值最大准则和用内部收益率最大准则来比选方案，得出的结论相矛盾，用净现值、差额净现值和差额内部收益率得出的结论一致，都是方案 C 优；若基准收益率为 $i_2$，$\Delta IRR < i_c = i_2$，$NPV'_A > NPV'_C$，$IRR_A > IRR_C$，这时用净现值最大准则和用内部收益率最大准则来比选方案，得出的结论一致，都是方案 A 优。由此可知，在对寿命期相同的互斥方案进行比选时，内部收益率最大准则只有在两方案增量投资内部收益率小于基准贴现率时才是正确的。

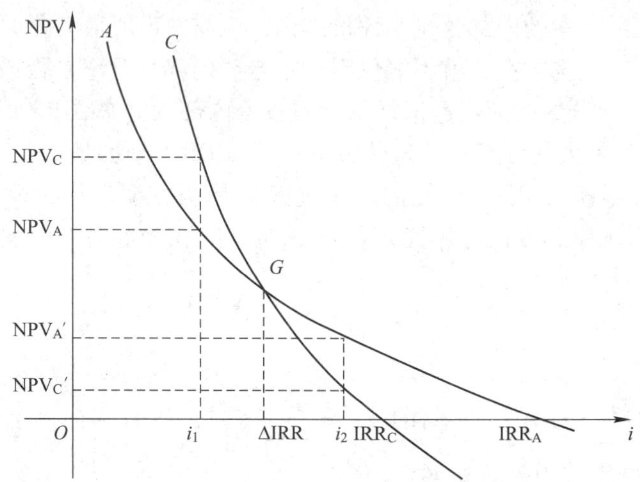


图 4-12　互斥方案净现值函数曲线

3）最小费用法

在工程项目的经济评价中经常会遇到这种情况，即参加评选的方案其所产生的效益无法或很难用货币来计量，比如城市道路等项目，对这些方案进行比选时，可假设各方案产生的收益是相同的，只对各方案的费用进行比较，以费用最小的方案为最优方案，这种评选方案的方法称为最小费用法。最小费用法包括费用现值法和费用年值法，它们实质上分别是净现值法和净年值法的一个特例。其计算方法同净现值法或净年值法。

最小费用法的评价准则：费用现值（或年值）最低的方案为最优方案。

用最小费用法比选方案时应注意：①参加比选的方案除费用指标外，其他指标和有关因素应基本相同。②这种方法只能比较方案的优劣，而不能用于判断方案是否可行。

**【例 4-12】** 两个收益相同的互斥型方案 A、B 的费用见表 4-8，试在两个方案中选择较优方案（$i_c = 10\%$）。

**表 4-8　互斥型方案 A、B 的费用**

| 方案 | 初始投资/万元 | 年费用支出/万元 | 寿命期/年 |
|---|---|---|---|
| A | 150 | 16.5 | 15 |
| B | 180 | 9.6 | 15 |

**【解】** ① 采用费用现值法：

$PC_A=150+16.5(P/A，10\%，15)=275.50$（万元）

$PC_B=180+9.6(P/A，10\%，15)=253.02$（万元）

由于 $PC_A>PC_B$，所以方案 B 优于方案 A。

② 采用费用年值法：

$AC_A=150(A/P，10\%，15)+16.5=36.22$（万元）

$AC_B=180(A/P，10\%，15)+9.6=33.26$（万元）

由于 $AC_A>AC_B$，所以方案 B 优于方案 A。

**2. 计算期不同的互斥型方案比选**

当备选方案的计算期不相同时，不能直接采用净现值法、差额内部收益率法等评价方法对方案进行比选，需要对各备选方案的计算期和计算公式作适当的调整，使得各方案在相同的条件下进行比较。通常采用以下方法对计算期不同的方案进行比选。

1）净年值法

在对计算期不相等的互斥型方案进行比选时，净年值法是最为简便的方法，当参加比选的方案数目众多时，尤其如此。它是通过分别计算各备选方案净现金流量的净年值 NAV，并进行比较，以 NAV 最大且非负者为最优方案。具体计算如下：

设有 $m$ 个互斥型方案的计算期分别为 $n_1$，$n_2$，…，$n_m$，计算方案 $j$（$j=1$，2，…，$m$）在其计算期内的净年值：

$$NAV_j = NPV_j(A/P，i_c，n_j) = \sum_{t=0}^{n_j} [(CI_j - CO_j)_t(P/F，i_c，t)](A/P，i_c，n_j) \quad (4-30)$$

对各备选方案的净年值（$NAV_j$）进行比较，$NAV_j$最大且非负者为最优。若是费用型方案则是费用年值（$AC_j$）最小者为最优。

用净年值法对计算期不同的互斥型方案进行经济效果评价时，实际上隐含着一种假定：各备选方案在其计算期结束时均可按原方案重复实施或以与原方案经济效果水平相同的方案接续。净年值是以“年”为时间单位比较各方案的经济效果，一个方案无论重复实施多少次，其净年值是不变的，从而使计算期不等的互斥型方案之间具有可比性。故净年值更适用于评价具有不同计算期的互斥型方案的经济效果。

**【例 4-13】** 现有互斥型方案 A、B、C，各方案的现金流量见表 4-9。试在基准贴现率为 10%的条件下选择最优方案。

**表 4-9　互斥型方案 A、B、C 的现金流量**

| 方案 | 投资额/万元 | 年净收益/万元 | 寿命期/年 |
|---|---|---|---|
| A | 250 | 80 | 5 |
| B | 300 | 90 | 6 |
| C | 380 | 110 | 7 |

**【解】** 各方案的净年值为：

$NAV_A=-250(A/P，10\%，5)+80=14.05$（万元）

$NAV_B=-300(A/P，10\%，6)+90=21.12$（万元）

$NAV_C=-380(A/P，10\%，7)+110=31.94$（万元）

由于 $NAV_C>NAV_B>NAV_A>0$，故方案 C 为最优方案。

2）净现值法

净现值是价值型指标，用于互斥型方案比选时必须考虑时间的可比性，即在相同的计算期下比较净现值的大小。常用的方法有最小公倍数法和研究期法。

（1）最小公倍数法

最小公倍数法，又称方案重复法，是以各备选方案的计算期的最小公倍数作为方案进行比选的共同计算期，并假定各个方案均在这样一个共同的计算期内重复实施。在此基础上计算出各个方案以此最小公倍数为计算期的净现值，以净现值最大且非负的方案为最优方案。

**【例 4-14】** 两个互斥型方案 A、B 的净现金流量见表 4-10，试用寿命期最小公倍数法选择较优方案（$i_c=10\%$）。

**表 4-10 互斥型方案 A、B 的净现金流量** 单位：万元

| 年末 | 0 | 1 | 2 | 3 | 4 |
|---|---|---|---|---|---|
| A 方案 | -1 000 | 400 | 400 | 400 | 400 |
| B 方案 | -600 | 250 | 250 | 250 | |

**【解】** 互斥型方案 A、B 的最小公倍数为 12 年，它们的现金流量图如图 4-13 和图 4-14 所示。

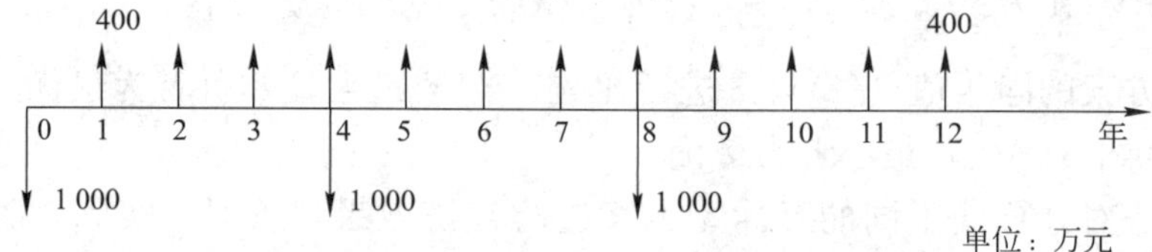


图 4-13 方案 A NPV 最小公倍数法现金流量图

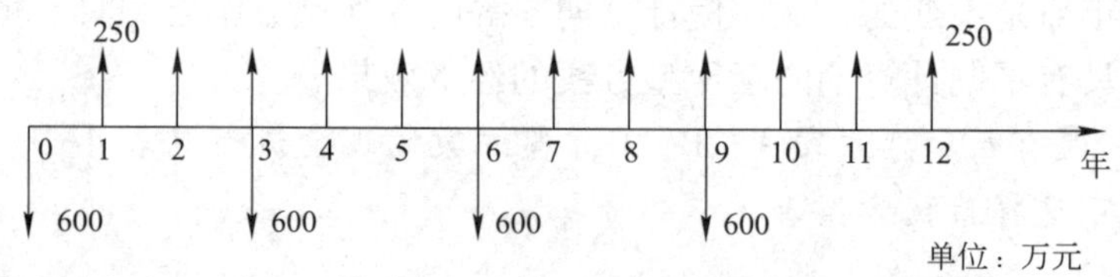


图 4-14 方案 B NPV 最小公倍数法现金流量图

方案 A 的净现值为：

$$NPV_A=400\times(P/A,\ 10\%,\ 12)-1\,000-1\,000\times(P/F,\ 10\%,\ 4)-1\,000\times(P/F,\ 10\%,\ 8)=575.96\ (万元)$$

方案 B 的净现值为：

$$NPV_B=250\times(P/A,\ 10\%,\ 12)-600-600\times(P/F,\ 10\%,\ 3)-600\times(P/F,\ 10\%,\ 6)-600\times(P/F,\ 10\%,\ 9)=59.50\ (万元)$$

因 $NPV_A>NPV_B>0$，故方案 A 较优。

从例 4-14 可以看出，利用最小公倍数法有效地解决了计算期不相等的方案之间净现

值的可比性问题，但这种方法所依赖的方案可重复实施的假定不是在任何情况下都是适用的。对于某些不可再生资源开发项目，在进行计算期不相等的互斥型方案比选时，方案可重复实施的假定不再成立，这种情况下就不能用最小公倍数法确定计算期。另外，有的时候用最小公倍数法求得的计算期过长，甚至远远超过投资项目计算期的上限，这就降低了所计算方案经济效果指标的可靠性和真实性，故也不适合用最小公倍数法。

（2）研究期法

所谓研究期法，是针对计算期不同的互斥方案，通过研究分析，直接选取一个适当的分析期作为各个方案共同的计算期，通过比较各个方案在该计算期内的净现值来对方案进行比选，以净现值最大的方案为最佳方案。

对于计算期短于共同研究期的方案，可假定其计算期完全相同地重复延续，也可按新的不同的现金流量序列延续。需要注意的是：对于计算期（或者是计算期加其延续）比共同研究期长的方案，要对其在研究期以后的现金流量余值进行估算，并回收余值。该余值估算的合理性及准确性，对方案比选结论有重要影响。

在实际应用中，为方便起见，往往直接选取诸方案中最短的计算期作为各方案的共同计算期，所以研究期法也可以称为最小计算期法。

（3）无限计算期法

如果比选方案的寿命期无限长或它们的计算期最小公倍数很大，可取计算期为无穷大时来计算净现值，以净现值最大的方案为最佳方案。若是费用型方案则是费用现值（PC）最小者为最优。由

$$\text{NPV}=\text{NAV}(P/A,\ i_c,\ n)=\text{NAV}\,\frac{(1+i_c)^n-1}{i_c(1+i_c)^n} \tag{4-31}$$

$$\text{PC}=\text{AC}(P/A,\ i_c,\ n)=A\,\frac{(1+i_c)^n-1}{i_c(1+i_c)^n} \tag{4-32}$$

当 $n\to\infty$ 时，即方案的计算期为无限大时，有

$$\text{NPV}=\frac{\text{NAV}}{i_c} \tag{4-33}$$

$$\text{PC}=\frac{\text{AC}}{i_c} \tag{4-34}$$

**【例 4-15】** 某城市计划铺设一条引水管道，从较远的流域引水以解决该城市吃水难的问题。在满足供水要求的前提下，有甲、乙两方案可供选择。甲方案投资 250 万元，年维护费 2 万元，每隔 10 年大修一次，大修费 20 万元；乙方案投资 300 万元，年养护费 1.5 万元，每隔 15 年大修一次，大修费 40 万元。年折现率为 6%，假定引水管道的寿命无限长。试用费用现值法比较甲、乙两方案的优劣。

**【解】** 甲、乙两方案的现金流量图如图 4-15 和图 4-16 所示。

① 甲方案的年维修费和大修费的现值 $P_{甲}$ 为：

$$P_{甲}=A/i_c=[2+20\times(A/F,\ 6\%,\ 10)]/6\%=58.62\ （万元）$$

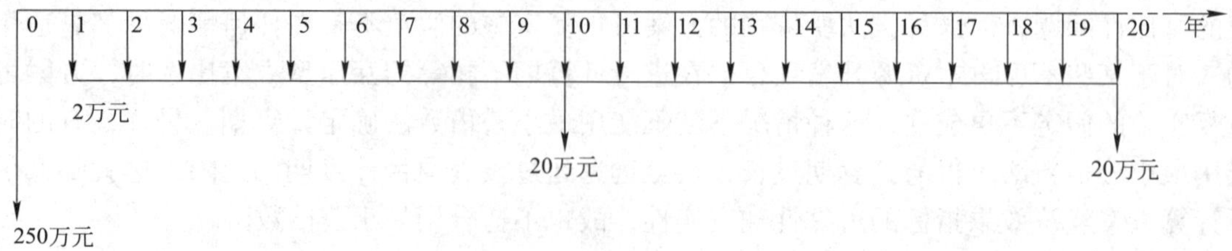


图 4-15　甲方案的现金流量图

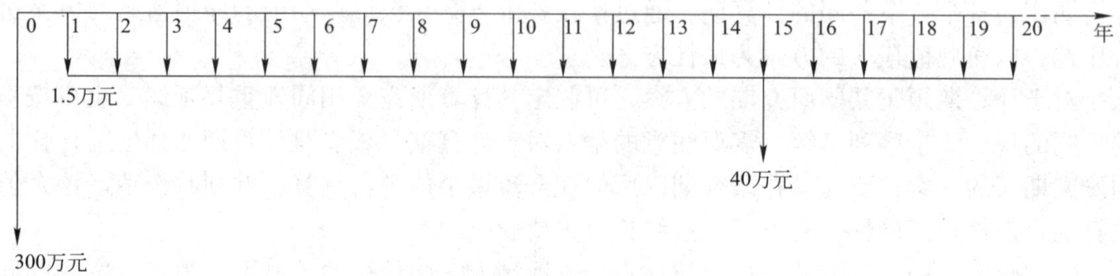


图 4-16　乙方案的现金流量图

② 甲方案的费用现值 $PC_{甲}$ 为：

$$PC_{甲}=250+P_{甲}=308.62\ (万元)$$

③ 乙方案的年维修费和大修费的现值 $P_{乙}$ 为：

$$P_{乙}=A_{乙}/i_c=[1.5+40\times(A/F,\ 6\%,\ 15)]/6\%=53.64\ (万元)$$

④ 乙方案的费用现值 $PC_{乙}$ 为：

$$PC_{乙}=300+P_{乙}=353.64\ (万元)$$

因 $PC_{甲}<PC_{乙}$，故甲方案比乙方案优。

3）增量内部收益率法

用增量内部收益率（ΔIRR）对计算期不相等的互斥型方案进行经济效果评价，需要首先对各方案进行绝对效果检验，然后再对通过绝对效果检验的方案用增量内部收益率法进行比选。

计算期不相等的互斥型方案间增量内部收益率的求解方程可令两方案的净年值相等或两方案的净年值之差为零，即：

$$\sum_{t=0}^{n_A}(CI_A-CO_A)_t(P/F,\ \Delta IRR,\ t)(A/P,\ \Delta IRR,\ n_A)$$
$$=\sum_{t=0}^{n_B}(CI_B-CO_B)_t(P/F,\ \Delta IRR,\ t)(A/P,\ \Delta IRR,\ n_B) \tag{4-35}$$

或

$$\sum_{t=0}^{n_A}(CI_A-CO_A)_t(P/F,\ \Delta IRR,\ t)(A/P,\ \Delta IRR,\ n_A)-$$
$$\sum_{t=0}^{n_B}(CI_B-CO_B)_t(P/F,\ \Delta IRR,\ t)(A/P,\ \Delta IRR,\ n_B)=0 \tag{4-36}$$

在 ΔIRR 存在的情况下，若 $\Delta IRR>i_c$，则初始投资额大的方案为优；若 $0<\Delta IRR<i_c$，

则投资额小的方案为优。

**【例 4-16】** 设互斥型方案 A、B 的计算期分别为 5 年和 3 年，各自计算期内的净现金流量见表 4-11，试用差额内部收益率法选择较优方案（$i_c=10\%$）。

**表 4-11　互斥型方案 A、B 的净现金流量**　　单位：万元

| 年末 | 0 | 1 | 2 | 3 | 4 | 5 |
|---|---|---|---|---|---|---|
| A 方案 | -300 | 100 | 100 | 100 | 100 | 100 |
| B 方案 | -150 | 65 | 65 | 65 | | |

**【解】**（1）计算各方案的内部收益率：

方案 A　$NPV_A(i)=-300+100(P/A, i, 5)$

当 $i_1=10\%$，$NPV_{A1}=-300+100\times3.790\,79=79.08$（万元）

当 $i_2=15\%$，$NPV_{A2}=-300+100\times3.352\,16=35.22$（万元）

当 $i_3=20\%$，$NPV_{A3}=-300+100\times2.990\,61=-0.94$（万元）

$IRR_A=15\%+(20\%-15\%)\times35.22/(35.22+0.94)=19.87\%>i_c=10\%$

故方案 A 可行。

方案 B　$NPV_B(i)=-150+65(P/A, i, 3)$

当 $i_1=10\%$，$NPV_{B1}=-150+65\times2.486\,85=11.65$（万元）

当 $i_2=15\%$，$NPV_{B2}=-150+65\times2.283\,23=-1.59$（万元）

$IRR_B=10\%+(15\%-10\%)\times11.65/(11.65+1.59)=14.40\%>i_c=10\%$

故方案 B 可行。

（2）计算增量内部收益率：

$[-300(A/P, i, 5)+100]-[-150(A/P, i, 3)+65]=0$

当 $i_1=20\%$，左边 $=[-300\times0.334\,38+100]-[-150\times0.474\,73+65]=5.90$

当 $i_2=25\%$，左边 $=[-300\times0.371\,85+100]-[-150\times0.512\,30+65]=0.29$

当 $i_3=30\%$，左边 $=[-300\times0.410\,58+100]-[-150\times0.550\,63+65]=-5.58$

$\Delta IRR_{B-A}=25\%+(30\%-25\%)\times0.29/(0.29+5.58)=25.25\%>i_c=10\%$

故选择投资额大的方案 A。

### 4.2.3　独立型方案的选择

**1. 无约束条件的独立型方案选择**

在无约束条件的情况下，独立型方案的采用与否，只取决于方案自身的经济性，即只需要用净现值、净年值或内部收益率等指标评价方案是否可行。因此，多个独立型方案与单一方案的评价方法是相同的。

**【例 4-17】** 三个独立型方案 A、B、C 的现金流量见表 4-12，试用净现值、净年值和内部收益率等指标判断其经济可行性（$i_c=10\%$）。

**表 4-12　独立型方案 A、B、C 的现金流量**

| 方案 | 初始投资/万元 | 年收入/万元 | 年支出/万元 | 寿命/年 |
|---|---|---|---|---|
| A | 5 000 | 2 500 | 1 000 | 10 |

续表

| 方案 | 初始投资/万元 | 年收入/万元 | 年支出/万元 | 寿命/年 |
|---|---|---|---|---|
| B | 8 000 | 3 200 | 1 200 | 10 |
| C | 10 000 | 4 000 | 1 500 | 10 |

【解】① 净现值法

$NPV_A = -5\,000 + (2\,500 - 1\,000)(P/A, 10\%, 10) = 4\,216.86$（万元）

$NPV_B = -8\,000 + (3\,200 - 1\,200)(P/A, 10\%, 10) = 4\,289.14$（万元）

$NPV_C = -10\,000 + (4\,000 - 1\,500)(P/A, 10\%, 10) = 5\,361.43$（万元）

由于 $NPV_A > 0$，$NPV_B > 0$，$NPV_C > 0$，故 A、B、C 三方案均可行。

② 净年值法

$NAV_A = NPV_A(A/P, 10\%, 10) = 4\,216.86 \times 0.162\,75 = 686.29$（万元）

$NAV_B = NPV_B(A/P, 10\%, 10) = 4\,289.14 \times 0.162\,75 = 698.06$（万元）

$NAV_C = NPV_C(A/P, 10\%, 10) = 5\,361.43 \times 0.162\,75 = 872.57$（万元）

由于 $NAV_A > 0$，$NAV_B > 0$，$NAV_C > 0$，故 A、B、C 三方案均可行。

③ 内部收益率法

$-5\,000 + (2\,500 - 1\,000)(P/A, IRR_A, 10) = 0$

$-8\,000 + (3\,200 - 1\,200)(P/A, IRR_B, 10) = 0$

$-10\,000 + (4\,000 - 1\,500)(P/A, IRR_C, 10) = 0$

解得 $IRR_A = 27.32\%$

$IRR_B = 21.41\%$

$IRR_C = 21.41\%$

由于 $IRR_A > i_c$，$IRR_B > i_c$，$IRR_C > i_c$，故方案 A、B、C 均可行。

由此可见，若不考虑其他的约束条件，对于独立型方案，不论采用净现值、净年值和内部收益率当中的哪一种评价指标，评价结论都是一致的。

**2. 有约束条件的独立型方案选择**

这里讨论的独立型方案是指方案之间虽然不存在相互排斥的关系，但由于有约束条件（如资源方面）的限制，不可能满足所有方案投资的要求，或者由于投资项目的不可分性，这些约束条件的存在意味着接受某一些方案必须要放弃另一些方案，这就使它们之间存在一定的联系。

在对独立方案进行比较和选择的过程中，最常见的约束条件是资金的约束。在有资金约束的条件下，对独立型方案的评选，实质上是资金定量分配及对方案确定优选顺序的问题。解决这类问题的基本处理方法是独立型方案互斥化和净现值率排序法。

1）独立型方案互斥化

独立型方案互斥化的基本思想是把各个独立型方案进行组合，其中每一个组合方案就代表一个相互排斥的方案，这样就可以利用互斥型方案的评选方法，选择一组不突破资金限额而经济效益又最大的互斥组合投资项目，作为分配资金的对象。

独立型方案互斥化方法分为以下三个基本步骤。

① 列出全部相互排斥的组合方案。由于每个独立型方案都有两种可能（选择或者拒

绝)，故 $N$ 个独立型方案可以组成（$2^N-1$）个组合方案（不投资除外）。

② 在所有组合方案中除去不满足约束条件的方案，并且按投资额从小到大的顺序排序。

③ 采用互斥型方案的评选方法（如净现值法、差额内部收益率法等）选择最佳组合。

**【例 4-18】** 某企业现有三个独立型方案 A、B、C，其初始投资及各年净收益见表 4-13。总投资额为 8 000 万元，基准折现率为 10%，试选择最优投资方案组合。

**表 4-13　各投资方案的有关数据**

| 投资方案 | 期初投资/万元 | 年净现金流量/万元 | 计算期/年 |
|---|---|---|---|
| A | 2 000 | 460 | 8 |
| B | 3 000 | 600 | 8 |
| C | 5 000 | 980 | 8 |

**【解】** ① 列出全部相互排斥的组合方案共 8 种，见表 4-14。

② 在 8 种组合方案中除去不满足约束条件的第 8 组，并且按投资额从小到大的顺序排序。

③ 采用净现值法评选方案，各方案的净现值分别为

$$\begin{aligned}NPV_A&=-2\ 000+460(P/A,\ 10\%,\ 8)\\&=-2\ 000+460\times5.334\ 93=454.07\ (万元)\end{aligned}$$

$$\begin{aligned}NPV_B&=-3\ 000+600(P/A,\ 10\%,\ 8)\\&=-3\ 000+600\times5.334\ 93=200.96\ (万元)\end{aligned}$$

$$\begin{aligned}NPV_C&=-5\ 000+980(P/A,\ 10\%,\ 8)\\&=-5\ 000+980\times5.334\ 93=228.23\ (万元)\end{aligned}$$

由此可知，方案 A、B、C 均可行，所有的投资方案组合的净现值见表 4-14。

**表 4-14　各投资方案组合及其净现值**

| 组号 | 方案组合 | 投资额/万元 | 是否满足资金约束 | 净现值/万元 |
|---|---|---|---|---|
| 1 | 0 | 0 | 是 | 0 |
| 2 | A | 2 000 | 是 | 454.07 |
| 3 | B | 3 000 | 是 | 200.96 |
| 4 | C | 5 000 | 是 | 228.23 |
| 5 | AB | 5 000 | 是 | 655.03 |
| 6 | AC | 7 000 | 是 | 682.30 |
| 7 | BC | 8 000 | 是 | 429.19 |
| 8 | ABC | 10 000 | 否 | — |

根据表 4-14 的计算结果可知，在满足 8 000 万元资金约束条件下，第 6 组净现值之和最大，为最优投资组合，故该企业在 8 000 万元资金约束条件下，应选择方案 A 和方案 C 为最优投资方案组合。

在有资金约束的条件下运用独立型方案互斥化进行比选，其优点是在各种情况下均能

保证获得最佳组合方案。其缺点是当方案的个数较多时计算比较烦琐。

2）净现值率排序法

净现值率排序法是在计算各投资项目净现值率的基础上，将净现值率大于或等于零的项目按净现值率从大到小排序，并依此顺序选取项目方案，直至所选取项目的总投资额最大限度地接近或等于投资限额为止。

**【例 4-19】** 表 4-15 中所示为 8 个相互独立的投资方案，寿命期均为 8 年，基准贴现率为 10%。①若资金总额为 400 万元，选择哪些方案最有利？②若资金总额为 500 万元，选择哪些方案最有利？

**表 4-15　8 个投资方案有关数据**

| 方案 | 第 0 年投资额/万元 | 第 1～8 年净收益/万元 | 净现值/万元 | 净现值率 | 净现值率排序 |
|---|---|---|---|---|---|
| A | 75 | 22 | 42.37 | 56.49% | 2 |
| B | 110 | 25 | 23.37 | 21.25% | 5 |
| C | 70 | 16 | 15.36 | 21.94% | 4 |
| D | 95 | 32 | 75.72 | 75.71% | 1 |
| E | 100 | 25 | 33.37 | 33.37% | 3 |
| F | 80 | 12 | -15.98 | | |
| G | 50 | 10 | 3.35 | 6.70% | 6 |
| H | 65 | 11 | -6.32 | | |

在表 4-15 中，首先淘汰掉净现值小于 0 的方案 F 和方案 H，然后按净现值率从大到小的顺序选择项目。当资金限额为 400 万元时，依次选取方案 D、方案 A、方案 E、方案 C，总投资为 340 万元，如果再依次选取方案 B，总投资为 450 万元，超出资金限额 400 万元，又由于项目的不可分性，方案 B 不能选择，再选择方案 G，总投资为 390 万元，满足资金限额 400 万元的条件。故在资金总额为 400 万元时，选择方案 D、A、E、C、G。同理，在资金总额为 500 万元时，选择方案 D、A、E、C、B、G。

按净现值率排序原则选择项目方案，其基本思想是单位投资现值的净现值越大，在一定的投资限额内所能获得的净现值总额就越大。净现值率排序法的优点是简便易算。但由于投资项目的不可分性，净现值率排序法在很多情况下不能保证现有资金的充分利用，不能达到净现值最大的目标。为了能达到或接近净现值最大的目标，各投资方案应具备以下条件之一：各方案投资占总投资的比例很小；各方案投资额较接近；各入选方案累计投资额与投资限额相近。

需要注意的是，在确定多方案的优先顺序时，如果资金没有限额，只要按净现值指标的大小排列方案的优先顺序即可；如果资金有限额，采用净现值率法较好，但必须与净现值法联合使用，经过反复试算，再确定优先顺序。净现值是绝对指标，净现值率是相对指标，两个方案比较时，净现值大的方案，净现值率不一定大。

### 4.2.4　其他方案的比较和选择

**1. 互补型方案的比较和选择**

互补型方案之间存在紧密互补关系和非紧密互补关系。紧密互补关系的方案之间相互依存，在对方案进行评价时可把这些方案作为一个整体来评价；非紧密互补关系是指方案 B 的实施要求以方案 A 的实施为条件，方案 B 可以不采用，在对方案进行评价时可把方案 A、B 作为一个整体与方案 A 进行比较，整体方案和方案 A 是互斥型方案，这时可采用互斥型方案的评价方法进行比选。

### 2. 现金流量相关型方案的比较和选择

对现金流量相关型方案，可把方案组合成互斥的组合方案。如某城市为了解决居民出行难问题，欲在甲乙两地间修建一条公交快速道（方案 A）和（或）一条地铁（方案 B），可以考虑的方案组合是方案 A、方案 B 和混合方案 AB，再采用互斥方案的评价方法进行比选。

### 3. 混合相关型方案的比较和选择

对混合相关型方案，通常情况下不管项目间是独立的或是互斥的或是其他的关系，它们的评价方法都是一样的，即把所有的投资方案的组合排列出来，然后进行排序和取舍。

**【例 4-20】** 有 6 个方案的数据见表 4-16，设定资金限额为 45 万元，基准折现率为 10%，寿命为 5 年。现已知方案 $A_1$ 与方案 $A_2$ 互斥，方案 $B_1$ 与方案 $B_2$ 互斥，方案 $C_1$ 与方案 $C_2$ 互斥；方案 $B_1$、方案 $B_2$ 从属于方案 $A_1$，方案 $C_1$ 从属于方案 $A_2$，方案 $C_2$ 从属于方案 $B_1$，试选择最优的方案组合。

**表 4-16　6 个方案的现金流量及净现值**　　单位：万元

| 方案 | 各年净现金流量 | | | | | | NPV |
|---|---|---|---|---|---|---|---|
| | 0 | 1 | 2 | 3 | 4 | 5 | |
| $A_1$ | −25 | 12 | 12 | 12 | 12 | 12 | 20.49 |
| $A_2$ | −20 | 10 | 10 | 10 | 10 | 10 | 17.91 |
| $B_1$ | −10 | 6 | 6 | 6 | 6 | 6 | 12.74 |
| $B_2$ | −8 | 5 | 5 | 5 | 5 | 5 | 10.95 |
| $C_1$ | −10 | 6 | 6 | 6 | 6 | 6 | 12.74 |
| $C_2$ | −8 | 4 | 4 | 4 | 4 | 4 | 7.16 |

**【解】** 计算各方案的净现值，结果见表 4-16。在考虑资金限额的情况下，依题意 6 个方案可组成 6 种互斥的投资方案，见表 4-17。显然组合 6 的净现值最大，应优先采纳。

**表 4-17　各互斥方案的净现值**

| 组合号 | 互斥方案 | 投资/万元 | NPV/万元 |
|---|---|---|---|
| 1 | $A_1$ | −25 | 20.49 |
| 2 | $A_2$ | −20 | 17.91 |
| 3 | $A_1B_1$ | −35 | 33.23 |
| 4 | $A_1B_2$ | −33 | 31.44 |
| 5 | $A_2C_1$ | −30 | 30.65 |
| 6 | $A_1B_1C_2$ | −43 | 40.39 |

# 4.3 Excel 在经济评价方面的应用

利用 Excel 中的函数，根据给定的参数和已知数据就可以求出相应的评价指标。下面通过例子来说明评价指标的计算过程。

## 4.3.1 时间型评价指标

**【例 4-21】** 某工程建设项目的现金流量见表 4-18，试计算：(1) 静态投资回收期；(2) 动态投资回收期 ($i_c = 10\%$)。

**表 4-18 项目的现金流量** 单位：万元

| 年份 | 0 | 1 | 2 | 3 | 4 | 5 | 6 | 7 | 8 | 9 | 10 |
|---|---|---|---|---|---|---|---|---|---|---|---|
| 净现金流量 | -100 | -150 | 30 | 80 | 80 | 80 | 80 | 80 | 80 | 80 | 80 |

**【解】** 1. 计算静态投资回收期

(1) 启动 Excel 软件，将表 4-18 复制到 Excel 工作表中，计算累计净现金流量。具体做法是：在单元格 C4 中输入公式 "=C3"，在单元格 D4 中输入公式 "=C4+D3"，然后拖动单元格 D4 右下角的复制柄，直至单元格 M4，如图 4-17 所示。

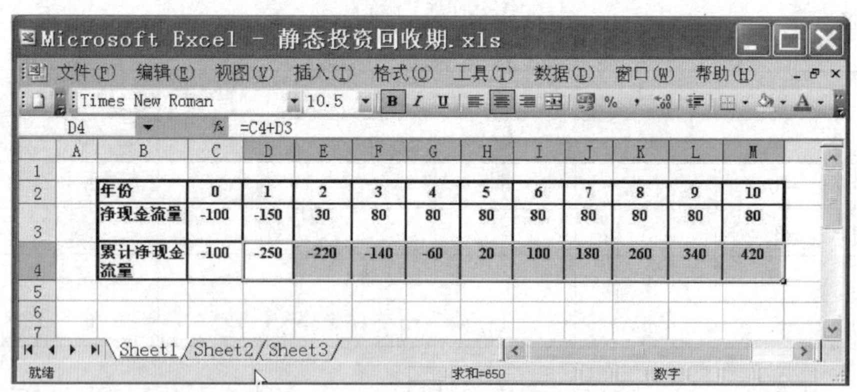


图 4-17 静态投资回收期计算步骤 (1)

(2) 在单元格 C7 中输入内插公式 "=H2-1-G4/H3"，然后按回车键。单元格 C7 中显示计算结果为 4.75，即该方案的静态投资回收期为 4.75 年。这一结果与例 4-2 手算结果相符，如图 4-18 所示。

2. 计算动态投资回收期

(1) 启动 Excel 软件，将表 4-18 复制到 Excel 工作表中，计算各年净现金流量的现值。具体做法是：在单元格 C4 中输入公式 "=PV(10%,C2,,-C3)"，然后拖动单元格 C4 右下角的复制柄，直至单元格 M4，如图 4-19 所示。

(2) 在单元格 C5 中输入公式" =C4"，在单元格 D5 中输入公式 "=C5+D4"，然后拖动单元格 D5 右下角的复制柄，直至单元格 M5，如图 4-20 所示。

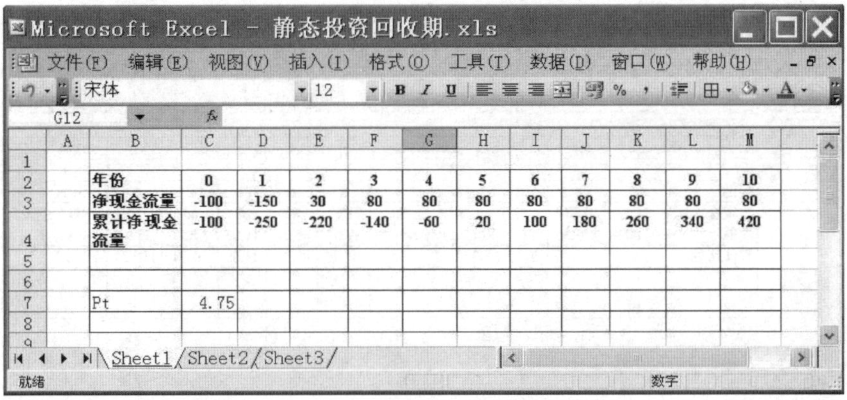

Microsoft Excel - 静态投资回收期.xls

G12

| | B | C | D | E | F | G | H | I | J | K | L | M |
|---|---|---|---|---|---|---|---|---|---|---|---|---|
| 2 | 年份 | 0 | 1 | 2 | 3 | 4 | 5 | 6 | 7 | 8 | 9 | 10 |
| 3 | 净现金流量 | -100 | -150 | 30 | 80 | 80 | 80 | 80 | 80 | 80 | 80 | 80 |
| 4 | 累计净现金流量 | -100 | -250 | -220 | -140 | -60 | 20 | 100 | 180 | 260 | 340 | 420 |
| 7 | Pt | 4.75 | | | | | | | | | | |

图 4-18　静态投资回收期计算步骤（2）

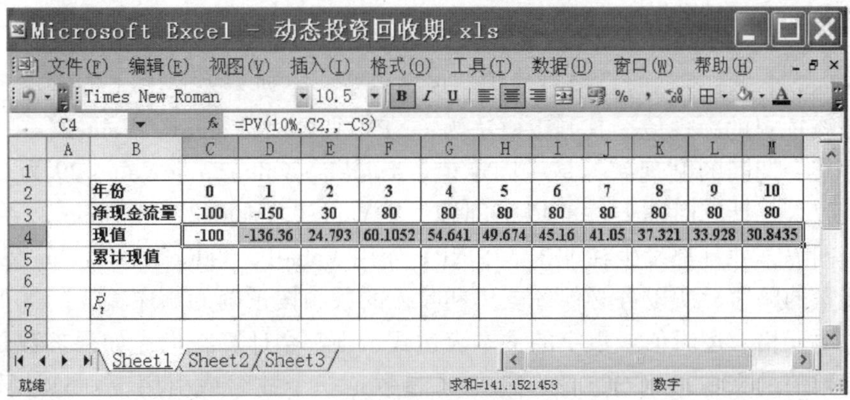

Microsoft Excel - 动态投资回收期.xls

C4　=PV(10%, C2, , -C3)

| | B | C | D | E | F | G | H | I | J | K | L | M |
|---|---|---|---|---|---|---|---|---|---|---|---|---|
| 2 | 年份 | 0 | 1 | 2 | 3 | 4 | 5 | 6 | 7 | 8 | 9 | 10 |
| 3 | 净现金流量 | -100 | -150 | 30 | 80 | 80 | 80 | 80 | 80 | 80 | 80 | 80 |
| 4 | 现值 | -100 | -136.36 | 24.793 | 60.1052 | 54.641 | 49.674 | 45.16 | 41.05 | 37.321 | 33.928 | 30.8435 |
| 5 | 累计现值 | | | | | | | | | | | |
| 7 | $P_t'$ | | | | | | | | | | | |

求和=141.1521453

图 4-19　动态投资回收期计算步骤（1）

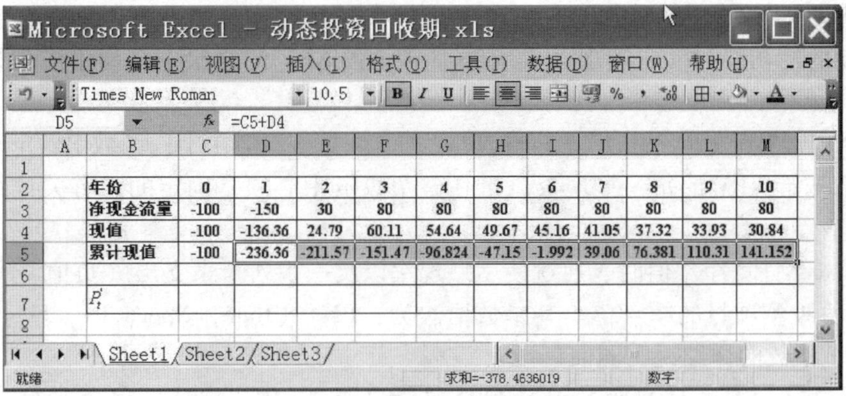

Microsoft Excel - 动态投资回收期.xls

D5　=C5+D4

| | B | C | D | E | F | G | H | I | J | K | L | M |
|---|---|---|---|---|---|---|---|---|---|---|---|---|
| 2 | 年份 | 0 | 1 | 2 | 3 | 4 | 5 | 6 | 7 | 8 | 9 | 10 |
| 3 | 净现金流量 | -100 | -150 | 30 | 80 | 80 | 80 | 80 | 80 | 80 | 80 | 80 |
| 4 | 现值 | -100 | -136.36 | 24.79 | 60.11 | 54.64 | 49.67 | 45.16 | 41.05 | 37.32 | 33.93 | 30.84 |
| 5 | 累计现值 | -100 | -236.36 | -211.57 | -151.47 | -96.824 | -47.15 | -1.992 | 39.06 | 76.381 | 110.31 | 141.152 |
| 7 | $P_t'$ | | | | | | | | | | | |

求和=-378.4636019

图 4-20　动态投资回收期计算步骤（2）

（3）在单元格 C7 中输入内插公式“=J2-1-I5/J4”，然后按回车键。单元格 C7 中显示计算结果为 6.05，即该方案的动态投资回收期为 6.05 年。这一结果与例 4-2 手算结果相符，如图 4-21 所示。

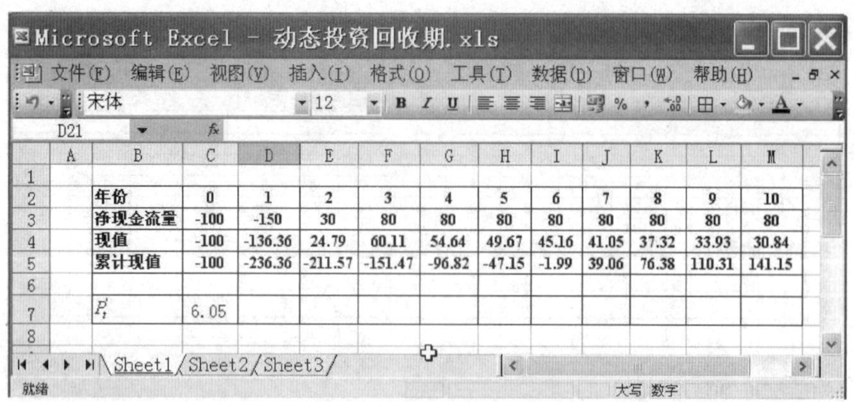

图 4-21　动态投资回收期计算步骤（3）

## 4.3.2　价值型评价指标

利用 Excel 计算净现值时，通过使用贴现率以及一系列未来支出（负值）和收入（正值）计算投资项目的净现值。其函数语法为：NPV（Rate，Value1，Value2，…Value 29）。其中 rate 为某一期间的贴现率，是一固定值。Value1，Value2，…Value 29 为 29 个参数，代表支出及收入。计算时需要注意以下问题：①Value1，Value2，…Value 29 在时间上必须具有相等间隔，并且都发生在期末。②NPV 使用 Value1，Value2，…Value 29 的顺序来解释现金流量的顺序，所以务必保证支出和收入的数额按正确的顺序输入。③如果参数为数值、空白单元格、逻辑值或数字的文本表达式，则都会计算在内；如果参数是错误值或不能转化为数值的文本，则被忽略。④如果参数是一个数组或引用，则只计算其中的数字；数组或引用中的空白单元格、逻辑值、文字及错误值将被忽略。

函数 NPV 假定投资开始于现金流量 Value1 所在日期的前一期，并结束于最后一笔现金流量的当期。函数 NPV 依据未来的现金流量来进行计算。如果第一笔现金流量发生在第一个周期的期初，则第一笔现金必须添加到函数 NPV 的结果中，而不应包含在 Values 参数中。

函数 NPV 与函数 PV 相似。PV 与 NPV 之间的主要差别在于：函数 PV 允许现金流在期初或期末开始，PV 的每一笔现金流量在整个投资中必须是固定的。有关详细信息，请参阅函数 PV。

利用 Excel 计算净年值时，通过使用贴现率以及一系列未来支出（负值）和收入（正值），来计算投资项目的净年值。其函数语法为：PMT（Rate，Nper，Pv，Fv，Type）。有关函数 PMT 参数的详细说明同前。

**【例 4-22】**　某工程建设项目的现金流量见表 4-19，试计算该项目的净现值和净年值（$i_c=10\%$）。

**表 4-19　项目的现金流量**　　单位：万元

| 年份 | 0 | 1 | 2 | 3 | 4 | 5 | 6 | 7 | 8 | 9 | 10 |
|---|---|---|---|---|---|---|---|---|---|---|---|
| 净现金流量 | -100 | -150 | 30 | 80 | 80 | 80 | 80 | 80 | 80 | 80 | 80 |

【解】 1. 计算净现值

(1) 启动 Excel 软件，建立图 4-22 所示的工作表。

Microsoft Excel - NPV.xls

| | A | B | C | D | E | F | G | H | I | J | K | L | M |
|---|---|---|---|---|---|---|---|---|---|---|---|---|---|
| 1 | | | | | | | | | | | | | |
| 2 | | 年份 | 0 | 1 | 2 | 3 | 4 | 5 | 6 | 7 | 8 | 9 | 10 |
| 3 | | 净现金流量 | -100 | -150 | 30 | 80 | 80 | 80 | 80 | 80 | 80 | 80 | 80 |
| 4 | | NPV | | | | | | | | | | | |
| 5 | | | | | | | | | | | | | |
| 6 | | | | | | | | | | | | | |

图 4-22　净现值计算步骤 (1)

(2) 激活单元格 C4，输入 "=C3+"，单击工具栏上的 "fx" 按钮，弹出 "插入函数" 对话框。首先在 "或选择类别" 栏中选择 "财务"，然后在下面的 "选择函数" 栏中选择 "NPV"，最后单击对话框下端的 "确定" 按钮，如图 4-23 所示。

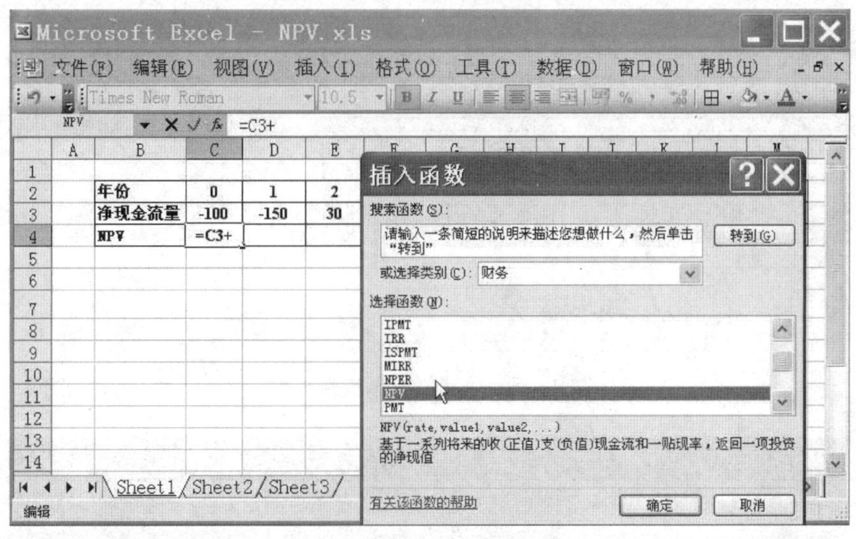


图 4-23　净现值计算步骤 (2)

(3) 在弹出的 NPV 函数对话框中，Rate 栏中输入 "10%"，单击 Value1 栏右端的 "▣" 图标，然后选择单元格 D3:M3，再单击 "▣" 图标，回到 NPV 函数对话框。最后单击 "确定" 按钮，如图 4-24 所示。

(2) 和 (3) 的操作也可简化为：直接在单元格 C4 中输入公式 "=C3+NPV(10%, D3:M3)"。

(4) 单元格 C4 中显示计算结果为 141.15，即该项目的净现值为 141.15 万元。如图 4-25 所示。

2. 计算净年值

(1) 启动 Excel 软件，建立图 4-26 所示的工作表。

(2) 激活单元格 C5。单击工具栏上的 "fx" 按钮，弹出 "插入函数" 对话框。先在

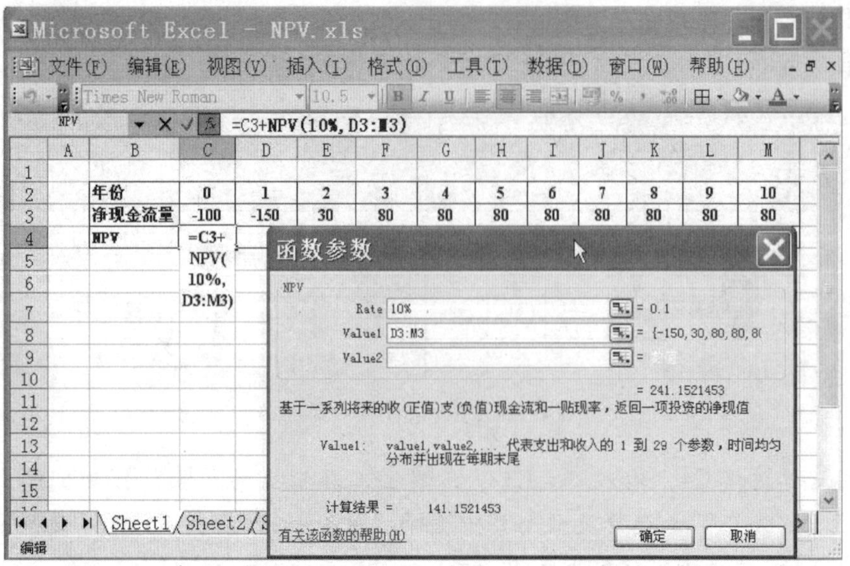


图 4-24 净现值计算步骤（3）

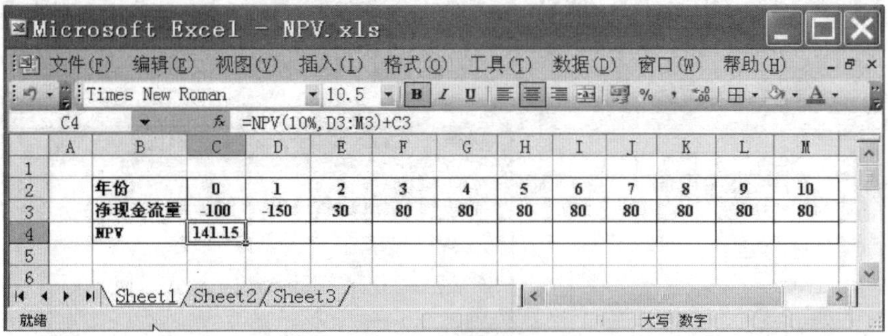

Microsoft Excel - NPV.xls

C4 =NPV(10%,D3:M3)+C3

| | A | B | C | D | E | F | G | H | I | J | K | L | M |
|---|---|---|---|---|---|---|---|---|---|---|---|---|---|
| 1 | | | | | | | | | | | | | |
| 2 | | 年份 | 0 | 1 | 2 | 3 | 4 | 5 | 6 | 7 | 8 | 9 | 10 |
| 3 | | 净现金流量 | -100 | -150 | 30 | 80 | 80 | 80 | 80 | 80 | 80 | 80 | 80 |
| 4 | | NPV | 141.15 | | | | | | | | | | |

图 4-25 净现值计算步骤（4）

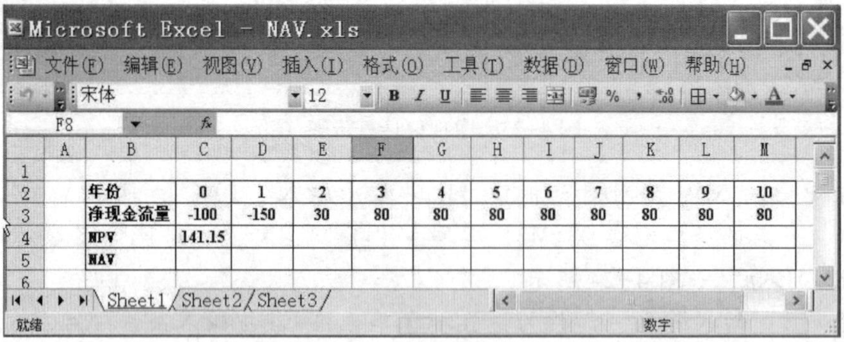

Microsoft Excel - NAV.xls

| | A | B | C | D | E | F | G | H | I | J | K | L | M |
|---|---|---|---|---|---|---|---|---|---|---|---|---|---|
| 1 | | | | | | | | | | | | | |
| 2 | | 年份 | 0 | 1 | 2 | 3 | 4 | 5 | 6 | 7 | 8 | 9 | 10 |
| 3 | | 净现金流量 | -100 | -150 | 30 | 80 | 80 | 80 | 80 | 80 | 80 | 80 | 80 |
| 4 | | NPV | 141.15 | | | | | | | | | | |
| 5 | | NAV | | | | | | | | | | | |

图 4-26 净年值计算步骤（1）

“或选择类别”栏中选择“财务”，然后在下面的“选择函数”栏中选择“PMT”，最后单击对话框下端的“确定”按钮，如图 4-27 所示。

（3）在弹出的 PMT 函数对话框中，在 Rate 栏中输入 10%，在 Nper 栏中输入 10，在 Pv 栏中输入-C4，最后单击“确定”按钮，如图 4-28 所示。

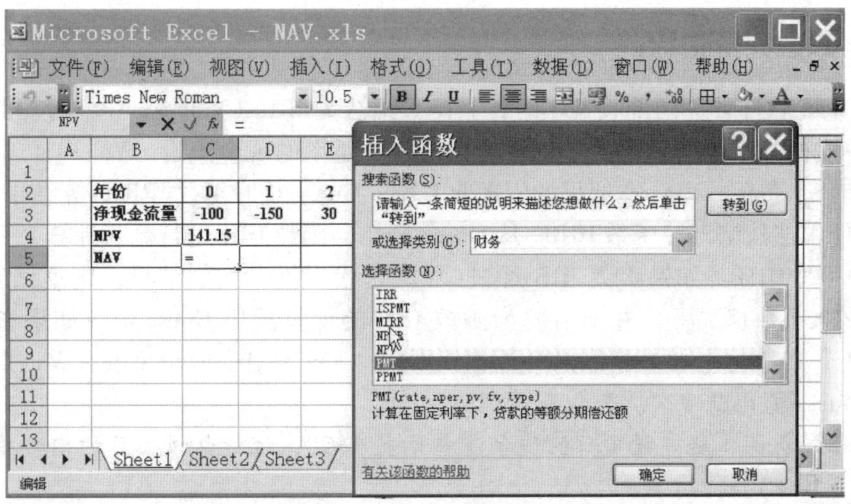


图 4-27　净年值计算步骤（2）

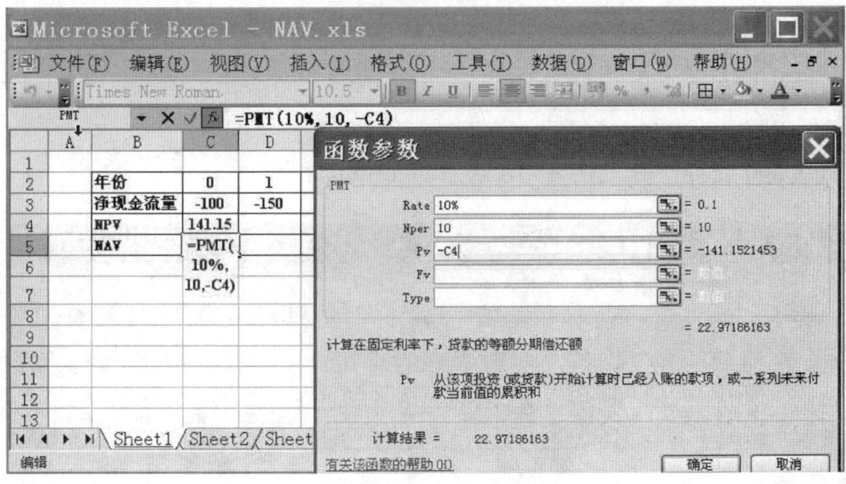


图 4-28　净年值计算步骤（3）

（2）和（3）的操作也可简化为：直接在单元格 C5 中输入公式“=PMT(10%,10,- C4)”。

（4）单元格 C5 中显示计算结果为 22.97，即该项目的净年值为 22.97 万元，如图 4-29所示。

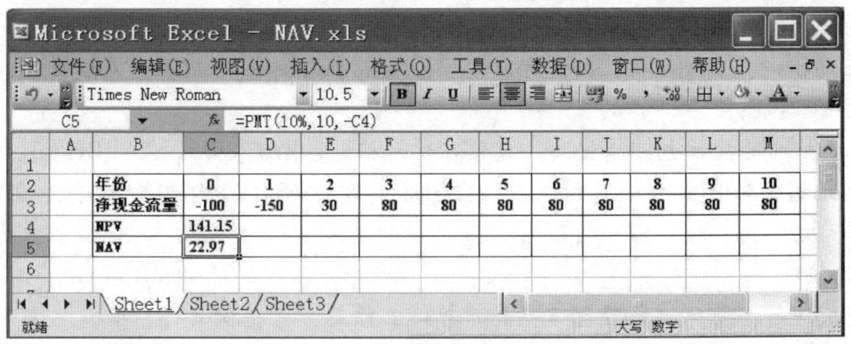


图 4-29　净年值计算步骤（4）

### 4.3.3 比率型评价指标

利用 Excel 软件计算内部收益率时，其函数语法为 IRR（Values，Guess）。其中 Values 为数组或单元格的引用，包含用来计算项目内部收益率的现金流量。Values 必须包含至少一个正值和一个负值，以计算项目的内部收益率。Guess 是对函数 IRR 计算结果的估计值。Excel 软件使用迭代法计算函数 IRR。从 Guess 开始，函数 IRR 进行循环计算，直至结果的精度达到 0.000 01%。如果函数 IRR 经过 20 次迭代，仍未找到结果，则返回错误值“#NUM!”。在大多数情况下，并不需要为函数 IRR 的计算提供 Guess 值。如果省略 Guess，假设它为 0.1（10%）。如果函数 IRR 返回错误值“#NUM”!，或结果没有靠近期望值，可用另一个 Guess 值再试一次。

**【例 4-23】** 某工程建设项目的现金流量见表 4-20，试计算该项目的内部收益率及净现值率（$i_c$=10%）。

**表 4-20 某工程建设项目的现金流量** 单位：万元

| 年份 | 0 | 1 | 2 | 3 | 4 | 5 | 6 | 7 | 8 | 9 | 10 |
|---|---|---|---|---|---|---|---|---|---|---|---|
| 净现金流量 | -100 | -150 | 30 | 80 | 80 | 80 | 80 | 80 | 80 | 80 | 80 |

**【解】** 1. 计算内部收益率

（1）启动 Excel 软件，建立图 4-30 所示的工作表。

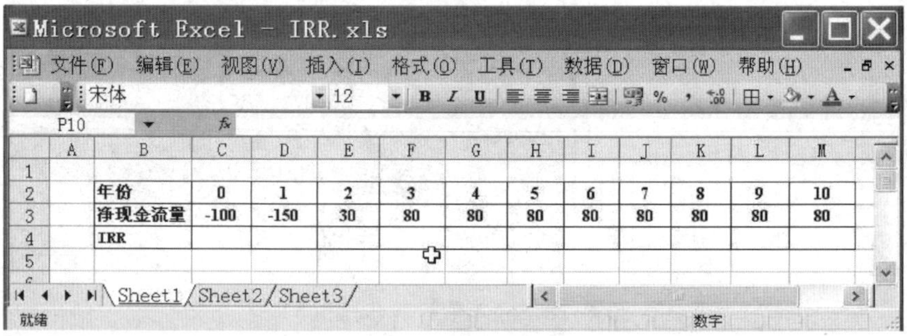

图 4-30 内部收益率计算步骤（1）

（2）激活单元格 C4。单击工具栏上的“fx”按钮，弹出“插入函数”对话框。首先在“或选择类别”栏中选择“财务”，然后在“选择函数”栏中选择“IRR”，最后单击“确定”按钮，如图 4-31 所示。

（3）在弹出的“函数参数”对话框中，首先在 Values 栏中输入“C3:M3”，然后单击“确定”按钮，如图 4-32 所示。

（2）和（3）的操作也可简化为：直接在单元格 C4 中输入公式“=IRR(C3:M3)”。

（4）单元格 C4 中显示计算结果为 21.01%，即该项目的内部收益率为 21.01%，如图 4-33 所示。

2. 净现值率

（1）启动 Excel 软件，建立图 4-34 所示的工作表，根据例 4-22 可知，该项目的 NPV 为 141.15 万元。

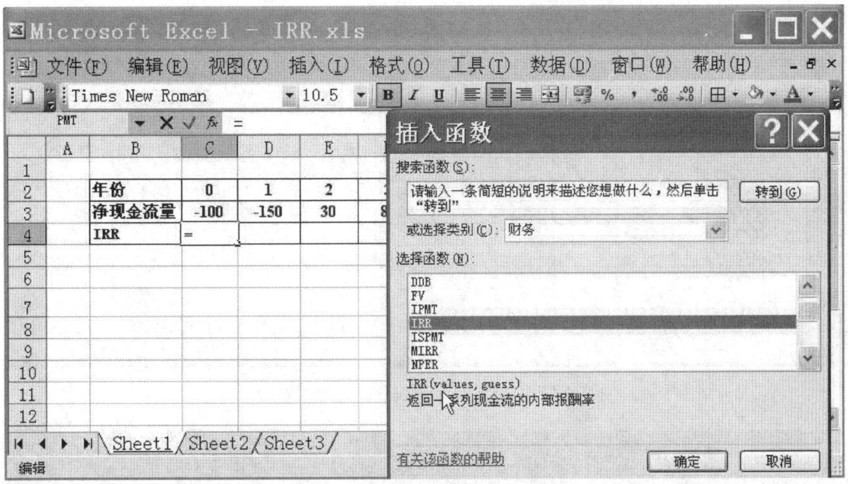


图 4-31　内部收益率计算步骤（2）

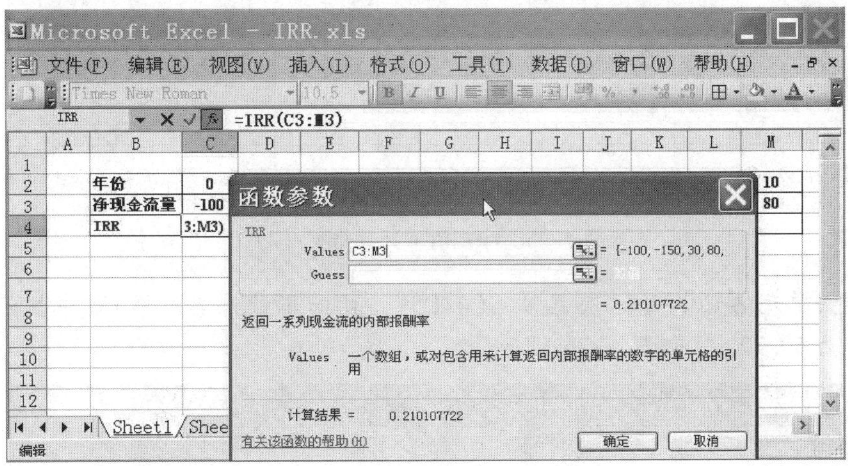


图 4-32　内部收益率计算步骤（3）

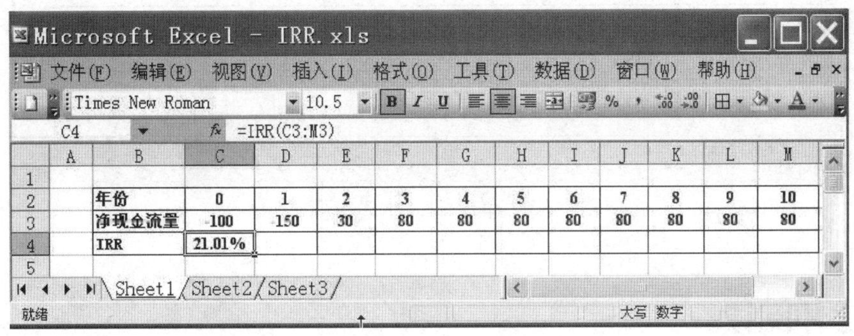


图 4-33　内部收益率计算步骤（4）

（2）单击单元格 C5，输入公式“=-C3+PV(10%,1,,D3)”，按回车键，单元格 C5 中显示 236.36，即投资现值 PVI 为 236.36 万元，如图 4-35 所示。

Microsoft Excel - NPVR.xls　D3　-150

| | A | B | C | D | E | F | G | H | I | J | K | L | M |
|---|---|---|---|---|---|---|---|---|---|---|---|---|---|
| 1 | | | | | | | | | | | | | |
| 2 | | 年份 | 0 | 1 | 2 | 3 | 4 | 5 | 6 | 7 | 8 | 9 | 10 |
| 3 | | 净现金流量 | -100 | -150 | 30 | 80 | 80 | 80 | 80 | 80 | 80 | 80 | 80 |
| 4 | | NPV | 141.15 | | | | | | | | | | |
| 5 | | PVI | | | | | | | | | | | |
| 6 | | NPVR | | | | | | | | | | | |

图 4-34　净现值率计算步骤（1）

Microsoft Excel - NPVR.xls　C5　=-C3+PV(10%,1,,D3)

| | A | B | C | D | E | F | G | H | I | J | K | L | M |
|---|---|---|---|---|---|---|---|---|---|---|---|---|---|
| 1 | | | | | | | | | | | | | |
| 2 | | 年份 | 0 | 1 | 2 | 3 | 4 | 5 | 6 | 7 | 8 | 9 | 10 |
| 3 | | 净现金流量 | -100 | -150 | 30 | 80 | 80 | 80 | 80 | 80 | 80 | 80 | 80 |
| 4 | | NPV | 141.15 | | | | | | | | | | |
| 5 | | PVI | 236.36 | | | | | | | | | | |
| 6 | | NPVR | | | | | | | | | | | |

图 4-35　净现值率计算步骤（2）

（3）单击单元格 C6，输入公式“=C4/C5”，按回车键，单元格 C6 中显示 59.72%，即净现值率为 59.72%，如图 4-36 所示。

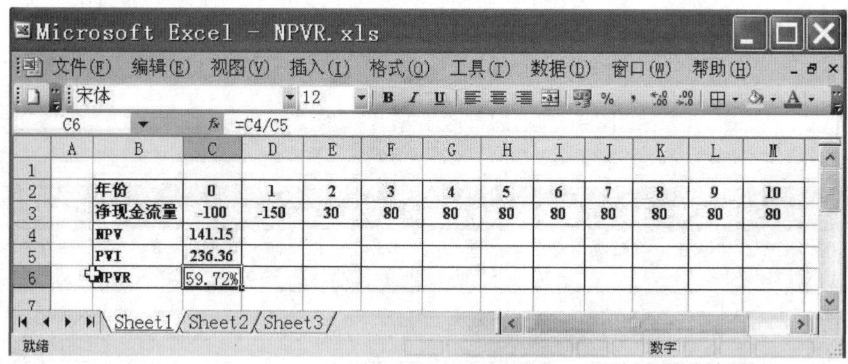

Microsoft Excel - NPVR.xls　C6　=C4/C5

| | A | B | C | D | E | F | G | H | I | J | K | L | M |
|---|---|---|---|---|---|---|---|---|---|---|---|---|---|
| 1 | | | | | | | | | | | | | |
| 2 | | 年份 | 0 | 1 | 2 | 3 | 4 | 5 | 6 | 7 | 8 | 9 | 10 |
| 3 | | 净现金流量 | -100 | -150 | 30 | 80 | 80 | 80 | 80 | 80 | 80 | 80 | 80 |
| 4 | | NPV | 141.15 | | | | | | | | | | |
| 5 | | PVI | 236.36 | | | | | | | | | | |
| 6 | | NPVR | 59.72% | | | | | | | | | | |

图 4-36　净现值率计算步骤（3）

## 延伸阅读

1. 金德民. 生态环保项目财务基准收益率调整测算方法研究［J］. 工程造价管理，2024，35（1）：37-40.

2. 国家发展改革委、住房城乡建设部关于调整部分行业建设项目财务基准收益率的通知（发改投资〔2013〕586 号）［Z］. 2013.

3. 曹振宇，刘鑫，曹越.《建设项目经济评价方法与参数》第三版解析［J］. 黑龙江水利科技，2009，37（1）：173-174.

4. 刘蕾，许宁，高长元. 建设项目财务评价中项目基准收益率测定模型研究［J］. 科技与管理，2007（6）：85-87.

## 复习思考题

**1. 单项选择题**

（1）下列评价指标中，属于动态指标的是（　　）。

A. 投资利润率　　B. 投资利税率　　C. 内部收益率　　D. 资产负债率

（2）对互斥型方案进行比选时，用净现值法和增量内部收益率法进行项目优选的结论（　　）。

A. 相同　　B. 不相同　　C. 不一定相同　　D. 近似

（3）按照差额内部收益率的比选准则，若 $\Delta IRR<i_0$，则（　　）。

A. 投资小的方案为优　　B. 投资大的方案为优

C. 所有方案都不可行　　D. 无法比较

（4）某建设项目，当 $i_1=20\%$ 时，净现值为 78.70 万元；当 $i_2=23\%$ 时，净现值为 -60.54万元，则该建设项目的内部收益率为（　　）。

A. 14.35%　　B. 21.75%　　C. 35.65%　　D. 32.42%

**2. 多项选择题**

（1）对能满足同一需要的各种技术方案进行动态评价时，如果逐年收益没有办法或没有必要具体核算时，可采用（　　）。

A. 内部收益率法　　B. 净现值法　　C. 费用现值法　　D. 费用年值法

（2）对于独立方案而言，检验其财务上可行的评价指标有（　　）。

A. 财务净现值　　B. 费用现值

C. 财务内部收益率　　D. 投资回收期

（3）在进行寿命期不同的互斥方案选择时，下述各项中，可采用的方法是（　　）。

A. 最小公倍数法　　B. 内部收益率法

C. 年值法　　D. 差额内部收益率法

**3. 思考题**

（1）简述内部收益率的经济含义。

（2）投资方案可分为哪几种类型，试举例说明。

（3）对互斥型方案进行比选的基本方法有哪些？

**4. 计算题**

（1）某项目的现金流量见表 4-21（$i_c=10\%$），试计算该项目的静态投资回收期、动态投资回收期、净现值、净年值、内部收益率和净现值率，并分别按净现值与内部收益率标准判断该方案是否可行。

**表 4-21 项目的现金流量** 单位：万元

| 年末 | 0 | 1 | 2 | 3 | 4～10 |
|---|---|---|---|---|---|
| 现金流出 | 800 | 1 000 | | | |
| 现金流入 | | | 200 | 300 | 400 |

（2）现有两种可选择的方案，其有关资料见表 4-22，它们的寿命期都是 5 年，基准贴现率为 8%，试用净现值法选择最优的方案。

**表 4-22 A、B 方案的现金流量** 单位：万元

| 方案 | 投资 | 年收入 | 年支出 | 残值 |
|---|---|---|---|---|
| A | 10 000 | 5 000 | 2 200 | 2 000 |
| B | 12 500 | 7 000 | 4 300 | 3 000 |

（3）A、B 两个互斥型方案的净现金流量见表 4-23，试分别用寿命期最小公倍数法和年金法选择最佳方案（$i_c=10\%$）。

**表 4-23 A、B 两个互斥型方案的净现金流量** 单位：万元

| 年末 | 0 | 1 | 2 | 3 | 4 | 5 |
|---|---|---|---|---|---|---|
| A | -300 | 95 | 95 | 95 | 95 | 95 |
| B | -200 | 85 | 85 | 85 | | |

（4）某公司有 3 个独立型方案 A、B、C，寿命期均为 10 年，它们的现金流量见表 4-24，当投资限额为 800 万元时，用独立方案互斥化法求最优方案组合（$i_c=10\%$）。

**表 4-24 A、B、C 三个方案的现金流量** 单位：万元

| 方案 | A | B | C |
|---|---|---|---|
| 期初投资 | 200 | 375 | 400 |
| 每年净收益 | 42 | 68 | 75 |

（5）某厂拟购置机器设备一套，有 A、B 两种型号可供选择，两种型号机器的性能相同，但使用年限不同，有关资料见表 4-25。如果该企业的资金成本为 10%，应选用哪一种型号的设备？

**表 4-25 A、B 两种型号机器的现金流量** 单位：元

| 设备 | 设备售价 | 维修及操作成本 | | | | | | | | 残值 |
|---|---|---|---|---|---|---|---|---|---|---|
| | | 第 1 年 | 第 2 年 | 第 3 年 | 第 4 年 | 第 5 年 | 第 6 年 | 第 7 年 | 第 8 年 | |
| A | 20 000 | 4 000 | 4 000 | 4 000 | 4 000 | 4 000 | 4 000 | 4 000 | 4 000 | 3 000 |
| B | 10 000 | 3 000 | 4 000 | 5 000 | 6 000 | 7 000 | | | | 1 000 |

（6）某公司下设 3 个工厂 A、B、C，各厂都有几个互斥的技术改造方案，有关资料见表 4-26，各方案寿命期都是 10 年。①假如每个工厂都可以采用维持现状的方案（即不投资），那么在投资限额为 4 000 万元时，如何选择方案？②如果 B 厂方案必须上，那么当

投资限额分别为 3 000 万元和 4 000 万元时，各选择什么方案较好（$i_c=10\%$）？

**表 4-26　各方案的现金流量**　　单位：万元

| 工厂 | A | | B | | | C | | |
|---|---|---|---|---|---|---|---|---|
| 方案 | $A_1$ | $A_2$ | $B_1$ | $B_2$ | $B_3$ | $C_1$ | $C_2$ | $C_3$ |
| 初期投资 | 1 000 | 2 000 | 1 000 | 2 000 | 3 000 | 1 000 | 2 000 | 3 000 |
| 比现状增加的年净收益 | 272 | 511 | 200 | 326 | 456 | 509 | 639 | 878 |

（7）为了满足甲、乙两城市之间的运输需求，拟在两城市之间修建一条铁路或（和）一条高速公路。如果两个项目同时实施，由于分流的影响，两个项目的现金流量将会受到影响（见表 4-27）。基准收益率为 10%。试对方案进行比较。

**表 4-27　各方案预测的数据**　　单位：亿元

| 方案 | 年末净现金流量 | | | |
|---|---|---|---|---|
| | 0 | 1 | 2 | 3～32 |
| 铁路（A） | −30 | −30 | −30 | 15（12） |
| 高速公路（B） | −15 | −15 | −15 | 9（6） |

注：括号内的数据为两个项目同时实施时的现金流量。

答案

# 第 5 章 工程项目不确定性分析与风险分析

【本章内容概要】

因为工程项目投资决策面向未来，所以项目评价所采用的数据大部分来自估算和预测，有一定程度的不确定性和风险。本章介绍了不确定性分析与风险分析的作用；独立方案的线性及非线性盈亏平衡分析方法、多方案盈亏平衡分析方法；单因素敏感性分析、多因素敏感性分析；风险分析的一般步骤以及风险识别、风险估计、风险评价、风险决策和风险控制的方法。

【本章学习重点和难点】

**学习重点**：掌握独立方案的线性盈亏平衡分析方法及非线性盈亏平衡分析方法、多方案盈亏平衡分析方法；单因素敏感性分析、双因素敏感性分析；风险分析的一般步骤以及风险识别、风险估计、风险评价、风险决策和风险控制的方法。

**学习难点**：双因素敏感性分析及风险估计、风险评价、风险决策的方法。

【引例】 某铁路工程项目线路全长 300 km，其他收入占客货运输收入的比值为 15%，以旅客、货物周转量占换算周转量的比例为权重计算的客货运综合运价为 0.16 元/(t·km)，年平均每千米的固定成本为 50 万元，客运、货运按周转量比重分摊的固定成本分别为 44.25 万元/年、5.75 万元/年，年平均换算周转量的单位可变成本为 0.15 元/(t·km)，客运、货运的单位可变成本分别为 0.133 元/(人·km)、0.017 元/(t·km)。

**分析与讨论**

(1) 盈亏平衡时运量是多少?

(2) 客货保本运价率是多少?

## 5.1 不确定性与风险分析概述

### 5.1.1 不确定性与风险分析的含义

工程项目的不确定性分析就是考察工程项目的建设投资、成本、产量、价格、项目寿命等因素变化时，对工程项目经济评价指标所产生的影响。这种影响越强烈，表明所评价的工程项目对某个或某些因素越敏感。对于这些敏感因素，要求工程项目决策者和投资者予以充分的重视和考虑。

风险是指未来发生不利事件的概率或可能性。工程项目的经济风险是指由于不确定性的存在导致项目实施后偏离预期财务和经济效益目标的可能性。风险分析是通过对风险因素的识别，采用定性或定量分析的方法估计各风险因素发生的可能性及对工程项目的影响程度，揭示影响工程项目成败的关键风险因素，提出工程项目风险的预警、预报和相应的对策，为投资决策服务。风险分析的另一重要功能还在于它有助于在可行性研究的过程中，通过信息反馈改进或优化项目设计方案，直接起到降低工程项目风险的作用。

不确定性分析与风险分析既有联系，又有区别。其主要区别在于不确定性分析不知道未来可能发生的结果，或不知道各种结果发生的可能性，由此产生的问题称为不确定性问题；风险分析知道未来可能发生的各种结果的概率，由此产生的问题称为风险问题。由于人们对未来事物认识的局限性，可获信息的有限性以及未来事物本身的不确定性，使得投资建设项目的实施结果可能偏离预期目标，这就形成了投资建设工程项目预期目标的不确定性，从而使工程项目可能得到高于或低于预期的效益，甚至遭受一定的损失，导致投资建设工程项目“有风险”。通过不确定性分析可以找出影响工程项目效益的敏感因素，并确定其敏感程度，但不知道这种不确定性因素发生的可能性及其对工程项目的影响程度。借助于风险分析可以得知不确定性因素发生的可能性及对工程项目带来经济损失的程度。不确定性分析找出的敏感因素又可以作为风险因素识别和风险估计的依据。

工程项目不确定性分析的基本方法包括盈亏平衡分析和敏感性分析。盈亏平衡分析只用于财务分析，敏感性分析和风险分析可同时用于财务分析、经济费用效益分析和费用效果分析。工程技术经济分析人员应根据工程项目的类型、特点来确定不确定性与风险分析的内容和方法。

### 5.1.2　不确定性与风险产生的原因

工程项目产生不确定性与风险的原因很多，主要原因有以下几方面。

① 基础数据的统计偏差。这是由于原始数据统计上的误差、样本点的不足、公式或模型的简化等所造成的误差。

② 通货膨胀。由于通货膨胀的存在，会产生物价的浮动，从而会影响项目评价中所用的价格，进而导致投资、收入、成本等数据与实际值发生偏差。

③ 技术进步。技术进步会引起新老产品和工艺的替代，这就导致根据原有技术条件和生产水平所估计的年销售收入等指标会与实际值发生偏差。

④ 市场供求结构的变化。这种变化会影响到产品的市场供求状况，进而对某些指标值产生影响。

⑤ 建设条件和生产条件的变化。这种变化会影响到投资、经营成本等。

⑥ 政治和经济形势的变化。如国家政策的变化、新的法律法规的颁布、国际政治经济形势的变化等，均会对工程项目的经济效果产生一定的甚至难以预料的影响。

除上述影响因素外，还有一些其他的影响因素。在工程项目经济评价中，要全面分析这些因素的变化对工程项目经济效果的影响是十分困难的，因此在实际工作中，往往需要着重分析和把握那些对工程项目影响较大的关键因素，以期取得较好的效果。

### 5.1.3 不确定性分析与风险分析的作用

不确定性分析与风险分析是工程项目经济评价中的重要内容，进行不确定性分析与风险分析具有以下作用。

**1. 有助于提高投资决策的可靠性**

由于不确定性与风险是客观存在的，通过不确定性分析与风险分析找出不确定性因素，并依据其对投资效益影响的大小和指标变动范围，可以进一步调整工程项目评价的结论，以提高结论的可靠性。

**2. 掌握不确定性因素对工程项目经济评价的影响程度**

通过预测不确定性因素在什么范围内变化，分析这些因素变化对工程项目经济效果的影响程度，以便决策者和执行者充分了解不确定性因素变动的作用界限，尽量避免不利因素的出现。

**3. 为提出防范工程项目风险的措施提供依据**

针对不确定性分析所找出的不确定性因素，可以提出相应的防范措施以减少不确定性因素对工程项目经济效果的影响程度，提高工程项目的风险防范能力，保证工程项目建设能达到预定的目标。

## 5.2 盈亏平衡分析

### 5.2.1 盈亏平衡分析的概念

盈亏平衡分析是指在工程项目达到设计生产能力的条件下，通过分析产品产量、成本和盈利之间的关系，找出方案盈利和亏损在产量、单价、成本等方面的临界点，以判断不确定性因素对方案经济效果的影响程度，说明方案实施的风险大小。这个临界点被称为盈亏平衡点（break even point，BEP）。盈亏平衡点是项目盈利与亏损的分界点，它标志着工程项目不盈不亏时的生产经营临界水平，反映在一定的生产经营水平时工程项目的收益与成本的平衡关系。盈亏平衡分析的主要目的在于通过盈亏平衡计算找出和确定一个盈亏平衡点，以及进一步突破此点后增加销售数量、提高盈利的可能性。盈亏平衡分析还能够有助于发现和确定企业增加盈利的潜在能力以及各个有关因素变动对利润的影响程度。通过盈亏平衡分析，可以看到产量、成本、销售收入三者之间的关系，预测经济形势变化可能对工程项目带来的影响，分析工程项目抗风险的能力，从而为投资方案的优劣分析与决策提供重要的科学依据。

盈亏平衡分析分为线性盈亏平衡分析和非线性盈亏平衡分析。

### 5.2.2 线性盈亏平衡分析

当投资项目的销售收入及成本都是产量的线性函数时的盈亏平衡分析称为线性盈亏平衡分析。

**1. 线性盈亏平衡分析的假设条件**

线性盈亏平衡分析有以下四个假设条件。

① 生产量等于销售量，即当年生产的产品当年销售出去；

② 固定成本和单位可变成本不变；

③ 销售价格不变；

④ 按单一产品计算，若项目生产多种产品，则应换算为单一产品计算。

由此可知，扣除税金及附加后的销售收入 $S(Q)$ 为：

$$S(Q) = PQ - T_0 Q \tag{5-1}$$

总成本 $C(Q)$ 为：

$$C(Q) = F + VQ \tag{5-2}$$

式中：$P$——单位产品售价；

$T_0$——单位产品税金及附加率；

$Q$——销量；

$F$——产品的固定成本；

$V$——产品的单位可变成本。

**2. 线性盈亏平衡分析图及盈亏平衡点**

以销量 $Q$ 为横坐标轴，销售收入 $S$（或成本 $C$）为纵坐标轴，将 $S(Q) = PQ-T_0Q$ 和 $C(Q) = F+VQ$ 画在同一坐标系中，这就是线性盈亏平衡分析图，也称为“线性本量利分析图”。

在图 5-1 中，销售收入线 $S(Q)$ 与总成本线 $C(Q)$ 的交点 BEP 即为盈亏平衡点，这就是项目盈利与亏损的临界点。BEP 对应的销量 $Q_{BEP}$ 即为盈亏平衡时的销量，当销量小于 $Q_{BEP}$ 时，总成本 $C$ 大于销售收入 $S$，项目亏损；当销量大于 $Q_{BEP}$ 时，总成本 $C$ 小于销售收入 $S$，项目盈利。在 BEP 点上，项目不盈不亏，即：

$$S(Q) = C(Q)$$

$$PQ - T_0 Q = F + VQ \tag{5-3}$$

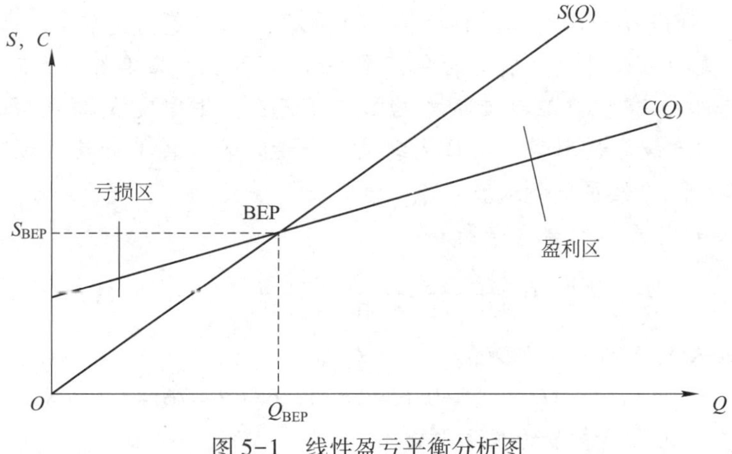


图 5-1　线性盈亏平衡分析图

**3. 线性盈亏平衡点的计算公式**

由 $PQ-T_0Q=F+VQ$ 可计算以下盈亏平衡点。

1）以产量表示

$$Q_{\mathrm{BEP}}=Q^{*}=\frac{F}{P-T_0-V} \tag{5-4}$$

$Q_{\mathrm{BEP}}$是项目保本（不发生亏损）时的产量。其值越小，说明项目抗风险的能力越大，也就说项目用较低的年产量就能保本。

2）以销售收入表示

$$S_{\mathrm{BEP}}=(P-T_0)Q^{*}=(P-T_0)\times\frac{F}{P-T_0-V} \tag{5-5}$$

$S_{\mathrm{BEP}}$是项目保本时的销售收入，其值越小，说明项目抗风险的能力越大。

3）以生产能力利用率表示

$$E_{\mathrm{BEP}}=\frac{Q^{*}}{Q_{\max}}\times 100\%=\frac{F}{(P-T_0-V)Q_{\max}}\times 100\% \tag{5-6}$$

式中：$Q_{\max}$——项目设计产量。

$E_{\mathrm{BEP}}$是项目保本时的最低生产能力利用率，生产能力利用率大于$E_{\mathrm{BEP}}$时即可盈利，$E_{\mathrm{BEP}}$越低，说明项目的抗风险能力越强。

4）以项目达到设计产量时的销售价格表示

由 $PQ_{\max}-T_0Q_{\max}=F+VQ_{\max}$可得：

$$P_{\mathrm{BEP}}=T_0+V+\frac{F}{Q_{\max}} \tag{5-7}$$

$P_{\mathrm{BEP}}$是项目按照设计产量进行生产和销售时的最低售价，此时项目不亏不盈，售价大于$P_{\mathrm{BEP}}$时即可盈利。

5）以项目达到设计产量时的单位变动成本表示

由 $PQ_{\max}-T_0Q_{\max}=F+VQ_{\max}$可得：

$$V_{\mathrm{BEP}}=P-T_0-\frac{F}{Q_{\max}} \tag{5-8}$$

$V_{\mathrm{BEP}}$是项目达到设计产量时的最高单位变动成本，单位变动成本小于$V_{\mathrm{BEP}}$时即可盈利。

**【例 5-1】** 某项目设计生产能力为年产量 500 t，单位产品单价为 5 万元/t，单位产品税金为 0.654 万元/t，单位产品可变成本为 2.4 万元/t，年固定成本为 482 万元，求以产量、销售收入、生产能力利用率、项目达到设计产量时的销售单价及项目达到设计产量时的单位变动成本表示的盈亏平衡点。

**【解】** ① 以产量表示的盈亏平衡点：

$$Q_{\mathrm{BEP}}=Q^{*}=\frac{F}{P-T_0-V}=\frac{482}{5-0.654-2.4}=247.68\ (\mathrm{t})$$

② 以销售收入表示的盈亏平衡点：

$$S_{\mathrm{BEP}}=(P-T_0)Q^{*}=(5-0.654)\times 247.68=1\ 076.42\ (\text{万元})$$

③ 以生产能力利用率表示的盈亏平衡点：

$$E_{\mathrm{BEP}}=\frac{Q^{*}}{Q_{\max}}\times 100\%=\frac{247.68}{500}\times 100\%=49.54\%$$

④ 以项目达到设计产量时的销售价格表示的盈亏平衡点：

$$P_{BEP}=0.654+2.4+\frac{482}{500}=4.02\ (万元/t)$$

⑤ 以项目达到设计产量时的单位变动成本表示的盈亏平衡点：

$$V_{BEP}=P-T_0-\frac{F}{Q_{max}}=5-0.654-\frac{482}{500}=3.38(万元/t)$$

由此可知，盈亏平衡时的产量为 247.68 t、销售收入为 1 076.42 万元、生产能力利用率为 49.54%、项目达到设计产量时的销售价格为 4.02 万元/t、项目达到设计产量时的单位变动成本为 3.38 万元/t。

### 5.2.3　非线性盈亏平衡分析

因为线性盈亏平衡分析中的一些假设条件只能在一定的范围内适用，不具有一般性。总成本和销售收入都可能与产量之间呈现出非线性变化，造成这种现象的原因主要有两方面：①市场极限的影响。在实际中，由于市场供求情况、竞争状况和价值规律的作用，在供不应求的情况下销售收入一般随产销量的增加呈直线增加，但当销售量达到市场极限而需求饱和或市场竞争激烈，产量达到一定数量时，便出现滞销、积压、降价现象，销售收入增加幅度趋缓，甚至下降，销售收入并非一条直线。②半可变成本的影响。在线性盈亏平衡分析中，将总成本分解为保持不变的固定成本和线性增长的可变成本，忽略了按比例增减的半可变成本（也称混合成本）的非线性影响。在实际中，半可变成本如燃料动力费、加班工资、车间费用等一般呈阶梯曲线变化。考虑了半可变成本的非线性影响后，总成本曲线不再是简化了的直线，而是随产量的增加呈阶梯形上升的曲线。

非线性盈亏平衡分析可分为以下三种情况：

① 总成本非线性变化，销售收入呈线性变化。

② 销售收入呈非线性变化，总成本呈线性变化。

③ 总成本与销售收入均呈非线性变化。

非线性盈亏分析可能有几个平衡点，如图 5-2 所示。一般把最后出现的盈亏平衡点叫作盈利限制点。盈利限制点后，当销售收入等于可变成本时，就达到开关点（SDP）。这时的销售收入只够补偿变动成本，亏损额正好等于固定成本，即 $S(Q)=V(Q)$。开关点对应的产量叫作开关点产量。

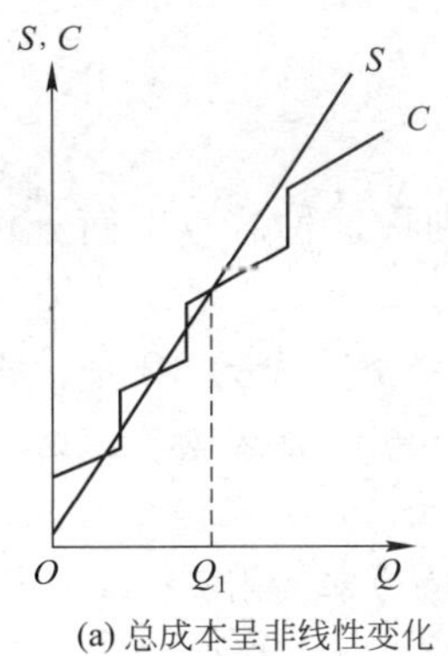

(a) 总成本呈非线性变化

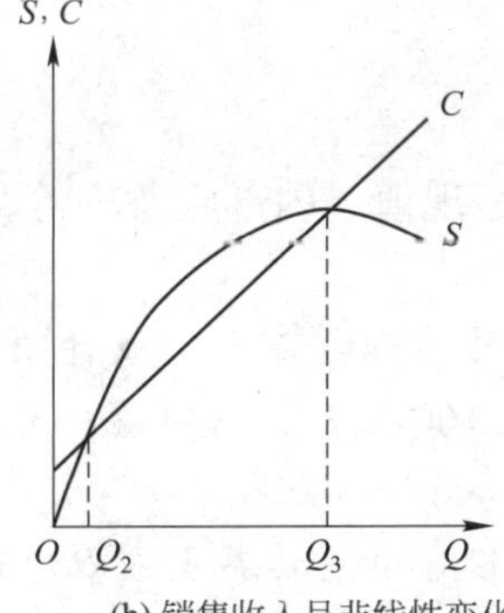

(b) 销售收入呈非线性变化

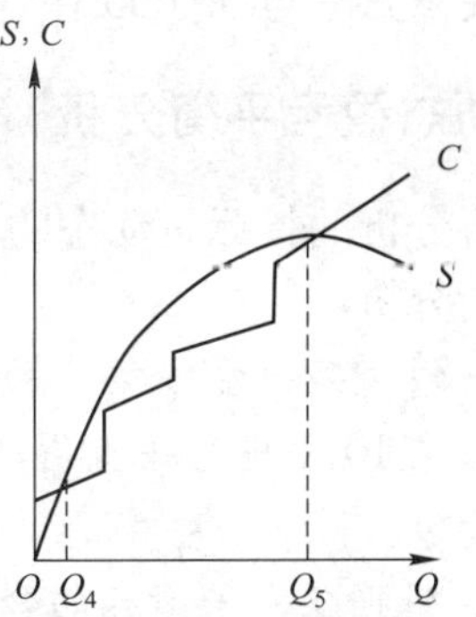

(c) 总成本与销售收入均呈非线性变化

图 5-2　非线性盈亏平衡分析图

由图 5-2（b）可知，当有两个盈亏平衡点时，只有产量在两个盈亏平衡点之间时，才能盈利，并可以找到最大盈利所对应的产量。

项目盈利函数式为：

$$E(Q)=S(Q)-C(Q) \tag{5-9}$$

对式（5-9）求导，使 $E'(Q)=0$ 可求出极值时的产量 $Q$，若二阶导数 $E''(Q)\leqslant 0$，则可判断 $Q$ 为最大盈利时的产量。下面举例说明。

**【例 5-2】** 已知某投资方案预计：年销售收入为 $S=(500\times Q-0.02\times Q^2)$ 元，年固定成本为 $F=300\,000$ 元，年可变成本为 $V=(200\times Q-0.01\times Q^2)$ 元。

求：①盈亏平衡点产量；②盈利最大时的产量；③最大利润；④开关点产量。

**【解】** 项目盈利函数式为：

$$\begin{aligned}E(Q)&=(500\times Q-0.02\times Q^2)-(300\,000+200\times Q-0.01\times Q^2)\\&=-0.01\times Q^2+300\times Q-300\,000\end{aligned}$$

① 求盈亏平衡点产量

盈亏平衡时 $E(Q)=0$，即：

$$-0.01\times Q^2+300\times Q-300\,000=0$$

解得：$Q_1=1\,036$（件），$Q_2=28\,965$（件）

故盈亏平衡点产量为 1 036 件或 28 965 件。

② 求盈利最大时的产量

对函数 $E(Q)$ 求导，使 $E'(Q)=0$，即：

$$-0.02\times Q+300=0$$

解得：$Q=15\,000$（件），且 $E''(Q)=-0.02<0$

故盈利最大时的产量为 15 000 件。

③ 求最大利润

$$E(Q)_{\max}=-0.01\times 15\,000^2+300\times 15\,000-300\,000=1\,950\,000\text{（元）}$$

故最大利润为 195 万元。

④ 求开关点

$$E(Q)=-0.01\times Q^2+300\times Q-300\,000=-300\,000$$

解得：$Q_1'=0$，$Q_2'=30\,000$（件）

故开关点产量为 30 000 件。

### 5.2.4 动态盈亏平衡分析

如果所分析的指标是动态的，如净现值、内部收益率等，则称这种盈亏平衡分析为动态盈亏平衡分析。

**【例 5-3】** 某投资方案，初始投资为 600 万元，预计项目经济寿命为 10 年，根据市场预测，在这 10 年中每年可得净收益 160 万元，若贴现率 $i$ 为不确定性因素，试进行动态盈亏平衡分析。

**【解】** 根据盈亏平衡点的含义，投资决策临界点应取净现值为零，则：

$$\text{NPV}=-600+160(P/A,\ i,\ 10)=0$$

即：$(P/A,\ i,\ 10)=3.75$

解得：$i=23.41\%$

故贴现率不超过 23.41%时方案可行，大于 23.41%时方案不可行。

### 5.2.5　互斥型方案的盈亏平衡分析

在需要对若干个互斥型方案进行比选的情况下，如果某一个共有的不确定因素影响这些方案的取舍，则可以采用以下方法帮助决策。

设两个互斥型方案的经济效果都受某一不确定因素 $X$ 的影响，把 $X$ 看作一个变量，把两个方案的经济效果指标都表示为 $X$ 的函数：

$$E_1=F_1(X)\qquad E_2=F_2(X)$$

当两个方案的经济效果相同时，有：

$$F_1(X)=F_2(X)$$

解出 $X$ 的值即为两个方案的优劣平衡点。

**【例 5-4】**　生产某种产品，有三种工艺方案。采用方案 1，年固定成本为 700 万元，单位产品变动成本为 10 元；采用方案 2，年固定成本为 400 万元，单位产品变动成本为 15 元；采用方案 3，年固定成本为 200 万元，单位产品变动成本为 20 元。试分析各方案适用的生产规模。

**【解】**　各方案年总成本均可表示为产量 $Q$ 的函数：

$$C_1=700\times10\,000+10\times Q$$

$$C_2=400\times10\,000+15\times Q$$

$$C_3=200\times10\,000+20\times Q$$

根据上述三个函数可画出图 5-3。

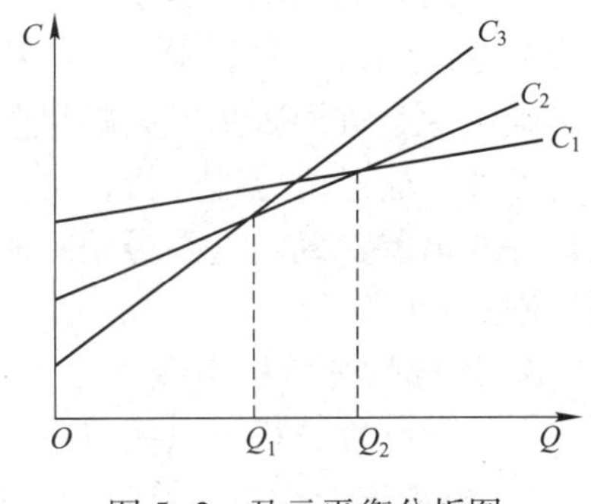

图 5-3　盈亏平衡分析图

当 $Q=Q_1$ 时，$C_2=C_3$，即：

$$400\times10\,000+15\times Q=200\times10\,000+20\times Q$$

解得 $Q_m=400\,000$（件）

当 $Q=Q_2$ 时，$C_1=C_2$，即：

$$700\times10\,000+10\times Q=400\times10\,000+15\times Q$$

解得 $Q_2=600\,000$（件）

故当预期产量低于 400 000 件时，应采用方案 3；当预期产量为 400 000～600 000 件时，应采用方案 2；当预期产量高于 600 000 件时，应采用方案 1。

**【例 5-5】**　A 设备的购置费用为 24 万元，经济寿命期为 10 年，期末残值为 4 000 元，每年使用费为 5 000 元；现有 B 设备，经济寿命期为 10 年，期末残值为 3 000 元，每年使用费为 6 000 元。当年利率为 10%时，求 B 设备的最高购置费。

**【解】**　设 B 设备的最高购置费为 $x$，则

$$PC_B=x+6\,000\ (P/A,\ 10\%,\ 10)\ -3\,000\ (P/F,\ 10\%,\ 10)$$

而 $PC_A=240\,000+5\,000\ (P/A,\ 10\%,\ 10)\ -4\,000\ (P/F,\ 10\%,\ 10)$

当 $PC_B=PC_A$ 时，

$x+6\,000\ (P/A,\ 10\%,\ 10)\ -3\,000\ (P/F,\ 10\%,\ 10)$

$=240\,000+5\,000\ (P/A,\ 10\%,\ 10)\ -4\,000\ (P/F,\ 10\%,\ 10)$

$x+6\ 000\times6.144\ 57-3\ 000\times0.385\ 54$

$=240\ 000+5\ 000\times6.144\ 57-4\ 000\times0.385\ 54$

解得 $x=233\ 469.89$（元）

故 B 设备的最高购置费为 233 469.89 元。

## 5.3 敏感性分析

### 5.3.1 敏感性分析概述

**1. 敏感性分析的含义**

敏感性分析是通过研究项目不确定因素发生变化时，项目经济评价指标发生的相应变化，找出项目的敏感性因素，确定其敏感程度，并判断项目承受风险能力的一种不确定性分析方法。

**2. 敏感性分析的作用**

敏感性分析可以使决策者了解不确定因素对项目经济效益指标的影响，从而提高决策的准确性，还可以启发工程技术经济分析人员对那些较为敏感的因素重新进行分析研究，以提高预测的可靠性。通过进行项目的敏感性分析，可以了解各种不确定因素变动对方案经济效果的影响范围和程度，了解工程项目方案的风险根源和风险大小，还可筛选出若干较为敏感的因素，有利于对它们集中力量进行研究，重点调查和收集资料，尽量降低因素的不确定性，进而减少方案的风险。

另外，通过敏感性分析，可以分析不确定因素在什么范围内变化时项目的经济效益情况最好或最差，确定这类最乐观和最悲观的边界条件或边界数值，以便对不确定性因素实施控制。

**3. 敏感性分析的步骤**

进行敏感性分析可以按以下步骤进行。

1）确定进行敏感性分析的经济评价指标

敏感性分析应根据项目的特点和项目评价的深度选择主要的指标进行分析，如净现值、内部收益率、投资回收期等。敏感性分析一般只选择一个重要指标进行分析。由于敏感性分析是在确定性经济评价的基础上进行的，所以敏感性分析选择的指标应与该项目经济效果评价时所用的指标一致。

2）选择不确定因素

不确定因素很多，如产品销售价格、单位产品成本、总投资、建设期、生产期、贷款利率、销量等。上述任何因素的变动，都会引起经济效果评价指标的变动。但是，不可能也不需要对影响经济效果的所有因素进行不确定性分析，选择不确定因素可从两个方面考虑：一是预计这些因素在可能的变化范围内，对投资效果影响较大；二是这些因素发生变化的可能性较大。

3）计算因不确定因素变动引起的评价指标变动值

首先就所选定的不确定因素，划分若干级变动幅度（通常用变化率来表示）。然后计算与每级变动相应的经济评价指标值，并用敏感性分析图或敏感性分析表的形式表示。

4）计算敏感度系数并对敏感因素进行排序

所谓敏感因素是指该不确定因素的数值有较小的变动就能使项目经济评价指标出现较显著变动的因素。敏感度系数的计算公式为：

$$\beta = \Delta A / \Delta F \tag{5-10}$$

式中：$\beta$——评价指标 $A$ 对于不确定因素 $F$ 的敏感度系数；

$\Delta A$——不确定因素 $F$ 发生 $\Delta F$ 变化率（%）时，评价指标 A 的相应变化率（%）；

$\Delta F$——不确定因素 $F$ 的变化率（%）。

根据敏感度系数进行排序，敏感度系数绝对值最大的因素为最敏感因素。

5）计算变动因素的临界点

临界点是指项目允许不确定因素向不利方向变化的极限值。超过极限值，项目由可行变为不可行。

6）项目风险分析和建议

根据项目不确定因素允许变动的范围大小，预测项目抗风险的能力。不确定因素允许变动的范围越大，则项目的风险越小；不确定因素允许变动的范围越小，则项目的风险越大。同时提出控制风险的建议。

依据每次所考虑的变动因素数目不同，敏感性分析又分为单因素敏感性分析和多因素敏感性分析。

### 5.3.2　单因素敏感性分析

单因素敏感性分析就是每次只考虑单个不确定因素的变动，而假设其他因素保持不变时对方案经济效益指标进行的敏感性分析。

**【例 5-6】**　某项目基本方案的估算数据见表 5-1，假设项目建设期为 1 年，投资发生在第 1 年年末，试分别就年销售收入 $B$、年经营成本 $C$ 和建设投资 $I$ 对项目的内部收益率进行单因素敏感性分析（$i_c=8\%$）。

**表 5-1　基本方案的估算数据**

| 因素 | 建设投资 $I$/万元 | 年销售收入 $B$/万元 | 年经营成本 $C$/万元 | 期末残值 $L$/万元 | 计算期 $n$/年 |
|---|---|---|---|---|---|
| 估算值 | 1 500 | 600 | 250 | 200 | 6 |

**【解】**　① 计算基本方案的内部收益率 IRR。

$$\mathrm{NPV} = -I(1+\mathrm{IRR})^{-1} + (B-C)\sum_{t=2}^{6}(1+\mathrm{IRR})^{-t} + L(1+\mathrm{IRR})^{-6} = 0$$

即：

$$\mathrm{NPV} = -1\,500(1+\mathrm{IRR})^{-1} + (600-250)\sum_{t=2}^{6}(1+\mathrm{IRR})^{-t} + 200(1+\mathrm{IRR})^{-6} = 0$$

采用试算法得：

$$\mathrm{NPV}\ (i=8\%) = 31.08\ (\text{万元}) > 0$$

$$\mathrm{NPV}\ (i=9\%) = -7.92\ (\text{万元}) < 0$$

采用线性内插法可求得：

$$IRR=8\%+\frac{31.08}{31.08+7.92}(9\%-8\%)=8.79\%$$

② 计算年销售收入、年经营成本和建设投资变化对内部收益率的影响，结果见表 5-2。

**表 5-2 不确定因素变化对内部收益率的影响**

| 不确定因素 | 变化率 | | | | |
|---|---|---|---|---|---|
| | -10% | -5% | 基本方案 | +5% | +10% |
| 年销售收入 | 3.01% | 5.94% | 8.79% | 11.58% | 14.30% |
| 年经营成本 | 11.12% | 9.96% | 8.79% | 7.61% | 6.42% |
| 建设投资 | 12.70% | 10.67% | 8.79% | 7.06% | 5.45% |

内部收益率的敏感性分析图如图 5-4 所示。

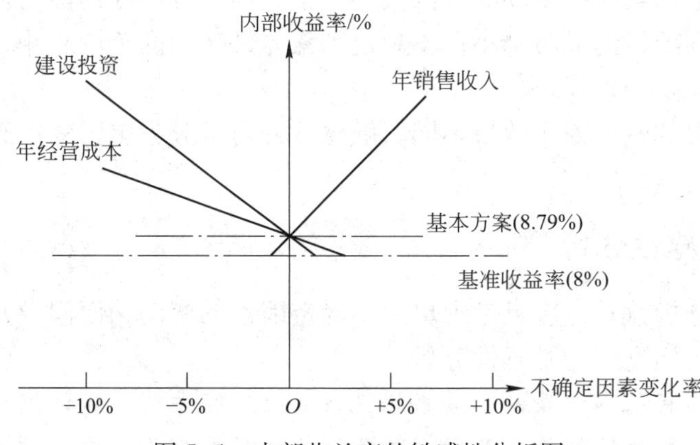


图 5-4 内部收益率的敏感性分析图

③ 计算各因素的敏感度系数。

$$年销售收入敏感度系数=\frac{|14.30\%-8.79\%|/8.79\%}{10\%}=6.27$$

$$年经营成本敏感度系数=\frac{|6.42\%-8.79\%|/8.79\%}{10\%}=2.70$$

$$建设投资敏感度系数=\frac{|5.45\%-8.79\%|/8.79\%}{10\%}=3.80$$

显然，年销售收入为最敏感因素。

④ 计算临界点。

设销售收入变动 $x$、经营成本变动 $y$、建设投资变动 $z$，在内部收益率为 8%时，分别计算年销售收入、年经营成本和建设投资变动的临界点。

$$-1\,500(1+8\%)^{-1}+(350+600x)\sum_{t=2}^{6}(1+8\%)^{-t}+200(1+8\%)^{-6}=0$$

$$-1\,500(1+8\%)^{-1}+(350-250y)\sum_{t=2}^{6}(1+8\%)^{-t}+200(1+8\%)^{-6}=0$$

$$-1\,500(1+z)(1+8\%)^{-1}+350\sum_{t=2}^{6}(1+8\%)^{-t}+200(1+8\%)^{-6}=0$$

分别解得 $x=-1.40\%$，$y=3.36\%$，$z=2.24\%$

也就是说，在保证内部收益率不低于基准收益率，其他因素不变的情况下，年销售收入降低的幅度应小于（或等于）1.40%或年经营成本增加的幅度不超过3.36%或建设投资增加的幅度不超过2.24%。

由此可知，若使项目可行，敏感因素年销售收入、建设投资及年经营成本允许变动的范围都比较小，这说明本项目的抗风险能力较差。所以，在作出项目的最后决策之前，有必要对年销售收入、建设投资及年经营成本作出更认真、精确的预测和估算。如果项目得以实施，必须严格控制投资的额度，并尽量节约经营成本，以使预期的经济效果得以实现。

### 5.3.3　多因素敏感性分析

单因素敏感性分析的方法简单，但其不足在于忽略了因素之间的相关性。实际上，一个因素的变动往往也伴随着其他因素的变动。多因素敏感性分析弥补了单因素敏感性分析的局限性。

多因素敏感性分析是考察多个因素同时变动对方案经济效益指标的影响，以判断方案的风险情况。根据每次考察因素的数目又可分为双因素敏感性分析和三因素敏感性分析。

**1. 双因素敏感性分析**

双因素敏感性分析是假设方案的其他因素不变，每次仅考虑两个因素同时变化对经济效益指标的影响。双因素敏感性分析先通过单因素敏感性分析确定两个敏感性较大的因素，然后通过双因素敏感性分析来考察这两个因素同时变化时对项目经济效益指标的影响。双因素敏感性分析图为一个敏感曲面。

**【例 5-7】**　根据例 5-6 的数据进行销售收入和建设投资双因素敏感性分析。

**【解】**　设年销售收入变动 $x$、建设投资变动 $z$，则：

$$NPV(8\%)=-1\,500(1+z)(1+8\%)^{-1}+(350+600x)\sum_{t=2}^{6}(1+8\%)^{-t}+200(1+8\%)^{-6}=0$$

整理得 $31.08-1\,388.90z+2\,218.18x=0$

这是一个直线方程，是 NPV=0 的临界线。当 $x=0$ 时，$z=2.24\%$；当 $z=0$ 时，$x=-1.40\%$。由此可画出如图 5-5 所示的双因素敏感性分析图。

由图 5-5 可知，NPV>0 的范围位于临界线的右下方。如果 $x$ 和 $z$ 同时变化的状态点落在临界线的右下方，则项目可行；如果 $x$ 和 $z$ 同时变化的状态点落在临界线的左上方，则项目不可行。如图 5-5 中状态点 $A$ 落在临界线的右下方，项目方案可行。

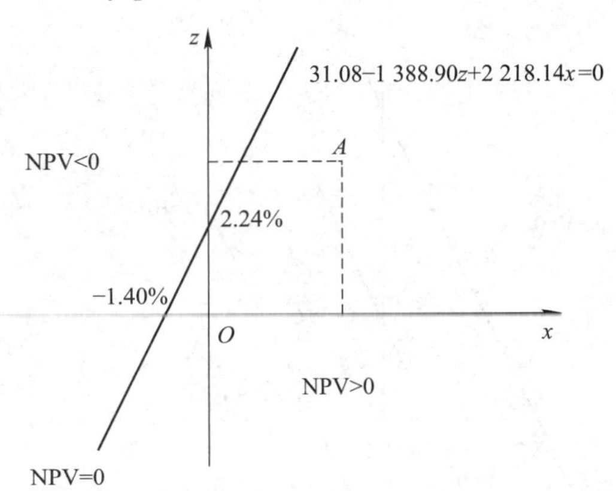


图 5-5　双因素敏感性分析图

**2. 三因素敏感性分析**

三因素敏感性分析主要是在其他因素不变的条件下，研究三个因素同时变化时对项目经济效益指标的影响。三因素敏感性分析一般采用降维的方法处理。

**【例 5-8】** 根据例 5-6 的数据进行年销售收入、年经营成本和建设投资三因素敏感性分析。

**【解】** 设年销售收入变动 $x$、年经营成本变动 $y$ 和建设投资变动 $z$，则：

$$NPV(8\%) = -1\,500(1+z)(1+8\%)^{-1} + (350+600x-250y)\sum_{t=2}^{6}(1+8\%)^{-t} + 200(1+8\%)^{-6} = 0$$

整理得：

$$31.08-1\,388.90z+2\,218.18x-924.24y=0$$

① 取 $y=10\%$，则：

$31.08-1\,388.90z+2\,218.18x-924.24\times10\%=0$

$-61.34-1\,388.90z+2\,218.18x=0$

$x=0$ 时，$z=-4.42\%$

$z=0$ 时，$x=2.77\%$

② 取 $y=0$，则：

$31.08-1\,388.90z+2\,218.18x-924.24\times0=0$

$31.08-1\,388.90z+2\,218.18x=0$

$x=0$ 时，$z=2.24\%$

$z=0$ 时，$x=-1.40\%$

③ 取 $y=-10\%$，则：

$31.08-1\,388.90z+2\,218.18x-924.24\times(-10\%)=0$

$123.50-1\,388.90z+2\,218.18x=0$

$x=0$ 时，$z=8.89\%$

$z=0$ 时，$x=-5.57\%$

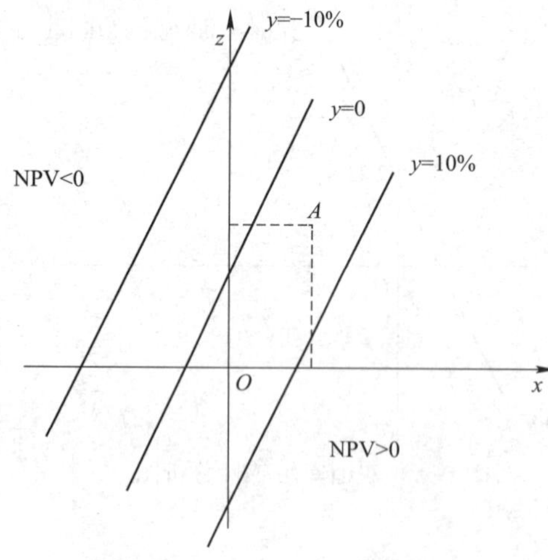


图 5-6 三因素敏感性分析图

由此可画出如图 5-6 所示的三因素敏感性分析图。

由图 5-6 可知，NPV>0 的范围位于临界线的右下方。如果年经营成本增加，临界线向右下方移动，使 NPV>0 的范围减少；如果年经营成本减少，临界线向左上方移动，使 NPV>0的范围增加。由此也就可以分析任意状态点 $A$ 的可行性。

从上面的分析可以看出，敏感性分析在一定程度上就各种不确定因素的变动对方案经济效益指标的影响作了定量的描述，得到了维持投资方案在经济上可行所允许的不确定因素发生不利变动的最大幅度。但是敏感性分析在使用中也存在一定的局限性，它不能说明不确定因素发生变动的可能性大小，也就是没有考虑不确定因素在未来发生变动的概率，而这种概率是与项目的风险大小密切相关的。另外，敏感性分析要求各经济参数是互不相关的，且至多只能同时对三个经济参数的变化作出直观分析，参数的选择、参数的给定变化量均受分析人员的主观意愿影响。

# 5.4 风险分析

如前所述，敏感性分析无法预测不确定因素在未来发生的概率，从而影响分析结论的准确性。对这个问题，可以借助风险分析的方法来弥补和解决。风险分析的一般步骤包括风险识别、风险估计、风险评价、风险决策和风险应对。

## 5.4.1 风险识别

风险识别是风险分析的基础，运用系统的方法对项目进行全面考察综合分析，找出潜在的各种风险因素，并对各种风险进行比较、分类，确定各因素间的相关性与独立性，判断其发生的可能性及对项目的影响程度，并按其重要性进行排队或赋予权重。

风险识别的方法应根据项目的特点选用适当的方法。常用的方法有问卷调查、专家调查法和情景分析法等。

## 5.4.2 风险估计

风险估计又称风险测量、风险测试、风险衡量、风险估算等。风险估计是在风险识别后，通过定量分析的方法测量风险发生的可能性及对项目的影响程度，具体来说，就是指采用主观概率和客观概率的统计方法，确定风险因素的概率分布，运用数理统计分析方法，计算项目评价指标相应的概率分布或累计概率、期望值、标准差。

**1. 概率分析**

概率分析是指使用概率研究预测各种不确定因素和风险因素的发生对工程项目评价指标影响的一种定量分析方法，一般是计算工程项目净现值的期望值及其分布状况和净现值大于或等于零时的累计概率。如果计算出的累计概率值越大，说明工程项目承担的风险越小。

由于影响方案经济效果的大多数因素都是随机变量，可以预测其未来可能的取值范围，估计各种取值或值域发生的概率，但不可能肯定地预知它们取什么值。投资方案的现金流序列是由这些因素的取值所决定的，所以，实际上方案的现金流量序列也是随机变量。为了与确定性分析中使用的现金流量概念有所区别，称概率分析中的现金流量为随机现金流量。

1）随机现金流量的期望值和方差

描述随机变量的主要参数是期望值和方差。期望值是在大量的重复事件中随机变量取值的平均值，即随机变量所有可能取值的加权平均值，权重为各种可能取值出现的概率。方差是反映随机变量取值的离散程度的参数。

假定某方案的寿命期为 $n$ 期，净现金流量序列为：$y_0$，$y_1$，…，$y_n$。$n$ 和 $y_t$（$t=0$，1，

…，$n$）都是随机变量。设 $n$ 为常数，某一特定周期的净现金流量可简化为若干个离散数值：$y_t^{(1)}$，$y_t^{(2)}$，…，$y_t^{(m)}$，与各离散值对应的发生概率为 $P_1$，$P_2$，…，$P_m$。

第 $t$ 周期的净现金流量 $y_t$ 的期望值为：

$$E(y_t) = \sum_{j=1}^{m} y_t^{(j)} P_j \tag{5-11}$$

第 $t$ 周期的净现金流量 $y_t$ 的方差为：

$$D(y_t) = \sum_{j=1}^{m} [y_t^{(j)} - E(y_t)]^2 P_j \tag{5-12}$$

2）随机净现值的期望值及方差

由于项目每年的净现金流量是随机现金流量，由每年随机现金流量折现的现值之和的净现值也必然是一个随机净现值。随机净现值的期望值 $E(\text{NPV})$ 和方差 $D(\text{NPV})$ 分别为：

$$E(\text{NPV}) = \sum_{t=0}^{n} E(y_t)(1 + i_c)^{-t} \tag{5-13}$$

$$D(\text{NPV}) = \sum_{t=0}^{n} D(y_t)(1 + i_c)^{-2t} \tag{5-14}$$

由于净现值的方差与净现值是不同的量纲，所以常用与净现值量纲相同的参数——标准差 $\sigma(\text{NPV})$ 来反映随机净现值取值的离散程度。即：

$$\sigma(\text{NPV}) = \sqrt{D(\text{NPV})} \tag{5-15}$$

如果先计算方案净现金流量在各组合状态下发生的概率 $P_j$ 和相应组合状态下的净现值 $\text{NPV}^{(j)}$，则方案在 $k$ 种组合状态下的净现值的期望值 $E(\text{NPV})$ 和方差 $D(\text{NPV})$ 分别为：

$$E(\text{NPV}) = \sum_{j=1}^{k} \text{NPV}^{(j)} P_j \tag{5-16}$$

$$D(\text{NPV}) = \sum_{j=1}^{k} [\text{NPV}^{(j)} - E(\text{NPV})]^2 P_j \tag{5-17}$$

3）概率分布

随机变量的各个可能取值对应的概率分布情况称为概率分布。在对投资方案进行风险分析时，有时需要评估方案的经济效果指标发生在某一范围的可能性。

① 若每个影响因素的不确定性服从离散概率分布，且各因素是相互独立的，则计算出方案的 NPV 也服从离散概率分布，其值为：

$$P(\text{NPV} = \text{NPV}^{(j)}) = P_j \quad (j = 1, 2, 3, \cdots, k) \tag{5-18}$$

$$P(\text{NPV} \leqslant X) = \sum_{\text{NPV}^{(j)} \leqslant X} P(\text{NPV} = \text{NPV}^{(j)}) = \sum_{\text{NPV}^{(j)} \leqslant X} P_j \tag{5-19}$$

② 若方案的净现值是连续型随机变量，服从正态分布，且其期望值为 $E(\text{NPV})$，则由标准正态分布表可直接查出 NPV 小于或大于 0 的概率：

$$P(\text{NPV} < 0) = P\left(Z < \frac{0 - E(\text{NPV})}{\sigma(\text{NPV})}\right) \tag{5-20}$$

当 NPV 大于或等于 0 的累计概率越大，表明方案的风险越小，反之，则风险越大。

**2. 概率树分析**

概率树分析是假设风险变量之间是相互独立的，在构造概率树的基础上，将每个风险变量的各种状态进行组合，分别计算每种组合状态下的评价指标值及相应的概率，得到评价指标的概率分布，并统计出评价指标高于或低于基准值的累积概率，计算评价指标的期望值、方差和标准差。

概率树分析的一般步骤是：

① 通过敏感性分析，确定风险变量；

② 判断各种风险因素可能发生的状态；

③ 确定各种状态可能出现的概率，每种状态发生的概率之和必须等于 1；

④ 对各种风险因素的不同状态进行组合，求出方案所有可能的净现值 $NPV^{(j)}$ 及其发生的概率 $P_j$；

⑤ 求方案净现值的期望值（均值）$E(NPV)$ 和标准差 $\sigma(NPV)$；

⑥ 求出方案净现值非负的累计概率；

⑦ 对概率分析结果进行说明。

**【例 5-9】** 已知某运输工程项目建设期为 1 年，运营期为 10 年，基础数据见表 5-3。基准折现率为 10%。通过分析预测出年运输收入和经营成本两个独立的敏感因素可能发生的变动及相应发生的概率见表 5-4，试用概率树分析法对该项目进行分析。

**表 5-3　某运输工程项目基础数据表**　　单位：万元

| 因素 | 0 | 1 | 2～11 |
|---|---|---|---|
| 投资 | 1 000 | 100 | |
| 年运输收入 $S$ | | | 500 |
| 年经营成本 $C$ | | | 200 |

**表 5-4　某运输工程项目敏感因素变动率及概率**

| 敏感因素 | 状态 1(+20%) | 状态 2(0) | 状态 3(−20%) |
|---|---|---|---|
| 年运输收入 $S$ | 0.5 | 0.4 | 0.1 |
| 年经营成本 $C$ | 0.5 | 0.4 | 0.1 |

**【解】** 题目本身已经完成了上述概率树分析的①、②、③步，即已经确定了风险变量、给出了各种风险因素可能发生的状态及各种状态可能出现的概率。由此可求出它们各自在三种状态下的数据及其发生的概率，见表 5-5（$i$=1，2，3）。

**表 5-5　三种状态下的数据及其发生的概率**

| 三种状态下的年运输收入 $S_i$ | | 三种状态下的经营成本 $C_i$ | |
|---|---|---|---|
| 数据/万元 | 发生的概率 | 数据/万元 | 发生的概率 |
| $S_1=500(1+20\%)=600$ | 0.5 | $C_1=200(1+20\%)=240$ | 0.5 |
| $S_2=500$ | 0.4 | $C_2=200$ | 0.4 |
| $S_3=500(1-20\%)=400$ | 0.1 | $C_3=200(1-20\%)=160$ | 0.1 |

第④步，对各种风险因素的不同状态进行组合，求出方案所有可能出现的净现值 $NPV^{(j)}$ 及其发生的概率 $P_j$。

项目净现金流量未来可能发生 9 种组合状态，如图 5-7 所示。分别计算在各种状态下净现金流量的概率 $P_j$（$j$=1，2，…，9）：

$$P_1=0.5\times0.5=0.25$$

$$P_2=0.5\times0.4=0.20$$

$$P_3=0.5\times0.1=0.05$$

其余类推，结果如图 5-7 所示。

分别计算在各组合状态下的净现值 $NPV^{(j)}$（$j$=1，2，…，9）

$$NPV^{(1)}=\sum_{t=0}^{11}(CI-CO)_t^{(1)}(1+10\%)^{-t}=920.20\ (万元)$$

其余类推，结果如图 5-7 所示。

| 可能组合状态 | 状态概率（$P_j$） | $NPV^{(j)}$/万元 | $P_j\cdot NPV^{(j)}$/万元 |
|---|---|---|---|
| 1 | 0. 25 | 920. 04 | 230. 01 |
| 2 | 0. 20 | 1 143. 48 | 228. 70 |
| 3 | 0. 05 | 1 366. 92 | 68. 35 |
| 4 | 0. 20 | 361. 44 | 72. 29 |
| 5 | 0. 16 | 584. 88 | 93. 58 |
| 6 | 0. 04 | 808. 32 | 32. 33 |
| 7 | 0. 05 | -197. 15 | -9. 86 |
| 8 | 0. 04 | 26. 28 | 1. 05 |
| 9 | 0. 01 | 249. 72 | 2. 50 |
| 合计 | 1. 00 | | 717. 95 |

图 5-7　概率树分析图

第⑤步，求方案净现值的期望值（均值）$E(NPV)$ 和标准差 $\sigma(NPV)$：

$$\begin{aligned}E(NPV)&=\sum_{j=1}^{k}NPV^{(j)}P_j\\&=920.04\times0.25+1\ 143.48\times0.20+1\ 366.92\times0.05+\\&\quad 361.44\times0.20+584.88\times0.16+808.32\times0.04+\\&\quad(-197.15)\times0.05+26.28\times0.04+249.72\times0.01\\&=230.01+228.70+68.35+72.29+93.58+32.33+\\&\quad(-9.86)+1.05+2.50\\&=717.95\ (万元)\end{aligned}$$

$$D(NPV)=\sum_{j=1}^{k}[NPV^{(j)}-E(NPV)]^2P_j$$

$$
\begin{aligned}
&=(920.04-717.95)^2\times 0.25+(1\,143.48-717.95)^2\times 0.20+\\
&\quad(1\,366.92-717.95)^2\times 0.05+(361.44-717.95)^2\times 0.20+\\
&\quad(584.88-717.95)^2\times 0.16+(808.32-717.95)^2\times 0.04+\\
&\quad(-197.15-717.95)^2\times 0.05+(26.28-717.95)^2\times 0.04+\\
&\quad(249.72-717.95)^2\times 0.01\\
&=10\,210.09+36\,215.16+21\,058.10+25\,419.88+2\,833.22+\\
&\quad326.67+41\,870.40+19\,136.30+2\,192.39\\
&=159\,262.21
\end{aligned}
$$

$$\sigma(\mathrm{NPV})=\sqrt{D(\mathrm{NPV})}=399.08(\text{万元})$$

第⑥步，计算净现值大于等于零的概率：

$$P(\mathrm{NPV}\geqslant 0)=0.25+0.20+0.05+0.20+0.16+0.04+0.04+0.01=0.95$$

第⑦步，通过上述分析可知，该项目净现值的期望值大于零，项目是可行的。而且净现值大于零的概率很大，说明项目存在的风险很小。

概率树分析的主要优点是可以给出项目 NPV 非负的概率，从而定量地测定项目承担的风险大小。如果计算出的累计概率值越大，说明工程项目承担的风险越小。对于投资者来说，这是进行投资决策的重要信息。但是对于不同的投资者，决策的结果可能不一样。因为一个项目的取舍不仅取决于项目风险的大小，还要取决于投资者对风险的态度和承受能力。

### 5.4.3　风险评价

风险评价应根据风险识别和风险估计的结果，依据项目风险判别标准，找出影响项目成败的关键风险因素。项目风险大小的评价标准应根据风险因素发生的可能性及其造成的损失来确定，一般采用评价指标的概率分布或累计概率、期望值、标准差作为判别标准，也可采用综合风险等级作为判别标准。具体操作应符合下列要求。

**1. 以评价指标作为判别标准**

① 财务（经济）内部收益率大于等于基准收益率的累计概率值越大，风险越小；标准差越小，风险越小。

② 财务（经济）净现值大于等于零的累计概率值越大，风险越小；标准差越小，风险越小。

**2. 以综合风险等级作为判别标准**

根据风险因素发生的可能性及其造成损失的程度，建立综合风险等级矩阵，将综合风险由强到弱分为 K 级、M 级、T 级、R 级、I 级，见表 5-6。

**表 5-6　综合风险等级分类表**

| 综合风险等级 | | 风险影响的程度 | | | |
|---|---|---|---|---|---|
| | | 严重 | 较大 | 适度 | 轻微 |
| 风险的可能性 | 高 | K | M | R | R |
| | 较高 | M | M | R | R |
| | 适度 | T | T | R | I |
| | 低 | T | T | R | I |

### 5.4.4　风险决策

**1. 风险决策的条件**

① 存在决策人希望达到的目标（如收益最大或损失最小）。

② 存在两个或两个以上的方案可供选择。

③ 存在两个或两个以上不以决策者的主观意志为转移的自然状态。

④ 可以计算出不同方案在不同自然状态下的损益值。

⑤ 在可能出现的不同自然状态中，决策者不能肯定未来将出现哪种状态，但能确定每种状态出现的概率。

**2. 风险决策的原则**

1）优势原则

优势原则就是在 A 与 B 两个备选方案中，如果不论在什么状态下，A 总是优于 B，则可以认定 A 相对于 B 是优势方案，B 方案可从备选方案中剔除。应用优势原则一般不能决定最佳方案，但能淘汰劣势方案，缩小决策的范围。因此，它是一种“及早淘汰”方案的方法。在采用其他决策原则之前，应当首先采用优势原则剔除劣势方案。

2）期望值原则

期望值原则就是根据各备选方案损益值的期望值大小进行决策。如果损益值用费用类指标表示，应选择费用期望值最小的方案；如果损益值用效益类指标表示，则应选择效益期望值最大的方案。

3）最小方差原则

最小方差原则就是选择方差最小的方案，其目的在于规避风险。按照方差原则与按照期望值原则选择方案有时会得出不同的结论。一般风险承受能力强的投资主体更倾向于按照期望值原则选择方案，而风险承受能力弱的投资者可按最小方差原则选择方案。

4）最大可能原则

最大可能原则就是将发生概率明显大于其他状态的状态视为确定状态，按照这种状态下各方案的损益值大小进行决策。它是将风险决策问题转化为确定性问题予以求解。该原则只有当某一状态发生的概率大大高于其他状态发生的概率，并且各方案在不同状态下的损益值差别不太悬殊时才适用。

5）满意原则

满意原则就是首先定出一个满意的决策效果目标值，然后将各备选方案在不同状态下的损益值与该目标值比较，损益值优于或等于此满意目标值的概率最大的方案为当选方案。通常满意目标可以是：达到某一水平的 IRR，NPV≥0，实现某一数额的利润等。

**【例 5-10】** 某运输企业欲提高企业的运量，拟采取以下措施：A——降低运价；B——提高服务质量；C——加大宣传；D——采用新型车辆。在未来的运营中运量可能有三种情况：(1) 大幅提高；(2) 稍有提高；(3) 不变。各种运量情况及各种措施下的净现值见表 5-7。试分别用风险决策的原则选择最优方案，假设满意值为 110 万元。

**表 5-7　各种运量情况及各种措施下的净现值**　　单位：万元

| 方案 | (1) 大幅提高（概率 0.7） | (2) 稍有提高（概率 0.2） | (3) 不变（概率 0.1） |
|---|---|---|---|
| A | 200 | 50 | -20 |
| B | 300 | 100 | 20 |
| C | 250 | 120 | 10 |
| D | 150 | 30 | -50 |

**【解】** ① 用优势原则选择。

在 D 方案与 A、B、C 方案进行的两两比较中，不论在什么状态下，D 方案总是劣于 A、B、C 方案，则可以认定 D 方案是劣势方案。D 方案可从备选方案中剔除。

在 A 方案与 B、C 方案进行的两两比较中，不论在什么状态下，A 方案总是劣于 B、C 方案，则可以认定 A 方案是劣势方案。A 方案可从备选方案中剔除。

因为应用优势原则一般不能决定最佳方案，但能淘汰劣势方案，从而缩小决策的范围，所以剩下较优的 B、C 两个方案不能再用优势原则进行决策。

② 用期望值原则选择。

各方案净现值的期望值分别为：

$E(\mathrm{NPV_A})=200\times0.7+50\times0.2+(-20)\times0.1=148$（万元）

$E(\mathrm{NPV_B})=300\times0.7+100\times0.2+20\times0.1=232$（万元）

$E(\mathrm{NPV_C})=250\times0.7+120\times0.2+10\times0.1=200$（万元）

$E(\mathrm{NPV_D})=150\times0.7+30\times0.2+(-50)\times0.1=106$（万元）

因 $E(\mathrm{NPV_B})>E(\mathrm{NPV_C})>E(\mathrm{NPV_A})>E(\mathrm{NPV_D})$，所以用期望值原则可知 B 方案最优。

③ 用最小方差原则选择。

各方案净现值的方差分别为：

$D(\mathrm{NPV_A})=(200-148)^2\times0.7+(50-148)^2\times0.2+(-20-148)^2\times0.1=6\ 636$

$D(\mathrm{NPV_B})=(300-232)^2\times0.7+(100-232)^2\times0.2+(20-232)^2\times0.1=11\ 216$

$D(\mathrm{NPV_C})=(250-200)^2\times0.7+(120-200)^2\times0.2+(10-200)^2\times0.1=6\ 640$

$D(\mathrm{NPV_D})=(150-106)^2\times0.7+(30-106)^2\times0.2+(-50-106)^2\times0.1=4\ 944$

因 $D(\mathrm{NPV_B})>D(\mathrm{NPV_C})>D(\mathrm{NPV_A})>D(\mathrm{NPV_D})$，所以用最小方差原则可知 D 方案最优。由此可知，按照最小方差原则应选择 D 方案，按照期望值原则应选择 B 方案，两者得出的结论不同。

④ 用最大可能原则选择。

因状态（1）发生概率0.7明显大于其他的状态，可将状态（1）视为确定状态，按照这种状态下各方案的损益值大小进行比较，B方案的净现值最大，故应选择B方案。

⑤ 用满意原则选择。

若用110万元作为满意值，则各方案达到此目标的概率分别为：

A方案　$P(\mathrm{NPV}\geqslant 110)=0.7$

B方案　$P(\mathrm{NPV}\geqslant 110)=0.7$

C方案　$P(\mathrm{NPV}\geqslant 110)=0.9$

D方案　$P(\mathrm{NPV}\geqslant 110)=0.7$

C方案达到满意目标的可能性最大，故按满意原则应选择C方案。

**3. 风险决策的方法**

风险决策的常用方法有矩阵法和决策树法。下面主要介绍决策树法。

决策树法是一种利用树型决策网络来描述与求解风险决策问题的一种方法。它一般采用期望值原则对方案进行选择。

决策树的构成有4个要素：决策点（用符号“□”表示），方案支（用符号“—”表示）、状态结点（用符号“○”表示）及概率支。决策树是以决策点为出发点，引出若干方案支，每一方案支表示一个可供选择的方案，方案支的末端，有一个状态结点，从状态结点引出若干概率支，每一概率支表示一种可能发生的状态。概率支上说明每种状态的概率，每一概率支的末端，为相应的损益值。如图5-8所示是一种单级问题的决策树示意图。有些方案在状态结点后还有决策点，这就是多级决策问题。

利用决策树进行决策的过程是：首先由右向左，逐步后退，根据各种状态发生的概率与相应的损益值，分别计算每一方案的损益期望值，并将其标在相应的状态结点上；然后对这些期望值进行比较，淘汰不理想的方案，保留下来的就是选定的方案。

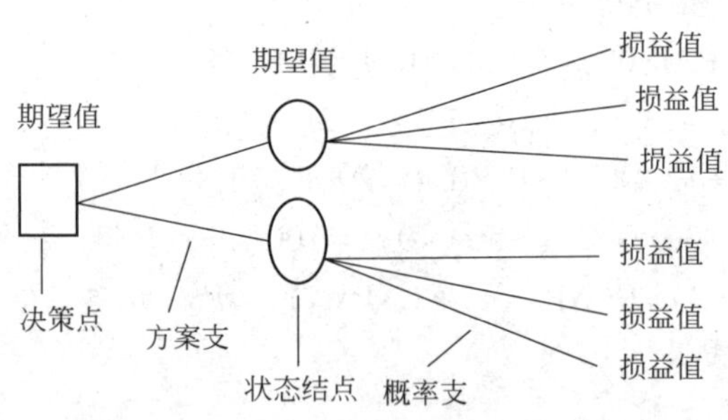


图5-8　一种单级问题的决策树示意图

**【例5-11】** 某两地之间欲建一条铁路，建设期为2年，运营期为18年，根据对市场预测，经营情景有三种状态：

$Q_1$：18年经营状态一直很好，发生的概率为 $P(Q_1)=0.5$；

$Q_2$：18年经营状态一直不好，发生的概率为 $P(Q_2)=0.4$；

$Q_3$：前8年经营状态好，后10年经营状态不好，发生的概率为 $P(Q_3)=0.1$。

有关部门目前要做出的决策是：建复线还是建单线。若建复线，期初需要投资1 800万元，建成后，无论经营状况如何，18年一直维持原规模；若建单线，则期初需要投资

1 200万元，运营 8 年后还可根据市场情况再作是否技术改造的新决策。如果改造，还需要投资 1 000 万元（假设当年改造完成投入使用）。各种情景下建复线与建单线各年净现金流量见表 5-8，若基准收益率为 10%，运用决策树法选择最优方案。

**表 5-8　各种情景下建复线与建单线各年净现金流量**　　单位：万元

| 方案 | | $Q_1$ | | $Q_2$ | | $Q_3$ | |
|---|---|---|---|---|---|---|---|
| | | 3～10 年 | 11～20 年 | 3～10 年 | 11～20 年 | 3～10 年 | 11～20 年 |
| 建复线 | | 400 | 400 | 200 | 200 | 400 | 200 |
| 建单线 | 8 年后改造 | 250 | 350 | | | 250 | 300 |
| | 8 年后不改造 | 250 | 250 | 150 | 150 | 250 | 150 |

**【解】** 本例是一个两阶段风险决策问题。根据以上数据，可先绘出如图 5-9 所示的决策树。

在图 5-9 所示的决策树上有两个决策点：$D_1$ 为一级决策点，表示目前所要作的决策，备选方案有建复线（A 方案）和建单线（B 方案）两个方案；$D_2$为二级决策点，表示在目前建单线的前提下运营 8 年后所要作的决策，备选方案有技术改造（C 方案）和不改造（D 方案）两个方案。

三种情景可以看作是四个独立事件的组合，这四个独立事件是：运营前 8 年经营状况好（记作 $G_1$）；运营后 10 年经营状况好（记作 $G_2$）；运营前 8 年经营状态不好（记作 $B_1$），运营后 10 年经营状态不好（记作 $B_2$）。决策树上各种状态的发生概率如下：

已知 18 年内经营状态一直很好的概率：

$$P(G_1 \cap G_2)=P(Q_1)=0.5$$

已知 18 年内经营状态一直不好的概率：

$$P(B_1 \cap B_2)=P(Q_2)=0.4$$

前 8 年经营状态好，后 10 年经营状态不好的概率：

$$P(G_1 \cap B_2)=P(Q_3)=0.1$$

则前 8 年经营状态好的概率：

$$P(G_1)=P(G_1 \cap G_2)+P(G_1 \cap B_2)=0.5+0.1=0.6$$

在前 8 年经营状态好的条件下，后 10 年经营状态好的概率：

$$P(G_2 | G_1)=P(G_1 \cap G_2)/P(G_1)=0.5/0.6=5/6$$

在前 8 年经营状态好的条件下，后 10 年经营状态不好的概率：

$$P(B_2 | G_1)=P(G_1 \cap B_2)/P(G_1)=0.1/0.6=1/6$$

利用决策树进行多阶段风险决策要从最末一级决策点开始，在本例中，要先计算第二级决策点各备选方案净现值的期望值。

技术改造 C 方案净现值的期望值（以第 10 年年末为基准年）：

$$\begin{aligned}E(\mathrm{NPV_C}) &= 350(P/A,10\%,10)\times 5/6+300\ (P/A,\ 10\%,\ 10)\times 1/6-1\ 000\\ &=350\times 6.144\ 57\times 5/6+300\times 6.144\ 57\times 1/6-1\ 000\\ &=1\ 792.17+307.23-1\ 000=1\ 099.40(\text{万元})\end{aligned}$$

不技术改造D方案净现值的期望值（以第10年年末为基准年）：

$$E(NPV_D)=250(P/A,10\%,10)\times5/6+150\ (P/A,\ 10\%,\ 10)\ \times1/6$$
$$=1\ 433.73\ (\text{万元})$$

$E(NPV_C)<E(NPV_D)$，根据期望值原则，在第二级决策点应选择不技术改造D方案。

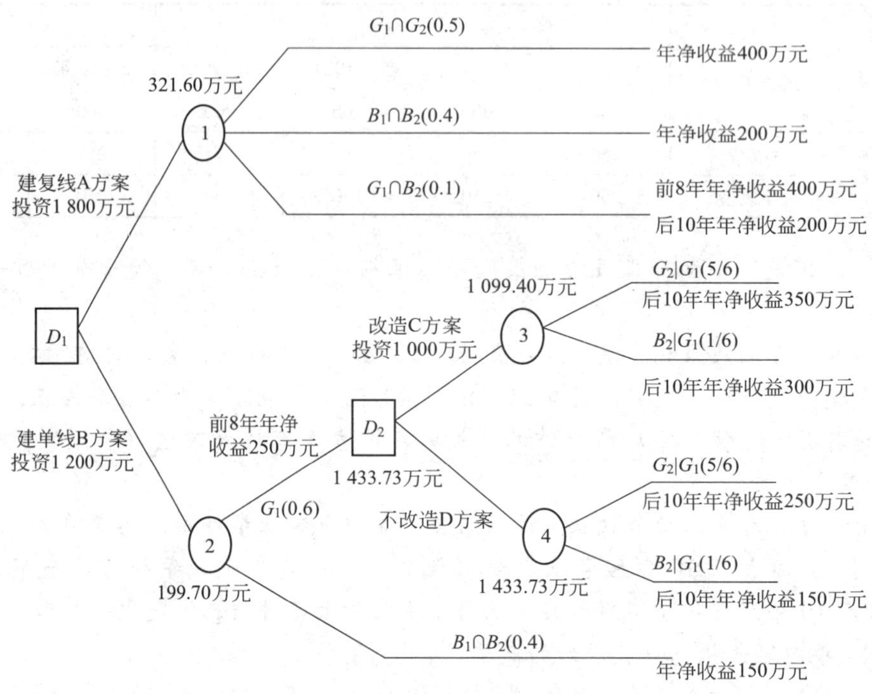


图5-9　例5-11的决策树

下面计算第一级决策点各备选方案净现值的期望值。

$$\begin{aligned}E(NPV_A)=&[400(P/A,10\%,18)\times0.5+200\ (P/A,\ 10\%,\ 18)\times0.4+\\&400\ (P/A,\ 10\%,\ 8)\times0.1+\\&200\ (P/A,\ 10\%,\ 10)\ (P/F,\ 10\%,\ 8)\times0.1]\ \times\ (P/F,\ 10\%,\ 2)\ -1\ 800\\=&\ [400\times8.201\ 41\times0.5+200\times8.201\ 41\times0.4+\\&400\times5.334\ 93\times0.1+200\times6.144\ 57\times0.466\ 51\times0.1]\ \times0.826\ 45-1\ 800\\=&\ [1\ 640.28+656.11+213.40+57.33]\ \times0.826\ 45-1\ 800\\=&2\ 121.60-1\ 800\\=&321.60\ (\text{万元})\end{aligned}$$

$$\begin{aligned}E(NPV_B)=&[250\times(P/A,10\%,8)+1\ 433.74\times(P/F,\ 10\%,\ 8)\ ]\ (P/F,\ 10\%,\ 2)\times0.6+\\&150\times(P/A,\ 10\%,\ 18)\times\ (P/F,\ 10\%,\ 2)\times0.4-1\ 200\\=&[250\times5.334\ 93+1\ 433.73\times0.466\ 51]\times0.826\ 45\times0.6+\\&150\times8.201\ 41\times0.826\ 45\times0.4-1\ 200\\=&993.02+406.68-1\ 200\\=&199.70\ (\text{万元})\end{aligned}$$

由此可知，$E(NPV_A)\ >E(NPV_B)$，即建复线A方案净现值的期望值大于建单线B方案净现值的期望值。故在第一级决策点应选择建复线 A 方案。

本案例是根据期望值的原则选择方案，如果两方案净现值的期望值相等，可按方差原则进行选择。

### 5.4.5　风险应对

风险应对是根据风险评价的结果，研究规避、控制与防范风险的措施，为项目全过程风险管理提供依据。具体应关注以下方面。

① 风险应对的原则：应具有针对性、可行性、经济性，并贯穿项目评价的全过程。

② 决策阶段风险应对的主要措施：强调多方案比选；对潜在风险提出必要研究与试验课题；对投资估算与财务（经济）分析，应留有充分的余地；对建设或生产经营期的潜在风险可建议采取回避、转移、分担和自担措施。

③ 结合综合风险因素等级的分析结果，应提出应对措施，见表 5-9。

**表 5-9　综合风险因素等级及应对措施**

| 综合风险因素等级 | 措　施 |
| --- | --- |
| K 级 | 风险很强，放弃项目 |
| M 级 | 风险强，修正拟议中的方案，通过改变设计或采取补偿措施等 |
| T 级 | 风险较强：设定某些指标的临界值，指标一旦达到临界值，就要变更设计或采取补偿措施 |
| R 级 | 风险适度（较小），适当采取措施后不影响项目 |
| I 级 | 风险弱，可忽略 |

上述风险应对不是互斥的，实践中常常组合使用。工程项目可行性研究中应结合项目的实际情况，研究并选用相应的风险对策。

## 5.5　实 例 分 析

**【例 5-12】**　某既有铁路线改造项目，正线全长 400 km；项目计算期为 25 年，其中建设期为 3 年，运营期为 22 年；货物周转量增量为 61 000 万 t · km，旅客周转量增量为 102 000 万人 · km；客运运价为 0.25 元/(人 · km)，货运运价为 0.075 5 元/(t · km)，其中建设基金为 0.034 5 元/(t · km)；客运有关支出为 200 元/(万人 · km)，货运有关支出为130 元/(万 t · km)，无关支出按正线里程计为 60 元/km，营业外支出按换算周转量计为 20 元/(万 t · km)；其他收入占客货运收入的 10%，基准折现率为 6%。其他数据资料见表 5-10。当项目的运价、运量、经营成本、土建工程投资等因素变化时，对项目财务内部收益率的敏感性进行分析。

表 5-10　项目投资现金流量表　　单位：万元

| 项目 | 建设期 | | | 运营期 | | | |
|---|---|---|---|---|---|---|---|
| | 1 | 2 | 3 | 4～18 | 19 | 18～24 | 25 |
| 1 现金流入（CI） | 0 | 0 | 0 | 30 106 | 30 106 | 30 106 | 44 323 |
| 1.1 运输收入 | | | | 28 001 | 28 001 | 28 001 | 28 001 |
| 1.2 建设基金 | | | | 2 105 | 2 105 | 2 105 | 2 105 |
| 1.3 回收土建资产余残值 | | | | | | | 7 818 |
| 1.4 回收机车车辆余、残值 | | | | | 400 | | 6 399 |
| 1.5 回收流动资金（全值） | | | | | | | 300 |
| 1.6 其他现金流入 | | | | | | | |
| 2 现金流出（CO） | 48 000 | 42 000 | 35 000 | 4 068 | 14 067 | 4 068 | 4 068 |
| 2.1 土建工程投资 | 48 000 | 42 000 | 24 701 | | | | |
| 2.2 机辆购置费 | | | 9 999 | | 9 999 | | |
| 2.3 流动资金 | | | 300 | | | | |
| 2.4 运营成本 | | | | 2 835 | 2 835 | 2 835 | 2 835 |
| 2.5 税金及附加 | | | | 252 | 252 | 252 | 252 |
| 2.6 管理费及营业外净支出 | | | | 326 | 326 | 326 | 326 |
| 2.7 其他现金流出 | | | | 655 | 655 | 655 | 655 |
| 3 所得税前净现金流量（1-2） | -48 000 | -42 000 | -35 000 | 26 038 | 16 439 | 26 038 | 40 255 |

**【解】**　① 项目的财务内部收益率。

$$NPV(i)=-48\,000(1+i)^{-1}-42\,000(1+i)^{-2}-35\,000(1+i)^{-3}+ (28\,001+2\,105-2\,835-252-326-655)(P/A,i,22)(P/F,i,3)- (9\,999-400)(P/F,i,19)+(7\,818+6\,399+300)(P/F,i,25)$$

当 NPV($i$) =0 时，求得 IRR=16.80%。

② 本项目的运价、运量、经营成本、土建工程投资等因素变化时，对项目财务内部收益率的敏感性计算见表 5-11。

表 5-11　财务内部收益率的敏感性分析表

| 变动因素 | 变化率 | | | | |
|---|---|---|---|---|---|
| | -20% | -10% | 基本方案 | 10% | 20% |
| 运价 | 13.06% | 14.99% | 16.80% | 18.54% | 20.20% |
| 运量 | 13.49% | 15.19% | 16.80% | 18.35% | 19.84% |
| 土建工程投资 | 20.27% | 18.39% | 16.80% | 15.4% | 14.24% |
| 运营成本 | 17.15% | 16.97% | 16.80% | 16.63% | 16.46% |

③ 由财务内部收益率敏感性计算数据得出敏感性分析图如图 5-10 所示。

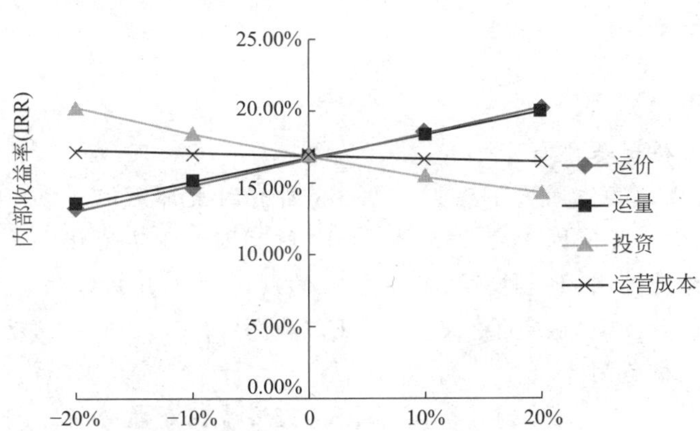


图 5-10　财务内部收益率敏感性分析图

④ 由表 5-11 计算敏感度系数。

$$运价敏感度系数=\frac{(20.20\%-16.80\%)\ /16.80\%}{20\%}=1.01$$

$$运量敏感度系数=\frac{(19.84\%-16.80\%)\ /16.80\%}{20\%}=0.90$$

$$土建工程投资敏感度系数=\frac{|14.24\%-16.80\%|/16.80\%}{20\%}=0.76$$

$$运营成本敏感度系数=\frac{|16.46\%-16.80\%|/16.80\%}{20\%}=0.10$$

⑤ 由图 5-10 及敏感度系数可知，全部投资的财务内部收益率最敏感的因素是运价、其次是运量、土建工程投资和运营成本。

本项目在运价、运量减少 20%、土建工程投资、运营成本增加 20%时，财务内部收益率分别为 13.06%、13.49%和 14.24%、16.46%，均大于基准收益率 6%，说明项目具有较强的抗风险能力。

## 延伸阅读

1. 李津京 . 不确定性分析与风险分析在铁路投资项目中的应用［J］. 北京交通大学学报（社会科学版），2010，9（2）：28-31，57.

2. 陈传德，张明远 . 基于风险分析的公路项目投资决策［J］. 中国公路学报，2006，19（1）：99-103.

3. 易树平，任强，曾立平 . 投资项目经济评价不确定性分析方法及其应用［J］. 重庆大学学报，2003，26（5）：10-13.

4. 易晓剑 . 浅谈项目经济评价中的风险分析［J］. 工程设计与建设，2003，35（2）：1-4.

## 复习思考题

**1. 单项选择题**

(1) 盈亏平衡分析是基于（　　）。

A. 一个因素变化，其他因素不变　　B. 所有因素都变化

C. 一个因素不变，其他因素变化　　D. 所有因素都不变化

(2) 敏感性分析是常用的一种评价经济效益的（　　）分析方法。

A. 不确定性　　B. 确定性　　C. 静态　　D. 动态

(3) 盈亏平衡分析适用于（　　）。

A. 财务分析　　B. 经济费用效益分析

C. 风险分析　　D. 社会影响分析

**2. 多项选择题**

(1) 线性盈亏平衡分析的假设条件包括（　　）。

A. 生产量等于销售量

B. 固定成本和单位可变成本不变，可变成本与生产量成正比变化

C. 销售价格不变

D. 按单一产品计算，若项目生产多种产品，则应换算为单一产品计算

(2) 工程项目不确定性分析包括（　　）。

A. 盈亏平衡分析　　B. 敏感性分析

C. 盈利能力分析　　D. 偿债能力分析

(3) 在进行不确定性分析时，考察的不确定性因素通常有（　　）。

A. 建设投资　　B. 产品价格　　C. 产品成本　　D. 工期

**3. 思考题**

(1) 为什么要进行不确定性分析?

(2) 线性盈亏平衡分析的假设条件是什么?

(3) 敏感性分析的目的是什么? 分哪几个步骤?

(4) 风险决策的原则有哪些?

**4. 计算题**

(1) 某运输公司年固定成本为 100 万元，单位变动成本为 2 000 万元/(万 t · km)，收入为 3 600 万元/(万 t · km)。若总变动成本、总收入均与运量成正比关系，求盈亏平衡时的运量，并画出盈亏平衡分析图。

(2) 某运输企业拟安装一种自动装置，据估计每台装置的初始投资为 100 万元，该装置安装后可使用 10 年，每年可节省运输生产费用 30 万元，设基准折现率为 10%。

① 就投资额对方案净现值作单因素敏感性分析。

② 就投资额与年运输生产费用节省额两个变量对方案净现值作双因素敏感性分析(画出敏感性分析图并指明可行区域)。

(3) 某工程项目设计生产能力为生产某种零件 4 万件，单位产品售价为 2 000 元，生产总成本为 4 800 万元，其中固定成本为 2 000 万元，变动成本为 2 800 万元，试求：①盈

亏平衡点产量和生产能力利用率，并画出盈亏平衡分析简图；②若当年实际生产量为 3 万件，试判断该企业的盈亏状况；③若计划盈利 30 万元，应如何安排产量？

（4）某企业为加工一种零件有 A、B、C 三种可选方案。A 方案固定成本为 4 000 元，单位可变成本为 30 元；B 方案固定成本为 9 000 元，单位可变成本为 15 元；C 方案固定成本为 12 000 元，单位可变成本为 10 元。试用盈亏平衡分析方法对方案进行选择。

（5）某货运公司欲建一座车站，根据市场预测，该地区今后 10 年的货运量可能会有四种前景，见表 5-12。

**表 5-12　车站货运量各状态的概率**

| 状态 | 前 2 年 | 后 8 年 | 概率 |
| --- | --- | --- | --- |
| $\theta_1$ | 运量好 | 运量好 | 0.6 |
| $\theta_2$ | 运量好 | 运量差 | 0.1 |
| $\theta_3$ | 运量差 | 运量好 | 0.1 |
| $\theta_4$ | 运量差 | 运量差 | 0.2 |

该公司目前要做出的决策是：建大站还是建小站。若建大站，需要投资 400 万元；如果建小站，则需要投资 150 万元。假设建大站和建小站都在当年建成并投入运营。建大站与建小站在不同运量情况下的各年净现金流量见表 5-13，若基准收益率为 10%，运用决策树法选择最优方案。

**表 5-13　建大站与建小站在不同运量情况下的各年净现金流量**　　单位：万元

| 方案 | $\theta_1$ | | $\theta_2$ | | $\theta_3$ | | $\theta_4$ | |
| --- | --- | --- | --- | --- | --- | --- | --- | --- |
| | 1～2 年 | 3～10 年 | 1～2 年 | 3～10 年 | 1～2 年 | 3～10 年 | 1～2 年 | 3～10 年 |
| 建大站 | 100 | 100 | 100 | 60 | 50 | 100 | 50 | 50 |
| 建小站 | 40 | 40 | 40 | 20 | 20 | 40 | 20 | 20 |

答案

# 第6章 工程项目可行性研究

【本章内容概要】

工程项目可行性研究是项目投资前期的一项重要工作，是项目投资决策的重要依据。本章介绍可行性研究的概念、可行性研究的作用及各阶段的主要工作，可行性研究报告的编制依据、主要内容及评估与审查的内容。

【本章学习重点和难点】

**学习重点**：掌握可行性研究各阶段的主要工作、可行性研究报告的主要内容及评估与审查的内容。

**学习难点**：可行性研究报告的主要内容及评估与审查的内容。

**【引例】** 京沪高速铁路从北京南站到上海虹桥站，全长1 318 km，属于双线客运专线，总投资2 209.4亿元，2011年6月30日全线正式通车，是世界上一次建成线路最长、标准最高的高速铁路，也是新中国成立以来一次投资规模最大的建设项目。

京沪高速铁路前期研究工作历时10多年，经过了长期筹划和准备。

**分析与讨论**

(1) 京沪高速铁路前期研究工作经历了10多年是否必要？

(2) 京沪高速铁路前期研究工作经历了哪些具体的过程？

## 6.1 可行性研究概述

### 6.1.1 可行性研究的概念

可行性研究是指在工程项目投资之前，在深入调查研究和科学预测的基础上，综合研究项目方案的技术先进性和适用性，经济的合理性和有利性，以及建设的可能性，从而为项目投资决策提供科学依据的一种论证方法。

可行性研究是项目投资决策初期最重要的工作，要从市场需要、生产技术、原材料供应、经济和社会效益等多方面，全方位对投资方案进行论证，并最终回答项目是否可行、是否有经济效益等问题，为项目的最后决策提供直接依据。

### 6.1.2　可行性研究的作用

具体来说，可行性研究的作用主要有以下几方面。

**1. 作为项目投资决策的基本依据**

可行性研究作为项目前期的一项工作，从市场、技术、工程建设、经济和社会等多方面对项目进行全面综合的分析和论证，依据其结论进行决策可大大提高投资决策的科学性。

**2. 作为筹集资金和向银行申请贷款的重要依据**

银行会对贷款项目的可行性研究进行全面细致的分析评估，只有在明确整个项目的营利性以及风险状况，并认为项目经济效益好、有偿还能力、没有很大风险时，才会同意发放贷款。

**3. 作为向当地政府、规划部门及环保部门申请允许建设和施工的依据**

建设项目开工前，必须由地方政府审批土地，规划部门审查项目建设是否符合城市规划，环境部门审查项目对环境的影响。这些审查都以可行性研究报告中总图布置、环境及生态保护方案等方面的论证为依据。因此，可行性研究报告为建设项目申请允许建设和施工提供了依据。

**4. 作为下一阶段进行设计、施工的依据**

在可行性研究报告中，需要对项目的建设方案、产品方案、建设规模、厂址、工艺流程、主要设备以及总图布置等作较为详细的说明，因此，在项目的可行性研究得到审批后，即可以作为项目编制设计和进行建设工作的依据。

**5. 作为建设单位与相关单位签订合同和有关协议的依据**

建设单位在与有关单位签订原材料、燃料、动力、工程建筑、设备采购等方面的协议时，应以批准的可行性研究报告为基础，保证预定目标的实现。

**6. 作为项目组织管理、机构设置的依据**

在可行性研究报告中，要对项目的组织机构设置及人力资源的配置等做出安排，而这些安排则可作为项目在具体实施过程中进行组织管理、机构设置的依据。

**7. 作为项目后评价的依据**

项目后评价是在项目建成运营一段时间后，评价项目实际运营效果是否达到预期的目标。项目的预期目标是在可行性研究报告中确定的，因此后评价应以可行性研究报告作为依据，评价项目目标实现程度。

### 6.1.3　可行性研究的阶段划分

项目建设的全过程一般分为三个主要时期：投资前时期、投资时期和生产时期。投资前时期，又称建设前期，主要进行可行性研究和资金筹措活动。投资时期，又称建设时期，主要进行工程招投标、签订合同、工程设计、组织施工及安装、职工培训及试生产等工作。生产时期，又称投产时期，近期任务主要是生产技术的应用、设备运转和成本核算；长期任务是从项目整个生命周期来考察产品的生产成本、销售收入、利润、税收、偿还贷款等，以确定是否能取得最佳经济效益。图 6-1 为项目建设的程序图。

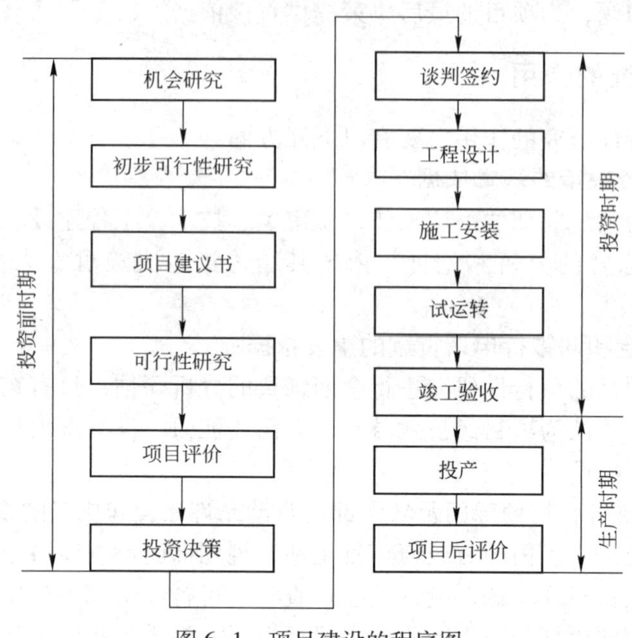


图 6-1　项目建设的程序图

可行性研究一般可分为四个阶段：机会研究阶段、初步可行性研究阶段、详细可行性研究阶段和评价与投资决策阶段，各个研究阶段的目的、任务、内容、费用估算精度及研究所需时间各不相同。

**1. 机会研究阶段**

机会研究（opportunity study，OS），是指为寻找有价值的投资机会而进行的准备性调查研究。机会研究的重点是对投资环境的分析，如在某一地区或某一产业部门，对某类项目背景、市场需求、资源条件、发展趋势以及需要的投入和可能的产出等方面进行准备性的调查、研究和分析，目的是发现有利的投资机会。机会研究要解决两个方面的问题，一是社会是否需要，二是有没有可以开展的基本条件。

机会研究可分为一般机会研究与具体项目机会研究两类。

1）一般机会研究

一般机会研究是一种全方位的搜索过程，需要进行广泛的调查，收集大量的数据。一般机会研究通常由国家或社会机构进行，其目的在于提出明确的方向性建议，可分以下三个方面进行。

① 地区机会研究。在全国范围内或一个特定的地区内寻找或识别投资机会。

② 部门机会研究。在某一限定的部门里寻找或识别投资机会。

③ 资源开发机会研究。找出利用自然界、工业、农业开发资源的机会。

2）具体项目机会研究

在一般机会研究初步筛选投资方向和投资机会后，需要进行具体项目的投资机会研究。具体项目机会研究比一般机会研究较为深入、具体，需要对项目的背景、市场需求、资源条件、发展趋势以及需要的投入和可能的产出等方面进行准备性的调查、研究和分析。

机会研究比较粗略，所估算的数据通常从现有项目中类比得出，数据精确程度控制在±30%，大中型项目的机会研究所需的时间为 1～3 个月，所需费用约占总投资的0.2%～1%。

**2. 初步可行性研究阶段**

初步可行性研究（pre-feasibility study，PS）也称预可行性研究，是指在机会研究的基础上，对项目方案进行初步的技术、财务、经济分析和初步的社会评价、环境评价，对项目是否可行做出初步判断。研究的主要目的是判断项目是否有生命力，是否值得投入更多的人力和资金进行可行性研究和辅助研究，并据此作出是否进行投资的初步决定。

并非所有的项目都需要进行初步可行性研究。机会研究所选择的项目较大或较复杂时，如果所掌握的基础数据不足，应进行初步可行性研究，以避免直接进行详细可行性研究时所造成的损失。

初步可行性研究的内容和结构与详细可行性研究基本相同，主要区别是获得资料的详尽程度不同、研究深度不同，对建设投资和生产成本的估算精度一般要求控制在±20%，研究时间为 4～6 个月，所需费用约占总投资的 0.25%～1.25%。

**3. 详细可行性研究阶段**

详细可行性研究是在项目决策前对项目有关的工程、技术、经济等各方面条件和情况进行详尽、系统、全面的调查与研究分析，对各种可能的建设方案和技术方案进行详细的比较论证，并对项目建成后的经济效益、国民经济和社会效益进行预测和评价的一种科学分析过程和方法，是项目进行评价和决策的依据。

这一阶段研究的内容比较详细，所花费的时间和精力都比较大。建设投资和生产成本计算精度控制在±10%，大型项目研究所花费的时间为 8～12 个月，所需费用占总投资的 0.2%～1.0%；中型项目研究所花费的时间为 4～6 个月，所需费用占总投资的 1%～3%。

**4. 评价和投资决策阶段**

评价和投资决策是由投资决策部门组织或授权有关咨询公司或专家，代表国家对上报的项目可行性研究报告进行全面审核和再评价。其主要任务是审核、分析、判断可行性研究报告的可靠性和真实性，提出项目评价报告，为决策者提供最后决策依据。其内容包括项目的必要性评价、可能性评价、技术评价、经济评价、环境影响评价、社会评价、综合评价等，并编写评价报告。

## 6.2　可行性研究报告的编制

### 6.2.1　可行性研究报告的编制依据

编制可行性研究报告的主要依据有以下几个方面。

**1. 国民经济和社会发展的长远规划和产业政策**

按照国民经济和社会发展的长远规划、经济建设的方针和政策及地区和部门发展规划，确定项目的投资方向和规模，提出需要进行可行性研究的项目建议书。

**2. 项目建议书和委托单位的要求**

项目建议书是做各项准备工作和进行可行性研究的重要依据，只有经国家计划部门同意，并列入建设前期工作计划后，方可开展各项可行性研究工作。建设单位在委托可行性研究任务时，应向承担可行性研究工作的单位，提出对建设项目的目标和要求，并说明有关市场、原料、资金来源以及工作范围等情况。

**3. 有关的基础资料**

进行厂址选择、工程设计、技术经济分析，以便掌握可靠的自然、地理、气象、水文、地质、社会、经济等基础资料，以及交通运输与环境保护等资料。

**4. 有关技术经济规范、标准、定额等指标**

有关工程技术经济方面的规范、标准、定额等指标，以及国家正式颁布的技术法规和技术标准，这些都是考察项目技术方案的基本依据。

**5. 有关项目评价的基本参数和指标**

有关项目评价的基本参数和指标主要有：基准收益率、社会折现率、折旧率、汇率、贸易费用率、影子工资率、重要投入物的影子价格等。这些参数可由国家统一颁布发行，也可由各主管部门对有关项目的技术参数和价格调整系数，根据行业的特点和实际情况进行测算后，自行拟订，报国家有关部门备案。

## 6.2.2 可行性研究报告的主要内容

项目可行性研究的内容，因项目的性质不同、行业特点不同而有所差别。按照中华人民共和国国家发展和改革委员会的有关规定，一般工业项目可行性研究报告可按以下内容编写。

**1. 项目总论**

项目总论是对拟建项目概况性的论述，主要内容包括：

① 项目提出的背景与概况；

② 可行性研究工作的依据；

③ 研究结论概要；

④ 存在的问题与建议。

**2. 市场预测**

市场预测包括市场调查和预测，是可行性研究的重要环节，主要内容包括：

① 市场现状调查；

② 产品供需预测；

③ 价格预测；

④ 竞争力分析；

⑤ 市场风险分析。

**3. 资源条件评价**

资源是项目建设的重要条件，对其分析主要包括：

① 资源的可利用量；

② 资源的品质情况；

③ 资源的赋存条件；

④ 资源的开发价值。

**4. 建设规模与产品方案**

这主要包括：

① 建设规模与产品方案构成；

② 建设规模与产品方案的比选；

③ 推荐的建设规模与产品方案；

④ 技术改造项目推荐方案与原企业设施利用的合理性。

**5. 场址选择**

这主要包括：

① 场址现状；

② 场址方案比选；

③ 推荐的场址方案；

④ 技术改造项目现有场址的利用情况。

**6. 技术方案、设备方案和工程方案**

这主要包括：

① 技术方案选择；

② 主要设备方案选择；

③ 工程方案选择；

④ 技术改造项目改造前后的比较。

**7. 原材料、燃料供应**

这主要包括：

① 主要原材料供应方案；

② 主要原材料供应方案比选；

③ 主要燃料供应方案；

④ 主要燃料供应方案比选。

**8. 总图运输与公用辅助工程**

这主要包括：

① 总图布置方案；

② 场内外运输方案；

③ 公用工程与辅助工程方案；

④ 技术改造项目现有公用辅助设施利用情况。

**9. 节能措施**

这主要包括：

① 节能措施；

② 节能指标分析；

③ 技术改造项目与原有企业能耗比较。

**10. 节水措施**

这主要包括：

① 节水措施；

② 节水指标分析；
③ 技术改造项目与原有企业水耗比较。

**11. 环境影响评价**

这主要包括：
① 环境条件调查；
② 影响环境因素分析；
③ 环境保护措施；
④ 技术改造项目与原有企业环境状况比较。

**12. 劳动安全卫生与消防**

这主要包括：
① 危险因素和危险程度分析；
② 安全防护措施；
③ 卫生保护措施；
④ 消防措施。

**13. 组织机构与人力资源配置**

这主要包括：
① 组织机构设置及其适应性分析；
② 人力资源配置；
③ 员工培训。

**14. 项目实施进度**

这主要包括：
① 建设工期；
② 实施进度安排；
③ 技术改造项目的建设与生产的衔接。

**15. 投资估算**

这主要包括：
① 投资估算范围和依据；
② 建设投资估算；
③ 流动资金估算；
④ 项目投入总资金及分年投入资金计划。

**16. 融资方案**

这主要包括：
① 融资组织形式；
② 资本金筹措；
③ 债务资金筹措；
④ 融资方案分析。

**17. 财务分析**

这主要包括：
① 财务评价基础数据与参数选取；

② 销售收入与成本费用估算；
③ 财务评价报表；
④ 盈利能力分析；
⑤ 偿债能力分析；
⑥ 不确定性分析；
⑦ 财务分析结论。

**18. 费用效益分析**

这主要包括：
① 影子价格及评价参数选择；
② 效益费用范围与数值调整；
③ 效益费用分析报表；
④ 效益费用分析指标；
⑤ 效益费用分析结论。

**19. 社会评价**

这主要包括：
① 项目对社会影响分析；
② 项目所在地互适性分析；
③ 社会风险分析；
④ 社会评价结论。

**20. 风险分析**

这主要包括：
① 项目主要风险识别；
② 风险程度分析；
③ 风险防范对策。

**21. 研究结论与建议**

这主要包括：
① 推荐方案总体描述；
② 推荐方案优缺点描述；
③ 主要对比方案；
④ 结论与建议。

可以看出，项目可行性研究报告的内容可以概括为三大部分：一是市场研究，包括产品的市场调查和预测研究，这是项目可行性研究的前提和基础，其主要任务是要解决项目的“必要性”问题；二是技术研究，即技术方案和建设条件研究，这是项目可行性研究的技术基础，其任务是解决项目在技术上的“可行性”问题；三是效益研究，即经济效益的分析和评价，这是项目可行性研究的核心部分，主要解决项目在经济上的“合理性”问题。市场研究、技术研究和效益研究共同构成项目可行性研究的三大支柱。

# 6.3 可行性研究报告的评估与审查

## 6.3.1 可行性研究报告的评估

可行性研究报告评估，是指在可行性研究报告编制完成后，由另一家具有相应执业资格的咨询单位再一次对拟建项目进行技术、财务、经济等方面的论证，对可行性研究报告所得结论的真实性和可靠性进行核实和评价，如实反映项目潜在的有利和不利因素，对项目的可行性得出明确的结论，为项目业主或有关决策部门进行决策提供依据。

可行性研究报告评估通常有以下几种。

① 需由政府审批的项目，一般委托有相应执业资格的工程咨询单位进行评估。评估结论是政府决策的依据。

② 拟对项目贷款的银行，一般自行组织专家组对项目进行评估，评估结论是银行贷款和决策的依据。

③ 项目业主或投资者为了分析可行性研究报告的可靠性，进一步完善项目方案，聘请另一家工程咨询单位对可行性研究报告进行评估。

## 6.3.2 可行性研究报告评估单位的选择

项目业主能否快速、正确、科学地做出投资决策，在很大程度上取决于项目可行性研究工作以及可行性研究报告评估工作的准确与否。因此，项目业主在选择可行性研究报告评估单位时应重点把握执业资格、信誉、实力三个基本条件。

承担可行性研究报告评估的工程咨询单位，必须依法取得政府有关部门及其授权机构认定的工程咨询单位资格。工程咨询单位资格包括资格等级、咨询专业和服务范围三部分。工程咨询单位应在其执业范围内承担任务并有良好的业绩。

## 6.3.3 可行性研究报告审查的主要内容

**1. 工程项目的必要性**

从国民经济和社会发展等宏观角度，审查项目是否符合国家的产业政策、行业规划和地区规划，是否符合经济和社会发展的需要；分析市场预测是否准确，项目规模是否经济合理，产品品种、性能、规格构成和价格是否符合国内外市场需求和有无竞争能力。

**2. 建设条件与生产条件**

项目所需资金能否落实，资金来源是否符合国家有关政策规定；分析选址是否合理，总体布置方案是否符合国土规划、城市规划、土地管理和文物保护的要求和规定；项目建设过程中和建成后原料、燃料的供应条件，以及供电、供水、供热、交通运输等要求能否落实；项目的“三废”治理是否符合保护生态环境的要求。

**3. 工艺、技术、设备**

分析项目采用的工艺、技术、设备是否符合国家的技术发展政策和技术装备政策，是否可行、先进、适用、可靠，是否有利于资源的综合利用，有利于提高产品质量，降低消耗，提高劳动生产率；项目所采用的新工艺、新技术、新设备是否安全可靠；引进设备有无必要，是否符合国家有关规定和国情，能否与国内设备、零配件、工艺技术相互配套。

**4. 项目的建设方案和标准**

项目的建设有无不同方案的比选，推荐的方案是否经济、合理；审核项目建设的工程地质、水文、气象、地震等自然条件对工程的影响和采取的治理措施；项目建设采用的标准是否符合国家的有关规定，是否贯彻了勤俭节约的方针。

**5. 基础经济数据的测算**

分析投资估算的依据是否符合国家或地区的有关规定，工程内容和费用是否齐全，有无高估冒算、任意提高标准、扩大规模，以及有无漏项、少算、压低造价等情况；资金筹措方式是否可行，投资计划安排是否得当；报告中的各项成本费用计算是否正确，是否符合国家有关成本管理的标准和规定；产品销售价格的确定是否符合实际情况和价格变化趋势，各种税金的计算是否符合国家规定的税种和税率；对预测的计算期内各年获得的利润额进行审核与分析；分析报告中确定的项目建设期、投产期、生产期等时间安排是否切实可行。

**6. 财务效益**

从项目本身出发，结合国家现行财税制度和现行价格，对项目的投入费用、产出效益、偿还贷款能力，以及外汇等财务状况进行审查，判断项目财务方案是否可行。

审查财务效益指标主要是复核财务内部收益率、财务净现值、项目资本金净利润率、投资回收期和固定资产借款偿还期。涉外项目还应评价外汇净现值、财务换汇成本和财务节汇成本等指标。

**7. 经济费用效益分析**

审查时用影子价格、影子工资、影子汇率和社会折现率等，分析项目给国民经济带来的净效益，判断项目经济上是否合理。审查的指标主要是经济内部收益率、经济净现值、投资收益率等。

**8. 社会效益**

社会效益包括生态平衡、科技发展、就业效果、社会进步等，应根据项目的具体情况，分析和审查可能产生的主要社会效益。

**9. 不确定性分析**

审查项目的不确定性分析一般应对报告中的盈亏平衡分析、敏感性分析进行鉴定，以确定项目在财务上、经济上的可靠性和抗风险能力。

项目业主对以上各方面进行审核后，对项目的投资机会进一步作出总的评价，进而作出投资决策。若认为推荐方案成立时，针对审查中发现的问题，要求咨询单位对可行性研究报告进行修改、补充、完善，提出结论性意见并报有关主管部门审批。

### 6.3.4　可行性研究报告审批

按照国家有关规定，可行性研究报告的审批权限划分为以下几级。

① 所有大中型和限额以上项目的可行性研究报告，按照项目隶属关系由行业主管部门或省、自治区、直辖市和计划单列市审查同意后，报国家发展和改革委员会。国家发展和改革委员会委托中国国际工程咨询公司等有资格的咨询公司，对可行性研究报告进行评估，提出评估报告后，再由国家发展和改革委员会审批。凡投资在 2 亿元以上的项目，由国家发展和改革委员会审核后报国务院审批。

② 地方投资的地方院校、医院及其他文教卫生事业的大中型基本建设工程项目，可行性研究报告由省、自治区、直辖市和计划单列市发展和改革委员会审批，抄报国家发展和改革委员会和有关部门备案。

③ 企业横向联合投资的大中型基本建设项目，凡自行解决资金、能源、原材料、设备，以及投产后的产供销、动力、运力等能够自己落实，而且已经与有关部门、企业签订了合同，不需要国家安排的，可行性研究报告由有关部门或省、自治区、直辖市、计划单列市发展和改革委员会审批，抄报国家发展和改革委员会及有关部门备案。

④ 小型和限额以下项目的可行性研究报告，按照项目隶属关系，分别由主管部门或省、自治区、直辖市、计划单列市发展和改革委员会审批。

可行性研究报告经过正式批准后，应当严肃执行，任何部门、单位或个人都不能擅自变更。确有正当理由需要变更时，需将修改的建设规模、项目地址、技术方案、主要协作条件，以及经济效益的提高或降低等内容，报请原审批单位同意，并正式办理变更手续。

## 延伸阅读

1. 宗超．投资项目可行性研究工作中存在的问题及对策［J］．投资与合作，2024（4）：40-42.

2. 张斌，何亚楠，黄筱禹．投资可行性研究及投后评价比较研究［J］．产权导刊，2023（11）：64-67.

3. 王大鹏．可行性研究阶段投资估算的编制方法及注意事项［J］．建筑经济，2012（5）：26-28.

4. 李开孟．我国投资项目可行性研究 60 年的回顾和展望［J］．技术经济，2009，28（9）：66-72.

5. 胡征宇，张子平，张蝉君．编制投资项目可行性研究报告应注重的几个问题［J］．中国工程咨询，2006（7）：33-34.

6. 国家发展改革委．政府投资项目可行性研究报告编写通用大纲（2023 年版）（发改投资规〔2023〕304 号）［Z］. 2023.

7. 国家发展改革委．企业投资项目可行性研究报告编写大纲（2023 年版）（发改投资规〔2023〕304 号）［Z］. 2023.

8. 国家发展改革委．关于投资项目可行性研究报告编写大纲的说明（2023 年版）（发改投资规〔2023〕304 号）［Z］. 2023.

## 复习思考题

**1. 单项选择题**

（1）可行性研究是在（　　）。

A. 建设前期　　B. 建设时期　　C. 投产期　　D. 设计时期

（2）初步可行性研究对建设投资和生产成本的估算精度一般要求控制在（　　）。

A. ±30%　　B. ±20%　　C. ±10%　　D. 没有要求

(3) 可行性研究在（　　）。

A. 投资决策之后　　B. 投资决策之前　　C. 投资决策之中　　D. 没有要求

**2. 多项选择题**

(1) 可行性研究是对拟建项目（　　）进行技术经济论证工作。

A. 可行性　　B. 必要性　　C. 合理性　　D. 先进性

(2) 可行性研究是（　　）的依据。

A. 投资决策　　B. 申请贷款　　C. 编制设计文件　　D. 合作签约

**3. 思考题**

(1) 什么是可行性研究？它分为几个阶段？

(2) 可行性研究的作用是什么？

(3) 可行性研究报告的编制依据有哪些？

(4) 可行性研究报告的主要内容有哪些？

答案

# 第7章 工程项目的融资方案

## 【本章内容概要】

工程项目的融资方案是在投资估算的基础上，分析拟建工程项目的资金筹措渠道、融资方式、融资结构、融资成本及融资风险等，结合融资后财务分析，比选、确定拟建工程项目的融资方案。本章主要介绍了工程项目融资主体及其融资方式、工程项目的资金筹措方式及融资方案分析的方法。

## 【本章学习重点和难点】

**学习重点**：掌握工程项目的资金筹措方式及融资方案分析的方法。
**学习难点**：融资方案分析的方法。

**【引例】** 某项目为新建矿井及选煤厂工程，由国内A、B两投资方组建的项目公司建设和经营。项目建设期为2.5年，生产运营期为20.5年，项目计算期为23年。经投资估算后，项目总投资为140 796万元，其中建设投资为125 317万元，建设期贷款利息为5 324万元，流动资金为10 155万元。

项目资本金总额为49 415万元，占总投资的35.10%。项目资本金由A、B两公司按照6：4的比例出资，故A、B两公司的股权比例为6：4。

项目债务资金总额为91 381万元，占总投资的64.90%。债务资金拟使用银行贷款，贷款年利率为6.54%，贷款偿还期为10年，筹资费用率为0.2%。

**分析与讨论**

(1) 债务资金成本和资本金成本各为多少?

(2) 加权平均资金成本是多少?

## 7.1 工程项目融资主体及其融资方式

### 7.1.1 工程项目融资主体

确定融资方案，应先确定项目融资主体。项目的融资主体是指进行融资活动并承担融资责任和风险的项目法人单位。确定项目的融资主体应考虑项目投资的规模和行业特点，项目与既有法人资产、经营活动的联系，既有法人财务状况，项目自身的盈利能力等因素。一般而言，项目融资主体可分为既有法人融资主体和新设法人融资主体两类。

**1. 既有法人融资主体**

项目在下列情况下一般应以既有法人为融资主体。

① 既有法人具有为项目进行融资和承担全部融资责任的经济实力；

② 项目与既有法人的资产以及经营活动联系密切；

③ 项目的盈利能力差，但项目对整个企业的持续发展具有重要作用，需要利用既有法人的整体资信获得债务资金。

**2. 新设法人融资主体**

项目在下列情况下一般应以新设法人为融资主体。

① 拟建项目的投资规模较大，既有法人不具有为项目进行融资和承担全部融资责任的经济实体；

② 既有法人财务状况较差，难以获得债务资金；而且项目与既有法人的经济活动联系不密切；

③ 项目自身具有较强的盈利能力，依靠项目自身未来的现金流量可以按期偿还债务。

### 7.1.2　工程项目融资方式

**1. 既有法人融资方式**

既有法人融资方式是以既有法人为融资主体的融资方式。采用既有法人融资方式的建设项目，既可以是改扩建项目，也可以是非独立法人的新建项目。

既有法人融资方式的基本特点是由既有法人发起项目、组织融资活动并承担融资责任和风险；建设项目所需的资金，来源于既有法人内部融资、新增资本金和新增债务资金；新增债务资金依靠既有法人整体（包括拟建项目）的盈利能力来偿还，并以既有法人整体的资产和信用承担债务担保。

以既有法人融资方式筹集的债务资金虽然用于项目投资，但债务人是既有法人。债权人可对既有法人的全部资产（包括拟建项目的资产）进行债务追索，因而债权人的债务风险较低。在这种融资方式下，不论项目未来的盈利能力如何，只要既有法人能够保证按期还本付息，银行就愿意提供信贷资金。因此，采用这种融资方式，必须充分考虑既有法人整体的盈利能力和信用状况，分析可用于偿还债务的既有法人整体（包括拟建项目）未来的净现金流量。

**2. 新设法人融资方式**

新设法人融资方式是以新组建的具有独立法人资格的项目公司为融资主体的融资方式。采用新设法人融资方式的建设项目，项目法人大多是企业法人。社会公益性项目和某些基础设施项目也可以组建新的事业法人实施。采用新设法人融资方式的项目一般是新建项目，但也可以是将既有法人的一部分资产剥离出去后重新组建新的项目法人的改扩建项目。

新设法人融资方式的基本特点是由项目发起人（企业或政府）发起组建新的具有独立法人资格的项目公司，由新组建的项目公司承担融资责任和风险；建设项目所需资金的来源，可包括项目公司股东投入的资本金和项目公司承担的债务资金；依靠项目自身的盈利能力来偿还债务；一般以项目投资形成的资产、未来收益或权益作为融资担保的基础。

# 7.2 工程项目的资金筹措

工程项目资金来源的渠道有许多种，其中主要包括：①企业自有资金；②政府财政性资金；③国内外银行等金融机构的信贷资金；④国内外资本市场募集的资金；⑤国内外非银行金融机构（如信托投资公司、保险公司等）的资金；⑥外国政府、企业、团体、个人等的资金。项目各种资金来源总体上看可以划分为资本金的筹措和债务资金的筹措两类筹资方式。

## 7.2.1 资本金的筹措

资本金筹措的主要方式包括以下几种。

**1. 吸收直接投资**

吸收直接投资是以协议等形式吸收政府、企业、个人和外商等的直接投入资本，形成企业资本金的融资方式。

按经营方式分，吸收直接投资包括两大类：一类是合资经营；另一类是合作经营。

合资经营是由出资各方共同组建有限责任公司，其特点是共同投资、共同经营、共担风险、共负盈亏。出资各方可依法以货币资金、实物、工业产权等向联营企业投资，形成法人资本，投资方对所投入的资本负有限责任，并按资本额分配税后利润，享受所有者权益。

合作经营是契约式或合同式的合营。在这种经营方式下，双方的合作不以股权为基础，合作各方的投资、收益分配、风险和亏损的承担、经营管理方式以及合作期满后的财产归属等合作事项，均由合作各方在签订的合作协议中规定。它是一种比较灵活的直接投资方式。

吸收直接投资的优点是，筹集的资金属于企业自有资本，能够提高企业的资信和借款能力，还能够直接获得所需的先进设备和技术，尽快形成生产能力，财务风险也比较低；缺点是资金成本高，不便于产权交易。

**2. 发行股票**

股票是股份公司为筹集资金向出资人发行的、用于证明投资者拥有公司股权，并据此享受股东权益及承担义务的凭证。股票反映财产权关系，代表股东对股份公司拥有的所有权。这些权益包括：参加股东大会，参与公司决策，获取股息、红利等。股票是一种永不返还的有价证券，没有还本期限，要想收回投资，只能通过转让的方式将股票有偿转让他人；股票的价格和收益具有不稳定性。

按照持有者的权利和义务，股票分为普通股和优先股。普通股是无特别权利的股票，它是股票的基本形式，其特点是股票的有效时间与股份公司的存续期一致；股票收益和价值随着公司经营状况而变动。优先股是具有收益和剩余资产分配优先权的股票。其特点是股票的股息是固定的，并优先获取；对公司剩余资产具有优先分配权。

发行股票筹资的优点是筹集的资金是公司永久资金，无须偿还；没有固定的利息负担，融资风险低；可降低公司负债比率，提高公司财务信用。其缺点是资金成本高；增发普通股会降低原有股东的控制权。

**3. 企业内部融资**

企业内部融资又称为内源融资，主要是利用企业留存收益，即盈余公积金、公益金、未分配利润、折旧等进行融资。

企业内部融资的特点是不发生取得成本，可以使企业的所有者获得税后收益，但有时这种方式可能受到某些股东的限制。

### 7.2.2 债务资金的筹措

债务资金的筹措是指使出资人成为企业债权人的筹资方式，主要有发行债券、贷款、租赁等方式。

**1. 发行债券**

债券是借款单位为筹集资金而发行的一种信用凭证，它证明持券人有权按期取得固定利息并到期收回本金。我国发行的债券又可分为国家债券、地方政府债券、企业债券和金融债券。

债券筹资的优点是：不论企业将来盈利如何，债券利息支出固定；债券持有者无权参与企业管理，企业控股权不变；债券的利息可计入成本，少纳所得税，资金成本较低；企业投资报酬率大于债券的利率时，可以提高自有资金利润率。

债券融资的缺点是：财务风险高，借款有固定的还本付息要求，到期必须足额支付，如果项目经营不景气，会带来较大的财务困难；发行债券会提高企业负债比率，增加企业风险，降低企业的财务信誉。

**2. 贷款**

贷款是指企业向银行、非银行金融机构等按约定的利率和期限还本付息取得的资金。

贷款融资的优点是：融资速度快，不需要像发行有价证券那样的准备、申报和审批、推销等，只需与贷款机构达成协议即可；资金成本较低，借款利息在税前支付，可以减少实际负担的利息费用；具有较大的灵活性，在借款之前，可以根据当时的资金需求与贷款机构商定贷款的时间、数量和条件；可以保障对项目的控制权。

贷款融资的缺点是：财务风险较高，借款有固定的还本付息要求，到期必须足额支付，如果项目经营不景气，会带来较大的财务困难；限制条件多，借款合同对借款用途有明确规定，企业的生产经营活动必然受到一定的影响，融资规模受到制约。

**3. 租赁**

租赁是指出租人按照租赁协议将出租物交给承租人临时占有和使用，在租赁期内向承租人收取租金，并于租赁期满收回出租物的一种经济行为。

租赁融资的特点是设备的使用权和所有权分离，资金运动与物质运动相结合，租金分期支付，合同期满后承租人有处理选择权。

租赁融资与一般的融资方式相比，租赁融资的成本较高，租金包括设备价格、租赁公司为购买设备的借款利息及投资收益，但承租人的租金支出是在所得税之前扣除，可以减少实际负担的费用；融资企业可以提前获得资产的使用价值；此外，租赁还可以使企业避免设备过时的风险。

# 7.3 工程项目的融资方案分析

在初步确定项目的资金筹措方式和资金来源后，应进一步对融资方案进行分析，比选并推荐资金来源可靠、资金结构合理、资金成本低、融资风险小的方案。

## 7.3.1 资金来源可靠性分析

资金来源可靠性分析主要分析项目建设所需总投资和分年所需投资能否得到足够的、持续的资金供应，即资本金和债务资金供应是否可靠。其目的是力求使筹措的资金、币种及投入时序与项目建设进度和投资使用计划相匹配，确保项目建设顺利进行。

## 7.3.2 资金结构分析

资金结构又称财务结构，是指项目或企业资金筹措方案中各种资金来源的构成及比例关系。在总资金中，由于短期债务资金占用时间短、筹资风险小，对企业资金结构的影响不大，将短期债务资金作为营运资本管理，资金结构问题的核心就是资本结构问题。资本结构是指项目或企业各种长期资金（长期债务资本和权益资本）筹资来源的构成和比例关系。一般来讲，企业的资本结构如图 7-1 所示。从技术上讲，综合资金成本最低，同时企业财务风险最小的资本结构能实现企业价值最大化，也是最理想的资本结构。企业应运用适当的方法确定最优资本结构，并在以后追加筹资中继续保持。企业现有资本结构不合理的，应通过筹资活动主动调整资本结构，使其趋于合理以至达到优化。

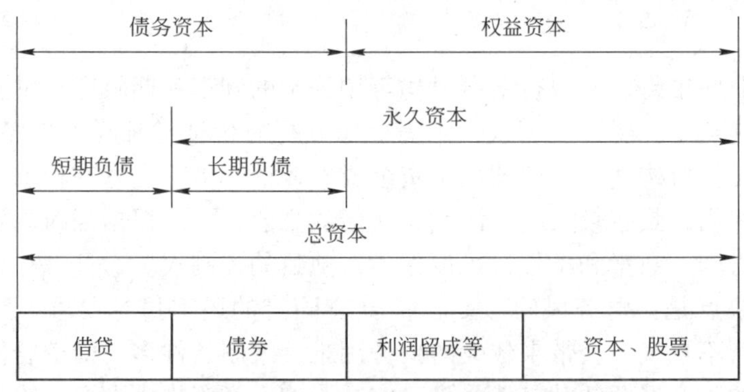


图 7-1 企业的资本结构

习惯上，将负债融资和权益融资的结构比例称为融资结构。

资金结构包括项目资本金与项目债务资金的比例、项目资本金内部结构的比例和项目债务资金内部结构的比例。项目资本金与项目债务资金的比例是项目资金结构中最重要的比例关系。项目投资者希望投入较少的资本金，获得较多的债务资金。而提供债务资金的债权人则希望项目有较高的资本金比例，以降低债权的风险。按照我国有关法规规定，从 1996 年开始，对各种经营性项目试行资本金制度，投资项目资本金占总投资的比例，根据不同行业和项目的经济效益等因素具体确定，如当时规定交通运输项目的资本金比例为 35%及以上。2009 年将铁路、公路等项目的最低资本金比例调整为 25%，2015 年再次调整为 20%。

### 7.3.3 资金成本分析

**1. 资金成本的含义**

资金成本是指项目或企业为筹集和使用资金而支付的费用，包括资金占用费（使用成本）和资金筹集费（筹资成本）。

资金筹集费是指在筹集资金的过程中发生的各种费用，如发行股票、债券等支付的印刷费、发行费、律师费、资信评估费、公证费、担保费、广告费等。筹集费一般属于一次性费用，筹集资金的次数越多，资金筹集费也越多。

资金占用费是指因使用资金而向资金提供者支付的报酬。如使用发行股票筹集的资金，要向股东支付红利；使用发行债券和银行贷款借入的资金，要向债权人支付利息；使用租入的资产，要向出租人支付租金等。资金占用费一般与所筹资金的多少以及所筹资金使用时间的长短有关，具有经常性、定期支付的特点，是资金成本的主要部分。

**2. 资金成本的作用**

在市场经济条件下，资金成本是由于资金所有权与使用权相分离而形成的一种财务概念。资金成本的基础是资金时间价值，同时又包含投资风险。正确认识和计算资金成本具有重要的作用。

1）资金成本是选择资金来源和筹资方式的重要依据

企业筹集资金的方式多种多样，如发行股票、债券、银行借款等，不同的筹资方式，其资金成本也不尽相同。资金成本的高低可以作为比较各种筹资方式优缺点的一项依据。

2）资金成本是投资者进行资金结构决策的基本依据

一个项目的资金结构一般是由借入资金和自有资金组合而成的，这种组合有多种方案，如何寻求两者间的最佳组合，一般可以通过计算综合资金成本作为项目筹资决策的依据。

3）资金成本是评价各种项目是否可行的一个重要标尺

国际上通常将资金成本视为项目的“最低收益率”和是否接受项目的“取舍率”，在评价投资方案是否可行的标准上，一般要将项目本身的投资收益率与其资金成本进行比较，如果项目的预期投资收益率小于其资金成本，则项目不可行。

**3. 资金成本的计算**

1）资本成本计算的一般形式

资本成本可用绝对数表示，也可用相对数表示。为便于分析比较，资金成本一般用相对数表示，称为资金成本率，其一般计算公式为：

$$K = \frac{D}{P - F} \tag{7-1}$$

式中：$K$——资金成本率；

$P$——筹集资金总额；

$D$——资金占用费；

$F$——资金筹集费。

由于资金筹集费一般与筹集资金总额成正比，所以可以用筹资费用率表示资金筹集费，因此资金成本率公式也可表示为：

$$K=\frac{D}{P(1-f)} \tag{7-2}$$

式中：$f$——筹资费用率（即筹资费占筹集资金总额的比率）；

其他符号同上。

2）债务资金成本

债务资金成本由债务资金筹集费和债务资金占用费组成。债务资金筹集费是指债务资金筹集过程中支付的费用，如承诺费、发行手续费、担保费、代理费以及债券兑付手续费等；债务资金占用费是指使用债务资金过程中发生的经常性费用，如贷款利息和债券利息。

对于任何来源的资金，含筹资费用的税后债务资金成本都可用下式计算：

$$P_0(1-f)=\sum_{t=1}^{m}\frac{I_t}{(1+K_d)^t}+\sum_{t=m+1}^{n}\frac{P_t+I_t(1-T)}{(1+K_d)^t} \tag{7-3}$$

式中：$P_0$——债务发行额或长期借款金额，即债务现值；

$f$——债务资金筹资费用率；

$I_t$——第 $t$ 期期末债务约定付息额；

$P_t$——第 $t$ 期期末约定的偿还债务本金；

$K_d$——所得税税后债务资金成本；

$T$——所得税税率；

$m$——建设期；

$n$——计算期。

在式（7-3）中，等号左边是债务人的实际现金流入，等号右边是债务引起的未来现金流出的现值总额。式（7-3）未计入债券兑付手续费（可忽略不计）。项目建设期不可能使用利息避税，而运营期的利息可以避税，所以在式（7-3）中利息分二段计算。

（1）借贷资金成本

借贷资金成本一般是指税后贷款成本。由于贷款利息在税前支付，减少了应税所得额，使项目少交了所得税，在计算企业实际负担的利息费用中应扣除相应的所得税。

从原则上讲，项目筹集和使用的各种来源的资金都要估算其资金成本，但短期资金来源一般资金成本很小，且占用时间有限，因此筹资决策中可以不予考虑，重点是估算长期资金的资金成本。

① 在不考虑资金筹集成本的情况下，长期借款的资金成本为：

$$K_d=R(1-T) \tag{7-4}$$

式中：$K_d$——向银行长期借款的资金成本；

$T$——所得税税率；

$R$——贷款年利率。

② 在考虑项目贷款实行担保的情况下，长期借款的资金成本为：

$$K_d=(R+V_d)(1-T) \tag{7-5}$$

$$V_d=\frac{V}{Pn}\times 100\% \tag{7-6}$$

式中：$V_d$——担保费率；

$V$——担保费总额；

$P$——借款总额；

$n$——担保年限；

其他符号同上。

③ 在考虑资金筹集成本的情况下，借贷资金的成本包括借款利息和筹资费用。因此长期借款融资成本可按下式计算：

$$K_d = \frac{(R + V_d)(1 - T)}{1 - f_d} \tag{7-7}$$

式中：$f_d$——长期借款筹资费费率；

其他符号同上。

如果贷款的计息周期与利率周期不一致，则要将名义利率转化为实际利率再代入上述公式进行计算。

**【例 7-1】** 某企业为某项目向银行申请贷款 500 万元，贷款期限 10 年，年利率为 10%，每年付息一次，到期一次还本，贷款管理费及手续费率为 0.5%。企业所得税税率为 25%，试计算该项目借款的资金成本。

**【解】** 根据式（7-7），不考虑担保费，则该项目借款的资金成本为：

$$K_d = \frac{R(1-T)}{1-f_d} = \frac{10\% \times (1-25\%)}{1-0.5\%} = 7.54\%$$

（2）债券资金成本

发行债券的成本主要是指债券利息和筹资费用。债券利息的处理与长期借款利息的处理相同，应以税后的债务成本为计算依据。债券的筹资费用一般比较高，不可以在计算融资成本时省略。债券资金成本的计算公式为：

$$K_b = \frac{I_b(1 - T)}{B(1 - f_b)} \tag{7-8}$$

或

$$K_b = \frac{R_b(1 - T)}{1 - f_b} \tag{7-9}$$

式中：$K_b$——债券资金成本；

$I_b$——债券年利息；

$B$——债券筹资额；

$f_b$——债券筹资费率；

$R_b$——债券利率；

$T$——所得税税率。

若债券溢价或折价发行，为了更精确地计算资金成本，应以其实际发行价格作为债券筹资额。

**【例 7-2】** A 公司发行面值为 1 000 万元的 10 年期债券，票面利率为 10%，发行费率为 5%，发行价格为 1 100 万元，公司所得税税率为 25%，试计算 A 公司债券的资金成本。如果 A 公司以 900 万元发行面值为 1 000 万元的债券，则资金成本又为多少？

**【解】** 根据式（7-8），以 1 100 万元价格发行时的资金成本为：

$$K_b=\frac{I_b(1-T)}{B(1-f_b)}=\frac{1\ 000\times10\%\times(1-25\%)}{1\ 100\times(1-5\%)}=7.18\%$$

以 900 万元价格发行时的资金成本为：

$$K_b=\frac{I_b(1-T)}{B(1-f_b)}=\frac{1\ 000\times10\%\times(1-25\%)}{900\times(1-5\%)}=8.77\%$$

由于债券进入二级市场流通后，其价格随行就市。金融市场的市场利率总会上下波动，债券持有人对该债券期望的收益率也在变化。债券定价公式为：

$$B_0=\sum_{t=1}^{n}\frac{I}{(1+K'_b)^t}+\frac{M}{(1+K'_b)^n} \tag{7-10}$$

式中：$B_0$——债券当前的市值；

$I$——债券年利息；

$M$——债券面值；

$K'_b$——债券期望收益率；

$n$——现在至债券到期的年限；

$t$——债券发行期限。

根据债券当前的市值、债券面值、票面利率、发行期限和现在至债券到期的年限，利用式（7-10）可求出债券的期望收益率 $K'_b$，这就是债券当前的税前资金成本，则其税后资金成本为：

$$K_b=K'_b(1-T) \tag{7-11}$$

（3）融资租赁资金成本

企业租入某项资产，获得其使用权，要定期支付租金，并且租金列入企业成本，可以减少应付所得税。因此，其租赁资金成本率为：

$$K_L=\frac{E}{P_L}(1-T) \tag{7-12}$$

式中：$K_L$——租赁资金成本率；

$E$——年租金额；

$P_L$——租赁资产价值。

3）权益资金成本

权益资金成本的特点是除了优先股以外，向所有者支付的投资报酬不是事先规定的，而是根据企业的经营业绩和股利政策决定的，因此权益资金成本的计算具有较大的不确定性；股利以税后利润支付，不减少企业的所得税，资本成本通常高于债务成本。

（1）普通股资金成本

计算普通股资金成本常用的方法有“评价法”和“资本资产定价模型法”。

① 评价法。

企业发行股票，需花费筹资费用，并定期支付股利。根据企业支付的股利是各年保持不变或是按一定的比例逐年增加，企业发行股票的资金成本为：

$$K_c=\frac{D_c}{P_c(1-f_c)} \tag{7-13}$$

或

$$K_c = \frac{D_c}{P_c(1 - f_c)} + G \tag{7-14}$$

式中：$K_c$——普通股资金成本；

$D_c$——预期第一年股利额；

$P_c$——普通股筹资额；

$f_c$——普通股筹资费率；

$G$——普通股利年增长率。

【例 7-3】　甲公司发行普通股正常市价为 500 万元，筹资费率为 5%，第一年的股利率为 10%，以后每年增长 5%，试求其普通股资金成本。

【解】　根据式（7-14）得：

$$K_c=\frac{D_c}{P_c(1-f_c)}+G=\frac{500\times10\%}{500\times(1-5\%)}+5\%=15.53\%$$

② 资本资产定价模型法。

资本资产定价模型是在市场经济环境下普遍采用的资金成本分析方法之一。它的基本思路是权益资本的收益率由无风险投资收益率和风险投资收益率（又称风险溢价）两部分构成，资金投入不同的行业具有不同的风险，因而风险溢价也不同。其模型为：

$$K_c = i_0 + \beta(i_m - i_0) \tag{7-15}$$

式中：$i_0$——社会无风险报酬率；

$\beta$——行业、公司或项目的资本投资风险系数；

$i_m$——社会平均投资报酬率。

【例 7-4】　某一时期证券市场无风险报酬率为 10%，社会平均投资报酬率为 15%，某股票公司普通股 $\beta$ 值为 1.1，试计算该普通股的资金成本。

【解】　根据式（7-15）得

$$K_c=i_0+\beta(i_m-i_0)=10\%+1.1\times(15\%-10\%)=15.5\%$$

（2）优先股资金成本

优先股的股利支付与负债利息的支付不同，不能在税前扣除，因此在计算优先股成本时无须经过税赋的调整。优先股资金成本的计算公式为：

$$K_p = \frac{D_p}{P_p(1 - f_p)} \tag{7-16}$$

或

$$K_p = \frac{P_p i}{P_p(1 - f_p)} = \frac{i}{1 - f_p} \tag{7-17}$$

式中：$K_p$——优先股成本；

$D_p$——优先股每年股息；

$P_p$——优先股票面值；

$f_p$——优先股筹资费率；

$i$——股息年利率。

【例 7-5】　A 公司为某项目发行优先股股票，票面额按正常市价计算为 500 万元，筹集费率为5%，股息年利率为15%，试求其资金成本。

**【解】** 根据式（7-17）得：

$$K_{\mathrm{p}}=\frac{i}{1-f_{\mathrm{p}}}=\frac{15\%}{1-5\%}=15.79\%$$

（3）留存盈余资金成本

留存盈余是指企业未以股利等形式发放给投资者而保留在企业的那部分盈利，即经营所得净收益的积余，包括盈余公积金和未分配利润。

留存盈余是所得税后形成的，其所有权属于股东，实质上相当于股东对公司的追加投资。股东将留存盈余留用于公司，是想从中获取投资报酬，所以留存盈余也有融资成本，即股东失去的向外投资的机会成本。它与普通股成本的计算基本相同，只是不考虑筹资费用。留存盈余资金成本的计算方法不止一种，按照“股票收益率加增长率”的方法，留存盈余资金成本为：

$$K_{\mathrm{r}}=\frac{D_{\mathrm{c}}}{P_{\mathrm{c}}}+G \tag{7-18}$$

式中：$K_{\mathrm{r}}$——留存盈余资金成本；

$D_{\mathrm{c}}$——预期第一年股利额；

$P_{\mathrm{c}}$——普通股筹资额；

$G$——普通股利年增长率。

**【例7-6】** A公司现有留存收益4 000万元，预计当年股利率为10%，同时估计未来股利每年递增4%，A公司为扩大生产规模，准备再投资2 000万元，有两种选择：①增发2 000万元普通股，发行费率为5%；②将留存收益2 000万元资本化。试计算这两种方案的资金成本。

**【解】** ① 发行普通股成本为：

$$K_{\mathrm{c}}=\frac{D_{\mathrm{c}}}{P_{\mathrm{c}}(1-f_{\mathrm{c}})}+G=\frac{2\ 000\times10\%\times(1+4\%)}{2\ 000\times(1-5\%)}+4\%=14.94\%$$

② 留存收益成本为：

$$K_{\mathrm{r}}=\frac{D_{\mathrm{c}}}{P_{\mathrm{c}}}+G=\frac{2\ 000\times10\%\times(1+4\%)}{2\ 000}+4\%=14.4\%$$

4）综合资金成本

项目的资金筹集一般采用多种融资方式。从不同来源取得的资金，其成本各不相同。由于条件制约，项目不可能只从某种低成本的来源筹集资金，而是各种筹贷方案的有机组合。因此，为了对整个项目的融资方案进行筹资决策，在计算各种可融资方式个别资金成本的基础上，还要计算整个融资方案的综合融资成本（总资金成本），以反映建设项目的整个融资方案的融资成本状况。综合资金成本一般是以各种资金占全部资金的比重为权数，对个别资金成本进行加权平均确定的，故而又称加权平均资金成本。其计算公式为：

$$K_{\mathrm{W}}=\sum_{j=1}^{n}K_jW_j \tag{7-19}$$

式中：$K_{\mathrm{W}}$——综合资金成本；

$K_j$——第$j$种筹资渠道的资金成本；

$W_j$——第 $j$ 种筹资渠道筹集的资金占全部资金的比重（权数）。

税前综合资金成本可以作为项目的最低期望收益率，作为项目财务内部收益率的判别标准。项目财务内部收益率高于综合资金成本，则项目的投资收益水平可以满足项目筹集资金成本的要求。

在实际计算综合资金成本时，可分为 3 个步骤进行：第一步，先计算个别资金成本；第二步，计算各资金来源占全部资金中的比重；第三步，利用公式计算出综合资金成本。

**【例 7-7】** A 项目总融资 2 000 万元，具体情况为：(1) 向银行借款 800 万元，利率为 8%；(2) 发行优先股 400 万元，股息为 9%，发行成本为 2%，平价发行，每年付息一次；(3) 发行普通股 800 万元，据调查社会无风险报酬率为 5%（长期国债利率），社会平均收益为 12%，公司投资风险系数为 1.2。企业所得税税率为 25%。试确定该项目的综合资金成本。

**【解】** ① 计算各种资金的税后资金成本。

银行借款资金的资金成本 $=8\%\times(1-25\%)=6\%$

优先股资金的资金成本 $=\dfrac{9\%}{1-2\%}=9.18\%$

普通股资金的资金成本 $=5\%+1.2\times(12\%-5\%)=13.4\%$

② 计算各种资金的税后综合资金成本。

$$K_W=6\%\times\frac{800}{2\ 000}+9.18\%\times\frac{400}{2\ 000}+13.4\%\times\frac{800}{2\ 000}=9.6\%$$

### 7.3.4 融资风险分析

融资风险是指融资活动存在的各种风险。融资风险有可能使投资者、项目法人、债权人等蒙受损失。在融资方案分析中，应对各种融资方案的融资风险进行识别、比较，并对最终推荐的融资方案提出防范风险的对策。融资风险分析中应重点考虑下列风险因素。

**1. 资金供应风险**

资金供应风险是指在项目实施过程中由于资金不落实，导致建设工期延长，工程造价升高，使原定投资效益目标难以实现的可能性。导致资金不落实的原因很多，主要包括以下方面。

① 已承诺出资的股本投资者由于出资能力有限（或者由于拟建项目的投资效益缺乏足够的吸引力）而不能（或不再）兑现承诺。

② 原定发行股票、债券计划不能实现。

③ 既有企业法人由于企业经营状况恶化，无力按原计划出资。

④ 其他资金不能按建设进度足额及时到位。

为了防范资金供应风险，必须认真做好资金来源可靠性分析。在选择股本投资者时，应当选择资金实力强、既往信用好、风险承受能力强的投资者。

**2. 利率风险**

利率风险是指由于利率变动导致资金成本上升，给项目造成损失的可能性。利率水平随金融市场情况而变动，未来市场利率的变动会引起项目资金成本变动。采用浮动利率融资的项目，其资金成本随利率的上升而上升，随利率的下降而下降。采用固定利率融资的项目，如果未来利率下降，项目的资金成本不能相应下降，相对资金成本将升高。因此，无论采用浮动利率还是固定利率都存在利率风险。为了防范利率风险，应对未来利率的走势进行分析，以确定采用何种利率。

**3. 汇率风险**

汇率风险是指由于汇率变动给项目造成损失的可能性。国际金融市场上各国货币的比价时刻在变动，使用外汇贷款的项目，未来汇率的变动会引起项目资金成本发生变动以及未来还本付息费用支出的变动。为了防范汇率风险，使用外汇数额较大的项目应对人民币的汇率走势、所借外汇币种的汇率走势进行分析，以确定借用何种外汇币种以及采用何种外汇币种结算。

## 7.4 案例分析

**1. 项目简要概况**

本项目为新建矿井及选煤厂工程，由国内A、B两投资方组建的项目公司建设和经营。项目计算期为23年，其中项目建设期为2.5年，生产运营期为20.5年。经投资估算后，项目总投资为140 796万元，其中建设投资为125 317万元，建设期贷款利息为5 324万元，流动资金为10 155万元。

**2. 资金筹措**

项目资本金总额为49 415万元，占总投资的35.10%。项目资本金由A、B两公司按照6∶4的比例出资，故A、B两公司的股权比例为6∶4。

本项目债务资金总额为91 381万元，占总投资的64.90%。债务资金拟使用银行贷款，贷款年利率为6.54%，贷款偿还期为10年，筹资费用率为0.2%。

**3. 资金成本**

1）债务资金成本

该项目债务资金只有银行贷款。债务资金成本包括建设期利息和在融资过程中发生的手续费、承诺费、管理费、信贷保险费等融资费用。本项目债务资金筹资费用率为0.2%，建设期利率为6.54%，借款偿还期为10年，则所得税后债务资金成本为：

$$K_d=\frac{R(1-T)}{1-f_d}=\frac{6.54\%\times(1-25\%)}{1-0.2\%}=4.91\%$$

所得税前债务资金成本为：

$$K'_d=\frac{R}{1-f_d}=\frac{6.54\%}{1-0.2\%}=6.55\%$$

2）资本金成本

资本金成本按照资本资产定价模型计算。社会无风险投资收益率参照长期国债利率的平均值取3.3%，社会平均投资收益率取8%，投资风险系数参照煤炭上市公司的平均值取1，则资本金税后成本为：

$$K_c=3.3\%+1\times(8\%-3.3\%)=8\%$$

资本金税前成本为：

$$K'_c=[3.3\%+1\times(8\%-3.3\%)]/(1-25\%)=10.67\%$$

3）综合资金成本

总投资中资本金占35.1%，债务资金占64.90%，则所得税后综合资金成本为：

$$K_W=4.91\%\times64.90\%+8\%\times35.10\%=5.99\%$$

所得税前综合资金成本为：

$$K'_W=6.55\%\times64.90\%+10.67\%\times35.10\%=8\%$$

由此可知，当投资项目所得税前财务内部收益率大于所得税前综合资金成本 8%；所得税后财务内部收益率大于所得税后综合资金成本 5.99%；项目资本金财务内部收益率大于社会平均投资收益率 8%时，项目是可以被接受的。

## 延伸阅读

1. 国务院．国务院关于加强固定资产投资项目资本金管理的通知（国发〔2019〕26 号［Z］. 2019.

2. 国务院．国务院关于调整和完善固定资产投资项目资本金制度的通知（国发〔2015〕51 号［Z］. 2015.

3. 国务院．国务院关于调整固定资产投资项目资本金比例的通知（国发〔2009〕27 号［Z］. 2009.

4. 国务院．国务院关于调整部分行业固定资产投资项目资本金比例的通知（国发〔2004〕13 号［Z］. 2004.

5. 国务院．国务院关于固定资产投资项目试行资本金制度的通知（国发〔1996〕35 号）［Z］. 1996.

6. 邓平涛．浅析“资金成本”与“资本成本”的混淆及其危害［J］. 铁道工程企业管理，2006（4）：42-44.

## 复习思考题

**1. 单项选择题**

（1）不属于债务资金筹资方式的是（　　）。

A. 发行债券　　B. 贷款　　C. 租赁　　D. 企业内部积累

（2）不属于资本金筹集方式的是（　　）。

A. 直接投资　　B. 发行股票　　C. 企业内部积累　　D. 贷款

**2. 多项选择题**

（1）资金成本包括（　　）。

A. 资金占用费　　B. 使用成本　　C. 资金筹集费　　D. 筹资成本

（2）融资风险分析中应重点考虑的风险因素有（　　）。

A. 资金供应风险　　B. 利率风险　　C. 汇率风险　　D. 投资风险

**3. 思考题**

（1）资金筹集的渠道有哪些？

（2）权益资金筹集方式和债务资金筹集方式主要有哪些？

**4. 计算题**

（1）某公司从银行借款 10 万元，年利率为 8%，公司所得税率为 25%，筹资费假设为零，如果按下列方式支付利息：①一年计息 2 次；②一年计息 4 次；③一年计息 12 次。试计算借款的资金成本。

(2) 某公司为购买新设备，发行了一批新债券。每张债券票面值为10 000元，发行费率为5%，年利率为8%，15年期满。每张债券发行时市价为9 500元。如果所得税税率为25%，试计算公司新发行债券的资金成本。

(3) 某企业账面反映的长期资金共5 000万元，其中长期借款1 000万元，应付长期债券500万元，普通股2 500万元，保留盈余1 000万元。其成本率分别为6.7%、9.17%、11.26%、11%，求企业的加权平均资金成本。

答案

# 第8章 工程项目财务分析

【本章内容概要】

工程项目的财务分析是经济评价的基础和核心。本章主要介绍财务分析的内容和步骤、财务效益和费用的估算方法、财务分析的辅助报表和基本报表及财务分析的指标体系。

【本章学习重点和难点】

**学习重点**：主要掌握财务效益和费用的估算方法、财务分析的基本报表及财务分析的指标体系。

**学习难点**：财务效益和费用的估算方法、财务分析的指标体系。

**【引例】** A、B两座城市间只有公路运输来满足客流的需求，政府计划在A、B两座城市间建一条铁路客运专线，需要对该项目进行财务分析。

**分析与讨论**

1. 进行财务分析需收集哪些资料？如何估算项目的效益和费用？需要编制哪些报表？
2. 需要计算哪些评价指标？如何判断项目是否可行？

## 8.1 工程项目财务分析概述

### 8.1.1 财务分析的概念

财务分析，又称财务评价，是在财务效益与费用的估算以及编制财务辅助报表的基础上，编制财务报表，计算财务分析指标，考察和分析项目的盈利能力、偿债能力和财务生存能力，判别项目的财务可行性，明确项目对财务主体的价值以及对投资者的贡献，为投资决策、融资决策以及银行审贷提供依据。

### 8.1.2 财务分析的作用

项目的财务分析无论是对投资主体，还是对为项目建设和生产经营提供资金的其他机构及个人都有非常重要的作用。其作用主要是：①企业进行投资决策的重要依据；②项目资金筹集的依据；③非营利项目、微利项目获得补贴及优惠政策的依据；④经济费用效益分析的基础。

### 8.1.3 财务分析的内容

**1. 财务分析的主要内容**

财务分析的主要内容包括项目的盈利能力分析、偿债能力分析和财务生存能力分析。

1）盈利能力分析

项目的盈利能力是指项目投资的盈利水平，它直接关系到项目经营后能否生存和发展，是评价项目在财务上是否可行的基本依据。盈利能力的大小是企业进行投资活动的原动力，也是企业进行项目投资决策时要考虑的首要因素。

盈利能力分析的主要指标是项目投资财务内部收益率、项目投资财务净现值、项目资本金财务内部收益率、投资回收期、总投资收益率、项目资本金净利润率等，可根据项目的特点及财务分析的目的、要求等选用。

2）偿债能力分析

项目的偿债能力是指项目按期偿还债务的能力。偿债能力分析通过计算利息备付率、偿债备付率和资产负债率等指标，分别判断项目的偿债能力。

3）财务生存能力分析

项目的财务生存能力是指根据财务计划现金流量表，综合考察项目计算期内各年的投资活动、融资活动和经营活动所产生的各项现金流入量和现金流出量，计算净现金流量和累计盈余资金，分析项目是否具有足够的净现金流量维持正常运营。为此，财务生存能力分析亦可称为资金平衡分析。

财务生存能力分析应结合偿债能力分析进行，如果拟安排的还款期过短，致使还本付息负担过重，会导致为维持资金平衡而必须筹集的短期借款过多。为了减轻各年还款负担，可以适当延长还款期限。通常因运营期前期的还本付息负担较重，故应特别注重运营期前期的财务生存能力分析。

**2. 财务分析内容的选择**

财务分析的内容应与项目性质和项目目标相联系。

1）项目性质

对于经营性项目，财务分析的主要内容为项目的盈利能力分析、偿债能力分析和财务生存能力分析，判断项目的财务可接受性，明确项目对财务主体及投资者的价值贡献，为项目决策提供依据。

对于非经营性项目，财务分析应主要分析财务生存能力。没有营业收入的项目，不进行盈利能力分析，主要考察财务生存能力，合理估算项目运营期各年所需要的政府补贴数额，对有借款的项目，应结合借款偿还要求进行财务生存能力分析。

2）项目目标

当投资者判断项目的盈利能力、项目方案设计的合理性时，需进行融资前分析；当投资者进行融资决策时，需进行融资后分析。通常情况下，财务分析应先进行融资前分析，在融资前分析结论满足要求的情况下，初步设定融资方案，再进行融资后分析。

（1）融资前分析

融资前分析是指在考虑融资方案前进行的财务分析，即不考虑债务融资条件下进行的财务分析。它是从项目投资总获利能力角度，考察项目方案设计的合理性。根据需要，可从所得税前和（或）所得税后两个角度进行分析。如果分析结果表明项目效益符合要求，再考虑融资方案，进行融资后分析；如果分析结果不能满足要求，可以通过修改方案设计完善项目方案，必要时甚至可据此做出放弃项目的建议。融资前分析应广泛应用于项目各阶段的财务分析。

（2）融资后分析

在融资前分析结论满足要求的情况下，初步设定融资方案，再进行融资后分析。融资后分析是指以设定的融资方案为基础进行的财务分析。融资后分析包括项目的盈利能力分析、偿债能力分析以及财务生存能力分析，进而判断项目方案在融资条件下的合理性。融资后分析是比选融资方案，进行融资决策的投资者最终决定出资的依据。可行性研究阶段必须进行融资后分析，但只是阶段性的。实践中，在可行性研究报告完成之后，还需要进一步深化融资后分析，才能完成最终融资决策。

### 8.1.4　财务分析的步骤

财务分析大致可分为以下四个步骤：①进行财务基础数据预测，编制财务分析的辅助报表；②编制财务分析的基本报表；③计算财务分析的各项指标，分析项目的财务可行性；④进行不确定性分析，作出财务分析结论。

财务分析流程图如图 8-1 所示。

## 8.2　财务效益与费用的估算

财务效益与费用是财务分析的重要基础，其估算的准确性与可靠程度直接影响财务分析的结论。

### 8.2.1　财务效益与费用估算的步骤

财务效益与费用估算的步骤应该与财务分析的步骤相匹配。在进行融资前分析时，应先估算独立于融资方案的建设投资和营业收入，然后是经营成本和流动资金。在进行融资后分析时，应先确定初步融资方案，然后估算建设期利息，进而完成固定资产原值的估算，通过还本付息计算求得运营期各年利息，最终完成总成本费用的估算。上述估算步骤只是体现了融资前分析和融资后分析对效益和费用数据的要求，并非实践中必须遵循的顺序。

### 8.2.2　财务效益与费用估算采用的价格

项目投入物和产出物的价格，是影响方案比选和经济评价结果最重要、最敏感的因素

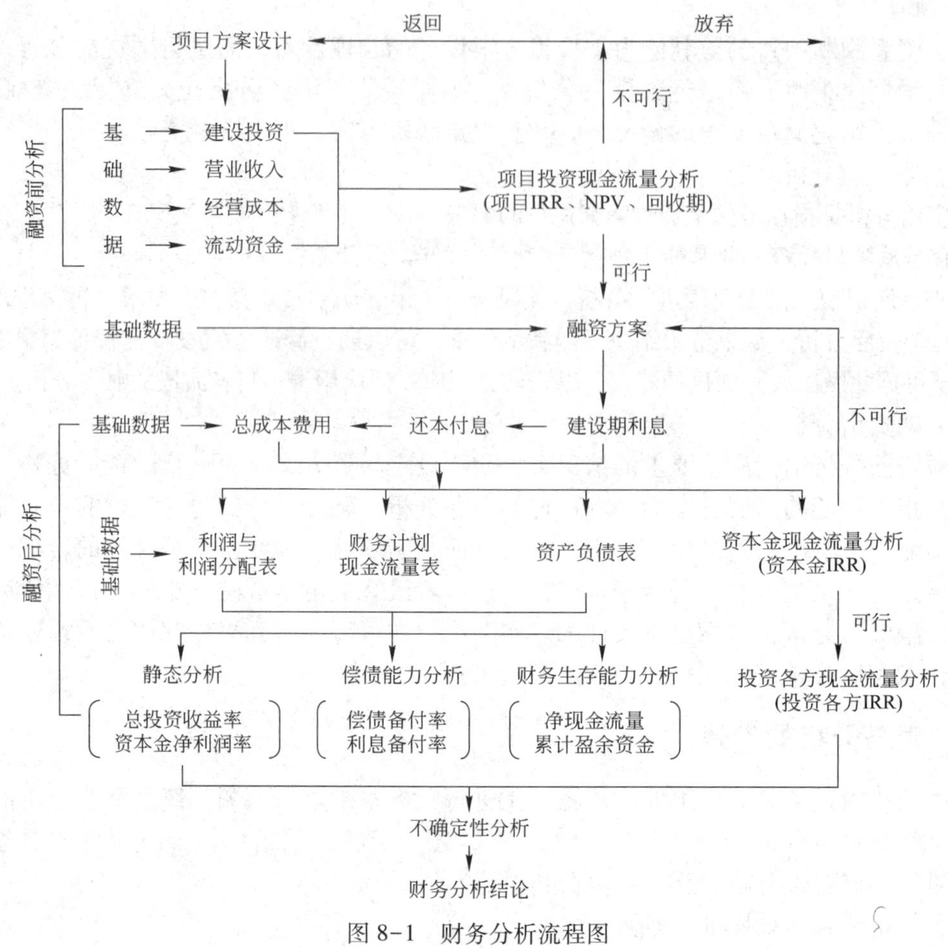


图 8-1 财务分析流程图

之一。项目评价都是对未来活动的估计，投入和产出都在未来一段时间发生，所以要采用预测价格对费用效益进行估算。

财务分析应采用以市场价格体系为基础的预测价格。影响市场价格变动的因素很多，也很复杂，但归纳起来，不外乎两类：一是由于供需量的变化、价格政策的变化、劳动生产率的变化等可能引起商品间比价的改变，产生相对价格变化；二是由于通货膨胀或通货紧缩而引起商品价格总水平的变化，产生绝对价格变动。

在市场经济条件下，货物的价格因地而异，因时而变，要准确预测货物在项目计算期中的价格是很困难的。在不影响评价结论的前提下，可采取简化办法。

① 对建设期的投入物，由于需要预测的年限较短，可既考虑相对价格变化，又考虑价格总水平变化；由于建设期投入物品种繁多，分别预测难度大，还可能增加不确定性，因此，在实践中一般以涨价预备费（价差预备费）的形式综合计算。

② 对运营期投入物和产出物的价格，由于运营期比较长，在前期研究阶段对将来的物价上涨水平较难预测，预测结果的可靠性也难以保证，因此一般只预测到经营期初价格。运营期各年采用不变价格。

考虑到项目可能有多种投入物或产出物，在不影响评价结论的前提下，只需要对在生产成本中影响特别大的货物和主要产出物的价格进行预测。一般情况下，根据市场预测的结果和销售策略确定主要产出物的价格。在对未来市场价格信息有充分可靠判断的情况下，本着客观、谨慎的原则，也可以采用相对变动的价格，甚至考虑通货膨胀因素。在这种情况下，财务分析采用的财务基准收益率也应考虑通货膨胀因素。

### 8.2.3　项目计算期的确定

项目计算期是指经济评价中为进行动态分析所设定的期限，包括建设期和运营期。建设期是指从项目资金正式投入开始到项目建成投产为止所需要的时间，可按合理工期或预计的建设进度确定；运营期分为投产期和达产期两个阶段。投产期是指项目投入生产，但是生产能力尚未完全达到设计能力时的过渡阶段。达产期是指生产运营达到设计预期水平后的时间。运营期一般应以项目主要设备的经济寿命期确定。项目计算期应根据多种因素综合确定，包括行业特点、主要装置（或设备）的经济寿命等。行业有规定时，应从其规定。

项目计算期的长短主要取决于项目本身的特性，因此无法对项目计算期作出统一规定。计算期不宜定得太长，一方面是因为按照现金流量折现的方法，把后期的净收益折为现值的数值相对较小，很难对财务分析结论产生有决定性的影响；另一方面由于时间越长，预测的数据会越不准确。

计算期较长的项目多以年为时间单位。对于计算期较短的行业项目，在较短的时间间隔内（如月、季、半年或其他非日历时间间隔）现金流量水平有较大变化，如油田钻井开发项目、高科技产业项目等，这类项目不宜用“年”作计算现金流量的时间单位，可根据项目的具体情况选择合适的计算现金流量的时间单位。

由于折现评价指标受计算时间的影响，对需要比较的项目或方案应取相同的计算期。

### 8.2.4　财务效益与财务费用的估算方法

**1. 财务效益**

项目的财务效益与项目目标有直接的关系，项目目标不同，财务效益包含的内容不同。市场化运作的经营性项目，其财务效益主要是营业收入。为社会提供准公共产品（或服务）和国家鼓励发展的项目，其财务效益包括营业收入和补贴收入。非经营性项目的财务效益是政府提供的补贴。

营业收入的具体估算方法见第 3 章。

**2. 财务费用**

财务费用包括建设投资、建设期利息、流动资金、经营成本、税费等，这些部分的具体估算方法见第 3 章。

### 8.2.5　财务效益与费用估算应注意的问题

财务效益与费用的估算应注意以下问题。

① 财务效益与费用的估算应注意遵守现行财务、会计以及税收制度的规定。由于财务效益与费用的识别和估算是对将来情况的预测，经济评价中允许作有别于财会制度的处理，但是要求财务效益与费用的识别和估算在总体上与会计准则及税收制度相适应。

② 财务效益与费用的估算应遵守“有无对比”的原则。“有无对比”是国际上项目评价中通用的财务效益与费用识别的基本原则。所谓“有”是指实施项目后的将来状况，“无”是指不实施项目时的将来状况。在识别项目的财务效益和费用时，须注意只有“有无对比”的差额部分才是由于项目的建设增加的财务效益和费用。遵守“有无对比”的原则，是为了识别那些真正应该算作项目效益的部分，即增量效益，排除那些由于其他原因产生的效益；同时也要找出与增量效益相对应的增量费用，只有这样才能真正体现项目投资的净效益。

③ 财务效益与费用的估算范围应体现效益和费用对应一致的原则。即在合理确定的项目范围内，对等地估算财务主体的直接效益以及相应的直接费用，避免高估或低估项目的净效益。

④ 财务效益与费用的估算应根据项目性质、类别和行业特点，明确相关的政策和其他依据，选取适宜的方法，进行文字说明，并编制相关表格。

# 8.3 财务分析的辅助报表和基本报表

进行财务效益和费用估算，需要编制财务分析辅助报表，在此基础上就可以编制财务分析的基本报表。

## 8.3.1 财务分析的辅助报表

在进行财务分析时，辅助报表采用与否应根据项目的情况决定，辅助报表共有六类。

**1. 建设投资估算表**

该表反映了项目建设投资的数额，有概算法和形成资产法两种。

**2. 建设期利息估算表**

该表反映了建设期各年借款支用情况以及建设期利息。

**3. 流动资金估算表**

该表反映了流动资产和流动负债各项数额及其构成，为生产期的资金筹措提供了依据。

**4. 项目总投资使用计划与资金筹措表**

该表反映了项目投资的分年度计划及资金的来源构成（包括外币与人民币）。

**5. 营业收入、增值税、税金及附加估算表**

该表反映了项目在建成投产后其产品销售或提供劳务所得全部收入的构成，以及增值税、税金及附加的交纳情况，这些是衡量项目财务效益和经济效益的决定因素。

**6. 总成本费用估算表**

该表可用生产要素法和生产成本加期间费用法编制。用生产要素法编制的总成本费用估算表，反映了项目在建成投产后年总成本的数额及其构成。采用该表应编制外购原材料费估算表、外购燃料和动力费估算表、固定资产折旧费估算表、无形资产和其他资产摊销估算表、工资及福利费估算表等基础报表。

用生产成本加期间费用法编制的总成本费用估算表，反映了项目在建成投产后年总成本费用的估算值和构成，以及由此划出的经营成本、可变成本和固定成本。采用该表应根据国家现行的企业财务会计制度的相应要求，另行编制配套的基础报表。

### 8.3.2　财务分析的基本报表

财务分析的基本报表主要有五类，它们分别是现金流量表、利润与利润分配表、财务计划现金流量表、资产负债表及借款还本付息计划表。

**1. 现金流量表**

现金流量表是指反映项目在计算期内各年的现金流入、现金流出和净现金流量的计算表格。根据投资计算基础不同，现金流量表可分为项目投资现金流量表、项目资本金现金流量表和投资各方现金流量表。

1）项目投资现金流量表

项目投资现金流量表不分投资来源，以全部投资作为计算基础，用以计算全部投资所得税前和税后财务内部收益率、财务净现值及投资回收期等评价指标，考察项目全部投资的盈利能力，为各个投资方案（不论其资金来源）进行比较建立基础。

项目投资现金流量表中调整所得税是以息税前利润为基数计算的所得税，区别于“利润与利润分配表”“项目资本金现金流量表”“财务计划现金流量表”中的所得税。

项目投资现金流量表中现金流出和现金流入的有关数据可依据“建设投资估算表”“流动资金估算表”“项目总投资使用计划与资金筹措表”“总成本费用估算表”“利润与利润分配表”等有关报表填列。现金流量只反映项目在计算期内各年实际发生的现金收支，不反映非现金收支（如折旧费、摊销费等）。

2）项目资本金现金流量表

项目资本金现金流量表是从投资者角度出发，以投资者的出资额作为计算基础，把借款本金偿还和利息支付作为现金流出，用以计算项目资本金财务内部收益率评价指标，考察项目资本金的盈利能力。

项目资本金现金流量表中的资本金包括用于建设投资、建设期利息和流动资金的资金；对外商投资项目，现金流出中应增加职工奖励及福利基金科目。

项目资本金现金流量表中现金流出和现金流入的有关数据可依据“项目总投资使用计划与资金筹措表”“总成本费用估算表”“借款还本付息计划表”“利润与利润分配表”等有关报表填列。

3）投资各方现金流量表

投资各方现金流量表是分别从各个投资者的角度出发，以投资者的出资额作为计算基础，用以计算投资各方财务内部收益率。

投资各方现金流量表中的实分利润是指投资者由项目获取的利润。资产处置收益分配是指对有明确的合营期限或合资期限的项目，在期满时对资产余值按股比或约定比例的分配。租赁费收入是指出资方将自己的资产租赁给项目使用所获得的收入，此时应将资产价值作为现金流出，列为租赁资产支出项目。技术转让或使用收入是指出资方将专利或专有技术转让或允许该项目使用所获得的收入。该表可按不同投资方分别编制。

**2. 利润与利润分配表**

利润与利润分配表是反映项目计算期内各年的营业收入、总成本费用、利润总额等情况，以及所得税后利润的分配。用于计算总投资收益率、项目资本金净利润率等指标。

利润与利润分配表中营业收入和税金及附加依据“营业收入、增值税、税金及附加估算表”填列。所得税按照利润总额的一定比率（税率）计算，但要考虑减免所得税和弥补上年度亏损等因素。

**3. 财务计划现金流量表**

财务计划现金流量表反映了项目计算期各年的投资、融资及经营活动的现金流入量和流出量，用于计算累计盈余资金，分析项目的财务生存能力。

财务计划现金流量表根据项目的情况可适当增减科目；对于外商投资项目应将职工奖励与福利基金作为经营活动现金流出。

财务计划现金流量表中营业收入、补贴收入、利润总额、所得税和应付利润等可依据“利润与利润分配表”填列，折旧费、摊销费可依据“总成本费用估算表”填列；各种借款、资本金、建设期利息和流动资金等可依据“项目总投资使用计划与资金筹措表”填列；各种借款本金偿还可依据“借款还本付息计划表”填列。

**4. 资产负债表**

资产负债表是综合项目计算期内各年末资产、负债和所有者权益的增减变化及对应关系，以考察项目资产、负债、所有者权益的结构是否合理，用以计算资产负债率，进行清偿能力分析。

资产负债表中货币资金包括现金和累计盈余资金；对既有法人项目，一般只针对法人编制，可按需要增加科目，此时表中资本金是指企业全部实收资本，包括原有和新增的实收资本，必要时也可针对“有项目”范围编制，此时表中资本金仅指“有项目”范围的对应数值；对外商投资项目，累计盈余公积金改为累计储备基金和企业发展基金。

资产负债表中的项目，有些可依据财务数据估算表中的金额直接填列，有些则要经过分析整理综合才能填列。可直接填列的有：应收账款、存货和现金可依据“流动资金估算表”填列；累计盈余资金可依据“财务计划现金流量表”填列；各项借款可依据“项目总投资使用计划与资金筹措表”填列；累计盈余公积金和累积未分配利润可依据“利润与利润分配表”填列；固定资产净值、无形及其他资产净值可依据“固定资产折旧费估算表”和“无形及其他资产摊销估计表”填列。经过分析整理综合填列的有：在建工程和资本金可依据“项目总投资使用计划与资金筹措表”分析整理综合后填列；资本公积金要经过分析综合后填列。

**5. 借款还本付息计划表**

借款还本付息计划表是用于反映项目计算期内各年借款本金还本和利息支付情况，用于计算偿债备付率、利息备付率等指标。

借款还本付息计划表应根据与债权人商定的或预计可能的债务资金偿还条件和方式计算并编制借款还本付息计算表。

## 8.4 财务分析的指标体系

利用财务分析的基本报表，可以计算一系列评价指标。这些指标包括盈利能力分析指标和清偿能力分析指标等。

### 8.4.1　盈利能力分析指标

盈利能力分析指标包括财务内部收益率、财务净现值、投资回收期（静态、动态）、净现值指数、总投资收益率、项目资本金净利润率等。

### 8.4.2　清偿能力分析指标

清偿能力分析指标包括借款偿还期、资产负债率、偿债备付率、利息备付率等。

这些指标的计算方法和评价标准见第 4 章。

### 8.4.3　财务分析指标与财务分析基本报表的关系

财务分析指标与财务分析基本报表的关系见表 8-1。

**表 8-1　财务分析指标与财务分析基本报表的关系**

| 评价内容 | 基本报表 | 财务分析指标 | |
|---|---|---|---|
| | | 静态指标 | 动态指标 |
| 盈利能力分析 | 现金流量表 | 项目投资静态投资回收期 | 项目投资财务内部收益率<br>项目投资财务净现值<br>项目投资动态回收期 |
| | 项目资本金现金流量表 | 资本金静态投资回收期 | 项目资本金财务内部收益率<br>项目资本金财务净现值<br>项目资本金动态投资回收期 |
| | 投资各方财务现金流量表 | | 投资各方财务内部收益率 |
| | 利润与利润分配表 | 总投资收益率<br>项目资本金净利润率 | |
| 清偿能力分析 | 资产负债表<br>利润与利润分配表<br>借款还本付息计划表 | 资产负债率<br>偿债备付率<br>利息备付率<br>借款偿还期 | |
| 财务生存能力分析 | 财务计划现金流量表 | 净现金流量<br>累计盈余资金 | |

## 8.5　案 例 分 析

为了清楚理解财务分析的过程和做法，本节给出一个简化的某新建工程项目财务分析案例作为讲解。

### 8.5.1　财务评价依据及主要参数

**1. 项目背景**

某新建项目，其可行性研究已完成市场需求预测、生产规模、工艺技术方案、建厂条件和厂址方案、环境保护、工厂组织和劳动定员以及项目实施规划等方面的研究论证和多方面比较，项目财务分析在此基础上进行。生产规模为年产 1.2 万 t。项目基本收益率为 12%（融资前税前），基准投资回收期为 8.3 年（融资前税前）。

**2. 评价依据**

①《建设项目经济评价方法与参数》（第三版）；

② 国家现行相关财税政策、会计制度与相关法规。

**3. 计算期**

项目计算期为 10 年，其中建设期为 2 年，生产经营期为 8 年。第三年投产，当年生产负荷达到设计能力的 70%，第四年达到 90%，第五年达到 100%。

**4. 建设投资估算**

建设投资估算表见表 8-2。

**表 8-2 建设投资估算表（概算法）**

单位：万元

| 序号 | 工程或费用名称 | 建筑工程费 | 设备购置费 | 安装工程费 | 其他费用 | 合计 | 比例/% |
|---|---|---|---|---|---|---|---|
| 1 | 工程费用 | 1 559.25 | 10 048.95 | 3 892.95 | | 15 501.15 | 80.97 |
| 1.1 | 主体工程 | 463.50 | 7 849.35 | 3 294.00 | | 11 606.85 | |
| 1.2 | 辅助工程 | 172.35 | 473.40 | 22.95 | | 668.70 | |
| 1.3 | 公用工程 | 202.05 | 1 119.60 | 457.65 | | 1 779.30 | |
| 1.4 | 环境保护工程 | 83.25 | 495.00 | 101.25 | | 679.50 | |
| 1.5 | 总图运输 | 23.40 | 111.60 | | | 135.00 | |
| 1.6 | 厂区服务性工程 | 117.90 | | | | 117.90 | |
| 1.7 | 生活福利工程 | 496.80 | | | | 496.80 | |
| 1.8 | 厂外工程 | | | 17.10 | | 17.10 | |
| 2 | 工程建设其他费用 | | | | 1 368.90 | 1 368.90 | 7.15 |
| | 其中：土地费用 | | | | 600.00 | 600.00 | |
| 3 | 预备费 | | | | 2 273.40 | 2 273.40 | 11.88 |
| 4 | 建设投资合计 | 1 559.25 | 10 048.95 | 3 892.95 | 3 642.30 | 19 143.45 | 100 |
| | 比例/% | 8.15 | 52.49 | 20.34 | 19.02 | 100 | |

**5. 流动资金估算**

采用分项详细估算法进行估算，估算总额为 3 133.95 万元，流动资金借款为 2 325.63 万元。流动资金估算表见表 8-3。

**表 8-3 流动资金估算表**

单位：万元

| 序号 | 项　目 | 最低周转天数 | 周转次数 | 计算期 | | | |
|---|---|---|---|---|---|---|---|
| | | | | 3 年 | 4 年 | 5 年 | 6～10 年 |
| 1 | 流动资产 | | | 2 925.29 | 3668.08 | 4 024.15 | 4 024.15 |
| 1.1 | 应收账款 | 30 | 12 | 795.96 | 973.96 | 1062.96 | 1 062.96 |

续表

| 序号 | 项　目 | 最低周转天数 | 周转次数 | 计算期 | | | |
|---|---|---|---|---|---|---|---|
| | | | | 3 年 | 4 年 | 5 年 | 6～10 年 |
| 1. 2 | 存货 | | | 2 117. 99 | 2 655. 78 | 2 922. 85 | 2 922. 85 |
| 1. 3 | 现金 | 15 | 24 | 38. 34 | 38. 34 | 38. 34 | 38. 34 |
| 2 | 流动负债 | | | 622. 80 | 800. 93 | 890. 20 | 890. 20 |
| 2. 1 | 应付账款 | 30 | 12 | 622. 80 | 800. 93 | 890. 20 | 890. 20 |
| 2. 2 | 预收账款 | | | | | | |
| 3 | 流动资金（1-2） | | | 2 302. 49 | 2 867. 15 | 3 133. 95 | 3 133. 95 |
| 4 | 流动资金当期增加额 | | | 2 302. 49 | 537. 66 | 266. 80 | 0. 00 |

**6. 资金来源**

项目资本金为 7 121. 43 万元，其中流动资金为 808. 32 万元，其余为借款。资本金由甲、乙两个投资者出资，其中甲方出资 3 000 万元，分别于建设期每年年初投入 1 500 万元。项目从还完建设投资长期借款当年开始，每年按各方出资额的 25%进行分红，经营期末收回投资。建设投资债务资金由中国建设银行提供贷款，年利率为 4. 90%，当年建设投资借款按半年计息。流动资金由中国工商银行提供贷款，年利率为 4. 35%，当年流动资金借款按一年计息。投资分年使用计划按第一年 60%，第二年 40%的比例分配。建设期利息估算表见表 8-4。项目总投资使用计划与资金筹措表见表 8-5。

**7. 工资及福利费估算**

全厂定员 100 人，工资及福利费按每人每年 40 000 元估算，全年工资及福利费估算为 400 万元（其中福利费按工资总额的 14%计算）。

**8. 年经营收入、增值税、年税金及附加**

产品售价以市场价格为基础，预测到生产期初的市场价格，每吨产品出厂价按 16 150 元计算（不含增值税）。产品增值税为 6%。本项目采用价外计税方式考虑增值税。城市维护建设税按增值税的 7%计算，教育费附加按增值税的 3%计算。经营收入、增值税、税金及附加估算表见表 8-6。

**表 8-4　建设期利息估算表**　　　　人民币单位：万元

| 序号 | 项　目 | 利率 | 合计 | 建设期 | |
|---|---|---|---|---|---|
| | | | | 第 1 年 | 第 2 年 |
| | 借款 | 4. 9% | | | |
| 1 | 建设期利息 | | 700. 80 | 188. 61 | 512. 19 |
| 1. 1 | 期初借款余额 | | | 0. 00 | 7886. 81 |
| 1. 2 | 当期借款 | | | 7 698. 20 | 5132. 14 |
| 1. 3 | 当期应计利息 | | | 188. 61 | 512. 19 |
| 1. 4 | 期末借款余额 | | | 7 886. 81 | 13531. 14 |
| 2 | 其他融资费用 | | | | |
| 3 | 合计（1+2） | | 700. 80 | 188. 61 | 512. 19 |

表 8-5　项目总投资使用计划与资金筹措表　　单位：万元

| 序号 | 项目 | 合计 | 第 0 年 | 第 1 年 | 第 2 年 | 第 3 年 | 第 4 年 |
|---|---|---|---|---|---|---|---|
| 1 | 总投资 | 22 978. 20 | 11 486. 07 | 7 845. 99 | 2 841. 68 | 537. 66 | 266. 80 |
| 1. 1 | 建设投资 | 19 143. 45 | 11 486. 07 | 7 657. 38 | | | |
| 1. 2 | 建设期利息 | 700. 80 | | 188. 61 | 512. 19 | | |
| 1. 3 | 流动资金 | 3 133. 95 | | | 2 329. 49 | 537. 68 | 266. 8 |
| 2 | 资金筹措 | 22 978. 20 | 11 486. 07 | 7 845. 99 | 2 841. 68 | 537. 66 | 266. 80 |
| 2. 1 | 项目资本金 | 7 121. 43 | 3 787. 87 | 2 525. 24 | 808. 32 | 0. 00 | 0. 00 |
| 2. 1. 1 | 用于建设投资 | 6 313. 11 | 3 787. 87 | 2 525. 24 | | | |
| 2. 1. 2 | 用于流动资金 | 808. 32 | | | 808. 32 | | |
| 2. 1. 3 | 用于建设期利息 | 0. 00 | | | | | |
| 2. 2 | 债务资金 | 15 856. 77 | 7 698. 20 | 5 320. 75 | 2 033. 36 | 537. 66 | 266. 80 |
| 2. 2. 1 | 用于建设投资 | 12 830. 34 | 7 698. 20 | 5 132. 14 | | | |
| 2. 2. 2 | 用于流动资金 | 2 325. 63 | | | 1 521. 17 | 537. 66 | 266. 80 |
| 2. 2. 3 | 用于建设期利息 | 700. 80 | | 188. 61 | 512. 19 | | |
| 2. 3 | 其他资金 | | | | | | |

注：各年流动资金在年初投入。

表 8-6　经营收入、增值税、税金及附加估算表　　单位：万元

| 序号 | 项目 | 合计 | 折算期 | | | | | |
|---|---|---|---|---|---|---|---|---|
| | | | 第 3 年 | | 第 4 年 | | 第 5～10 年 | |
| | | | 销售量/吨 | 金额/万元 | 销售量/吨 | 金额/万元 | 销售量/吨 | 金额/万元 |
| 1 | 营业收入 | 147 288. 00 | 8 400. 00 | 13 566. 00 | 10 800. 00 | 17 442. 00 | 12 000. 00 | 19 380. 00 |
| 2 | 税金及附加 | 396. 72 | | 36. 54 | | 46. 98 | | 52. 2 |
| 2. 1 | 城市维护建设税（增值税×7%） | 277. 70 | | 25. 58 | | 32. 89 | | 36. 54 |
| 2. 2 | 教育费附加(增值税×3%) | 119. 02 | | 10. 96 | | 14. 09 | | 15. 66 |
| 3 | 增值税 | 3 967. 2 | | 365. 4 | | 469. 8 | | 522. 0 |
| 3. 1 | 销项税额 | 8 837. 28 | | 813. 96 | | 1 046. 52 | | 1 162. 8 |
| 3. 2 | 进项税额 | 4 870. 08 | | 448. 56 | | 576. 72 | | 640. 8 |

注：① 增值税仅为计算城市维护建设税和教育费附加的依据。

② 本报表税金的计算方法采用不含增值税的计算方法。

### 9. 产品成本估算

总成本费用估算见表 8-7，成本估算说明如下。

**表 8-7　总成本费用估算表**

单位：万元

| 序号 | 项　目 | 合计 | 计算期 | | | | | | | |
|---|---|---|---|---|---|---|---|---|---|---|
| | | | 第 3 年 | 第 4 年 | 第 5 年 | 第 6 年 | 第 7 年 | 第 8 年 | 第 9 年 | 第 10 年 |
| 1 | 外购原材料 | 71 811.00 | 6 614.40 | 8 503.80 | 9 448.80 | 9 448.80 | 9 448.80 | 9 448.80 | 9 448.80 | 9 448.80 |
| 2 | 外购燃料费、动力费 | 9 357.00 | 861.60 | 1 108.20 | 1 231.20 | 1 231.20 | 1 231.20 | 1 231.20 | 1 231.20 | 1 231.20 |
| 3 | 工资及福利费 | 3 200.00 | 400.00 | 400.00 | 400.00 | 400.00 | 400.00 | 400.00 | 400.00 | 400.00 |
| 4 | 修理费 | 9 060.79 | 1 132.60 | 1 132.60 | 1 132.60 | 1 132.60 | 1 132.60 | 1 132.60 | 1 132.60 | 1 132.60 |
| 5 | 其他费用 | 4 161.60 | 520.20 | 520.20 | 520.20 | 520.20 | 520.20 | 520.20 | 520.20 | 520.20 |
| 6 | 经营成本（1+2+3+4+5） | 97 590.39 | 9 528.80 | 11 664.80 | 12 732.80 | 12 732.80 | 12 732.80 | 12 732.80 | 12 732.80 | 12 732.80 |
| 7 | 折旧费 | 18 121.58 | 2 265.20 | 2 265.20 | 2 265.20 | 2 265.20 | 2 265.20 | 2 265.20 | 2 265.20 | 2 265.20 |
| 8 | 摊销费 | 768.90 | 126.11 | 126.11 | 126.11 | 126.11 | 126.11 | 46.11 | 46.11 | 46.11 |
| 9 | 财务费用（利息、汇兑损失） | 2273.76 | 729.20 | 603.06 | 396.95 | 139.88 | 101.16 | 101.16 | 101.16 | 101.16 |
| 9.1 | 其中：利息支出 | 2 273.76 | 729.20 | 603.06 | 396.95 | 139.88 | 101.16 | 101.16 | 101.16 | 101.16 |
| 9.1.1 | 长期借款利息 | 1 511.04 | 663.03 | 513.51 | 295.79 | 38.72 | 0.00 | | | |
| 9.1.2 | 流动资金借款利息 | 762.72 | 66.17 | 89.56 | 101.16 | 101.16 | 101.16 | 101.16 | 101.16 | 101.16 |
| 10 | 总成本费用（6+7+8+9） | 118 754.63 | 12 649.31 | 14 659.17 | 15 521.06 | 15 263.99 | 15 225.27 | 15 145.27 | 15 145.27 | 15 145.27 |
| | 其中：固定成本 | 39 337.28 | 5 173.31 | 5 521.93 | 5 251.80 | 4 902.40 | 4 681.96 | 4 601.96 | 4 601.96 | 4 601.96 |
| | 可变成本 | 81 168.00 | 7 476.00 | 9 612.00 | 10 680.00 | 10 680.00 | 10 680.00 | 10 680.00 | 10 680.00 | 10 680.00 |

1）固定资产折旧费估算

固定成本原值包括工程费用、建设期利息、预备费及工程建设其他费用中的土地费用。固定成本原值为 19 075. 35 万元，按平均年限法计算折旧费，折旧年限为 8 年，残值率为 5%。折旧率为 11. 88%，固定资产年折旧费为 2 265. 20 万元。固定资产折旧费估算表见表 8-8。

**表 8-8　固定资产折旧费估算表**　　单位：万元

| 序号 | 项　目 | 合计 | 计算期 | | | | | | | |
|---|---|---|---|---|---|---|---|---|---|---|
| | | | 第 3 年 | 第 4 年 | 第 5 年 | 第 6 年 | 第 7 年 | 第 8 年 | 第 9 年 | 第 10 年 |
| 1 | 固定资产合计 | | | | | | | | | |
| 1. 1 | 原值 | 19 075. 35 | | | | | | | | |
| 1. 2 | 当期折旧费 | 18 121. 58 | 2 265. 20 | 2 265. 20 | 2 265. 20 | 2 265. 20 | 2 265. 20 | 2 265. 20 | 2 265. 20 | 2 265. 20 |
| | 净值 | | 16 810. 15 | 14 544. 95 | 12 279. 75 | 10 014. 56 | 7 749. 36 | 5 484. 16 | 3 218. 96 | 953. 77 |

2）无形资产及其他资产估算

工程建设其他费用中除土地费用外均作为无形资产及其他资产。无形资产为 368. 90 万元，按 8 年摊销，年摊销费为 46. 11 万元。其他资产为 400 万元，按 5 年摊销，年摊销费为 80 万元。无形资产及其他资产摊销费估算表见表 8-9。

**表 8-9　无形资产及其他资产摊销费估算表**　　单位：万元

| 序号 | 项　目 | 摊销年限 | 合计 | 计算期 | | | | | | | |
|---|---|---|---|---|---|---|---|---|---|---|---|
| | | | | 第 3 年 | 第 4 年 | 第 5 年 | 第 6 年 | 第 7 年 | 第 8 年 | 第 9 年 | 第 10 年 |
| 1 | 无形资产 | 8 | | | | | | | | | |
| | 原值 | | 368. 90 | | | | | | | | |
| | 摊销 | | | 46. 11 | 46. 11 | 46. 11 | 46. 11 | 46. 11 | 46. 11 | 46. 11 | 46. 11 |
| | 净值 | | | 322. 79 | 276. 68 | 230. 56 | 184. 45 | 138. 34 | 92. 23 | 46. 11 | 0. 00 |
| 2 | 其他资产（开办费） | 5 | | | | | | | | | |
| | 原值 | | 400. 00 | | | | | | | | |
| | 摊销 | | | 80. 00 | 80. 00 | 80. 00 | 80. 00 | 80. 00 | | | |
| | 净值 | | | 320. 00 | 240. 00 | 160. 00 | 80. 00 | 0. 00 | | | |
| 3 | 合计 | | | | | | | | | | |
| | 原值 | | 768. 90 | | | | | | | | |
| | 摊销 | | | 126. 11 | 126. 11 | 126. 11 | 126. 11 | 126. 11 | 46. 11 | 46. 11 | 46. 11 |
| | 净值 | | | 642. 79 | 516. 68 | 390. 56 | 264. 45 | 138. 34 | 92. 23 | 46. 11 | 0. 00 |

3）修理费估算

修理费按年折旧费的 50%提取，每年 1 132. 60 万元。

4）借款利息计算

当年流动资金借款利息年末偿还，则第 3 年末应计利息为 66. 17 万元，第 4 年末应计利息为 89. 56 万元，第 5～10 年应计利息为 101. 16 万元（见表 8-10）。建设投资长期借款采用量入偿付法的方式偿还，生产经营期间利息应计入财务费用。

表 8-10　利息支付计算表　　单位：万元

| 项　目 | 合计 | 第 3 年 | 第 4 年 | 第 5 年 | 第 6 年 | 第 7～10 年 |
|---|---|---|---|---|---|---|
| 长期借款利息支付（利率 4.9%） | 1 511.04 | 663.03 | 513.51 | 295.79 | 38.72 | 0.00 |
| 流动资金中的借款数额 | | 1 521.17 | 2 058.83 | 2 325.63 | 2 325.63 | 2 325.63 |
| 流动资金借款利息支付（利率 4.35%） | 762.72 | 66.17 | 89.56 | 101.16 | 101.16 | 101.16 |
| 各种借款利息支付总和 | 2 273.76 | 729.20 | 603.06 | 396.95 | 139.88 | 101.16 |

5）可变成本和固定成本

可变成本包括外购原材料费、外购燃料费及动力费，固定成本包括总成本费用中除可变成本外的费用。

**10. 利润和利润分配**

利润总额正常年为 4 182.53 万元（见表 8-11）。所得税按利润总额的 25%计取，盈余公积金在长期借款还本之后提取，按税后利润的 10%提取。

## 8.5.2　财务分析

**1. 盈利能力分析**

1）融资前分析

根据项目投资现金流量表（见表 8-12）计算的评价指标为：项目投资财务内部收益率税前为 15.76%。税后为 12.66%，内部收益率均大于基准折现率，说明盈利能力满足行业最低要求。项目投资财务净现值（基准折现率为 12%）税前为 4 304.96 万元，税后为 720.45 万元，税前及税后全部资金净现值均大于零，说明该项目在财务上是可行的。项目静态投资回收期（含建设期）税前为 5.90 年，税后为 6.49 年，税前及税后静态投资回收期均小于基准投资回收期，表明项目投资能按时回收。

2）融资后分析

（1）根据项目资本金现金流量表（见表 8-13）计算项目资本金财务内部收益率为 20.30%。

（2）根据甲方投资财务现金流量表（见表 8-14）计算甲方投资财务内部收益率为 10.27%。

（3）项目投资利润率

根据利润与分配表（见表 8-11）、建设投资估算表（见表 8-2）计算以下指标：

$$总投资收益率=\frac{运营期内年平均息税前利润}{总投资}\times100\%=\frac{30\,410.41/8}{22\,978.20}\times100\%=16.54\%$$

$$项目资本金净利润率=\frac{运营期内年平均净利润}{项目资本金}\times100\%=\frac{21\,102.52/8}{7\,121.43}\times100\%=37.04\%$$

**2. 偿债能力分析**

根据利润与利润分配表、财务计划现金流量表（见表 8-15）、资产负债表（见表 8-16）、借款还本付息计划表（见表 8-17）、利息支付计算表（见表 8-10），固定资产折旧估算表、无形资产及其他资产估算表等考察项目计算期内各年的财务状况及偿债能力，并计算资产负债率、利息备付率和偿债备付率等指标。

表 8-11　利润与利润分配估算表

单位：万元

| 序号 | 项　目 | 合计 | 计算期 | | | | | | | |
|---|---|---|---|---|---|---|---|---|---|---|
| | | | 第 3 年 | 第 4 年 | 第 5 年 | 第 6 年 | 第 7 年 | 第 8 年 | 第 9 年 | 第 10 年 |
| | 生产负荷 | | 70% | 90% | 100% | 100% | 100% | 100% | 100% | 100% |
| 1 | 营业收入 | 147 288.00 | 13 566.00 | 17 442.00 | 19 380.00 | 19 380.00 | 19 380.00 | 19 380.00 | 19 380.00 | 19 380.00 |
| 2 | 税金及附加 | 396.72 | 36.54 | 46.98 | 52.20 | 52.20 | 52.20 | 52.20 | 52.20 | 52.20 |
| 3 | 总成本费用 | 118 754.63 | 12 649.31 | 14 659.17 | 15 521.06 | 15 263.99 | 15 225.27 | 15 145.27 | 15 145.27 | 15 145.27 |
| 4 | 补贴收入 | | | | | | | | | |
| 5 | 利润总额（1-2-3+4） | 28 136.65 | 880.15 | 2 735.85 | 3 806.74 | 4 063.81 | 4 102.53 | 4 182.53 | 4 182.53 | 4 182.53 |
| 6 | 弥补以前年度亏损 | | | | | | | | | |
| 7 | 应纳税所得额 | 28 136.65 | 880.15 | 2 735.85 | 3 806.74 | 4 063.81 | 4 102.53 | 4 182.53 | 4 182.53 | 4 182.53 |
| 8 | 所得税（25%） | 7 034.16 | 220.04 | 683.96 | 951.68 | 1 015.95 | 1 025.63 | 1 045.63 | 1 045.63 | 1 045.63 |
| 9 | 净利润（5-8） | 21 102.52 | 660.11 | 2 051.89 | 2 855.05 | 3 047.86 | 3 076.90 | 3 136.90 | 3 136.90 | 3 136.90 |
| 10 | 期初未分配利润 | | | 660.11 | 2 712 | 5 567.05 | 6 834.56 | 7 823.41 | 8 866.26 | 9 909.11 |
| 11 | 可供分配的利润（9+10） | | 660.11 | 2 712 | 5 567.05 | 8 614.91 | 9 911.46 | 10 960.31 | 12 003.16 | 13 046.01 |
| 12 | 提取法定盈余公积金（10%） | 1 248.76 | | | | | 307.69 | 313.69 | 313.69 | 313.69 |
| 13 | 可供投资者分配的利润（11-12） | | 660.11 | 2 712 | 5 567.05 | 8 614.91 | 9 603.77 | 10 646.62 | 11 689.47 | 12 732.32 |
| 14 | 应付优先股股利 | | | | | | | | | |
| 15 | 提取任意盈余公积金 | | | | | | | | | |
| 16 | 应付普通股股利（13-14-15） | | | | | | | | | |
| 17 | 各方利润分配 | 8 901.80 | | | | 1 780.36 | 1 780.36 | 1 780.36 | 1 780.36 | 1 780.36 |
| 18 | 累计未分配利润（13-14-15-17） | | 660.11 | 2 712 | 5 567.05 | 6 834.56 | 7 823.41 | 8 866.26 | 9 909.11 | 10 951.96 |
| 19 | 息税前利润（5+利息支出） | 30 410.41 | 1 609.35 | 3 338.91 | 4 203.69 | 4 203.69 | 4 203.69 | 4 283.69 | 4 283.69 | 4 283.69 |
| 20 | 息税折旧摊销前利润 | 49 300.89 | 4 000.66 | 5 730.22 | 6 595 | 6 595 | 6 595 | 6 595 | 6 595 | 6 595 |

**表 8-12　项目投资现金流量表**

单位：万元

| 序号 | 项　目 | 合计 | 计算期 | | | | | | | | | | |
|---|---|---|---|---|---|---|---|---|---|---|---|---|---|
| | | | 0 | 第 1 年 | 第 2 年 | 第 3 年 | 第 4 年 | 第 5 年 | 第 6 年 | 第 7 年 | 第 8 年 | 第 9 年 | 第 10 年 |
| | 生产负荷 | | | | | 70% | 90% | 100% | 100% | 100% | 100% | 100% | 100% |
| 1 | 现金流入 | 1 451 375.72 | | | | 13 566.00 | 17 442.00 | 19 380.00 | 19 380.00 | 19 380.00 | 19 380.00 | 19 380.00 | 23 467.72 |
| 1.1 | 营业收入 | 147 288.00 | | | | 13 566.00 | 17 442.00 | 19 380.00 | 19 380.00 | 19 380.00 | 19 380.00 | 19 380.00 | 19 380.00 |
| 1.2 | 补贴收入 | | | | | | | | | | | | |
| 1.3 | 回收固定资产余值 | 953.77 | | | | | | | | | | | 953.77 |
| 1.4 | 回收流动资金 | 3 133.95 | | | | | | | | | | | 3 133.95 |
| 2 | 现金流出 | 120 264.51 | 11 486.07 | 7 657.38 | 2 329.49 | 10 103.00 | 11 978.58 | 12 785.00 | 12 785.00 | 12 785.00 | 12 785.00 | 12 785.00 | 12785.00 |
| 2.1 | 建设投资 | 19 143.45 | 11 486.07 | 7 657.38 | | | | | | | | | |
| 2.2 | 流动资金 | 3 133.95 | | | 2 329.49 | 537.66 | 266.80 | | | | | | |
| 2.3 | 经营成本 | 97 803.64 | | | | 9 528.80 | 11 664.80 | 12 732.80 | 12 732.80 | 12 732.80 | 12 732.80 | 12 732.80 | 12 732.80 |
| 2.4 | 税金及附加 | 396.72 | | | | 36.54 | 46.98 | 52.20 | 52.20 | 52.20 | 52.20 | 52.20 | 52.20 |
| 2.5 | 维持运营投资 | 0.00 | | | | | | | | | | | |
| 3 | 所得税前净现金流量 | 31 111.21 | -11 486.07 | -7 657.38 | -2 329.49 | 3 463.00 | 5 463.42 | 6 595.00 | 6 595.00 | 6 595.00 | 6 595.00 | 6 595.00 | 10 682.72 |
| 4 | 所得税前累计净现金流量 | | -11 486.07 | -19 143.45 | -21 472.94 | -18 009.94 | -12 546.52 | -5 951.52 | 643.49 | 7 238.49 | 13 833.49 | 20 428.49 | 31 111.21 |
| 5 | 调整所得税 | 7 602.59 | | | | 402.34 | 834.73 | 1 050.92 | 1 050.92 | 1 050.92 | 1 070.92 | 1 070.92 | 1 070.92 |
| 6 | 所得税后净现金流量 | 23 508.60 | -11 486.07 | -7 657.38 | -2 329.49 | 3 060.66 | 4 628.69 | 5 544.08 | 5 544.08 | 5 544.08 | 5 524.08 | 5 524.08 | 9 611.80 |
| 7 | 所得税后累计净现金流量 | | -11 486.07 | -19 143.45 | -2 1472.94 | -18 412.28 | -13 783.58 | -8 239.50 | -2 695.43 | 2 848.65 | 8 372.73 | 13 896.81 | 23 508.60 |

**表 8-13　项目资本金现金流量表**

单位：万元

| 序号 | 项　目 | 合计 | 计算期 | | | | | | | | | | |
|---|---|---|---|---|---|---|---|---|---|---|---|---|---|
| | | | 0 | 第 1 年 | 第 2 年 | 第 3 年 | 第 4 年 | 第 5 年 | 第 6 年 | 第 7 年 | 第 8 年 | 第 9 年 | 第 10 年 |
| | 生产负荷 | | | | | 70% | 90% | 100% | 100% | 100% | 100% | 100% | 100% |
| 1 | 现金流入 | 151 375. 72 | | | | 13 566. 00 | 17 442. 00 | 19 380. 00 | 19 380. 00 | 19 380. 00 | 19 380. 00 | 19 380. 00 | 23 467. 72 |
| 1. 1 | 营业收入 | 147 288. 00 | | | | 13 566. 00 | 17 442. 00 | 19 380. 00 | 19 380. 00 | 19 380. 00 | 19 380. 00 | 19 380. 00 | 19 380. 00 |
| 1. 2 | 补贴收入 | 0. 00 | | | | | | | | | | | |
| 1. 3 | 回收固定资产余值 | 953. 77 | | | | | | | | | | | 953. 77 |
| 1. 4 | 回收流动资金 | 3 133. 95 | | | | | | | | | | | 3 133. 95 |
| 2 | 现金流出 | 130 273. 23 | 3 787. 87 | 2 525. 24 | 808. 32 | 13 566. 00 | 17 442. 00 | 19 380. 00 | 14 730. 98 | 13 911. 79 | 13 931. 79 | 13 931. 80 | 16 257. 43 |
| 2. 1 | 项目资本金 | 7 121. 43 | 3787. 87 | 2525. 24 | 808. 32 | | | | | | | | |
| 2. 2 | 借款本金偿还 | 15 856. 77 | | | | 3 051. 43 | 4 443. 19 | 5 246. 36 | 790. 15 | | | | |
| 2. 3 | 借款利息支付 | 2 273. 76 | | | | 729. 20 | 603. 06 | 396. 95 | 139. 88 | 101. 16 | 101. 16 | 101. 16 | 101. 16 |
| 2. 4 | 经营成本 | 97 590. 39 | | | | 9 528. 80 | 11 664. 80 | 12 732. 80 | 12 732. 80 | 12 732. 80 | 12 732. 80 | 12 732. 80 | 12 732. 80 |
| 2. 5 | 税金及附加 | 396. 72 | | | | 36. 54 | 46. 98 | 52. 20 | 52. 20 | 52. 20 | 52. 20 | 52. 20 | 52. 20 |
| 2. 6 | 所得税 | 7 034. 16 | | | | 220. 04 | 683. 96 | 951. 68 | 1 015. 95 | 1 025. 63 | 1 045. 63 | 1 045. 63 | 1 045. 63 |
| 2. 7 | 维持运营投资 | 0. 00 | | | | | | | | | | | |
| 3 | 净现金流量（1-2） | 21 102. 49 | -3 787. 87 | -2 525. 24 | -808. 32 | 0. 00 | 0. 00 | 0. 00 | 4 649. 01 | 5 468. 20 | 5 448. 20 | 5 448. 20 | 7 210. 29 |

注：资本金财务内部收益率=20. 30%。

**表 8-14　甲方投资财务现金流量表**

单位：万元

| 序号 | 项　目 | 合计 | 计算期 | | | | | | | | | | |
|---|---|---|---|---|---|---|---|---|---|---|---|---|---|
| | | | 0 | 第 1 年 | 第 2 年 | 第 3 年 | 第 4 年 | 第 5 年 | 第 6 年 | 第 7 年 | 第 8 年 | 第 9 年 | 第 10 年 |
| | 生产负荷 | | | | | 70% | 90% | 100% | 100% | 100% | 100% | 100% | 100% |
| 1 | 现金流入 | 6 750 | | | | | | | 750 | 750 | 750 | 750 | 3 750 |
| 1.1 | 实分利润 | 3 750 | | | | | | | 750 | 750 | 750 | 750 | 750 |
| 1.2 | 资产处置收益分配 | | | | | | | | | | | | |
| 1.3 | 租赁费收入 | | | | | | | | | | | | |
| 1.4 | 技术转让收入 | | | | | | | | | | | | |
| 1.5 | 其他现金流入 | 3 000 | | | | | | | | | | | 3 000 |
| 2 | 现金流出 | 3 000 | 1 500 | 1 500 | | | | | | | | | |
| 2.1 | 实缴资本 | 3 000 | 1 500 | 1 500 | | | | | | | | | |
| 2.2 | 租赁资产支出 | | | | | | | | | | | | |
| 2.3 | 其他现金流出 | | | | | | | | | | | | |
| 3 | 净现金流量 | 3 750 | -1 500 | -1 500 | 0 | 0 | 0 | 0 | 750 | 750 | 750 | 750 | 3 750 |

**表 8-15　财务计划现金流量表**

单位：万元

| 序号 | 项　目 | 合计 | 计算期 | | | | | | | | | | |
|---|---|---|---|---|---|---|---|---|---|---|---|---|---|
| | | | 0 | 第 1 年 | 第 2 年 | 第 3 年 | 第 4 年 | 第 5 年 | 第 6 年 | 第 7 年 | 第 8 年 | 第 9 年 | 第 10 年 |
| | 生产负荷 | | | | | 70% | 90% | 100% | 100% | 100% | 100% | 100% | 100% |
| 1 | 经营活动净现金流量 | 42 266. 73 | | | | 3 780. 62 | 5 046. 26 | 5 643. 32 | 5 579. 05 | 5 569. 37 | 5 549. 37 | 5 549. 37 | 5 549. 37 |
| 1. 1 | 现金流入 | 156 125. 28 | | | | 14 379. 96 | 18 488. 52 | 20 542. 80 | 20 542. 80 | 20 542. 80 | 20 542. 80 | 20 542. 80 | 20 542. 80 |
| 1. 1. 1 | 营业收入 | 147 288. 00 | | | | 13 566. 00 | 17 442. 00 | 19 380. 00 | 19 380. 00 | 19 380. 00 | 19 380. 00 | 19 380. 00 | 19 380. 00 |
| 1. 1. 2 | 增值税销项税额 | 8 837. 28 | | | | 813. 96 | 1 046. 52 | 1 162. 80 | 1 162. 80 | 1 162. 80 | 1 162. 80 | 1 162. 80 | 1 162. 80 |
| 1. 1. 3 | 补贴收入 | 0. 00 | | | | | | | | | | | |
| 1. 1. 4 | 其他流入 | | | | | | | | | | | | |
| 1. 2. | 现金流出 | 113 858. 55 | | | | 10 599. 34 | 13 442. 26 | 14 899. 48 | 14 963. 75 | 14 973. 43 | 14 993. 43 | 14 993. 43 | 14 993. 43 |
| 1. 2. 1 | 经营成本 | 97 590. 40 | | | | 9 528. 8 | 11 664. 8 | 12 732. 8 | 12 732. 8 | 12 732. 8 | 12 732. 8 | 12 732. 8 | 12 732. 8 |
| 1. 2. 2 | 增值税进项税额 | 4 870. 08 | | | | 448. 56 | 576. 72 | 640. 8 | 640. 8 | 640. 8 | 640. 8 | 640. 8 | 640. 8 |
| 1. 2. 3 | 税金及附加 | 396. 72 | | | | 36. 54 | 46. 98 | 52. 20 | 52. 20 | 52. 20 | 52. 20 | 52. 20 | 52. 20 |
| 1. 2. 4 | 增值税 | 3 967. 20 | | | | 365. 40 | 469. 80 | 522. 00 | 522. 00 | 522. 00 | 522. 00 | 522. 00 | 522. 00 |
| 1. 2. 5 | 所得税 | 7 034. 15 | | | | 220. 04 | 683. 96 | 951. 68 | 1 015. 95 | 1 025. 63 | 1 045. 63 | 1 045. 63 | 1 045. 63 |
| 1. 2. 6 | 其他流出 | 0. 00 | | | | | | | | | | | |
| 2 | 筹资活动净现金流量 | −4 754. 90 | 11 486. 07 | 7 657. 38 | 2 329. 49 | −3 242. 96 | −4 779. 46 | −5 643. 32 | −2 710. 39 | −1 881. 52 | −1 881. 52 | −1 881. 52 | −4 207. 15 |
| 2. 1 | 现金流入 | 22 277. 40 | 11 486. 07 | 7 657. 38 | 2 329. 49 | 537. 66 | 266. 80 | 0. 00 | | | | | |
| 2. 1. 1 | 项目资本金流入 | 7 121. 43 | 3 787. 87 | 2 525. 24 | 808. 32 | | | | | | | | |

续表

| 序号 | 项　目 | 合计 | 计算期 | | | | | | | | | | |
|---|---|---|---|---|---|---|---|---|---|---|---|---|---|
| | | | 0 | 第 1 年 | 第 2 年 | 第 3 年 | 第 4 年 | 第 5 年 | 第 6 年 | 第 7 年 | 第 8 年 | 第 9 年 | 第 10 年 |
| 2. 1. 2 | 建设投资借款 | 12 830. 34 | 7 698. 20 | 5 132. 14 | | | | | | | | | |
| 2. 1. 3 | 流动资金借款 | 2 325. 63 | | | 1 521. 17 | 537. 66 | 266. 80 | | | | | | |
| 2. 1. 4 | 其他流入 | 0. 00 | | | | | | | | | | | |
| 2. 2 | 现金流出 | 2 7032. 30 | | | | 3 780. 62 | 5 046. 26 | 5 643. 32 | 2 710. 39 | 1 881. 52 | 1 881. 52 | 1 881. 52 | 4 207. 15 |
| 2. 2. 1 | 各种利息支出 | 2 273. 76 | | | | 729. 20 | 603. 06 | 396. 95 | 139. 88 | 101. 16 | 101. 16 | 101. 16 | 101. 16 |
| 2. 2. 2 | 偿还债务本金 | 15 856. 77 | | | | 3 051. 43 | 4 443. 19 | 5 246. 36 | 790. 15 | | | | 2325. 63 |
| 2. 2. 3 | 应付利润（股利分配） | 8 901. 80 | | | | | | | 1 780. 36 | 1 780. 36 | 1 780. 36 | 1 780. 36 | 1 780. 36 |
| 3 | 投资活动净现金流量 | -22 277. 40 | -11 486. 07 | -7 657. 38 | -2 329. 49 | -537. 66 | -266. 80 | 0. 00 | | | | | |
| 3. 1 | 现金流入 | | | | | | | | | | | | |
| 3. 2 | 现金流出 | 22 277. 40 | 11 486. 07 | 7 657. 38 | 2 329. 49 | 537. 66 | 266. 80 | 0. 00 | | | | | |
| 3. 2. 1 | 建设投资 | 19 143. 45 | 11 486. 07 | 7 657. 38 | | | | | | | | | |
| 3. 2. 2 | 流动资金 | 3 133. 95 | | | 2 329. 49 | 537. 66 | 266. 8 | | | | | | |
| 4 | 净现金流量（1+2+3） | 15 234. 43 | 0. 00 | 0. 00 | 0. 00 | 0. 00 | 0. 00 | 0. 00 | 2 868. 66 | 3 687. 85 | 3 667. 85 | 3 667. 85 | 1 342. 22 |
| 5 | 累计盈余资金 | 28 223. 94 | 0. 00 | 0. 00 | 0. 00 | 0. 00 | 0. 00 | 0. 00 | 2 868. 66 | 6 556. 51 | 10 224. 36 | 13 892. 21 | 15 234. 43 |

**表 8-16　资产负债表**

单位：万元

| 序号 | 项　目 | 计算期 | | | | | | | | | |
|---|---|---|---|---|---|---|---|---|---|---|---|
| | | 第 1 年 | 第 2 年 | 第 3 年 | 第 4 年 | 第 5 年 | 第 6 年 | 第 7 年 | 第 8 年 | 第 9 年 | 第 10 年 |
| 1 | 资产 | 11 674. 68 | 19 844. 25 | 20 405. 23 | 18 729. 71 | 16 694. 46 | 17 171. 82 | 18 468. 36 | 19 824. 90 | 21 181. 44 | 20 212. 35 |
| 1. 1 | 流动资产总额 | | | 2 952. 29 | 3 668. 08 | 4 024. 15 | 6 892. 81 | 10 580. 66 | 14 248. 51 | 17 916. 37 | 19 258. 58 |
| 1. 1. 1 | 货币资金 | | | 38. 34 | 38. 34 | 38. 34 | 2 907. 00 | 6 594. 85 | 10 262. 70 | 13 930. 56 | 15 272. 77 |
| 1. 1. 2 | 应收账款 | | | 795. 96 | 973. 96 | 1 062. 96 | 1 062. 96 | 1 062. 96 | 1 062. 96 | 1 062. 96 | 1 062. 96 |
| 1. 1. 3 | 预付账款 | | | | | | | | | | |
| 1. 1. 4 | 存货 | | | 2 117. 99 | 2 655. 78 | 2 922. 85 | 2 922. 85 | 2 922. 85 | 2 922. 85 | 2 922. 85 | 2 922. 85 |
| 1. 1. 5 | 其他 | | | 0 | 0 | 0 | 0 | 0 | 0 | 0 | 0 |
| 1. 2 | 在建工程 | 11 674. 64 | 19 844. 25 | | | | | | | | |
| 1. 3 | 固定资产净值 | | | 16 810. 15 | 14 544. 95 | 12 279. 75 | 10 014. 56 | 7 749. 36 | 5 484. 16 | 3218. 96 | 953. 77 |
| 1. 4 | 无形及其他资产净值 | | | 642. 79 | 516. 68 | 390. 56 | 264. 45 | 138. 34 | 92. 23 | 46. 11 | 0 |
| 2 | 负债及所有者权益 | 11 674. 68 | 19 844. 25 | 20 405. 23 | 18 729. 71 | 16 694. 46 | 17 171. 82 | 18 468. 36 | 19 824. 90 | 21 181. 44 | 20 212. 35 |
| 2. 1 | 流动负债总额 | | | 622. 8 | 800. 93 | 890. 2 | 890. 2 | 890. 2 | 890. 2 | 890. 2 | 890. 2 |
| 2. 1. 1 | 短期借款 | | | | | | | | | | |
| 2. 1. 2 | 应付账款 | | | 622. 8 | 800. 93 | 890. 2 | 890. 2 | 890. 2 | 890. 2 | 890. 2 | 890. 2 |
| 2. 1. 3 | 预收账款 | | | | | | | | | | |
| 2. 1. 4 | 其他 | | | | | | | | | | |
| 2. 2 | 建设投资借款 | 7 886. 81 | 13 531. 14 | 10 479. 71 | 6 036. 52 | 790. 15 | 0 | | | | |
| 2. 3 | 流动资金借款 | | | 1 521. 17 | 2 058. 83 | 2 325. 63 | 2 325. 63 | 2 325. 63 | 2 325. 63 | 2 325. 63 | 0 |
| 2. 4 | 负债小计 | 7 886. 81 | 13 531. 14 | 12 623. 68 | 8 896. 28 | 4 005. 98 | 3 215. 83 | 3 215. 83 | 3 215. 83 | 3 215. 83 | 890. 2 |
| 2. 5 | 所有者权益 | 3 787. 87 | 6 313. 11 | 7 781. 55 | 9 833. 43 | 12 688. 48 | 13 955. 99 | 15 252. 53 | 16 609. 07 | 17 965. 61 | 19 322. 15 |
| 2. 5. 1 | 资本金 | 3 787. 87 | 6 313. 11 | 7 121. 43 | 7 121. 43 | 7 121. 43 | 7 121. 43 | 7 121. 43 | 7 121. 43 | 7 121. 43 | 7 121. 43 |
| 2. 5. 2 | 资本公积金 | | | | | | | | | | |
| 2. 5. 3 | 累计盈余公积金 | | | | | | | 307. 69 | 621. 38 | 935. 07 | 1 248. 76 |
| 2. 5. 4 | 累计未分配利润 | | | 660. 11 | 2 712 | 5 567. 05 | 6 834. 56 | 7 823. 41 | 8 866. 26 | 9 909. 11 | 10 951. 96 |
| 计算指标：资产负债率/% | | 67. 55 | 68. 19 | 61. 86 | 47. 50 | 24. 00 | 18. 73 | 17. 41 | 16. 22 | 15. 18 | 4. 40 |

注：货币资金包括现金和累计盈余资金。

**表 8-17　借款还本付息计划表**

单位：万元

| 序号 | 项　目 | 合计 | 计算期 | | | | | | | | | |
|---|---|---|---|---|---|---|---|---|---|---|---|---|
| | | | 第 1 年 | 第 2 年 | 第 3 年 | 第 4 年 | 第 5 年 | 第 6 年 | 第 7 年 | 第 8 年 | 第 9 年 | 第 10 年 |
| 1 | 建设投资借款 | | 7 698. 20 | 5 132. 14 | | | | | | | | |
| 1. 1 | 期初借款余额 | | 0 | 7 886. 81 | 13 531. 14 | 10 479. 71 | 6 036. 52 | 790. 15 | | | | |
| 1. 2 | 当期还本付息 | 15 042. 18 | | | 3 714. 46 | 4 956. 7 | 5 542. 15 | 828. 87 | | | | |
| 1. 2. 1 | 还本 | 13 531. 13 | | | 3 051. 43 | 4 443. 19 | 5 246. 36 | 790. 15 | | | | |
| 1. 2. 2 | 付息 | 1 511. 05 | | | 663. 03 | 513. 51 | 295. 79 | 38. 72 | 0 | | | |
| 1. 3 | 期末借款余额 | | 7 886. 81 | 13 531. 14 | 10 479. 71 | 6 036. 52 | 790. 15 | | | | | |
| 2 | 流动资金借款 | | | | 1 521. 17 | 537. 66 | 266. 80 | | | | | |
| 2. 1 | 期初借款余额 | | | | 1 521. 17 | 2 058. 83 | 2 325. 63 | 2 325. 63 | 2 325. 63 | 2 325. 63 | 2 325. 63 | 2 325. 63 |
| 2. 2 | 当期还本付息 | 3 088. 32 | | | 66. 17 | 89. 56 | 101. 16 | 101. 16 | 101. 16 | 101. 16 | 101. 16 | 2 426. 79 |
| 2. 2. 1 | 还本 | 2 325. 63 | | | | | | | | | | 2 325. 63 |
| 2. 2. 2 | 付息 | 762. 69 | | | 66. 17 | 89. 56 | 101. 16 | 101. 16 | 101. 16 | 101. 16 | 101. 16 | 101. 16 |
| 2. 3 | 期末借款余额 | | | 1 521. 17 | 2 058. 83 | 2 325. 63 | 2 325. 63 | 2 325. 63 | 2 325. 63 | 2 325. 63 | 2 325. 63 | |
| 3 | 借款合计 | | 7 698. 20 | 5 132. 14 | 1 521. 17 | 537. 66 | 266. 80 | | | | | |
| 3. 1 | 期初借款余额 | | | 7 886. 81 | 15 052. 31 | 12 538. 54 | 8 362. 15 | 3 115. 78 | 2 325. 63 | 2 325. 63 | 2 325. 63 | 2 325. 63 |
| 3. 2 | 当期还本付息 | 18 135. 5 | | | 3 780. 63 | 5 046. 26 | 5 643. 31 | 930. 03 | 101. 16 | 101. 16 | 101. 16 | 2 426. 79 |
| 3. 2. 1 | 还本 | 15 856. 76 | | | 3 051. 43 | 4 443. 19 | 5 246. 36 | 790. 15 | | | | 2 325. 63 |
| 3. 2. 2 | 付息 | 2 273. 74 | | | 729. 2 | 603. 07 | 396. 95 | 139. 88 | 101. 16 | 101. 16 | 101. 16 | 101. 16 |
| 3. 3 | 期末余额 | | 7 886. 81 | 15 052. 31 | 12 538. 54 | 8 362. 15 | 3 115. 78 | 2 325. 63 | 2 325. 63 | 2 325. 63 | 2 325. 63 | 0 |
| 计算指标 | 利息备付率/% | | | | 2. 21 | 5. 54 | 10. 59 | 30. 05 | 41. 55 | 42. 35 | 42. 35 | 42. 35 |
| | 偿债备付率/% | | | | 1. 00 | 1. 00 | 1. 00 | 6. 00 | 55. 06 | 54. 86 | 54. 86 | 2. 29 |

1）借款偿还期

通过借款还本付息计划表（见表 8-17）可以看出，建设期借款在投产后 4 年内偿付完毕，可满足借款机构的要求。

2）资产负债率

通过资产负债表（见表 8-16）可以看出，项目第 2 年的资产负债率为 68.19%，以后各年比率逐年下降，最后一年为 4.4%，说明项目总体偿债能力较强。

3）利息备付率与偿债备付率

项目运营期各年的利息备付率和偿债备付率见表 8-17。项目长期借款偿还期内（第 3～6年）的项目综合利息备付率和偿债备付率为：

$$\text{利息备付率}=\frac{\text{年息税前利润}}{\text{当期应还利息费用}}=\frac{\text{借款利息支付}+\text{利润总额}}{\text{借款利息支付}}$$

$$=\frac{13\ 355.64}{1\ 869.09}=7.15>2.0$$

$$\text{偿债备付率}=\frac{\text{当期用于还本付息资金}}{\text{当期应还本付息金额}}$$

$$=\frac{\text{年息税前利润}+\text{折旧}+\text{摊销}-\text{企业所得税}}{\text{借款本金偿还}+\text{借款利息支付}}$$

$$=\frac{13\ 355.64+9\ 060.80+504.44-2\ 871.63}{13\ 531.13+1\ 869.09}=1.30>1.0$$

该项目长期借款偿还期内（第 3～6 年）的利息备付率大于 2.0，偿债备付率大于 1.0，说明该项目偿债能力较强。

**3. 财务生存能力分析**

通过财务计划现金流量表（见表 8-15），计算项目计算期内各年的净现金流量及累计盈余均为正值，各年均有足够的净现金流量维持项目的正常运营，可保证项目财务的可持续性。

**4. 不确定性分析**

1）盈亏平衡分析

按项目正常年份的年固定成本、年可变成本、产品经营收入和年税金及附加计算以生产能力利用率表示的项目盈亏平衡点（$E_{BEP}$），其计算公式为

$$E_{BEP}=\frac{\text{年固定成本}}{\text{年经营收入}-\text{年可变成本}-\text{年税金及附加}}\times 100\%$$

$$=\frac{4\ 601.96}{19\ 380.00-10\ 680.00-52.20}\times 100\%$$

$$=53.22\%$$

计算结果标明，该项目产量只要达到设计能力的 53.22%，企业就可以保本。由此可见该项目风险较小。

2）敏感性分析

下面对项目全部投资财务内部收益率进行敏感性分析（单因素敏感性分析）。项目基

本方案的全部投资财务内部收益率为 15.76%（税前），满足财务基准收益率的要求。考虑项目实施过程中一些不确定因素的影响，分别对建设投资、营业收入、经营成本进行单因素敏感性分析，敏感性分析的结果见表 8-18。

**表 8-18　财务内部收益率的敏感性分析表**

| 变动因素 | 变化率 | | | | |
|---|---|---|---|---|---|
| | -10% | -5% | 基本方案 | 5% | 10% |
| 建设投资 | 17.71% | 16.70% | 15.76% | 14.87% | 14.04% |
| 营业收入 | 9.31% | 12.69% | 15.76% | 18.58% | 21.20% |
| 经营成本 | 19.48% | 17.67% | 15.76% | 13.70% | 11.61% |

根据表 8-18 可画出敏感性分析图如图 8-2 所示。

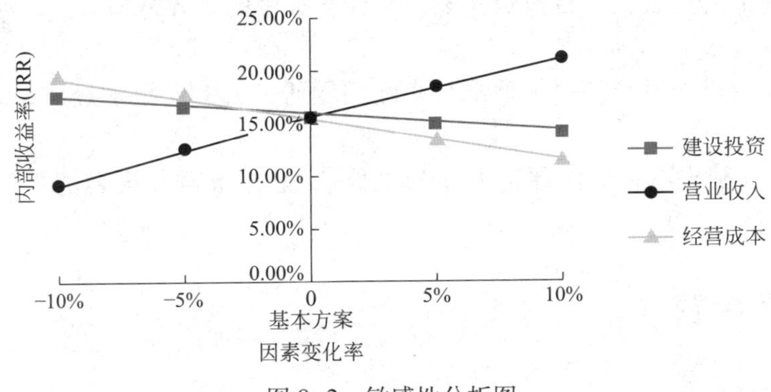


图 8-2　敏感性分析图

由图 8-2 可知，全部投资的财务内部收益率最敏感的因素是营业收入，其次是经营成本及建设投资。

项目在营业收入减少 5%时，财务内部收益率变为 12.69%；在经营成本增加 5%时，财务内部收益率变为 13.70%，均大于基准收益率 12%，说明项目抗风险的能力较强。

### 8.5.3　财务分析结论

财务分析结论详见财务评价结论汇总表（见表 8-19）。

**表 8-19　财务评价结论汇总表**

| 财务评价指标 | | 计算结果 | 评价标准 | 是否可行 |
|---|---|---|---|---|
| 融资前分析指标 | 项目投资财务内部收益率（税前） | 15.76% | >12% | 是 |
| | 项目投资静态投资回收期（税前） | 5.90 年 | <8.3 年 | 是 |
| | 项目投资财务净现值（税前） | 4 304.96 万元 | >0 | 是 |
| | 项目投资财务内部收益率（税后） | 12.66% | >12% | 是 |
| | 项目投资静态投资回收期（税后） | 6.49 年 | <8.3 年 | 是 |
| | 项目投资财务净现值（税后） | 742.45 万元 | >0 | 是 |

续表

| 财务评价指标 | | 计算结果 | 评价标准 | 是否可行 |
|---|---|---|---|---|
| 融资后分析指标 | 项目资本金财务内部收益率 | 20.30% | | 是 |
| | 借款偿还期 | 5.15年 | | 是 |
| | 利息备付率 | 7.15 | >2.0 | 是 |
| | 偿债备付率 | 1.30 | >1.0 | 是 |

从上述财务分析结果看，项目财务效益良好，具有较强的偿债能力，项目抗风险的能力较强，又由于项目生产的产品是国家急需的，所以项目是可以接受的。

## 延伸阅读

1. 刘丽．现金流量表在项目投资决策与会计实务中的差异分析［J］. 河北企业，2008（10）：23-24.

2. 李明哲．投资项目经济评价理论与实践问题研究［J］. 技术经济，2008，27（2）：35-43.

3. 赵虎林．《建设项目经济评价方法与参数》第三版财务报表的主要变化［J］. 市场论坛，2007，44（11）：63-65.

## 复习思考题

**1. 单项选择题**

（1）融资前分析主要分析（　　）。

A. 偿债能力　　B. 生存能力
C. 管理能力　　D. 盈利能力

（2）偿债能力分析主要分析（　　）。

A. 内部收益率　　B. 净现值率
C. 总投资收益率　　D. 偿债备付率

（3）生存能力分析主要分析（　　）。

A. 净现值　　B. 净现值率
C. 偿债备付率　　D. 净现金流量

**2. 多项选择题**

（1）盈利能力分析指标有（　　）。

A. 净现值　　B. 净年值
C. 内部收益率　　D. 净现值率

（2）财务分析的基本报表有（　　）。

A. 现金流量表　　B. 财务计划现金流量表
C. 资产负债表　　D. 利润与利润分配表

**3. 思考题**

(1) 什么是财务分析？它的内容有哪些？

(2) 财务分析的基本报表有哪些？

(3) 常用的财务分析指标有哪些？

**4. 计算题**

(1) 某工程项目的寿命期为 10 年，期初投资为 250 万元，项目当年建成当年投产，年销售收入为 165 万元，年折旧费为 25 万元，税金及附加为 1 万元，年经营成本为 80 万元，所得税税率为 25%，不考虑固定资产的残值。试计算该工程项目的年净现金流量。

(2) 某企业购置新设备一台，需要投资 70 000 元，预计寿命 5 年，按年数总和法计提折旧费，第 5 年年末残值 20 000 元，销售收入扣除税金及附加、经营成本后的税前净收入为每年 30 000 元，投资额中有 10 000 元为银行贷款，利率为 6%，借款合同规定，还款期限为 5 年，每年等额还款。若所得税率为 25%，试根据项目财务评价方法计算该方案的权益投资税后净现金流量及内部收益率。

(3) 某企业投资一个新项目，计算期为 10 年，建设期为 1 年，第 2 年投产当年达到设计生产能力。建设投资为 400 万元（不含建设期利息），建设投资资金来源：资本金为 100 万元，其余为银行贷款；贷款利率为 10%，按年计息，建设期只计息不还款，第 2 年开始当年利息当年结清，本金在投产后第 5 年年末（计算期的第 6 年年末）一次还清建设贷款本金。建设投资全部形成固定资产，按直线法计提折旧费，折旧年限为 10 年，残值率为 5%。

流动资金投资 50 万元，其中资本金为 30 万元，其余为银行贷款，年利率为 10%，按年计息。

年销售收入、经营成本、增值税、税金及附加的数据见表 8-20，所得税税率为 25%。

**表 8-20　年销售收入、经营成本、增值税、税金及附加的数据**　　单位：万元

| 年份 | 1 | 2 | 3 | 4 | 5 | 6 | 7 | 8 | 9 | 10 |
|---|---|---|---|---|---|---|---|---|---|---|
| 销售收入 | | 300 | 300 | 300 | 300 | 300 | 300 | 300 | 300 | 300 |
| 经营成本 | | 150 | 150 | 150 | 150 | 150 | 150 | 150 | 150 | 150 |
| 增值税、税金及附加 | | 15 | 15 | 15 | 15 | 15 | 15 | 15 | 15 | 15 |

试计算建设投资贷款各年的利息、固定资产年折旧费、各年的总成本、各年的所得税及税后利润，并编制该项目的资本金财务现金流量表。

答案

# 第9章 工程项目经济费用效益分析

**【本章内容概要】**

本章主要介绍了经济费用效益分析的内涵及必要性，经济费用效益分析与财务分析的关系、经济费用与效益的识别、经济费用效益分析采用的价格及影子价格的确定、经济费用效益分析的指标及报表。

**【本章学习重点和难点】**

**学习重点**：掌握经济费用与效益的识别、经济费用效益分析采用的价格及影子价格的确定、经济费用效益分析的指标及报表。

**学习难点**：经济费用与效益的识别、影子价格的确定及经济费用效益分析指标的计算。

**【引例】** 某线路全长1 000多km，是政府投资的公益性铁路建设项目。该铁路沿线工程地质复杂特殊，自然条件恶劣，灾害严重，生态环境敏感脆弱，地表植被一旦破坏极难恢复。该铁路建设工程量大且施工艰难，建设投资大，运营期客货运量少，运营成本高。经过财务分析得出：在运营期，项目长期处于资金短缺状态，累计现金短缺501 138万元，运营期年均现金短缺20 881万元，在财务上不具备生存能力。

**分析与讨论**

(1) 经过财务分析能否判断该项目是否可行？

(2) 如果不能判断，还需要做哪些工作？

## 9.1 经济费用效益分析概述

### 9.1.1 经济费用效益分析的含义

经济费用效益分析是按照资源合理配置的原则，从国家整体角度考虑项目的效益和费用，用影子价格、影子工资和社会折现率等经济参数分析、计算项目对国民经济的净贡献，评价项目的经济合理性和宏观可行性。

### 9.1.2　经济费用效益分析的必要性

在市场经济条件下，为了加强和完善宏观调控，必须重视建设项目的经济费用效益分析，其必要性主要表现在以下方面。

① 财务分析所采用的价格是市场的预测价格，这种价格往往严重背离资源的真实价格，从而使财务分析的结论有可能背离社会资源合理配置的要求。

② 不同项目的财务分析包含了不尽相同的税收、补贴和贷款条件，使不同项目的财务盈利效果失去了公正比较的基础，因此有必要通过经济费用效益分析，使不同项目的比较建立在共同的基础上。

③ 财务盈利效果只是项目内部的直接经济效果，不包括项目以外的经济效果，即没有考虑项目的外部影响。

### 9.1.3　经济费用效益分析的目的

经济费用效益分析的目的主要有以下方面。

① 全面识别整个社会为项目付出的代价，以及项目为提高社会福利所做出的贡献，评价投资项目的经济合理性。

② 分析项目的经济费用效益流量与财务现金流量存在的差别，以及造成这种差别的原因，提出相关的政策调整建议。

③ 对于市场化运作的基础设施等项目，通过经济费用效益分析来论证项目的经济价值，为制订财务方案提供依据。

④ 分析利益相关者为项目付出的代价及获得的收益，通过对受损者及受益者的经济费用效益分析，为社会评价提供依据。

### 9.1.4　经济费用效益分析与财务分析的关系

经济费用效益分析与财务分析是建设项目经济评价的两个层次。它们相互联系，既有共同之处，又有区别。

**1. 经济费用效益分析与财务分析的共同点**

1）分析的基础工作相同

两种分析都要在产品需求预测、工艺技术选择、投资估算、资金筹措方案等可行性研究内容的基础上进行。

2）分析的方法相似

两者都是经济效果评价，都使用基本的经济评价理论，即效益与费用比较的理论方法，寻求以最小的投入获得最大的产出；都是用货币作为统一的尺度，都考虑资金的时间价值；都以现金流量分析为主要方法；都是通过编制基本报表计算净现值、内部收益率等指标。

3）评价的计算期相同

项目计算期是指对项目进行经济评价应延续的年限，是项目经济评价中计算效益与费用的时间范围，包括建设期和运营期。经济费用效益分析确定的计算期与财务分析的计算期相同。

**2. 经济费用效益分析与财务分析的不同点**

经济费用效益分析与财务分析的主要区别见表9-1。

**表9-1 经济费用效益分析与财务分析的区别**

| | 财务分析 | 经济费用效益分析 |
|---|---|---|
| 评价角度 | 项目财务（企业）角度 | 国家整体角度 |
| 评价目的 | 以项目净收益最大化为目标，考虑项目的盈利能力、清偿能力、生存能力、利润和分配情况、各投资方的盈利能力等 | 以实现社会资源的最优配置和有效利用为目标，考察分析项目投资的经济效率和对社会福利所做出的贡献，以及整个社会为项目付出的代价，评价项目的经济合理性 |
| 效益与费用的含义 | 着眼于货币的流入与流出。凡增加项目收入的即财务收益；凡减少项目收入的即财务费用，故补贴、税金、各种利息均属财务费用 | 着眼于项目引起的社会资源的变动。凡是增加社会资源的项目产出，均计为效益；凡消耗社会资源的项目投入均计为费用。因此，补贴、税金（部分）国内借款利息作为转移支付剔除 |
| 效益和费用的范围 | 将项目作为独立的经济系统进行分析，故仅包括发生在项目范围流入和流出项目的货币金额 | 将整个国家作为独立的经济系统进行分析，包括项目产生的直接效益和费用、间接效益和费用。不仅包括有形的外部效益和费用，而且包括无形的外部效益和费用 |
| 采用的价格 | 采用国内现行市场价格 | 采用更能反映货物真实经济价值、更有利于合理配置社会资源的影子价格 |
| 使用的参数和判据 | 采用行业基准收益率或投资者所能接受的最低收益率，国家统一发布外汇汇率 | 采用社会折现率、影子汇率、影子价格及其换算系数 |

对于同一个项目，经济费用效益分析与财务分析在很多情况下结论是一致的，但也有不少情况下，两种分析的结论不同。如果仅仅依据财务分析的结论来确定投资行为的经济合理性，则可能将财务效果不大好而对整个社会极为有利的项目否决，或者使财务分析效果好但不利于社会资源合理配置的项目准予建设，这无疑将给国家和社会带来无法弥补的损失。

### 9.1.5 经济费用效益分析的项目范围

对于财务价格失真，不能真实反映项目投入、产出的经济价值，财务成本不能包含项目对资源的全部消耗，财务效益不能包含项目产出的全部经济效果的项目，需要进行经济费用效益分析。需要进行经济费用效益分析的项目主要有以下几种。

**1. 具有垄断特征的项目**

对于电力、电信、交通运输等行业的项目，存在规模效益递增的产业特征，企业一般不会按照帕累托最优规则进行运作，从而导致市场配置资源失效。

**2. 产出具有公共产品特征的项目**

项目提供的产品或服务在同一时间内可以被共同消费，具有“消费的非排他性”和“消费的非竞争性”特征。由于市场价格机制只有通过将那些不愿意付费的消费者排除在该物品的消费之外才能得以有效运作，因此市场机制对公共产品项目的资源配置失灵。

**3. 具有明显外部效果的项目**

外部效果是指一个个体或者厂商的行为对另一个体或厂商产生了影响，而该影响的行为主体又没有负担相应的责任或没有获得应有报酬的现象。产生外部效果的行为主体由于不受预算约束，因此常常不考虑外部效果承受者的损失情况。这样，这类行为主体在其行为过程中常常会低效率甚至无效率地使用资源，造成消费者剩余与生产者剩余的损失及市场失灵。

**4. 涉及国家控制的战略性资源开发及涉及国家经济安全的项目**

这些项目往往具有公共性、外部效果等综合特征，不能完全依靠市场配置资源。

**5. 政府干预的项目**

政府对经济活动的干预，如果干扰了正常的经济活动效率，也是导致市场失灵的重要因素。

## 9.2　经济费用效益分析采用的价格及参数

### 9.2.1　经济费用效益分析采用的价格

经济费用效益分析中投入物或产出物采用影子价格进行计算。影子价格是能够真实反映项目投入物和产出物真实经济价值的计算价格。

**1. 影子价格的含义**

影子价格（shadow price，SP）是指资源处于最佳分配状态时，其边际产出价值，也可说是在社会经济处于某种最优状态下，能够反映社会劳动消耗、资源稀缺程度和对最终产品需求情况的价格。它是在最优计划下单位资源所产生的效益增量，即资源合理利用的社会经济效益。

所以，影子价格是为实现一定的经济发展目标而人为确定的、比市场交换价格更能合理利用资源的效率价格。

**2. 影子价格的确定**

在经济费用效益分析中，要确定影子价格，首先要将投入物和产出物进行分类，再根据不同类别对国民经济的影响，使用不同的方法测算影子价格。

通常把投入物和产出物分为外贸货物、非外贸货物和特殊投入物等三种类型分别确定。

1）外贸货物的影子价格

外贸货物是指生产和使用会直接或间接影响国家进出口水平的货物，即产出物是直接出口（增加出口）、间接出口（替代其他企业产品使其增加出口）或替代进口（以项目的产品顶替进口，从而减少进口）的货物；项目投入物中直接进口（增加进口）、间接进口（占用其他企业投入物而使其增加进口）或减少出口（占用原可用于出口的产品，从而减少出口）的货物。

外贸货物影子价格的确定基础是国际市场价格。它以实际发生的口岸价格为基础，再经适当加减国内的运杂费用和贸易费用来确定。到岸价格和离岸价格统称为口岸价格。在经济费用效益分析中，口岸价格应按本国货币计算，下面介绍市场定价的外贸货物影子价格计算公式。

(1) 产出物的影子价格

直接出口货物的影子价格(出厂价)=离岸价格(FOB)×影子汇率(SER)-国内运输费用及贸易费用 (9-1)

间接出口货物的影子价格=离岸价格(FOB)×影子汇率(SER)-原供应厂到港口的运输费用及贸易费用+原供应厂到用户的运输费用及贸易费用-拟建项目到用户的运输费用及贸易费用 (9-2)

替代进口货物的影子价格=到岸价格(CIF)×影子汇率(SER)+港口到用户的运输及贸易费用-拟建项目到用户的运输及贸易费用 (9-3)

其中:

离岸价格 (FOB) 是指出口货物运抵我国出口口岸交货的价格;

到岸价格 (CIF) 是指进口货物运抵我国进口口岸交货的价格, 包括货物进口的货价、运抵我国口岸之前所发生的境外运费和保险费。

外贸货物产出物影子价格的确定示意图如图 9-1 所示。

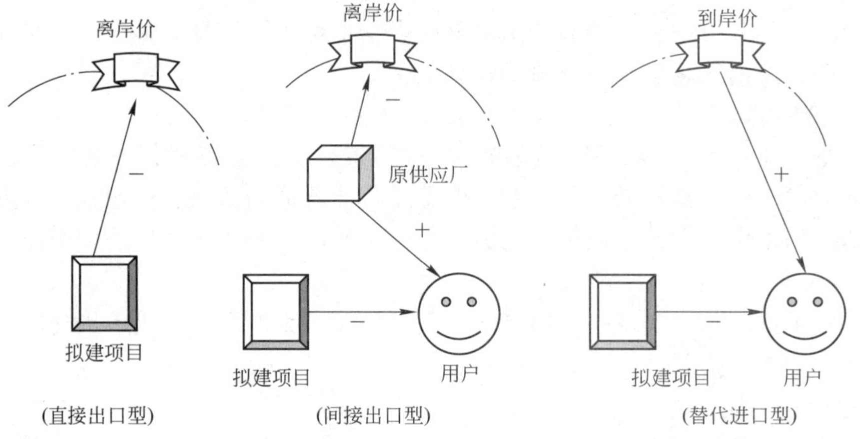


图 9-1 外贸货物产出物影子价格的确定示意图

(2) 投入物的影子价格

直接进口货物的影子价格(到厂价)=到岸价格(CIF)×影子汇率(SER)+国内运输及贸易费用 (9-4)

间接进口货物的影子价格=到岸价格(CIF)×影子汇率(SER)+港口到原用户的运输及贸易费-供应厂到原用户的运输及贸易费+供应厂到拟建项目的运输及贸易费 (9-5)

减少出口货物的影子价格=离岸价格(FOB)×影子汇率(SER)-供应厂到港口的运输及贸易费+供应厂到拟建项目的运输及贸易费 (9-6)

外贸货物投入物影子价格的确定示意图如图 9-2 所示。

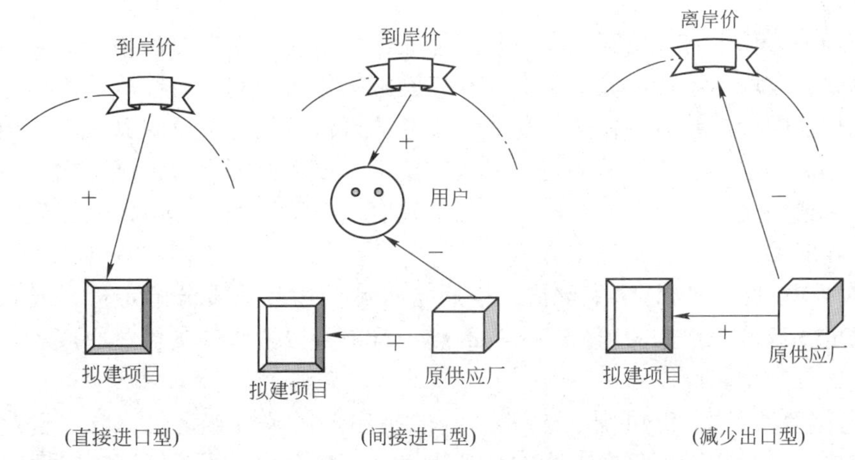


图 9-2　外贸货物投入物影子价格的确定示意图

如果可贸易货物以财务成本或价格为基础调整计算经济费用和效益，应注意以下两点：①如果不存在关税、增值税、消费税、补贴等转移支付因素，则项目的投入物或产出物价值直接采用口岸价格进行计算；②如果在货物的进出口环节存在转移支付因素，应区分不同情况处理。

**【例 9-1】**　用户 A 所用木材原由 B 厂供应，由于新建一木器 C 厂并由 B 厂供应，用户 A 只好改为采用进口木材。木材的进口价格为 5 000 元/$m^3$。用户 A 距口岸 200 km，B 厂距用户 A 800 km，B 距 C 厂 300 km，木材的铁路运费为 0. 15 元/($m^3$ · km)，贸易费用为货价的 6%。试求 C 厂耗用木材的影子价格。

**【解】**　C 厂耗用木材的影子价格为：

$$\begin{aligned}影子价格 &= 5\,000+(200\times 0.15+5\,000\times 6\%)-\\ &\quad (800\times 0.15+5\,000\times 6\%)+(300\times 0.15+5\,000\times 6\%)\\ &= 5\,000+330-420+345\\ &= 5\,255\ (元/m^3)\end{aligned}$$

2）非外贸货物的影子价格

非外贸货物是指项目生产或使用将不影响国家进口或出口的货物，除了包括所谓的天然非贸易货物，如国内运输、建筑物及其他基础设施的产品和服务外，还包括由于地理位置所限而使国内运费过高不能进行贸易的货物，以及受国内外贸易政策和其他条件限制而不能进行贸易的货物等所谓的非天然非外贸货物。

市场定价的非外贸货物影子价格的确定方法有两种：一种是以市场价格为基础进行的影子价格测算，另一种是以成本分解法来进行的影子价格测算。

（1）以市场价格为基础测算非外贸货物影子价格

$$产出物的影子价格(出厂价格)= 市场价格-国内运杂费 \tag{9-7}$$

$$投入物的影子价格(到厂价格)= 市场价格+国内运杂费 \tag{9-8}$$

（2）成本分解法测算非外贸货物影子价格

成本分解法就是首先将非外贸货物的成本进行分解，并按成本构成性质进行分类；然后分别按照影子价格的确定方法定价；最后将分解后重新调整所得的成本汇总，即得该货物的影子价格。

在市场经济条件下有些货物或者服务不能完全由市场机制形成价格，而需要由政府调控价格，例如，政府为了帮助城市中低收入家庭解决住房问题，对经济适用房和廉租房制定指导价和最高限价。政府调控的货物或者服务的价格不能完全反映其真实价值，确定这些货物或者服务的影子价格的原则是：投入物按机会成本分解定价；产出物按对经济增长的边际贡献率或消费者支付意愿定价。下面是政府主要调控的水、电、铁路运输等作为投入物和产出物时的影子价格的确定方法。

① 水作为项目投入物的影子价格，按后备水源的边际成本分解定价，或者按恢复水资源存量的成本计算。水作为项目产出物的影子价格，按消费者支付意愿或者按消费者承受能力加政府补贴计算。

② 电力作为项目投入物的影子价格，一般按完全成本分解定价，电力过剩时按可变成本分解定价。电力作为项目产出物的影子价格，可按电力对当地经济边际贡献率定价。

③ 铁路运输作为项目投入物的影子价格，一般按完全成本分解定价，对运能富余的地区，按可变成本分解定价。铁路运输作为产出物的影子价格，可按铁路运输对国民经济的边际贡献率定价。

3）特殊投入物的影子价格

（1）影子工资

在经济费用效益分析中，劳动力作为一种特殊投入物对待，劳动力的费用按影子工资来计算。由于影子工资是指在项目中雇用劳动力资源而使社会付出的代价，所以，影子工资由劳动力的机会成本和新增资源消耗两部分组成。即

$$影子工资=劳动力的机会成本+新增资源消耗 \tag{9-9}$$

劳动力的机会成本是指劳动力被本项目雇用，而不得不放弃的从事其他生产经营活动所创造的最大收益；新增资源消耗是社会为劳动力就业而付出的但职工未得到的其他代价，如搬迁费、培训费等。

在经济费用效益分析中，影子工资可以通过影子工资换算系数得到。影子工资换算系数是指影子工资与项目财务分析中的劳动力工资（简称名义工资）之间的比值。影子工资的计算公式如下：

$$影子工资=名义工资\times影子工资换算系数 \tag{9-10}$$

式（9-10）中影子工资换算系数的取值：技术性工种，换算系数取 1；非技术性工种，换算系数一般取 0.25～0.8，具体可根据当地的技术劳动力供求状况确定，非技术劳动力较富裕的地区可取较低值，不太富裕的地区可取较高值，中间状态可取 0.5。

（2）土地的影子价格

土地是一种稀缺资源，是一种特殊投入物。土地的影子价格是指在项目中因使用土地资源而使社会付出的代价。在经济费用效益分析中，用土地的影子价格计算土地费用。土地的影子价格按生产性用地和非生产性用地分别计算。

① 生产性用地，主要指农业、林业、牧业、渔业及其他生产性用地，按照这些生产性用地未来可以提供的产出物的效益及因改变土地用途而发生的新增资源消耗进行计算。即

土地的影子价格=土地的机会成本+新增资源消耗　　(9-11)

土地的机会成本应按照社会对这些生产用地未来可以提供的消费产品的支付意愿价格进行分析计算，一般按照项目占用土地在“无项目”情况下的“最佳可行替代用途”的生产性产出的净效益现值进行计算。

新增资源消耗应按照在“有项目”情况下土地的征用造成原有地上附属物财产的损失及其他资源消耗来计算，如拆迁费、劳动力安置费等。土地平整等开发成本应计入工程建设成本中，在土地经济成本估算中不再重复计算。

② 非生产性用地，如住宅、休闲用地等，应按照支付意愿的原则，根据市场交易价格测算其影子价格。

(3) 自然资源的影子价格

各种自然资源是一种特殊的投入物，项目使用的矿产资源、水资源、森林资源等都是对国家资源的占用和消耗。矿产等不可再生资源的影子价格按资源的机会成本计算，水和森林等可再生自然资源的影子价格按资源再生费用计算。

## 9.2.2　经济费用效益分析采用的参数

**1. 社会折现率**

社会折现率（socail discount rate，SDR）是用以衡量资金时间价值的重要参数，代表社会资金被占用应获得的最低收益率，是计算经济净现值的折现率。社会折现率作为经济内部收益率的基准值，是建设项目或方案经济可行性的主要判别依据。

社会折现率的确定应考虑社会经济发展目标、发展战略、发展优先顺序、社会成员费用效益时间偏好、投资收益水平、资金机会成本、资金供需情况等因素的影响。它由政府统一规定，目前我国取 8%。

**2. 影子汇率**

影子汇率（shadow exchange rate，SER）代表外汇的影子价格，体现从国家角度对外汇真实价值的估算，是指能反映外汇真实价值的汇率。在经济费用效益分析中，影子汇率通过影子汇率换算系数计算。影子汇率换算系数是影子汇率与国家外汇牌价的比值。工程项目投入物和产出物涉及进出口的，应采用影子汇率换算系数计算影子汇率。以美元与人民币的比价表示。

影子汇率=国家外汇牌价×影子汇率换算系数　　(9-12)

影子汇率换算系数是国家相关部门根据国家现阶段的外汇收支、进出口结构和水平、进出口关税、外汇的机会成本及发展趋势、外汇供需情况等因素综合测算和发布的。2006 年国家发展改革委和建设部发布的《建设项目经济评价方法与参数》(第三版）中的影子汇率换算系数取值确定为 1.08。

**【例 9-2】**　已知 2019 年 5 月 20 日国家外汇牌价中人民币对美元的比值为 689.88/100，试求人民币对美元的影子汇率。若影子汇率换算系数取值为 1.08。

**【解】**　影子汇率=(689.88/100)×影子汇率换算系数

=(689.88/100)×1.08=7.45

## 9.3 经济费用和效益的识别

在进行经济费用效益分析时，首先要正确识别项目的费用和效益，这是保证项目经济费用效益分析正确性和科学性的前提。项目的效益是指项目对国民经济所做的贡献，分为直接效益和间接效益；项目的费用是指国民经济为项目付出的代价，分为直接费用和间接费用。直接效益和直接费用可称为内部效果，间接效益和间接费用可称为外部效果。

### 9.3.1 直接效益与直接费用

直接效益是项目产出物直接生成，并在项目范围内计算的经济效益。一般表现为：增加项目产出物或者服务的数量以满足国内需求的效益；替代效益较低的相同或类似企业的产出物或者服务，使被替代企业减产或停产从而减少国家有用资源耗费或者损失的效益；增加出口或者减少进口从而增加或者节支的外汇等。

直接费用是由项目使用投入物所形成，并在项目范围内计算的费用。一般表现为：其他部门为本项目提供投入物，需要扩大生产规模所耗费的资源费用；减少对其他项目或者最终消费投入物的供应而放弃的效益；增加进口或者减少出口从而耗用或者减少的外汇等。

此外，完全为新建生产性项目服务的商业、卫生、文化教育等生活福利设施的投资应计为项目的直接费用，这些生活福利设施所产生的效益，可视为完全体现在项目的直接效益中，一般不必单独核算。

### 9.3.2 间接效益与间接费用

间接效益是指项目为国民经济做出的贡献，未在直接效益中得以反映的部分；间接费用是指国民经济为项目付出的代价，未在直接费用中得以反映的部分。

例如，建设一个水电站，一般除发电、防洪灌溉和供水等直接效果外，还必然带来养殖业和水上运动的发展，以及旅游业的发展等间接效益。此外，农牧业还会因土地淹没而遭受一定的损失等间接费用。例如，化肥厂项目可增加国内化肥产品的供应量，促进农业增产的效益，这是间接效益；但它排放的污水可使附近江河的鱼类资源骤减，这属于间接费用。

注意：为防止外部效果计算扩大化，项目的外部效果一般只计算一次相关效果，不应连续计算。

### 9.3.3 转移支付

转移支付是指项目的某些财务收益和支出，从国民经济角度看，并没有造成资源的实际增加或减少，仅是项目与其他社会实体之间的货币转移，不计入项目的经济效益与费用。转移支付主要有以下几种形式。

**1. 税金**

税金是企业的支出，对企业来说是费用。但是，从国家的角度看，税金并未增加或减少国民收入，只是企业的这笔货币转移到政府手中进行收入的再分配。因此，在经济费用效益分析中，税金既不列为收益，也不列为费用（用于校正项目“外部效果”的税收，可以用于计算外部效果）。

**2. 补贴**

补贴是国家为了鼓励使用某些资源或扶持某些项目投资而给予的价格补贴。对于企业来说，补贴属于收益，但仍未增加或减少社会资源，是国民收入从政府向企业的一种转移，因而，补贴不作为经济费用效益分析中的费用或效益（用于校正项目“外部效果”的补贴罚款，可以用于计算外部效果）。

**3. 国内贷款及其还本付息**

从企业或项目的角度看，贷款是货币流入，还本付息是与贷款相反的货币流动过程。而从国民经济的角度看，贷款并没有增加国民收入，还本付息也没有减少国民收入，这种货币流动过程仅仅代表资源支配权利的转移，社会实际资源并未增加或减少，因而，贷款及其还本付息不属于经济费用效益分析中的费用或效益。

### 9.3.4　经济费用和效益识别的原则

在经济费用效益分析中，应尽可能全面地识别建设项目的经济效益和费用，识别时应遵循以下原则。

**1. 增量分析的原则**

项目经济费用效益分析应建立在增量效益和增量费用识别和计算的基础之上，不应考虑沉没成本和已实现的效益。应按照“有无对比”增量分析的原则，通过项目的实施效果与无项目情况下可能发生的情况进行对比分析，作为计算机会成本或增量效益的依据。

**2. 关联效果的原则**

由于项目的建设和运营，在项目以外对相关联的社会部门、利益群体等引起的关联效应应该考虑。

**3. 剔除转移支付的原则**

识别费用与效益是以社会资源的增加或减少作为依据，而不是仅以货币的变动来衡量，应剔除税金、补贴、国内贷款利息等未导致新增资源发生的转移支付的影响（用于校正项目“外部效果”的补贴、税收，不可剔除）。

**4. 以本国居民作为分析对象的原则**

对于跨越国界，对本国之外的其他社会成员产生影响的项目，应重点分析对本国公民新增的效益和费用。项目对本国以外的社会群体所产生的效果，应进行单独陈述。

### 9.3.5　经济费用和效益计算的原则

项目投资所产生的经济费用或效益的计算，应在利益相关者分析的基础上，研究在特定的社会经济背景条件下相关利益主体获得的收益及付出的代价，计算项目相关的费用和效益，并遵从以下的原则。

1）支付意愿原则

项目产出物的正面效果的计算遵循支付意愿原则，用于分析社会成员为项目所产出的效益愿意支付的价值。

2）受偿意愿原则

项目产出物的负面效果的计算遵循受偿意愿原则，用于分析社会成员为接受这种不利影响所得到补偿的价值。

3）机会成本原则

项目投入的经济费用的计算应遵循机会成本的原则，用于分析项目所占用的所有资源的机会成本。机会成本应按资源的其他最有效利用所产生的效益进行计算。

4）实际价值计算原则

项目经济费用效益分析应对所有费用和效益采用反映资源真实价值的实际价格进行计算，不考虑通货膨胀因素的影响，但应考虑相对价格变动。

# 9.4 经济费用效益分析指标及报表

## 9.4.1 经济费用效益分析指标

经济费用效益分析以国民经济盈利能力分析为主，其评价指标主要包括经济净现值、经济内部收益率和效益费用比。

**1. 经济净现值**

经济净现值（ENPV）是建设项目按照社会折现率将计算期内各年的经济净效益流量折现到建设期初的现值之和。经济净现值是反映建设项目对国民经济净贡献的绝对指标，是经济费用效益分析的主要评价指标。计算公式为：

$$\mathrm{ENPV} = \sum_{t=0}^{n}(B - C)_t(1 + i_s)^{-t} \tag{9-13}$$

式中：$B$——建设项目经济效益流入量；

$C$——建设项目经济费用流出量；

$(B-C)_t$——建设项目第 $t$ 年的经济净效益流量；

$n$——计算期；

$i_s$——社会折现率。

评价标准：

若 ENPV≥0，表明建设项目可以达到符合社会折现率要求的净贡献，认为该项目从经济资源配置的角度考虑是可以被接受的。

**2. 经济内部收益率**

经济内部收益率（EIRR）是建设项目在计算期内各年经济净效益流量的现值累计等于 0 时的折现率。经济内部收益率是反映建设项目对国民经济净贡献的相对指标，是经济费用效益分析的辅助评价指标。其计算公式为：

$$\sum_{t=0}^{n}(B - C)_t(1 + \mathrm{EIRR})^{-t} = 0 \tag{9-14}$$

式中：$B$——建设项目经济效益流入量；

$C$——建设项目经济费用流出量；

$(B-C)_t$——建设项目第 $t$ 年的经济净效益流量；

$n$——计算期；

EIRR——建设项目经济内部收益率。

评价标准：

若 EIRR $\geqslant i_s$（$i_s$是社会折现率），表明该项目资源配置的经济效率达到了可以被接受的水平。

**3. 效益费用比**

经济效益费用比（$R_{BC}$）是指项目在计算期内效益流量的现值与费用流量的现值之比，是经济费用效益分析的辅助评价指标。其计算公式为：

$$R_{BC}=\frac{\sum_{t=0}^{n}B_t(1+i_s)^{-t}}{\sum_{t=0}^{n}C_t(1+i_s)^{-t}} \tag{9-15}$$

式中：$B_t$——建设项目第 $t$ 年的经济效益；

$C_t$——建设项目第 $t$ 年的经济费用；

$n$——计算期；

$i_s$——社会折现率；

$R_{BC}$——效益费用比。

评价标准：

若 $R_{BC}\geqslant 1$，表明该项目资源配置的经济效率达到了可以被接受的水平。

## 9.4.2　经济费用效益分析报表

经济费用效益分析报表及辅助报表包括项目投资经济费用效益流量表、经济费用效益分析投资费用估算调整表、经济费用效益分析经营费用估算调整表、项目直接效益估算调整表、项目间接费用估算表及项目间接效益估算表。

经济费用效益流量表的编制，可以按照经济费用效益识别和计算的原则及方法直接进行，也可以在项目财务分析的基础上将财务现金流量表转换为反映资源变动真正状况的经济费用效益流量表。

直接进行经济费用效益流量的识别和计算的基本步骤。

① 对于项目的各种投入物，应按照机会成本的原则计算其经济价值；

② 识别项目产出物可能带来的各种影响效果；

③ 对于具有市场价格的产出效果，以市场价格为基础计算其经济价值；

④ 对于没有市场价格的产出效果，应按照支付意愿及接受补偿意愿的原则计算其经济价值；

⑤ 对于难以进行货币量化的产出效果，应尽可能地采用其他量纲进行量化，难以量化的，进行定性描述，以全面反映项目的产出效果。

在财务分析基础上进行经济费用效益流量的识别和计算的基本步骤。

① 剔除财务现金流量中的通货膨胀因素，得到以实价表示的财务现金流量；

② 剔除运营期财务现金流量中不反映真实资源流量变动状况的转移支付因素；

③ 用影子价格、影子汇率逐项调整建设投资中的各项组成，剔除涨价预备费、税金、国内借款建设期利息等转移支付项目；

④ 调整流动资金，将流动资产和流动负债中不反映实际资源耗费的有关现金、应收、应付、预收、预付款项，从流动资金中剔除；

⑤ 调整经营费用，用影子价格调整主要原材料、燃料及动力费用，用影子工资调整劳动工资及福利费等；

⑥ 调整营业收入，对于具有市场价格的产出物，以市场价格为基础计算其影子价格；对于没有市场价格的产出效果，以支付意愿或接受补偿意愿的原则计算其影子价格；

⑦ 对于可货币化的外部效果，应将货币化的外部效果计入经济效益费用流量；对于难以进行货币化的外部效果，应尽可能地采用其他量纲进行量化。难以量化的，进行定性描述，以全面反映项目的产出效果。

## 9.5 案例分析

### 某新型芯片项目经济费用效益分析

某公司欲投资建设一个生产新型芯片的项目，生产的芯片销往国内其他企业作为原材料。该项目计算期为20年，其中建设期为2年，生产经营期为18年。建设投资第一年投入40%，第二年投入60%；流动资金从第三年起分2年等额投入。第三年投产，生产负荷达到85%，第四年生产负荷达到100%。该项目生产的新型芯片为市场定价的货物，市场价格为2.8元/块（含增值税，税率为13%），该项目正常年份年产量为18 000万块，据预测，项目投产后将导致该产品的市场价格下降5%，而且很可能挤占国内原有厂家的部分市场份额，国内运费均值为100元/万块。计算期末回收固定资产余值为3 500.31万元。该项目无外部效益和外部费用。该工程项目总投资情况见表9-2。

表9-2　项目总投资情况

| 序号 | 项　　目 | 人民币/万元 | 美元/万元 |
|---|---|---|---|
| 1 | 建设投资 | 12 012.90 | 980.10 |
| 1.1 | 建设工程投资 | 4 250.00 | |
| 1.2 | 设备及工器具投资 | 4 466.00 | 589.00 |
| 1.3 | 安装工程投资 | 1 165.00 | 220.00 |
| 1.4 | 工程建设其他投资 | 608.00 | 82.00 |
| | 其中：土地费用 | 122.00 | |
| 1.5 | 基本预备费 | 1 048.90 | 89.10 |
| 1.6 | 涨价预备费 | 475.00 | |
| 2 | 建设期利息 | 864.00 | |
| 3 | 流动资金 | 3 257.00 | |
| 4 | 总投资 | 16 133.90 | 980.10 |

美元兑换人民币的外汇牌价为6.80人民币元/美元，影子汇率换算系数为1.08。该项目建设工程投资影子价格换算系数为1.1。设备及工器具投资、安装工程投资及除土地费用外的工程建设其他投资中人民币投资影子价格换算系数均为1。该项目占用基本农田的机会成本为82.03万元，新增资源消耗为机会成本的40%。基本预备费费率为10%。该项

目应收账款为 2 348 万元，存货为 1 920 万元，现金为 186 万元，应付账款为 1 197 万元。

该项目原材料有 A、B、C 三种，原料 A 和 C 为市场定价的外贸货物，其到岸价分别为 693 美元/t和 340 美元/t。年耗用量分别为 3 万 t 和 1.8 万 t，国内运费为 92 元/t，贸易费率为 6%；原料 B 为非贸易货物，经测定，影子价格为 3 407 元/t，年耗用量 2.23 万 t。

该项目年耗用电力 3 260.5 万 kW·h，年耗用煤炭 2 万 t，年耗用水 332 万 t。电力影子价格为 0.72 元/(kW·h)，煤炭影子价格为 680 元/t，水影子价格为 7.2 元/t。年工资及福利费为 270 万元，影子工资换算系数为 0.8；调整后年修理费为 414.51 万元；调整后年其他费用为 2 980.06 万元。该项目建设投资和流动资金投入均在年初发生，其余经济效益和经济费用流量均在年末发生，社会折现率为 8%。

根据上述资料进行该项目的费用效益分析过程如下。

**1. 调整项目投资费用**

根据以上数据，进行项目投资费用的调整，调整情况见表 9-3。

**表 9-3　项目费用效益分析投资费用估算调整表**

| 序号 | 项　　目 | 财务分析 | | | 经济费用效益分析 | | |
|---|---|---|---|---|---|---|---|
| | | 美元/万元 | 人民币/万元 | 人民币合计/万元 | 美元/万元 | 人民币/万元 | 人民币合计/万元 |
| 1 | 建设投资 | 980.10 | 12 012.9 | 18 677.58 | 980.10 | 11 997.52 | 19 195.37 |
| 1.1 | 建设工程费 | | 4 250.00 | 4 250.00 | | 4 675.00 | 4 675.00 |
| 1.2 | 设备购置费 | 589.00 | 4 466.00 | 8 471.2 | 589.00 | 4 466.00 | 8 791.62 |
| 1.3 | 安装工程费 | 220.00 | 1 165.00 | 2 661 | 220.00 | 1 165.00 | 2 780.68 |
| 1.4 | 其他费用 | 82.00 | 608.00 | 1 165.6 | 82.00 | 600.84 | 1 203.05 |
| | 其中：土地费用 | | 122.00 | 122 | | 114.84 | 114.84 |
| 1.5 | 基本预备费 | 89.10 | 1 048.90 | 1 654.78 | 89.10 | 1 090.68 | 1 745.03 |
| 1.6 | 涨价预备费 | | 475.00 | 475.00 | | | |
| 2 | 建设期利息 | | 864.00 | 864.00 | | | |
| 3 | 流动资金 | | 3 257.00 | 3 257.00 | | 1 920.00 | 1 920.00 |

**2. 经营费用估算**

根据以上数据，利用影子价格计算该项目的经营费用，具体见表 9-4。

**表 9-4　项目经营费用估算调整表**

| 序号 | 项　　目 | 单位 | 年耗用量 | 影子价格/(元/t) | 年费用/万元 |
|---|---|---|---|---|---|
| 1 | 外购原材料 | | | | 28 987.68 |
| 1.1 | 原料 A | 万 t | 3.00 | 5 486.76 | 16 460.27 |
| 1.2 | 原料 B | 万 t | 2.23 | 3 407.00 | 7 597.61 |
| 1.3 | 原料 C | 万 t | 1.80 | 2 738.78 | 4 929.80 |

续表

| 序号 | 项　目 | 单位 | 年耗用量 | 影子价格/(元/t) | 年费用/万元 |
|---|---|---|---|---|---|
| 2 | 外购燃料费及动力费 | | | | 6 097. 96 |
| 2. 1 | 电力 | 万 kW · h | 3 260. 50 | 0. 72 | 2 347. 56 |
| 2. 2 | 煤炭 | 万 t | 2. 00 | 680. 00 | 1 360. 00 |
| 2. 3 | 水 | 万 t | 332. 00 | 7. 20 | 2 390. 40 |
| 3 | 工资及福利费 | | | | 216. 00 |
| 4 | 年维修费 | | | | 414. 51 |
| 5 | 其他费用 | | | | 2 980. 06 |
| | 合计 | | | | 38 696. 21 |

**3. 项目直接效益分析**

取“有项目”和“无项目”两种情况下市场价格的平均值作为测算影子价格的依据，该产品的影子价格为：

({[2. 8×(1-5%)+2. 8]/2}/(1+13%))×10 000-100=24 059. 29(元/万块)

则该项目的直接效益为

24 059. 29×18 000/10 000=43 306. 73（万元）

**4. 项目经济费用效益评价**

编制项目投资经济费用效益流量表（见表 9-5）。

**表 9-5　项目投资经济费用效益流量表**

| 序号 | 项目 | 合计/万元 | 建设期 | | | 生产期 | | |
|---|---|---|---|---|---|---|---|---|
| | | | 0 | 1 | 2 | 第 3 年 | 第 4～19 年 | 第 20 年 |
| 1 | 效益流量 | 778 445. 26 | | | | 36 810. 71 | 43 306. 72 | 48 727. 03 |
| 1. 1 | 项目直接效益 | 773 024. 95 | | | | 36 810. 71 | 43 306. 72 | 43 306. 72 |
| 1. 2 | 回收固定资产余值 | 3 500. 31 | | | | | | 3 500. 31 |
| 1. 3 | 回收流动资产 | 1 920 | | | | | | 1 920 |
| 2 | 费用流量 | 711 842. 65 | 7 678. 15 | 11 517. 22 | 960 | 33 851. 78 | 38 696. 21 | 38 696. 21 |
| 2. 1 | 建设投资 | 19 195. 37 | 7 678. 15 | 11 517. 22 | | | | |
| 2. 2 | 流动资金 | 1 920 | | | 960 | 960 | | |
| 2. 3 | 经营费用 | 690 727. 28 | | | | 32 891. 78 | 38 696. 21 | 38 696. 21 |
| 3 | 净现金流量 | 66 602. 61 | -7 678. 15 | -11 517. 22 | -960 | 2 958. 93 | 4 610. 51 | 10 030. 82 |

根据表 9-5，计算经济内部收益率为 16. 67%，经济净现值为 17 731. 49 万元，该项目经济净现值 ENPV>0，经济内部收益率 EIRR>8%。因此，从资源配置效率角度，该项目具有经济合理性。

## 延伸阅读

1. 李明哲．投资项目经济评价理论与实践问题研究［J］. 技术经济，2008，27（2）：35-43，63.

2. 余庆薇．《建设项目经济评价方法与参数》（第三版）的思考［J］. 铁路工程造价管理，2007（11）：25-27.

3. 杨砚，杨桦．建设项目经济评价方法与参数综述［J］. 四川食品与发酵，2007（2）：14-18.

## 复习思考题

**1. 单项选择题**

(1) 在实际经济生活中，有些产品的市场价格不能真实反映国民经济对项目的投入和产出，在这种情况下进行经济分析时，须采用（　　）。

A. 市场价格　　B. 不变价格　　C. 可变价格　　D. 影子价格

(2) 外贸货物的影子价格是以实际可能发生的（　　）为基础确定的。

A. 市场价格　　B. 口岸价格　　C. 计划价格　　D. 调拨价格

(3) 利息在国民经济评价中属于（　　）。

A. 直接费用　　B. 间接费用　　C. 转移支付　　D. 间接效益

**2. 多项选择题**

(1) 外贸货物影子价格的确定包括（　　）。

A. 直接出口产品　　B. 直接进口产品

C. 间接出口产品　　D. 间接进口产品

(2) 经济费用效益分析的指标有（　　）。

A. 经济净现值　　B. 经济内部收益率

C. 效益费用比　　D. 投资收益率

(3) 财务分析与经济费用效益分析的区别是（　　）。

A. 评价角度　　B. 费用与效益的划分

C. 价格体系　　D. 评价的参数

**3. 思考题**

(1) 简述建设项目财务分析与经济费用效益分析有何异同。

(2) 经济费用效益分析的指标有哪些？它们的判别标准各是什么？

(3) 需要进行经济费用效益分析的项目有哪些？

**4. 计算题**

(1) 某市可以花费 300 万元设置一种新的交通格局。这种格局每年需 5 万元的维护费，但每年可节省支付给交警的费用 20 万元。驾驶汽车的人每年可节约价值为 38 万元的时间，但是汽油费与运行费每年要增加 8 万元。基准折现率取 8%，经济寿命为 20 年，残值为零。试用经济费用效益分析法判断该市是否应采用新的交通格局。

（2）A 厂耗用 B 厂出口的煤炭，煤炭的出口价为 1 000 元/t。B 厂距离口岸 300 km，B 厂距离 A 厂 600 km，煤炭铁路运费为 0.10 元/(t · km)，贸易费用为货价的 6%。试计算耗用煤炭的影子价格。

（3）某进口产品国内现行价格为 500 元/t，其影子价格换算系数为 1.50，国内运费及贸易费为 50 元/t，人民币对美元的影子汇率为 6.85，求该进口产品用美元表示的到岸价格。

（4）项目 A 的投入物为 B 厂生产的 M 产品，由于项目 A 的建成使 B 厂供应给原用户 C 的投入物减少，用户 C 需进口一部分 M 产品。A 距离 B 200 km，B 距离 C 150 km，C 距离港口 300 km，进口到岸价为 500 美元/t，影子汇率为 6.85 元人民币/美元，贸易费按采购价的 6%计算，国内运费为 3 元/ (t · km)，求项目 A 投入物到厂价的影子价格。

（5）某企业生产一种产品，该产品共需三种原料，A、B 两种原料为非外贸货物，其国内市场价格总额每年分别为 600 万元和 100 万元，国内运费为价格的 10%，影子价格与国内市场价格的换算系数分别为 1.2 和 1.5。C 原料为进口货物，其到岸价格总额每年为 200 万美元，进口费用为 30 万元。设影子汇率换算系数为 1.08，外汇牌价为 6.850，求该产品经济费用效益评价的年原料成本总额。

答案

# 第 10 章 设备更新分析

## 【本章内容概要】

本章介绍了设备磨损的类型、设备折旧的方法、设备最合理的使用期限；设备更新的经济分析方法；设备租赁与购买的比较分析方法及租金的计算方法。

## 【本章学习重点和难点】

**学习重点**：掌握设备折旧的方法、设备最合理的使用期限、设备更新的经济分析方法、设备租赁与购买的比较分析方法。

**学习难点**：设备最合理使用期限的确定、设备更新的经济分析方法、设备租赁与购买的比较分析方法。

**【引例】** 某公司用旧设备 B 加工某产品的关键零件，旧设备 B 是 8 年前买的，当时的购置及安装费为 80 000 元，旧设备 B 目前市场价为 18 000 元，估计旧设备 B 可再使用 2 年，退役时残值为 2 750 元。目前市场上出现了一种新设备 A，新设备 A 的购置费及安装费为120 000元，使用寿命为 10 年，残值为原值的 10%。旧设备 B 和新设备 A 加工 100 个零件所需时间分别为 5.24 h 和 4.2 h，该公司预计今后每年平均能销售 44 000 件该产品。该公司人工费为 18.7 元/h。旧设备动力费为 4.7 元/h，新设备动力费为 4.9 元/h，基准折现率为 10%。

**分析与讨论**

公司是否应采用新设备 A 更新旧设备 B？为什么？

## 10.1 设备磨损与折旧

设备购置后，无论是使用还是闲置，都会发生各种磨损，以致技术性能降低，不能满足生产工艺要求；同时也使设备本身的价值降低，维护费升高。为减少各种磨损，可以采用常规修理和技术更新的办法进行补偿，并在固定资产管理中采用折旧的方法体现出设备的磨损。

### 10.1.1 设备磨损

设备磨损是指设备在使用或闲置过程中所发生的损耗。设备磨损分为有形磨损和无形磨损。

**1. 设备的有形磨损**

1）有形磨损的概念

设备的有形磨损又叫设备的物理磨损，是设备在使用或闲置过程中所发生的实体损耗。设备有形磨损会导致其精度降低、生产率下降，当磨损达到一定程度时，将失去使用价值。影响设备有形磨损的因素是多方面的，主要包括：设备本身的质量、设备的使用强度、设备的维修保养质量、设备的工作环境等。设备有形磨损又可分为第Ⅰ种有形磨损和第Ⅱ种有形磨损。

（1）第Ⅰ种有形磨损

第Ⅰ种有形磨损是设备使用过程中发生的磨损。它通常表现为：设备零部件尺寸、形状发生变化，零部件的损坏，元器件的老化等。如图 10-1 所示，设备在使用中产生的零部件有形磨损大致有三个阶段。

① 初期磨损期是设备的“磨合”期，主要是由于不同零部件磨合作用产生的磨损，其特点是磨损速度快、时间短。

② 正常磨损期是设备正常使用期的磨损，其特点是磨损速度比较平稳，磨损量增值缓慢。此时设备处于最佳的技术状态。

③ 剧烈磨损期即报废前的一段时间，其特点是磨损速度急剧增加，设备的性能、精度迅速下降，属于恶性使用阶段。

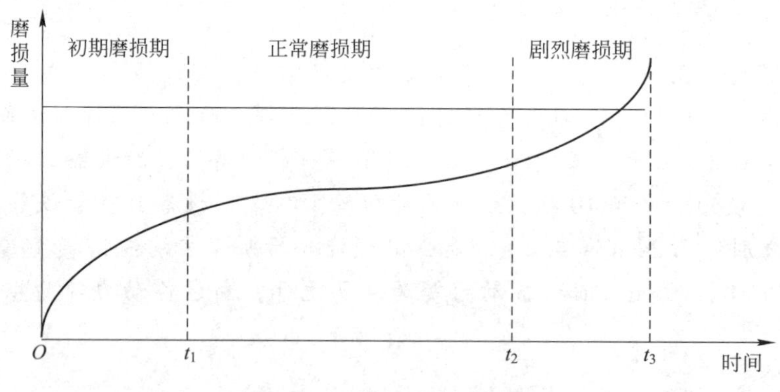


图 10-1　设备的有形磨损曲线

（2）第Ⅱ种有形磨损

第Ⅱ种有形磨损是设备闲置过程中由于自然力作用发生的磨损。这种磨损与生产过程无关，甚至在一定程度上还与使用程度成反比。因此，设备闲置或封存不用也会产生有形磨损，如金属生锈、腐蚀、橡胶塑料老化等。设备闲置时间长了，会自然丧失精度和工作能力，失去使用价值。

2）有形磨损的度量

度量设备的有形磨损程度，必须首先度量零部件的磨损程度，然后加权计算出整台设备的磨损程度，即整机的平均磨损程度是在综合单个零部件磨损程度的基础上确定的。整机的磨损程度计算公式为：

$$\alpha_1 = \frac{\sum_{i=1}^{n} \alpha_i k_i}{\sum_{i=1}^{n} k_i} \tag{10-1}$$

式中：$\alpha_1$——设备的有形磨损程度；

$k_i$——$i$ 零件的价值；

$n$——设备零部件总数；

$\alpha_i$——$i$ 零件的实际磨损程度。

用修理费用的估价也可以计算整机的磨损程度，计算公式为：

$$\alpha_1 = \frac{R}{K_1} \tag{10-2}$$

式中：$R$——修复全部磨损零部件的费用；

$K_1$——设备的再生产价值。

**2. 设备的无形磨损**

1）设备无形磨损的概念

无形磨损又称经济磨损或精神磨损，是指由于技术进步的原因所引起的设备贬值。按照技术进步对设备影响的表现形式不同，无形磨损可分为第Ⅰ种无形磨损和第Ⅱ种无形磨损两种形式。

（1）第Ⅰ种无形磨损

第Ⅰ种无形磨损是由于技术进步，设备制造工艺的不断改进，成本不断降低，劳动生产率不断提高，生产同样效能设备的费用减少，设备市场价格降低，这样就使原来购买的设备价值相应贬值。第Ⅰ种无形磨损的后果只是现有设备的原始价值部分贬值，其本身的技术性能，即使用价值并未发生变化，所以，不会影响设备的使用。

（2）第Ⅱ种无形磨损

第Ⅱ种无形磨损是由于技术进步，出现了性能更完善，效率更高的设备，使原有的设备显得相对陈旧落后，其经济效能相对降低而发生的设备贬值。第Ⅱ种无形磨损不仅使原有设备价值降低，而且会使设备丧失使用价值。

影响设备无形磨损的主要因素是技术进步，技术进步的速度越快，设备的无形磨损也越快。

2）设备无形磨损的度量

设备无形磨损程度计算公式为：

$$\alpha_2 = \frac{K_0 - K_1}{K_0} = 1 - \frac{K_1}{K_0} \tag{10-3}$$

式中：$\alpha_2$——设备无形磨损程度；

$K_0$——设备的原始价值；

$K_1$——设备的再生产价值。

**3. 设备的综合磨损**

设备在使用过程中所受到的磨损是双重的，由于购置者购买设备后就投入使用，使设备遭受到有形磨损；同时，制造者也必须不断使用更高新的技术来制造设备，使设备遭受到无形磨损。这种既存在有形磨损，又存在无形磨损的磨损形式就是综合磨损。

设备综合磨损的度量可按以下方法进行：设备遭受有形磨损后尚余部分为 $1-\alpha_1$；设备遭受无形磨损后尚余部分为 $1-\alpha_2$；设备遭受综合磨损后尚余部分为 $(1-\alpha_1)(1-\alpha_2)$。由此可得设备综合磨损程度的计算公式为：

$$\alpha=1-(1-\alpha_1)(1-\alpha_2) \tag{10-4}$$

设备在任一时期遭受综合磨损后的净值 $K$ 为：

$$K=(1-\alpha)K_0 \tag{10-5}$$

展开并整理后得：

$$\begin{aligned} K &= (1-\alpha)K_0=(1-\alpha_1)(1-\alpha_2)K_0 \\ &= \left(1-\frac{R}{K_1}\right)\left(1-\frac{K_0-K_1}{K_0}\right)K_0=K_1-R \end{aligned} \tag{10-6}$$

从式（10-6）可以看出，设备遭受综合磨损后的净值等于等效设备的再生产价值与维修费用的差额。

**【例 10-1】** 若某设备原始价值为 12 000 元，再生产价值为 8 000 元，此时大修理需要费用 2 000 元。试问该设备遭受何种磨损，磨损度为多少？

**【解】** 设备遭受有形磨损和无形磨损，其磨损度如下。

① 有形磨损程度为：

$$\alpha_1=\frac{R}{K_1}=\frac{2\ 000}{8\ 000}=0.25$$

② 无形磨损程度为：

$$\alpha_2=\frac{K_0-K_1}{K_0}=1-\frac{K_1}{K_0}=1-\frac{8\ 000}{12\ 000}=0.33$$

③ 综合磨损程度为：

$$\alpha=1-(1-\alpha_1)(1-\alpha_2)=1-(1-0.25)(1-0.33)=0.50$$

### 10.1.2 设备磨损的补偿

由于设备有形磨损和无形磨损的存在，对设备使用价值产生不同程度的影响。设备受到较严重的磨损后，如果继续使用，一方面影响设备预定功能的实现，不能满足生产的需要；另一方面降低设备使用的经济效益。所以，当设备磨损到一定程度时，为维持设备正常工作需要的特性和功能，必须对其在使用中的损耗给予及时、合理的补偿。设备磨损的形式不同，补偿的方法也不同，补偿分为局部补偿和完全补偿。设备有形磨损的局部补偿是维修，无形磨损的局部补偿是现代化改造，有形磨损和无形磨损的完全补偿则是更新。设备磨损形式与补偿方式的关系如图 10-2 所示。

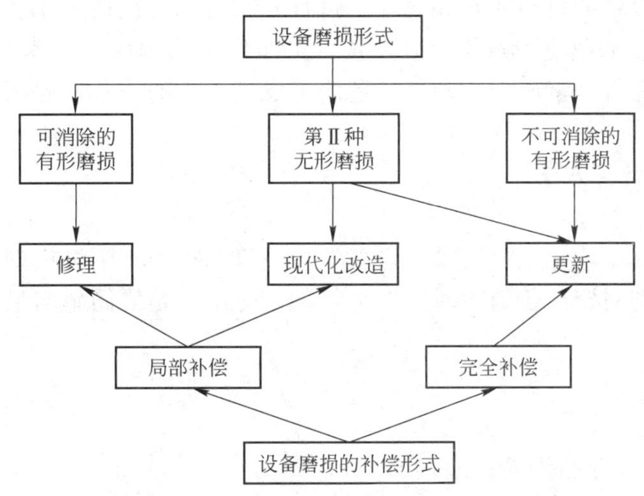


图 10-2　设备磨损形式与补偿方式的关系

### 10.1.3　设备折旧

**1. 设备折旧的相关概念**

由于设备在长期使用过程中，要经受有形磨损和无形磨损。有形磨损会造成设备使用价值和资产价值的降低；无形磨损会造成设备资产价值的降低，但不影响其使用。为了保证生产过程连续进行，企业应该具有重置设备资产的能力。这就要求企业能在设备有效使用年限内将其磨损逐渐转移到它所生产的产品中去，这种按期或按活动量将设备磨损转为产品的成本费用的方式，称为设备的折旧。按期或按活动量转为产品成本费用的设备资产的损耗价值就是折旧费。

在计算与时间有关的设备折旧费时，应考虑以下三个因素：设备资产的原值、净残值和折旧年限。

1）设备资产的原值

设备资产的原值一般为购置设备时一次性支付的费用，又称初始费用。设备资产的原值要与发生的时间一并考虑才有意义。

2）净残值

净残值是设备的残值减去其清理费用以后的余额。设备的残值是指设备报废清理时可供出售的残留部分（如当作废料利用的材料和零件等）的价值，可以用作抵补设备原值的一部分。设备资产的清理费用是指在清理报废设备时，因拆除、搬运、整理和办理手续等的各项费用支出，它是设备使用的一种必要的追加耗费。

净残值可以表示设备变为现金价值的能力，设备在不同的使用年限末报废具有不同的净残值。净残值与设备的账面价值是有区别的。设备的账面价值是依然保留在企业账册中的未摊销的资产价值，这笔款额只不过是过去折旧过程与过去决策的结果。账面价值不是市场价值，即不是资产变为现金的价值，它只是会计账册上的“虚构”值。

3）折旧年限

折旧年限是按财政部规定的折旧率每年提取折旧费，使设备的账面价值为零所需要的时间，它一般根据设备的材料质量和属性、每日开工时间、负荷大小、化学侵蚀程度、维护修理质量等工艺技术和使用条件，以及技术进步等无形损耗的因素和设备的自然寿命、技术寿命、经济寿命等因素确定。此外，还应考虑到正常的季节性停歇和大修理所需的时间等因素的影响。

**2. 设备折旧的计算方法**

1）直线折旧法

直线折旧法又称平均年限法，是在设备资产估算的折旧年限里按期平均分摊资产价值的一种计算方法，即对资产价值按时间单位等额划分。它是最简单与最普遍应用的折旧方法，其计算公式为：

$$A_t=\frac{K_o-L_n}{T_p} \tag{10-7}$$

式中：$A_t$——设备第 $t$ 年折旧费；

$K_o$——设备原值；

$L_n$——设备残值；

$T_p$——设备最佳使用期（或使用年限）。

**【例 10-2】** 一台设备价值为 7 400 元，残值为 200 元，最佳使用期为 8 年，求该设备的年折旧费。

**【解】** $A_t=(7\,400-200)/8=900$（元）

如果以资产的原值为基础，每期设备折旧率 $d$ 的计算公式为：

$$d=\frac{A_t}{K_o}\times100\%=\frac{K_o-L_n}{T_pK_o}\times100\% \tag{10-8}$$

**【例 10-3】** 某设备的资产原值为 15 500 元，估计报废时的残值为 4 500 元，清理费为 1 000 元，折旧年限为 15 年。计算其年折旧费、年折旧率。

**【解】** 运用式（10-7）得年折旧费为：

$$A_t=[15\,500-(4\,500-1\,000)]/15=800\text{（元）}$$

如果以资产原值为基础，运用式（10-8），得年折旧率为：

$$d=（800/15\,500）\times100\%=5.16\%$$

设备在折旧期内使用情况基本相同、经济效益基本均衡时，应用直线折旧法比较合理。但是，这种方法没有考虑设备和年折旧费的资金时间价值，也没有考虑新、老设备价值在产出上的差异，有一定的片面性。

2）加速折旧法

加速折旧法是指在设备折旧期内，前期较多而后期较少地递减提取折旧费，从而使设备资产磨损得到加速补偿的计提折旧费的方法。

在生产技术高度发展的情况下，采用加速折旧可以使设备资产的磨损快速补偿，及时回收设备更新所需的资金。同时，设备在效率高时多提折旧费，效率低时少提折旧费，符合收入与费用配比的原则。

另外，加速折旧在保持税金总额不变的前提下，税金的资金时间价值却发生了变化，即在前期可以少交所得税，而在后期多交所得税，从而达到较少地交纳税金现值的目的。因此，加速折旧法是一种税收优惠的措施。

常用的加速折旧法有年数总和折旧法和双倍余额递减折旧法两种。

（1）年数总和折旧法

年数总和折旧法就是在设备使用期限内，按年递减地分摊设备价值的一种折旧方法。其递减规律是每年的递减系数由年度数的逆次排列数与年度数和之比确定。年度数的逆次排列为：

$$T_p,\ T_p-1,\ \cdots,\ 2,\ 1$$

年度数和为：

$$\sum_{i=1}^{T_p} i = 1 + 2 + \cdots + (T_p - 1) + T_p = \frac{T_p(1 + T_p)}{2}$$

第 $t$ 年折旧率 $d_t$ 为：

$$d_t = \frac{T_p+1-t}{\frac{T_p(1+T_p)}{2}} \tag{10-9}$$

因此,设备第 $t$ 年折旧费的计算公式为：

$$A_t = (K_o - L_n) \times \frac{T_p+1-t}{\frac{T_p(1+T_p)}{2}} \tag{10-10}$$

式中：$t$——设备在使用期限内的某一确定年度；

其他符号同上。

**【例 10-4】**　一台设备价值为 7 400 元，残值为 200 元，最佳使用期为 8 年，用年数总和折旧法求该设备的年折旧费。

**【解】**　年数总和为：8+7+6+5+4+3+2+1＝36（年）

所以第一年的折旧费为：(7 400−200)×8/36＝1 600（元）

第二年的折旧费为：(7 400−200)×7/36＝1 400（元）

⋮

其他的计算结果见表 10-1。

**表 10-1　某设备按年数总和折旧法计算的逐年折旧费**

| 年度 | 折旧率 | 折旧费/元 |
|---|---|---|
| 1 | 8/36 | 1 600 |
| 2 | 7/36 | 1 400 |
| 3 | 6/36 | 1 200 |
| 4 | 5/36 | 1 000 |
| 5 | 4/36 | 800 |
| 6 | 3/36 | 600 |
| 7 | 2/36 | 400 |
| 8 | 1/36 | 200 |
| 合计 | 36/36 | 7 200 |

（2）双倍余额递减折旧法

采用这种方法时，折旧率是在不考虑设备净残值的情况下，按直线折旧法折旧率的两倍计算，逐年的折旧基数等于设备原值减去累计折旧费。应用这种方法计算固定资产折旧年限到期前两年的折旧费时，应将固定资产净值扣除预计净残值后的余额平均摊销，即最后两年改用直线折旧法计算折旧费。即折旧率为：

$$d=\frac{2}{T_p} \tag{10-11}$$

第 1 年的折旧费为：

$$A_1=K_o d=2K_o/T_p$$

第 2 年的折旧费为：

$$A_2=(K_o-A_1)d=2(K_o-A_1)/T_p$$

$$\vdots$$

第 $T_p-2$ 年的折旧费为：

$$\begin{aligned}A_{T_p-2}&=(K_o-A_1-A_2-\cdots-A_{T_p-3})d\\&=2(K_o-A_1-A_2-\cdots-A_{T_p-3})/T_p\end{aligned}$$

第 $T_p-1$ 年和第 $T_p$ 年的折旧额为：

$$A_{T_p-1}=A_{T_p}=(K_o-A_1-A_2-\cdots-A_{T_p-3}-A_{T_p-2}-L_n)/2$$

**【例 10-5】** 一台设备价值为 8 000 元，最佳使用期为 10 年，残值为 500 元。因此，按双倍余额递减折旧法确定的固定折旧率为 20%（直线折旧率的两倍）。则用双倍余额递减折旧法计算的该设备各年的折旧费见表 10-2。

**表 10-2 该设备各年的折旧费**

| 年度 | 设备净值/元 | 折旧费/元 | 年度 | 设备净值/元 | 折旧费/元 |
|---|---|---|---|---|---|
| 第 1 年 | 8 000. 00 | 8 000. 00×20% = 1 600. 00 | 第 6 年 | 2 621. 44 | 2 621. 44×20% = 524. 29 |
| 第 2 年 | 6 400. 00 | 6 400. 00×20% = 1 280. 00 | 第 7 年 | 2 097. 15 | 2 097. 15×20% = 419. 43 |
| 第 3 年 | 5 120. 00 | 5 120. 00×20% = 1 024. 00 | 第 8 年 | 1 677. 72 | 1 677. 72×20% = 335. 54 |
| 第 6 年 | 4 096. 00 | 4 096. 00×20% = 819. 20 | 第 9 年 | 1 342. 18 | (1 342. 18−500)×1/2 = 421. 09 |
| 第 5 年 | 3 276. 8 | 3 276. 8×20% = 655. 36 | 第 10 年 | 921. 09 | (1 342. 18−500)×1/2 = 421. 09 |

3）复利折旧法

复利折旧法分为偿债基金折旧法与年金折旧法。

（1）偿债基金折旧法

偿债基金折旧法就是在设备使用期限内，每年按照直线法提取折旧费，同时考虑资金时间价值，即按一定的资金利润率计算利息，到设备报废时，累计折旧费及利息之和正好等于设备原值的一种折旧方法。

设每年的折旧费为 $A$，资金利润率为 $i$，使用年限为 $T_p$，则每年提取的折旧费和利息为：

第一年 $A(1+i)^{T_p-1}$

第二年 $A(1+i)^{T_p-2}$

⋮ ⋮

第 $T_p$ 年　$A$

则 $A(1+i)^{T_p-1}+A(1+i)^{T_p-2}+\cdots+A=K_o-L_n$

整理得：

$$A=(K_o-L_n)\frac{i}{(1+i)^{T_p}-1} \tag{10-12}$$

（2）年金折旧法

年金折旧法就是在设备使用期限内，每年按直线折旧法提取折旧费，同时考虑资金的时间价值，将各年提取的折旧费换算为设备投资的现值，使得这些现值总和正好等于设备的原值。

设每年计提的折旧费为 $A$，资金利润率为 $i$，使用年限为 $T_p$，则每年提取的折旧费现值应为：

第一年　$A\frac{1}{1+i}$

第二年　$A\frac{1}{(1+i)^2}$

$\vdots$

第 $T_p$ 年　$A\frac{1}{(1+i)^{T_p}}$

设备残值的现值为

$$L_n\frac{1}{(1+i)^{T_p}}$$

则

$$K_o=A\frac{1}{1+i}+A\frac{1}{(1+i)^2}+\cdots+A\frac{1}{(1+i)^{T_p}}+L_n\frac{1}{(1+i)^{T_p}}$$

整理得：

$$A=\left[K_o-L_n\frac{1}{(1+i)^{T_p}}\right]\frac{i(1+i)^{T_p}}{(1+i)^{T_p}-1} \tag{10-13}$$

**【例 10-6】**　一台设备价值为 8 000 元，最佳使用年限为 10 年，残值为 200 元，资金利润率为 8%，试用偿债基金折旧法和年金折旧法分别计算每年的折旧费和利息。

**【解】**　用偿债基金折旧法计算每年的折旧费为：

$$A=(8\ 000-200)\times\frac{0.08}{(1+0.08)^{10}-1}=538.43（元）$$

用年金折旧法计算每年的折旧费为：

$$A=\left[8\ 000-\frac{200}{(1+0.08)^{10}}\right]\times\frac{0.08\times(1+0.08)^{10}}{(1+0.08)^{10}-1}=1\ 178.43（元）$$

用偿债基金折旧法计算的设备各年折旧费和利息见表 10-3。用年金折旧法计算的设备各年折旧费和利息见表 10-4。

**表 10-3　设备各年折旧费和利息（用偿债基金折旧法计算）**　　单位：元

| 年度 | 每年提取的折旧费 | 年初资金累计数加本年利息 | 年末资金累计数（包括利息） |
|---|---|---|---|
| 第 1 年 | 538.43 | | 538.43 |

续表

| 年度 | 每年提取的折旧费 | 年初资金累计数加本年利息 | 年末资金累计数（包括利息） |
|---|---|---|---|
| 第 2 年 | 538.43 | 581.50 | 1 119.93 |
| 第 3 年 | 538.43 | 1 209.52 | 1 747.95 |
| 第 4 年 | 538.43 | 1 887.79 | 2 426.22 |
| 第 5 年 | 538.43 | 2 620.32 | 3 158.75 |
| 第 6 年 | 538.43 | 3 411.45 | 3 949.88 |
| 第 7 年 | 538.43 | 4 265.87 | 4 804.30 |
| 第 8 年 | 538.43 | 5 188.64 | 5 727.07 |
| 第 9 年 | 538.43 | 6 185.24 | 6 723.67 |
| 第 10 年 | 538.43 | 7 261.56 | 7 799.99 |

**表 10-4 设备各年折旧费和利息（用年金折旧法计算）** 单位：元

| 年度 | 年度提取的折旧费 | 年投资利息 | 年分摊设备价值的折旧费 | 年末累计分摊设备价值的折旧费 | 年末设备净值 |
|---|---|---|---|---|---|
| 0 | | | | | 8 000 |
| 第 1 年 | 1 178.43 | 640.00 | 538.43 | 538.43 | 7 461.57 |
| 第 2 年 | 1 178.43 | 596.93 | 581.50 | 1 119.93 | 6 880.07 |
| 第 3 年 | 1 178.43 | 550.41 | 628.02 | 1 747.95 | 6 252.05 |
| 第 4 年 | 1 178.43 | 500.16 | 678.27 | 2 426.22 | 5 573.78 |
| 第 5 年 | 1 178.43 | 445.90 | 732.53 | 3 158.75 | 4 841.25 |
| 第 6 年 | 1 178.43 | 387.30 | 791.13 | 3 949.88 | 4 050.12 |
| 第 7 年 | 1 178.43 | 324.01 | 854.42 | 4 804.30 | 3 195.70 |
| 第 8 年 | 1 178.43 | 255.66 | 922.77 | 5 727.07 | 2 272.93 |
| 第 9 年 | 1 178.43 | 181.83 | 996.60 | 6 723.67 | 1 276.33 |
| 第 10 年 | 1 178.48 | 102.11 | 1 076.37 | 7 800.04 | 199.96 |

### 10.1.4 设备的经济寿命

**1. 设备的寿命**

设备在使用（或闲置）过程中，由于受有形磨损和无形磨损的影响，呈现三种寿命（物理寿命、技术寿命和经济寿命）形态，它们是决定设备补偿时间的依据。

1）*物理寿命*

物理寿命又称自然寿命，是指设备从投入使用开始到因设备老化、技术性能下降而无法正常使用从而报废为止所经历的时间。设备的物理寿命取决于有形磨损，与设备有形磨损的速度有关，延长物理寿命的主要措施是维修保养。

2）*技术寿命*

技术寿命是指设备从投入使用开始到因技术落后而被淘汰所经历的时间。技术寿命是从技术的角度考虑设备最合理的使用年数。它主要是由设备的无形磨损所决定的，与技术进步的速度有关。技术进步的速度越快，设备的技术寿命越短。在科学技术发达的今天，设备的技术寿命往往会大大短于其物理寿命。

3）经济寿命

经济寿命是指设备从投入使用开始到因继续使用在经济上不合理而被更新所经历的时间。它是由有形磨损和无形磨损共同决定的。具体地说，设备的经济寿命是指能使设备的年均总费用最低的年限。设备的年均总费用主要包括设备购置费的年分摊额和设备年使用费两部分。随着设备使用年数的增加，年分摊额逐渐减少，年使用费逐渐增加，年均总费用也就随着设备使用时间的变化而变化。在最适宜的使用年限内会出现年均总费用的最低值，其对应的年限即为设备的经济寿命，如图 10-3 所示。

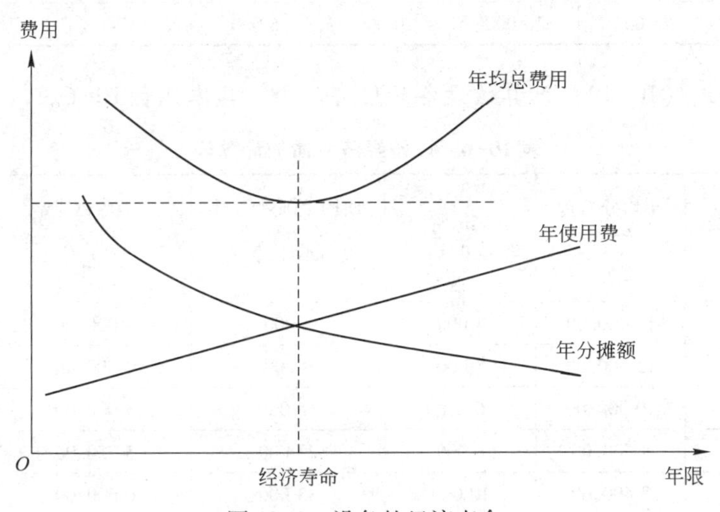


图 10-3　设备的经济寿命

可见，按设备经济寿命的年限更新设备最为经济合算。

**2. 设备经济寿命的估算方法**

设备经济寿命的估算方法很多，常用的是费用平均法。

1）设备经济寿命的静态计算方法

（1）一般情况

在不考虑资金时间价值的条件下，设备的年均总费用为：

$$\mathrm{AC}_n = \frac{P - L_n}{n} + \frac{1}{n}\sum_{j=1}^{n} C_j \tag{10-14}$$

式中：$\mathrm{AC}_n$——$n$ 年内设备的年均总费用；

$P$——设备原始价值；

$L_n$——设备 $n$ 年后的残值；

$C_j$——设备第 $j$ 年的运营成本；

$n$——设备使用年数；

$j$——设备使用年度，$j$ 的取值范围为 1 到 $n$。

由式（10-14）可知，设备的年均总费用等于设备的年分摊额 $\frac{P-L_n}{n}$ 与设备的年均运营成本$\frac{1}{n}\sum_{j=1}^{n} C_j$之和。

在所有的设备使用期限中，能使设备的年均总费用$AC_n$最低的那个使用期限就是设备的经济寿命。

**【例 10-7】** 某设备购置费为 4 万元，在使用过程中的统计数据见表 10-5，如果不考虑资金的时间价值，试计算其经济寿命。

**表 10-5　某设备使用过程的统计数据表**

单位：元

| 使用年度 $j$ | 第 1 年 | 第 2 年 | 第 3 年 | 第 4 年 | 第 5 年 | 第 6 年 | 第 7 年 |
|---|---|---|---|---|---|---|---|
| $j$ 年度运营成本 | 4 000 | 5 000 | 6 000 | 8 000 | 10 000 | 14 000 | 19 000 |
| $j$ 年末残值 | 25 000 | 15 000 | 10 000 | 6 000 | 3 000 | 2 000 | 1 000 |

**【解】** 根据式（10-14）计算该设备的经济寿命，具体见表 10-6。

**表 10-6　设备经济寿命的计算表**

单位：元

| 使用年限 $n$ | 设备分摊费 $P-L_n$ | 年均分摊费 $\frac{P-L_n}{n}$ | 年运营成本 $C_j$ | 使用年限内运营成本累计 $\sum_{j=1}^{n} C_j$ | 年均运营成本 $\frac{1}{n}\sum_{j=1}^{n} C_j$ | 年均总费用=年均分摊费+年均运营成本 |
|---|---|---|---|---|---|---|
| 1 | 15 000 | 15 000. 00 | 4 000 | 4 000 | 4 000. 00 | 19 000. 00 |
| 2 | 25 000 | 12 500. 00 | 5 000 | 9 000 | 4 500. 00 | 17 000. 00 |
| 3 | 30 000 | 10 000. 00 | 6 000 | 15 000 | 5 000. 00 | 15 000. 00 |
| 4 | 34 000 | 8 500. 00 | 8 000 | 23 000 | 5 750. 00 | 14 250. 00 |
| 5 | 37 000 | 7 400. 00 | 10 000 | 33 000 | 6 600. 00 | 14 000. 00 * |
| 6 | 38 000 | 6 333. 33 | 14 000 | 47 000 | 7 833. 33 | 14 166. 66 |
| 7 | 39 000 | 5 571. 43 | 19 000 | 66 000 | 9 428. 57 | 15 000. 00 |

注：“＊”表示年均总费用最低。

由计算结果来看，该设备使用 5 年时，其年均总费用最低（14 000 元），使用期限大于或小于 5 年时，其年均总费用均大于 14 000 元，故该设备的经济寿命为 5 年。

（2）特殊情况

一般而言，随着设备使用年限的增加，年运营成本每年以某种速度在递增，这种运营成本的逐年递增称为设备的劣化。现假定每年运营成本的增量是均等的，即运营成本呈线性增长，如图 10-4 所示。

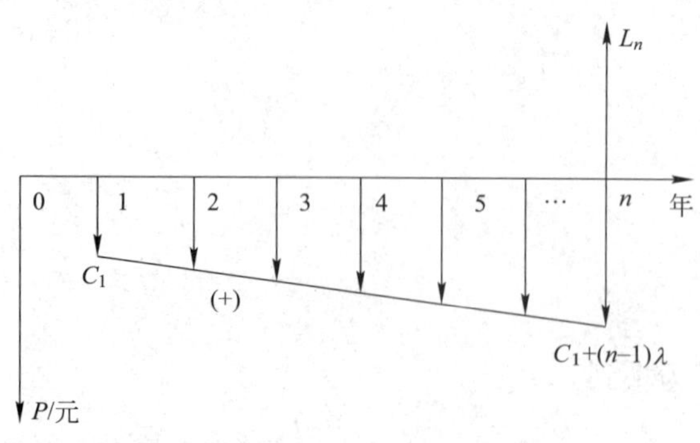


图 10-4　劣化增量均等的现金流量图

设每年运营成本增加额为 $\lambda$，运营成本均发生在年末，设备使用年限为 $n$ 年，则第 $n$ 年的运营成本为：

$$C_n = C_1 + (n-1)\lambda \qquad (10-15)$$

式中：$C_1$——运营成本的初始值，即第 1 年的运营成本。

$n$ 年内设备运营成本的平均值为 $C_1+\frac{n-1}{2}\lambda$。除运营成本外，在年均总费用中还包括设备的年均分摊额，其金额为$\frac{P-L_n}{n}$，则年均总费用的计算公式为：

$$AC_n=\frac{P-L_n}{n}+C_1+\frac{n-1}{2}\lambda \tag{10-16}$$

通过求式（10-16）的极值，可求出设备的经济寿命 $m$。

设 $L_n$ 为一常数，令$\frac{d(AC_n)}{dn}=0$，则经济寿命 $m$ 为：

$$m=\sqrt{\frac{2(P-L_n)}{\lambda}} \tag{10-17}$$

式中：$m$——设备的经济寿命；

$P$——设备的原始价值；

$L_n$——设备 $n$ 年后的残值；

$\lambda$——劣化值，即每年运行成本增加值。

**【例 10-8】** 若设备原始价值为 10 000 元，预计残值为 1 000 元，运行成本初始值为 1 200 元，年运行成本劣化值为 200 元/年，则设备的经济寿命是多少年？

**【解】** 设备的经济寿命为：

$$m=\sqrt{\frac{2(P-L_n)}{\lambda}}=\sqrt{\frac{2(10\ 000-1\ 000)}{200}}=9.49\text{（年）}$$

2）设备经济寿命的动态计算方法

（1）一般情况

在考虑资金时间价值的条件下，使用设备的等额年总费用为：

$$\begin{aligned}AC_n&=P(A/P,\ i,\ n)-L_n(A/F,\ i,\ n)+\sum_{j=1}^{n}C_j(P/F,\ i,\ j)(A/P,\ i,\ n)\\&=[(P-L_n)(A/P,\ i,\ n)+L_n\times i]+\sum_{j=1}^{n}C_j(P/F,\ i,\ j)(A/P,\ i,\ n)\end{aligned} \tag{10-18}$$

式中：$(A/P,\ i,\ n)$——资金回收系数；

$(A/F,\ i,\ n)$——偿债基金系数；

$(P/F,\ i,\ j)$——现值系数；

其他符号同前。

令$\frac{d(AC_n)}{dn}=0$，解此方程所得 $n$ 的值，即为使 $AC_n$最小的使用年限，也就是在给定折现率 $i$ 的前提下设备的经济寿命。

（2）特殊情况

如果运营成本 $C_j$呈线性变化，以 $\lambda$ 代表年劣化值增量，则

$$AC_n = P(A/P, i, n) - L_n(A/F, i, n) + C_1 + \lambda(A/G, i, n)$$
$$= [(P-L_n)(A/P, i, n) + L_n \times i] + [C_1 + \lambda(A/G, i, n)] \quad (10-19)$$

式中：$(A/G, i, n)$——等差序列年金系数；

其他符号同前。

式（10-19）中 $(P-L_n)(A/P, i, n)+L_n \times i$ 为资产等额年分摊额，$C_1+\lambda(A/G, i, n)$ 为等额年运营成本。

同样，令$\frac{d(AC_n)}{dn}=0$，解得 $n$ 的值即为设备的经济寿命。

如果 $L_n$ 不能视为常数，运行成本不呈线性增长，各年 $\lambda$ 不同，且无规律可循，这时应列表逐年计算。

**【例 10-9】** 某设备购置费为 20 000 元，第一年的设备运营费为 6 000 元，以后每年增加 4 000 元，设备逐年减少的残值见表 10-7。设折现率为 12%，求该设备的经济寿命。

**【解】** 根据式（10-19），设备在使用年限内的等额年总费用计算如下：

$n=1$ 时 $AC_1=(20\,000-10\,000)(A/P, 12\%, 1)+10\,000\times12\%+6\,000+4\,000(A/G, 12\%, 1)$
$=10\,000\times1.120\,00+10\,000\times12\%+6\,000+4\,000\times0$
$=18\,400.00$（元）

$n=2$ 时 $AC_2=(20\,000-6\,000)(A/P, 12\%, 2)+6\,000\times12\%+6\,000+4\,000(A/G, 12\%, 2)$
$=14\,000\times0.591\,70+6\,000\times12\%+6\,000+4\,000\times0.471\,7$
$=16\,890.60$（元）

$n=3$ 时 $AC_3=(20\,000-3\,000)(A/P, 12\%, 3)+3\,000\times12\%+6\,000+4\,000(A/G, 12\%, 3)$
$=17\,000\times0.416\,35+3\,000\times12\%+6\,000+4\,000\times0.924\,6$
$=17\,136.35$（元）

$n=4$ 时 $AC_4=(20\,000-500)(A/P, 12\%, 4)+500\times12\%+6\,000+4\,000(A/G, 12\%, 4)$
$=19\,500\times0.329\,23+500\times12\%+6\,000+4\,000\times1.358\,9$
$=17\,915.59$（元）

**表 10-7　设备经济寿命计算表**　　单位：元

| 使用年限 $n$ | 设备使用到第 $n$ 年末的残值 | 年运营成本 | 等额年分摊额 | 等额年运营成本 | 等额年总费用 |
|---|---|---|---|---|---|
| 1 | 10 000 | 6 000 | 12 400.00 | 6 000.00 | 18 400.00 |
| 2 | 6 000 | 10 000 | 9 004.80 | 7 886.80 | 16 890.60* |
| 3 | 3 000 | 14 000 | 7 437.95 | 9 698.40 | 17 136.35 |
| 4 | 500 | 18 000 | 6 479.99 | 11 435.60 | 17 915.59 |

注："*"表示等额年总费用最低。

根据上述的计算结果可知，设备的经济寿命为 2 年。

## 10.2　设备更新的经济分析

### 10.2.1　设备更新及其原则

设备更新是指对设备综合磨损的完全补偿，即用新设备更换旧设备。根据新设备的性能不同，设备更新可分为原型更新和技术更新两种类型。

设备原型更新是指用相同结构和效能的新设备去更换有形磨损严重，不能继续使用的旧设备。这种更新又叫简单更新或形式更新，解决的只是设备的损坏问题，不具有更新技术的性质，不能促进技术的进步。

设备技术更新是指用技术上更先进、结构上更完善、效率更高、性能更好、更能节约能源和原料的新设备更新在技术上或经济上不宜继续使用的旧设备。这种更新不仅能解决设备的损坏问题，还能解决设备技术落后的问题，具有明显技术进步的性质。

设备更新决策时，应该遵守下面两个原则。

① 现有设备的最初购置费以及会计账面余额属于沉没成本，将不予考虑，而只考虑现有设备的现行市场价值，即现有的已使用若干年的设备的转让价格或购置这样的已使用若干年的同样设备的价格。因为这部分沉没成本是由购置者过去的决策发生的，与现在决策无关。

② 对新、旧设备的经济效益进行比较分析时，分析者应该以一个客观的身份进行研究，而不应该在原有状态上进行主观分析。只有这样才能客观地、正确地描述新、旧设备的现金流量。

**【例 10-10】**　设备 A 在 2 年前以原始费用 2 000 元购置，估计可以使用 6 年，第 6 年年末估计净残值为 100 元，年使用费为 500 元，目前的售价为 600 元。现在市场上同类设备 B 的原始费用为 2 200 元，估计可以使用 6 年，第 6 年年末的净残值为 200 元，年使用费为 150 元。现有两个方案：方案一，继续使用设备 A；方案二，把设备 A 出售，然后购买设备 B。已知基准折现率为 10%，试比较这两个方案的优劣。

**【解】**　根据上述的比较原则，设备 A 的原始费用是 2 年前发生的，是沉没成本。目前设备 A 的价值是 600 元。可以用等额年总费用进行方案比较。

方案一：$AC_A=(600-100)(A/P,10\%,4)+100\times10\%+500=667.74$（元）

方案二：$AC_B=(2\,200-200)(A/P,10\%,6)+200\times10\%+150=629.22$（元）

由于 $AC_A>AC_B$，因此，方案二优于方案一，平均每年可以节约费用 38.52 元。

### 10.2.2　设备原型更新的决策

设备原型更新是用原型设备以新换旧。设备原型更新主要解决由于有形磨损的增加而使维修费用以及其他运行费大幅度上升所造成的设备使用的不经济现象，在这种情况下，可通过分析设备的经济寿命进行更新决策。

设备原型更新决策主要有三个步骤。

① 确定各方案共同的研究期；

② 用费用年值法确定各方案设备的经济寿命；

③ 通过比较每个方案设备的经济寿命及等额年总费用确定最佳方案，即旧设备是否更新以及新设备未来的更新周期。

**【例 10-11】** 某企业现有一台机器 A，目前市场上另有与机器 A 相同功能的两台机器 B 和 C，这三台机器构成了互斥方案组。现有机器 A 还有 5 年使用期，机器 B 和机器 C 的自然寿命分别为 6 年和 7 年，机器各年的现金流量见表 10-8。设基准收益率为 10%，试采用原型设备更新分析方法，比较三台机器方案的优劣。

**【解】** 研究期为 5、6、7 的最小公倍数 210 年。采用费用年值法确定各台机器的经济寿命，A 机器有 5 个更新策略；B 和 C 分别有 6 个和 7 个更新策略，更新分析的互斥策略数为 5+6+7=18 个。每台机器等额年总费用最低的策略所对应的使用期限为该机器的经济寿命。各方案机器经济寿命计算见表 10-8。

**表 10-8 各方案机器经济寿命计算表**

单位：元

| | A 机器 | | | B 机器 | | | C 机器 | | |
|---|---|---|---|---|---|---|---|---|---|
| 使用年限 $n$ | 第 $n$ 年年末残值 | 第 $n$ 年的运营费 | 等额年总费用 | 第 $n$ 年年末残值 | 第 $n$ 年的运营费 | 等额年总费用 | 第 $n$ 年年末残值 | 第 $n$ 年的运营费 | 等额年总费用 |
| 0 | 14 000 | | | 20 000 | | | 27 500 | | |
| 1 | 9 900 | 3 300 | 8 800.00 | 0 | 1 200 | 23 200.00 | 0 | 1 650 | 31 900.00 |
| 2 | 8 800 | 5 500 | 8 223.81* | 0 | 3 400 | 13 771.42 | 0 | 1 650 | 17 495.23 |
| 3 | 6 600 | 6 050 | 8 497.48 | 0 | 5 800 | 11 363.00 | 0 | 1 650 | 12 708.03 |
| 4 | 5 500 | 8 800 | 8 941.94 | 0 | 8 000 | 10 638.44 | 0 | 1 650 | 10 325.43 |
| 5 | 3 300 | 9 900 | 9 549.41 | 0 | 10 200 | 10 566.75* | 0 | 1 650 | 8 904.50 |
| 6 | | | | 0 | 12 600 | 10 830.30 | 0 | 1 650 | 7 964.28 |
| 7 | | | | | | | 0 | 1 650 | 7 298.78* |

注："*"表示设备经济寿命对应的设备等额年总费用。

等额年总费用计算示意如下：

$$AC_{A2}=(14\,000-8\,800)\times(A/P,\ 10\%,\ 2)+8\,800\times10\%+$$
$$[3\,300(P/F,\ 10\%,\ 1)+5\,500(P/F,\ 10\%,\ 2)]\times(A/P,\ 10\%,\ 2)$$
$$=8\,223.81\ (元)$$

$$AC_{B5}=20\,000\times(A/P,\ 10\%,\ 5)+[1\,200\times(P/F,\ 10\%,\ 1)+$$
$$3\,400\times(P/F,\ 10\%,\ 2)+5\,800\times(P/F,\ 10\%,\ 3)+$$
$$8\,000\times(P/F,\ 10\%,\ 4)+$$
$$10\,200\times(P/F,\ 10\%,\ 5)](A/P,\ 10\%,\ 5)$$
$$=10\,566.75\ (元)$$

$$AC_{C7}=27\,500\times(A/P,\ 10\%,\ 7)+1\,650$$
$$=7\,298.78\ (元)$$

由表 10-8 可知旧机器 A 的经济寿命为 2 年，新机器 B 的经济寿命为 5 年，新机器 C 的经济寿命为 7 年。在研究期 210 年内，以各方案机器经济寿命对应的等额年总费用最低为比较依据，最优方案为采用新机器 C 更新现有机器 A，机器 C 未来的可更新周期为 7 年。

### 10.2.3　设备技术更新的决策

在技术不断进步的条件下，由于第Ⅱ种无形磨损的作用，很可能在设备运行成本尚未增加到应该用原型设备替代之前，就已出现工作效率更高和经济效果更好的设备。这时，就要比较在继续使用旧设备和购置新设备这两种方案中，哪一种方案在经济上更为有利。在有新设备出现的情况下，常用的设备更新决策方法是年均总费用比较法。

年均总费用比较法一般是从原有旧设备的现状出发，分别计算旧设备再使用一年的总费用和备选新设备在其预计的经济寿命期内的等额年总费用，并进行比较，根据等额年总费用最小原则决定是否应该更新设备。

**1. 旧设备再使用一年总费用的计算**

旧设备再使用一年的总费用可由下式求得：

旧设备下一年的总费用=设备多使用一年可能少得的出售收入+多使用一年占用资金的利息损失+不能使用新设备可能造成的损失

即

$$AC_0 = V_{00} - V_{01} + \frac{V_{00}+V_{01}}{2} i + \Delta C \tag{10-20}$$

式中：$V_{00}$——旧设备在决策时可出售的价值；

$V_{01}$——旧设备一年后可出售的价值；

$\Delta C$——旧设备再使用一年在运行费用方面的损失，也就是使用新设备可带来的运行成本的节约额和销售收入的增加额；

$i$——年利率；

$(V_{00}+V_{01})/2$——继续使用旧设备所占用的资金；

$[(V_{00}+V_{01})/2]i$——占用资金的利息损失。

例如，利用表 10-9 的数值，计算旧设备的年总费用，计算过程见表 10-9（$i=10\%$）。

**表 10-9　旧设备的年总费用计算表**　　单位：元

| 项　目 | 下一年度运行的有关数据 | |
|---|---|---|
| | 新设备 | 旧设备 |
| （收入）产量增加收入 | 1 100 | |
| 质量提高收入 | 550 | |
| （费用）直接工资节约 | 1 210 | |
| 简化工序带来的节约 | 4 400 | |
| 维修费节约 | 3 300 | |
| 动力费节约 | | 1 100 |
| 设备占地节约 | 550 | |
| 合　计 | 11 110 ① | 1 100 ② |
| 旧设备运行损失 | | 10 010 ③=①-② |
| 旧设备现出售价值 | 7 700 | |

续表

| 项　目 | 下一年度运行的有关数据 | |
|---|---|---|
| | 新设备 | 旧设备 |
| 旧设备一年后出售价 | 6 600 | |
| 下年度设备出售价减少额 | | 1 100 ④ |
| 继续使用旧设备利息损失 | | 715 ⑤ |
| 旧设备的使用费 | | 1 815 ⑥=④+⑤ |
| 旧设备年总费用 | | 11 825 ⑦=③+⑥ |

由此可知，旧设备再使用一年的年总费用为 11 825 元。

**2. 新设备等额年总费用的计算**

新设备等额年总费用，主要包括以下几个方面。

1）运行劣化损失

新设备随着使用时间的延长，同样也存在设备劣化的问题，劣化程度将随使用年数的增加而增多。为简化计算，假定劣化值逐年按同等数额增加。设设备使用年限为 $T$，则 $T$ 年间劣化值的平均值为$\frac{\lambda(T-1)}{2}$，$\lambda$ 为设备年劣化值增量。新设备的 $\lambda$ 值一般可根据旧设备的耐用年数和相应的劣化程度来估算。

2）设备价值损耗

新设备在使用过程中，其价值会逐渐损耗，表现为设备残值逐年减少。假定设备残值每年以同等的数额递减，则 $T$ 年内每年的设备价值损耗为$\frac{K_o-L_T}{T}$，$K_o$ 为设备的原始价值，$L_T$为新设备使用 $T$ 年后的残值。

3）资金时间价值损失

新设备在使用期内平均资金占用额为$\frac{K_o+L_T}{2}$，则因使用新设备而占用资金的时间价值为$\frac{(K_o+L_T)i}{2}$。

以上三项费用之和即为新设备的等额年总费用。

新设备等额年总费用=运行劣化损失平均值+设备价值损耗+利息损失

即
$$AC_n=\frac{(T-1)}{2}\lambda+\frac{(K_o-L_T)}{T}+\frac{(K_o+L_T)}{2}i \tag{10-21}$$

式中：$T$——设备经济寿命；

$K_o$——设备原始价值；

$L_T$——$T$ 年后的残值；

$\lambda$——劣化值，即每年运行成本增加值。

对式（10-21）微分，并令$\frac{d(AC_n)}{dT}=0$，则：

$$T=\sqrt{\frac{2(K_o-L_T)}{\lambda}} \tag{10-22}$$

$T$ 为新设备的经济寿命。

按经济寿命计算的新设备等额年总费用为：

$$AC_n=\sqrt{2(K_o-L_T)\lambda}+\frac{(K_o+L_T)i}{2}-\frac{\lambda}{2} \tag{10-23}$$

当年劣化值增量 $\lambda$ 不易求得时，可根据经验决定新设备的合理使用年数 $T$，然后再求年劣化值增量 $\lambda$。这时新设备的等额年总费用为：

$$AC_n=\frac{2(K_o-L_T)}{T}+\frac{(K_o+L_T)i}{2}-\frac{K_o-L_T}{T^2} \tag{10-24}$$

**【例 10-12】** 新设备的价格 $K_O$=41 800 元，估计合理的使用年数 $T$=15 年，处理时的残值 $L_T$=3 700 元，最低期望收益率 $i$=10%，代入式（10-24），新设备的等额年总费用 $AC_n$=7 185.67 元。与表 10-9 的计算结果相比较，用新设备更新旧设备，每年可节约开支 11 825-7 185.67=4 639.33（元）。

## 10.2.4 设备更新分析方法的应用

### 1. 技术创新引起的设备更新

通过技术创新不断改善设备的生产效率，提高设备使用功能，会造成旧设备产生无形磨损，从而有可能导致企业对旧设备进行更新。

**【例 10-13】** 某公司用旧设备 O 加工某产品的关键零件，设备 O 是 8 年前买的，当时的购置及安装费为 80 000 元，设备 O 目前市场价为 18 000 元，估计设备 O 可再使用 2 年，退役时残值为 2 750 元。目前市场上出现了一种新的设备 A，设备 A 的购置及安装费为 120 000 元，使用寿命为 10 年，残值为原值的 10%。旧设备 O 和新设备 A 加工 100 个零件所需时间分别为 5.24 h 和 4.2 h，该公司预计今后每年平均能销售 44 000 件该产品。该公司人工费为 18.7 元/h。旧设备动力费为 4.7 元/h，新设备动力费为 4.9 元/h。基准折现率为 10%，试分析是否应采用新设备 A 更新旧设备 O。

**【解】** 选择旧设备 O 的剩余使用寿命 2 年为研究期，采用年值法计算新旧设备的等额年总费用。

$$\begin{aligned}AC_O&=(18\,000-2\,750)(A/P,\ 10\%,\ 2)+2\,750\times10\%+(5.24/100)\times44\,000\times(18.7+4.7)\\&=63\,012.94\ (元)\end{aligned}$$

$$\begin{aligned}AC_A&=(120\,000-12\,000)(A/P,\ 10\%,\ 10)+12\,000\times10\%+(4.22/100)\times44\,000\times(18.7+4.9)\\&=62\,597.48\ (元)\end{aligned}$$

从以上计算结果可以看出，使用新设备 A 比使用旧设备 O 每年节约 421 元，故应用设备 A 更新设备 O。

### 2. 市场需求变化引起的设备更新

有时旧设备的更新是由于市场需求增加超过了设备现有的生产能力，这种设备更新分析可通过下面的例子来说明。

**【例 10-14】** 由于市场需求量增加，某钢铁集团公司高速线材生产线面临两种选择，第一种方案是在保留现有生产线 A 的基础上，3 年后再上一条生产线 B，使生产能力增加一倍；第二种方案是放弃现在的生产线 A，直接上一条新的生产线 C，使生产能力增加一倍。

生产线 A 是 10 年前建造的，其剩余寿命估计为 10 年，到期残值为 100 万元，目前市场上有厂家愿以 700 万的价格收购 A 生产线。A 生产线今后第一年的运营成本为 20 万元，以后每年等额增加 5 万元。

B 生产线 3 年后建设，总投资 6 000 万元，寿命期为 20 年，到期残值为 1 000 万元，每年运营成本为 10 万元。

C 生产线目前建设，总投资 80 00 万元，寿命期为 30 年，到期残值为 1 200 万元，年运营成本为 8 万元。

基准折现率为 10%，试比较方案一和方案二的优劣，设研究期为 10 年。

**【解】** 方案一和方案二的现金流量如图 10-5 所示。

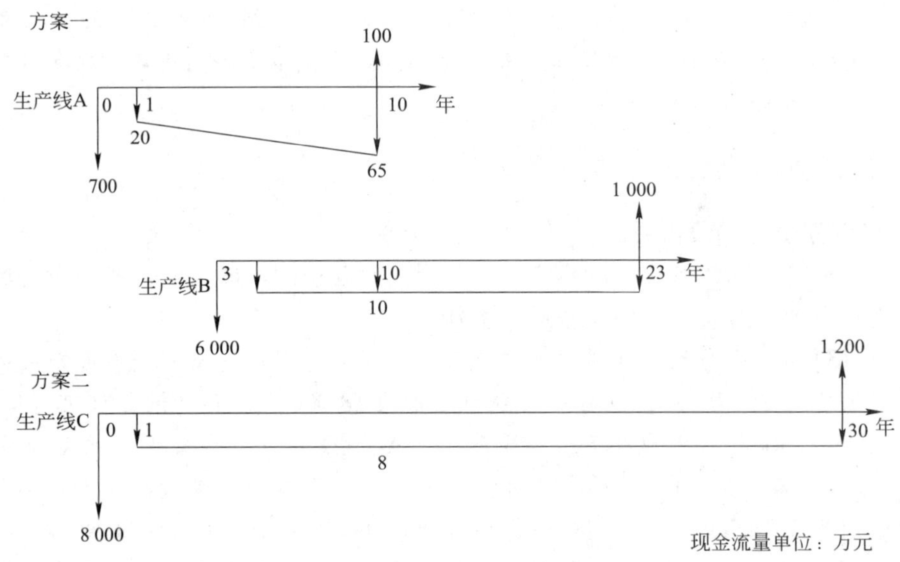


图 10-5　现金流量图

设定研究期为 10 年，各方案的等额年总费用计算如下。

方案一：

$$AC_A = 700(A/P, 10\%, 10) - 100(A/F, 10\%, 10) + 20 + 5(A/G, 10\%, 10)$$
$$= 700 \times 0.162\ 75 - 100 \times 0.062\ 75 + 20 + 5 \times 3.725\ 5$$
$$= 146.28\ (万元)$$

$$AC_B = [6\ 000(A/P, 10\%, 20) - 1\ 000(A/F, 10\%, 20) + 10](F/A, 10\%, 7)(A/F, 10\%, 10)$$
$$= [6\ 000 \times 0.117\ 46 - 1\ 000 \times 0.017\ 46 + 10] \times 9.487\ 17 \times 0.062\ 75$$
$$= 415.12\ (万元)$$

$$AC_1 = 146.28 + 415.12 = 561.40\ (万元)$$

方案二：

$$AC_C = 8\ 000(A/P, 10\%, 30) - 1\ 200(A/F, 10\%, 30) + 8$$
$$= 849.34\ (万元)$$

$AC_2 = 849.34$（万元）

因为 $AC_1 < AC_2$，所以应采用方案一。

# 10.3　设备的租赁与购买

## 10.3.1　设备租赁的概念

租赁即租用他人的物品。租赁是一项协议，根据协议，承租方在一定时期内有权使用出租方所拥有的某项财产，并按规定日期支付固定费用作为报偿。

设备租赁是一种以一定的费用借贷设备的经济行为。对于企业来说，设备租赁的优点在于可以避免大量资本支出，是一种灵活的资金融通方式，还可以减少设备陈旧过时的风险，享受设备试用以及使企业获得税收减免等优惠。因此，租赁是企业取得设备进行生产经营的一个重要手段。由于出租方仍保有该设备的所有权，这样可以减少出租方的金融风险。

租赁也有不足之处。例如，在租赁期间承租人只有设备的使用权而没有所有权，承租人无权随意对设备进行改造，还由于受到租赁合同条款规定，承租人在租赁期间所交的租金可能比直接购买设备要贵很多。因此，对于投资决策者来说就有一个抉择的问题：在什么情况下企业应该租赁设备，并选择采用何种对企业最有利的租赁方式；相反，在什么情况下应该直接购买设备，并选择采用对企业最有利的购买方式。

## 10.3.2　租赁与购买决策

### 1. 决策前提

企业在决定进行设备投资之前，必须详细地分析项目寿命期内各年的现金流量情况，确定以何种方式投资才能获得最佳的经济效益。企业通常要从支付方式、筹资方式、使用方式等诸方面来考虑。

1）支付方式

租赁设备需要付出租金；借款需要按期付息、到期还本；分期购买需要按期支付利息和部分本金，另外，还需要进一步考虑分几次交钱，每次间隔时间，每次交付多少等。决策者主要考虑究竟哪一种方式成本较低?

2）筹资方式

当企业需要融通资金取得设备时，究竟是向金融机构借款，还是通过融资租赁取得资金，或者是采取发行企业股票或债券来融资呢?我国的贷款利息虽然较低，但是审批手续烦琐，耗时长，而且数量有限；发行股票和债券也需要经过一段较长时间的酝酿和准备。因此，企业决策者主要应该考虑是愿意耗费时间得到低息贷款，还是希望以其他筹资方式尽早获得设备，以便尽快地取得经济效益。

3）使用方式

企业是希望长期占有设备，还是只希望短期需要这种设备?由于企业采用经营性租赁租来的设备到期可以退还给租赁公司，企业可以避免设备陈旧所带来的风险。

**2. 影响决策的主要因素**

企业在决定租赁或购买设备之前，需要考虑以下因素。

① 项目的寿命期或设备的经济寿命；

② 每期（月）的设备支出费用；

③ 预付资金（定金）；

④ 付款期内的利率是固定利率，还是浮动利率；

⑤ 获得该设备的资本预算计划；

⑥ 企业可避免运用短期信用和保留其短期借款的能力；

⑦ 企业的经营费用减少与折旧费和利息减少的关系；

⑧ 租赁的节税优惠。

由以上因素可以看出，企业作出租赁或购买决策的关键在于能否为企业节约尽可能多的支出费用，实现最好的现金流量，这需要通过经济指标评价比较后进行决策。

## 10.3.3 租赁与购买的经济分析

**1. 租赁与购买决策分析**

对于承租人来说，关键的问题是选择租赁设备还是购买设备。在假设所得到的设备生产收入相同的条件下，最简单的方法是将租赁成本和购买成本进行比较；若设备寿命期相同时可以采用现值法进行决策，设备寿命期不同时可以采用年值法进行决策。

租赁成本不仅包括租金的支付，而且包括在租赁设备期间维持设备的正常状态所必须开支的生产运转费；购买成本不仅包括设备的价格，还包括使用设备所发生的运转费和维修费。无论用现值法还是年值法，均以成本较少的方案为宜。如果方案要考虑设备产生的收入情况，方案的选择就要以收益效果最大为准。

1）不考虑税收影响情况下的比较

在不考虑税收影响的情况下，是选择一次性用自有资金购买设备还是租赁设备，下面以例 10-15 进行说明。

**【例 10-15】** 设某厂需要一台机器，设备的价格（包括运输费、保险费等在内）为 180 000 元，使用寿命为 10 年，预计设备的净残值为 5 000 元。该机器每年预估的营运费为 23 000 元，可能的各种维修费平均每年需要 3 000 元。若向租赁公司租用，每年租金为 25 000 元，基准折现率为 10%。试问租赁和购买哪种方式对企业有利？

**【解】** 选择租赁方案时，此租赁方案为融资性租赁，在不考虑税收时，其成本现值 PC(L) 为：

$$
\begin{aligned}
PC(L) &= 25\,000(P/A,\ 10\%,\ 10)+23\,000(P/A,\ 10\%,\ 10)+3\,000(P/A,\ 10\%,\ 10)\\
&= 25\,000\times 6.144\,57+23\,000\times 6.144\,57+3\,000\times 6.144\,57\\
&= 313\,373.07\ （元）
\end{aligned}
$$

选择购买方案时，其成本现值 PC(B) 为：

$$
\begin{aligned}
PC(B) &= 180\,000+23\,000(P/A,\ 10\%,\ 10)+\\
&\quad 3\,000(P/A,\ 10\%,\ 10)-5\,000(P/F,\ 10\%,\ 10)\\
&= 180\,000+23\,000\times 6.144\,57+3\,000\times 6.144\,57-5\,000\times 0.385\,54\\
&= 337\,831.12\ （元）
\end{aligned}
$$

如果运用年费用法，设租赁设备的年费用为 AC(L)，购买设备的年费用为 AC(B)，则有：

$$AC(L)=25\ 000+23\ 000+3\ 000=51\ 000\ (元)$$

$$\begin{aligned}AC(B)&=180\ 000(A/P,\ 10\%,\ 10)+23\ 000+3\ 000-5\ 000(A/F,\ 10\%,\ 10)\\&=180\ 000\times 0.162\ 75+23\ 000+3\ 000-5\ 000\times 0.062\ 75\\&=54\ 981.25\ (元)\end{aligned}$$

因为，PC(L)<PC(B)，或者 AC(L)<AC(B)，所以租赁设备的方案对企业比较有利。

2）考虑税收影响下的比较

由于企业都要对利润收入上交所得税，因此在充分考虑各种方式税收优惠的情况下，应该选择税后收益更大或税后成本更小的方案。

按财务制度规定，租赁设备的租金允许计入成本；购买设备每年计提的折旧费也允许计入成本；若用借款购买设备，每年支付的利息也可以计入成本。在其他费用保持不变的情况下，计入成本越多，则利润总额越少，企业交纳的所得税也越少。以银行借款为例，某企业向银行借款 100 万元，年利率为 10%，每年需支付 10 万元利息，则减少了企业税前利润 10 万元。若所得税率为 25%，则企业可以少交 2.5 万元所得税，因此，企业实际获得了 2.5 万元免税收益，借款实际成本为 10×(1−25%)= 7.5 万元。

**【例 10−16】** 某企业为生产其主要产品，需要一台价值为 1100 000 元的设备，该设备的使用寿命为 5 年，采用直线折旧法，残值为 100 000 元。若采用租赁方式租用设备，则每年需付租金 300 000 元；若借款购买则每年需按借款利率 10%来等额支付本利和。假设企业的所得税税率为 25%，折现率为 10%。当租赁设备时，承租人可以将租金计入成本而免税；当借款购买时，企业可以将所支付的利息及折旧费从成本中扣除而免税，并且可以回收残值。试对以上两种方案进行决策？

**解：** 设租赁设备的成本现值为 PC(L)，需扣除租金免税金，则

$$\begin{aligned}PC(L)&=300\ 000(P/A,\ 10\%,\ 5)-300\ 000\times 25\%(P/A,\ 10\%,\ 5)\\&=300\ 000\times 3.790\ 79-75\ 000\times 3.790\ 79\\&=852\ 927.75\ (元)\end{aligned}$$

设借款购买设备的成本现值为 PC(B)，需扣除支付利息(免税金)，因此需先计算各年支付的利息，见表 10−10。各年要还的本利和 $A$(B) 为：

$$\begin{aligned}A(B)&=1\ 100\ 000(A/P,\ 10\%,\ 5)\\&=1\ 100\ 000\times 0.263\ 80\\&=290\ 180.00\ (元)\end{aligned}$$

**表 10−10　各年支付的利息**　　单位：元

| 年份 | 年初借款余额 | 年度还款金额 | 其中：支付利息 |
|---|---|---|---|
| 1 | 1 100 000 | 290 180.00 | 110 000.00 |
| 2 | 919 820.00 | 290 180.00 | 91 982.00 |
| 3 | 721 622.00 | 290 180.00 | 72 162.20 |
| 4 | 503 604.20 | 290 180.00 | 50 360.42 |
| 5 | 263 784.62 | 290 180.00 | 26 378.46 |

$$\begin{aligned}PC(B)=&1\,100\,000-(1\,100\,000-100\,000)/5\times25\%\times(P/A,10\%,5)-\\&110\,000.00\times25\%\times(P/F,10\%,1)-\\&91\,982.00\times25\%\times(P/F,10\%,2)-\\&72\,162.20\times25\%\times(P/F,10\%,3)-\\&50\,360.42\times25\%\times(P/F,10\%,4)-\\&26\,378.46\times25\%\times(P/F,10\%,5)-100\,000(P/F,10\%,5)\\=&1\,100\,000-189\,539.50-24\,999.98-19\,004.63-\\&13\,554.05-8\,599.17-4\,094.73-62\,092.00\\=&778\,115.94\ (元)\end{aligned}$$

因为，PC(L)>PC(B)，应该选择购买设备的方案。

**2. 租赁价格与支付**

1）租赁费用

租赁合同一旦签订，承租人便开始支付所需的费用。租赁费用主要包括租赁保证金、租金和租赁担保费等。

（1）租赁保证金

为了确认租赁合同并保证其执行，承租人必须先交纳租赁保证金。当租赁合同结束时，租赁保证金将被退还给承租人或在偿还最后一期租金时加以抵销。保证金一般是合同金额的5%，或是某一基期数的金额（如一个月的房租金额）。

（2）租金

租金是签订租赁合同的一项重要内容，直接关系到出租人与承租人双方的经济利益。出租人要从取得的租金中得到出租资产的补偿和收益，就要收回租赁资产的购进原价、贷款利息、营业费用和一定的利润。承租人则要比照租金核算成本，即租赁资产所生产的产品收入，除了抵偿租金外，还要取得一定的利润。影响租金的因素很多，如设备的价格、融资的利息及费用、各种税金、租赁保证金、运费、租赁利差、各种费用的支付时间，以及租金采用的计算公式等。

（3）租赁担保费

出租人一般要求承租人请担保人对该租赁交易进行担保，万一承租人由于财务危机付不起租金，由担保人代为支付租金。一般情况下，承租人需要付给担保人一定数目的担保费。

2）租金的计算

（1）附加率法

附加率法是在租赁资产的设备货价或概算成本上再加上一个特定的比率来计算租金。每期租金 $R$ 表达式为：

$$R=\frac{PV\times(1+N\times i)}{N}+PV\times r \tag{10-25}$$

式中：PV——租赁资产的价格，元；

$N$——还款期数，可按月、季、半年或年计；

$i$——与还款期数相应的折现率；

$r$——附加率。

**【例 10-17】** 中国租赁公司拟出租给某企业一项租赁资产，设备的价格为 550 000 元，租期为 8 年，每年年末支付租金，折现率为 10%，附加率为 4%，那么每期租金为多少？

**【解】** 根据式（10-25）计算每期租金为：

$$R=550\ 000\times(1+8\times10\%)/8+550\ 000\times4\%$$
$$=145\ 750.00\ (元)$$

（2）年金法

年金法是将一项租赁资产价值按相同比率分摊到未来各租赁期间内的租金计算方法。年金法计算有后付、先付租金之分。后付方式是在每期期末等额支付租金，先付方式是在每期期初等额支付租金，先付要比后付提前一期支付租金。每期期末租金 $R$ 的表达式为：

$$R=PV(A/P,\ i,\ N)=PV\frac{i(1+i)^N}{(1+i)^N-1} \tag{10-26}$$

**【例 10-18】** 中国计算机租赁有限公司与南京某企业达成一笔租赁交易，租赁资产的价格为 200 万元，租期为 5 年，试分别按每年年末、每年年初支付方式计算租金（利率为 8%）？

**【解】** 若按年末支付方式，租金为：

$$R=2\ 000\ 000\times(A/P,\ 8\%,\ 5)$$
$$=2\ 000\ 000\times0.250\ 46=500\ 920.00\ (元)$$

若按年初支付方式，租金为：

$$R=2\ 000\ 000(F/P,\ 8\%,\ 4)\times(A/F,\ 8\%,\ 5)$$
$$=463\ 818.25\ (元)$$

3）租金的支付

租金的支付方式包括租赁期起算日、支付日期、支付币种和支付方法等内容，它对租金额会产生一定的影响。

## 10.4 案例分析

某机械加工企业进行招投标前的准备工作，针对必须使用的一台设备进行技术经济决策。该设备 5 年前用 12 000 元购买，目前估计价值为 3 500 元。现在又出现一种改进的新型设备，售价为 15 000 元，寿命为 8 年，其运营费用低于现有设备。新、旧设备各年的残值及使用费用见表 10-11，基准收益率为 15%。

1. 若企业中标，加工合同期为 3 年，是否需要更新该设备，何时更新？

2. 若企业中标，并签订长期的加工合同，是否需要更新该设备，何时更新？

**【解】** 1. 加工合同期为 3 年，即只使用该设备 3 年。可计算各方案的费用年值，最小者为优。

① 马上更新方案的费用年值。

$$\begin{aligned}AC(15\%)=&[15\ 000+600(P/F,\ 15\%,\ 1)+900(P/F,\ 15\%,\ 2)+\\&(1\ 200-8\ 000)(P/F,\ 15\%,\ 3)](A/P,\ 15\%,\ 3)\\=&5\ 138.00\ (元)\end{aligned}$$

**表 10-11　新、旧设备相关费用**

| 年份 | 旧设备 | | 新设备 | |
|---|---|---|---|---|
| | 使用费用 $C_t$/元 | 残值 $L_t$/元 | 使用费用 $C_t$/元 | 残值 $L_t$/元 |
| 1 | 2 200 | 1 800 | 600 | 10 000 |
| 2 | 3 500 | 900 | 900 | 9 000 |
| 3 | 4 500 | 400 | 1 200 | 8 000 |
| 4 | | | 1 500 | 7 000 |
| 5 | | | 1 800 | 6 000 |
| 6 | | | 2 200 | 5 000 |
| 7 | | | 2 800 | 4 000 |
| 8 | | | 3 500 | 3 000 |

② 1 年后更新方案的费用年值。

$$\begin{aligned}AC(15\%)=&[3\,500+(2\,200-1\,800+15\,000)(P/F,\ 15\%,\ 1)+\\&600(P/F,\ 15\%,\ 2)+(900-9\,000)(P/F,\ 15\%,\ 3)](A/P,\ 15\%,\ 3)\\=&5\,264.15\ (元)\end{aligned}$$

③ 2 年后更新方案的费用年值。

$$\begin{aligned}AC(15\%)=&[3\,500+2\,200(P/F,\ 15\%,\ 1)+\\&(3\,500-900+15\,000)(P/F,\ 15\%,\ 2)+\\&(600-10\,000)(P/F,\ 15\%,\ 3)](A/P,\ 15\%,\ 3)\\=&5\,492.46\ (元)\end{aligned}$$

④ 不更新方案的费用年值。

$$\begin{aligned}AC(15\%)=&[3\,500+2\,200(P/F,\ 15\%,\ 1)+3\,500(P/F,\ 15\%,\ 2)+\\&(4\,500-400)(P/F,\ 15\%,\ 3)](A/P,\ 15\%,\ 3)\\=&4\,710.64\ (元)\end{aligned}$$

不更新方案的费用年值最小，为 4 710. 64 元。所以，旧设备还可继续使用 3 年，无须更新。

2. 若企业需要长期使用该设备，那么需计算出新设备经济寿命后再作决策。新设备经济寿命的计算结果见表 10-12。

从表 10-12 可知，新设备使用 7 年，费用年值最小，为 4 625. 45 元，因此其经济寿命为 7 年。下面，计算各方案费用年值。

① 马上更新方案的费用年值为：

$$AC(15\%)=4\,625.45\ (元)$$

② 1 年后更新方案的费用年值为：

$$\begin{aligned}AC(15\%)=&\{3\,500+[2\,200-1\,800+4\,625.45(P/A,\ 15\%,\ 7)](P/F,\ 15\%,\ 1)\}(A/P,\ 15\%,\ 8)\\=&4\,586.63\ (元)\end{aligned}$$

③ 2 年后更新方案的费用年值为：

$$\begin{aligned}AC(15\%)=&\{3\,500+2\,200(P/F,\ 15\%,\ 1)+[3\,500-900+4\,625.45(P/A,\ 15\%,\ 7)]\times\\&(P/F,\ 15\%,\ 2)\}(A/P,\ 15\%,\ 9)=4\,595.88\ (元)\end{aligned}$$

④ 3 年后更新方案的费用年值为：

$$AC(15\%)=\{3\,500+2\,200(P/F,15\%,1)+3\,500(P/F,15\%,2)+[4\,500-400+4\,625.45(P/A,15\%,7)](P/F,15\%,3)\}(A/P,15\%,10)=4\,664.16\ (元)$$

依据以上数据可知，1 年后更新方案的费用年值最小，为 4 586. 63 元。因此，设备应当在使用 1 年后更新，即第 2 年更新。

上述方法较烦琐，一般可用简化算法求得最佳方案。

新设备的经济寿命为 7 年，费用年值为 4 625. 45 元，将继续使用旧设备的第 $t$ 年的年度费用与之相比较。

旧设备继续使用第 1 年：

$$AC(15\%)_1=3\,500(F/P,15\%,1)-1\,800+2\,200=4\,425.00\ (元)$$

旧设备继续使用第 2 年：

$$AC(15\%)_2=1\,800(F/P,15\%,1)-900+3\,500=4\,670.00\ (元)$$

旧设备继续使用第 3 年：

$$AC(15\%)_3=900(F/P,15\%,1)-400+4\,500=5\,135.00\ (元)$$

可画出旧设备继续使用的现金流量图，如图 10-6 所示。

**表 10-12　新设备经济寿命计算表（$i=15\%$）**

| $t$/年 | $C_t$/元 | $(P/F,i,n)$ | $C_t(P/F,i,n)$/元 | $\sum C_t(P/F,i,n)$/元 | $L_t$/元 | $L_t(P/F,i,t)$/元 | $(A/P,i,t)$ | $AC_t$/元 |
|---|---|---|---|---|---|---|---|---|
| 1 | 600 | 0. 869 57 | 521. 74 | 521. 74 | 10 000 | 8 695. 70 | 1. 150 00 | 7 849. 95 |
| 2 | 900 | 0. 756 14 | 680. 53 | 1 202. 27 | 9 000 | 6 805. 26 | 0. 615 12 | 5 780. 29 |
| 3 | 1 200 | 0. 657 52 | 789. 02 | 1 991. 29 | 8 000 | 5 260. 16 | 0. 437 98 | 5 138. 00 |
| 4 | 1 500 | 0. 571 75 | 857. 63 | 2 848. 92 | 7 000 | 4 002. 25 | 0. 350 27 | 4 850. 07 |
| 5 | 1 800 | 0. 497 18 | 894. 92 | 3 743. 84 | 6 000 | 2 983. 08 | 0. 298 32 | 4 701. 75 |
| 6 | 2 200 | 0. 432 33 | 951. 13 | 4 694. 97 | 5 000 | 2 161. 65 | 0. 264 24 | 4 633. 00 |
| 7 | 2 800 | 0. 375 94 | 1 052. 63 | 5 747. 60 | 4 000 | 1 503. 76 | 0. 240 36 | 4 625. 45* |
| 8 | 3 500 | 0. 326 90 | 1 144. 15 | 6 891. 75 | 3 000 | 980. 70 | 0. 222 85 | 4 660. 03 |

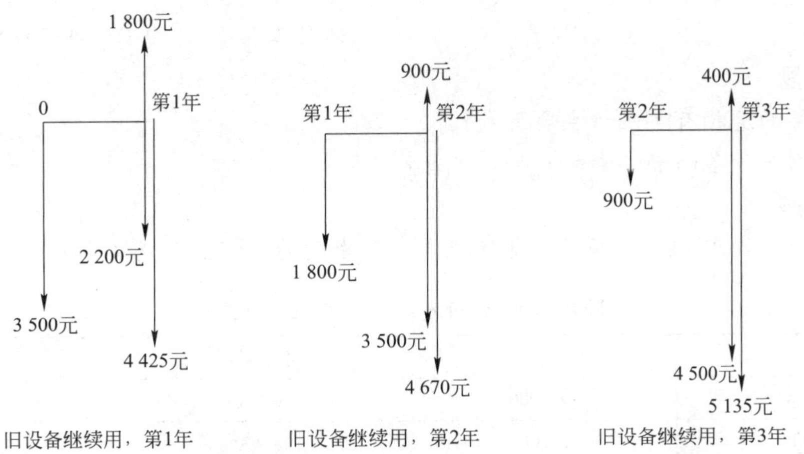


图 10-6　旧设备继续使用的现金流量图

由计算结果可知，旧设备继续使用 1 年的年度费用小于新设备经济寿命时期的等额年度费用，而第 2、3 年的年度费用则都大于它。因此，应在第 1 年年末更新设备。

## 延伸阅读

1. 余晓晖．推动工业领域大规模设备更新 加快推进新型工业化［J］．中国经贸导刊，2024（4）：17-18.

2. 彭文彬，周思源．固定资产更新决策现金流量估算探究［J］．商业会计，2019（10）：105-107.

3. 徐得潜，章征宝．设备大修理经济性分析方法探讨［J］．合肥工业大学学报（自然科学版），2006，29（12）：1496-1498.

4. 朱琳，陈玉清，纪晓津．设备更新决策中两种经济分析方法的比较．东北大学学报（社会科学版），2003，5（2）：100-102，114.

## 复习思考题

**1. 单项选择题**

（1）（　　）是设备在使用或闲置过程中所发生的实体损耗。

A. 有形磨损　　　　B. 无形磨损

C. 第Ⅰ种无形磨损　　　　D. 第Ⅱ种无形磨损

（2）（　　）是指由于技术进步的原因所引起的设备贬值。

A. 有形磨损　　　　B. 无形磨损

C. 第Ⅰ种有形磨损　　　　D. 第Ⅱ种有形磨损

**2. 多项选择题**

（1）设备的寿命形态有（　　）。

A. 技术寿命　　B. 经济寿命　　C. 物理寿命　　D. 自然寿命

（2）租赁费用要考虑（　　）。

A. 租金　　B. 担保费　　C. 租赁保证金　　D. 租赁合同

**3. 思考题**

（1）设备的磨损有哪几种主要形式？

（2）什么是设备的经济寿命？如何计算？

**4. 计算题**

（1）试比较表 10-13 中两种设备的优劣，利率均为 10%，经济寿命均为 10 年。

**表 10-13　设备 A 和设备 B 的有关资料**　　单位：元

| | 初始投资 | 年度费用 | 年收入 |
|---|---|---|---|
| 设备 A | 15 000 | 6 500 | 11 000 |
| 设备 B | 23 000 | 8 250 | 15 700 |

（2）某机器的购置成本为 40 000 元，使用年限估计为 10 年，净残值为 4 000 元，试用直线折旧法、年数总和法、双倍余额递减法分别计算：①前 5 年各年的折旧费；②前 5 年各年年末的账面价值。

（3）某工厂生产需要购置一台压缩机。该压缩机的购置成本为 6 000 元，第 1 年的使用费用为 1 000 元，以后每年以 300 元的金额逐年递增。开始使用 1 年后净残值为 3 600 元，以后以每年 400 元的金额逐年递减，压缩机的最大使用年限为 8 年。已知折现率为 12%。试求该压缩机的经济寿命。

（4）A 设备目前的价值为 9 000 元，如果保留使用 3 年，各年年末残值及年运营成本见表 10-14。现有一种新设备，设备的价值为 15 000 元，使用后的残值为 2 500 元，年运营成本为 1 900 元，寿命为 5 年，资金利率为 10%，那么设备是否要更新？若要更新，何时更新最好？

**表 10-14　A 设备的有关资料**　　单位：元

| 保留使用年份 | 年末残值 | 各年运营成本 |
|---|---|---|
| 1 | 6 000 | 3 000 |
| 2 | 3 000 | 5 000 |
| 3 | 0 | 7 000 |

（5）某企业增加生产能力，需要添置一台设备。现有两种方案可供选择：一种是用自有资金购买，设备价格为 120 000 元，经济寿命为 10 年（折旧期也为 10 年，按直线折旧法计提折旧费），10 年后无残值，使用该设备每年可获税前利润 20 000 元，所得税税率为 25%。另一种是融资租赁，每年年末支付租金 22 000 元（其中利息为 8 000 元）。设备价格、租期、折旧以外成本、销售收入与所得税税率均相同。该企业基准收益率为 10%，试比较两方案的优劣。

答案

# 第11章 价值工程

## 【本章内容概要】

价值工程是研究如何以最低的寿命周期成本，可靠地实现对象（产品、作业或服务等）的必要功能，而致力于功能分析的一种有组织的技术与经济相结合的管理技术和思想方法。本章介绍了价值工程的概念、价值工程的一般工作程序、分析对象选择的原则与方法、功能分析与评价的方法、方案创造与评价的方法等。

## 【本章学习重点和难点】

**学习重点**：掌握价值工程分析对象选择的方法、功能分析与评价的方法、方案创造与评价的方法。

**学习难点**：价值工程分析对象选择的方法、功能分析与评价的方法。

**【引例】** 某房地产公司对某公寓项目的开发征集到若干设计方案，经筛选后对其中较为出色的4个设计方案作进一步的技术经济评价。有关专家决定从5个方面（分别以$F_1$～$F_5$表示）对不同方案的功能进行评价，并对各功能的重要性达成以下共识：$F_2$和$F_3$同样重要，$F_4$和$F_5$同样重要，$F_1$相对于$F_4$很重要，$F_1$相对于$F_2$较重要；此后，各专家对四个方案的功能满足程度分别打分，其结果见表11-1。根据造价工程师估算，A、B、C、D四个方案的造价分别为3 520元/$m^2$、3 250元/$m^2$、3 150元/$m^2$、3 350元/$m^2$。

**表11-1　方案功能得分**

| 功能 | 方案功能得分 | | | |
|---|---|---|---|---|
| | A | B | C | D |
| $F_1$ | 9 | 10 | 9 | 8 |
| $F_2$ | 10 | 10 | 8 | 9 |
| $F_3$ | 9 | 9 | 10 | 9 |
| $F_4$ | 8 | 8 | 8 | 7 |
| $F_5$ | 9 | 7 | 9 | 6 |

**分析与讨论**

（1）如何确定各功能的重要程度？

（2）如何选择最佳设计方案？

# 11.1　价值工程概述

价值工程产生于 20 世纪 40 年代后期的美国，创始人是美国通用电气公司负责物资采购工作的电气工程师麦尔斯。

第二次世界大战期间，美国成为世界上最大的军火生产国，但由于战争的原因，各种资源供应非常紧张，美国通用电气公司生产军工产品所需的原材料十分短缺，价格也不断上涨。为了保证军工产品的生产，亟须解决短缺物资的供应问题。麦尔斯从多年采购工作实践中，逐渐摸索到短缺材料可以寻找相同功能者作为“代用品”的经验，又进一步概括为“代用品方法”，认为购买材料的目的是获得某种功能，而不是材料本身，所以只要满足功能，就可以选用能购买到的或较为便宜的材料，代替原设计指定的材料。一个著名的事例就是“石棉板事件”，当时美国通用电气公司需要大量的石棉板，而石棉板却供应紧张，价格昂贵。对此，麦尔斯提出了两个问题：一是为什么需要石棉板？二是它的功能是什么？经过调查得知，根据美国消防法的规定，该公司在给产品刷涂料时，将石棉板铺在地板上，避免沾污地板，引起火灾。由于石棉板奇缺，他们想用代用材料。采购员找到了一种不燃烧的纸，不仅易采购，而且价格便宜。但消防法不同意使用代用品，经过周折，修改了消防法，才允许代用。麦尔斯等人通过他们的实践活动，总结出一套在保证同样功能的前提下降低成本的比较完整的科学方法，当时称为“价值分析”（value analysis, VA），以后价值分析内容又逐步丰富发展与完善，后被称为价值工程（value engineering, VE）。现在价值工程是公认的降低成本的成熟技术。由于麦尔斯在价值工程方面的杰出贡献，他也被誉为“价值工程之父”。

20 世纪 50 年代以后，价值工程技术传到日本和欧洲。20 世纪 60 年代，特别是 20 世纪 70 年代以后，价值工程方法获得了迅速发展。价值工程方法始用于材料的采购和代用品的研究，进一步扩展至产品的研究和设计、零部件的生产和改进、工具和装备的改进等方面，后来又被广泛应用于改进工作方法、作业程序、管理体系等方面。

## 11.1.1　价值工程的概念

价值工程是研究如何以最低的寿命周期成本，可靠地实现对象（产品、作业或服务等）的必要功能，而致力于功能分析的一种有组织的技术与经济相结合的管理技术和思想方法。

价值工程的定义涉及价值工程的三个基本概念：价值、功能和寿命周期成本。

**1. 价值**

价值功能中的价值是指对象所具有的功能与获得该功能的全部费用之比。它不是对象的使用价值，也不是对象的交换价值，而是对象的比较价值。用公式表示为：

$$价值=\frac{功能}{成本}，\quad 即 \quad V=\frac{F}{C} \tag{11-1}$$

式中：$V$——价值；

$F$——对象（如产品、工艺、劳务等）的功能；

$C$——成本。

**2. 功能**

功能是研究对象能满足某种需求的一种属性，具体来说，功能就是作用、效用、效能等。根据功能的不同特性，可分类如下。

1）按重要程度可分为基本功能和辅助功能

基本功能是产品的主要功能，是产品存在并被生产的理由，也是顾客购买的原因。产品的基本功能往往不止一个，有时有两个以上；辅助功能一般是为了更好地实现基本功能而附加的功能。一般来说，基本功能是必要的功能，辅助功能有些是必要的功能，有些是多余的功能。例如，手机的基本功能是满足使用者的通信要求，辅助功能有游戏等功能，通信是手机的必要功能，游戏功能对于没有游戏机的用户来说是必要的功能，但对于有游戏机的用户来说是多余的功能。

2）按用户的要求可分为必要功能和不必要功能

必要功能是指为满足使用者的需求应具备的功能；不必要功能是指用户不需求的（多余）功能项目，包括过剩的功能水平、过时功能和重复功能以及无助于基本功能更好地实现的、应予剔除的辅助功能项目和水平。判定产品中的某些功能是否属于必要功能，只能从用户需求出发，而不能根据设计者的个人想象与主观认定。例如，老年人的手机，其通信功能是必要功能，但游戏功能等可能是不必要功能。

3）按满足需要的性质可分为使用功能和品位功能

使用功能是对象所具有的与技术经济用途直接有关的功能；品位功能是与使用者的精神感觉、主观意识有关的功能，如美观、豪华等。无论是使用功能还是品位功能，它们都是通过基本功能和辅助功能来实现的。产品的使用功能和品位功能要根据产品的特点而有所侧重。有的产品突出其使用功能，如地下电缆、地下管道等；有的产品突出其品位功能，如墙纸、壁画等。当然，很多产品两种功能兼而有之，如手表等。

4）按量化标准可分为过剩功能和不足功能

过剩功能是产品功能超过使用者需求的功能，不足功能是相对于过剩功能而言的，是指产品功能不能完全满足用户需求。过剩功能和不足功能是价值工程的主要研究对象。

**3. 寿命周期成本**

寿命周期成本是指产品设计、制造、使用全过程的耗费。它既包括产品的生产成本，又包括产品的使用成本和残值。用公式表示为：

$$C=C_1+C_2\pm C_3 \tag{11-2}$$

式中：$C$——寿命周期成本；

$C_1$——生产成本；

$C_2$——使用成本；

$C_3$——残值（收入为-，清理费用为+）。

生产成本是指产品从研发开始直到到用户手中为止的全部费用；使用成本是指用户在使用过程中发生的各种费用，它等于购置费、维修费和使用产品所花费用的总和。

寿命周期成本、生产成本、使用成本与产品功能之间的关系如图 11-1 所示。

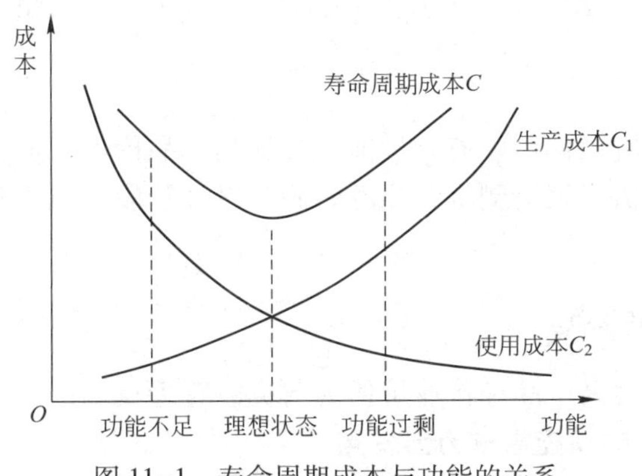


图 11-1　寿命周期成本与功能的关系

在图 11-1 中，$C_1$表示生产成本，随着产品功能的增加，生产成本越来越高；$C_2$表示使用成本，随着功能的增加，使用成本越来越低；$C$ 表示寿命周期成本（$C=C_1+C_2$），它的变化趋势是随着产品功能的增加，先下降，然后上升。显然寿命周期成本存在一个最低点，在这一点上，既能使产品的功能满足用户的要求，又能使产品寿命周期成本最低，体现了比较理想的功能与成本之间的关系，即产品的价值比较大。

值得注意的是在寿命周期成本的构成中，由于生产成本一般在短时间内集中支出，并且体现在价格中，容易被人们认识到，进而采取措施加以控制，而使用过程中的人工、能源、环境、维修等耗费常常是生产成本的若干倍，但由于分散支出，容易被人们忽视。

产品功能体现为产品质量，一般情况下，质量越高，生产成本可能会增加，但使用成本会越低；反之，若单纯追求最低生产成本而忽视质量，产品使用过程中的维修等费用就会增加。价值工程就是综合考虑生产成本和使用成本，兼顾生产者和用户的利益，以获取最佳的社会综合效益。

## 11.1.2　提高价值的途径

公式 $V=F/C$ 不仅深刻地反映出产品价值与产品功能和实现此功能所消耗成本之间的关系，而且也为如何提高产品价值提供了以下途径。

① 在保持产品功能不变的前提下，通过降低产品成本达到提高产品价值的目的，即 $\frac{F\rightarrow}{C\downarrow}=V\uparrow$。

② 在产品成本不变的条件下，通过提高产品功能，达到提高产品价值的目的，即$\frac{F\uparrow}{C\rightarrow}=V\uparrow$。

③ 在提高产品功能的同时降低产品成本是大幅度提高产品价值最为理想的途径，即 $\frac{F\uparrow}{C\downarrow}=V\uparrow$。

④ 在产品成本略有提高的同时，而使产品功能大幅度提高，即产品功能提高的幅度超过了成本提高的幅度，产品价值还是提高了，即$\frac{F\uparrow\uparrow}{C\uparrow}=V\uparrow$。

⑤ 产品功能略微降低一点，产品成本大幅度下降，即产品功能的下降幅度小于产品

成本的下降幅度（但产品功能降低必须在不损害必要的产品功能的前提下），产品价值也提高了，即$\frac{F\downarrow}{C\downarrow\downarrow}=V\uparrow$。

在产品形成的各个阶段都可以应用价值工程提高产品价值，但在不同的阶段应用价值工程效果大不相同。价值工程更侧重产品的研制与设计阶段，对于建设项目来说，侧重规划与设计阶段。

### 11.1.3　价值工程的特点

价值工程是一种以提高产品和作业价值为目标的管理技术，它具有以下特点。

**1. 价值工程以用户的功能需求为出发点**

价值工程是以用户的功能需求为出发点来确定产品的功能。

**2. 价值工程是一项致力于提高价值的创造性活动**

提高研究对象的价值就是合理有效地利用社会资源，提高经济效果。这一切都需要依靠创造性活动来实现。

**3. 价值工程以研究对象的功能分析为核心**

功能分析、功能和成本关系的系统分析和研究贯穿于价值工程活动的始终，是价值工程的核心。

**4. 价值工程是一项有组织、有计划的活动**

企业开展价值工程活动时，一般需要由技术人员、经济管理人员、有经验的工作人员，甚至用户，以适当的组织形式组织起来，共同研究，发挥集体智慧，灵活运用各方面的知识和经验，才能达到既定的目标。

## 11.2　价值工程的分析过程

### 11.2.1　价值工程的工作程序

价值工程的活动过程是一个发现问题、分析问题、解决问题的过程，一般包括准备阶段、功能分析阶段、方案创造阶段和实施阶段。价值工程的一般工作程序见表 11-2。

**表 11-2　价值工程的一般工作程序**

| 价值工程的工作阶段 | 设计程序 | 工作步骤 | | 价值工程对应问题 |
|---|---|---|---|---|
| | | 基本步骤 | 详细步骤 | |
| 准备阶段 | 制订工作计划 | 确定目标 | 1. 对象选择 | 1. 这是什么？ |
| | | | 2. 信息搜集 | |
| 分析阶段 | 规定评价（功能要求事项实现程度）的标准 | 功能分析 | 3. 功能定义 | 2. 这是干什么用的？ |
| | | | 4. 功能整理 | |
| | | 功能评价 | 5. 功能成本分析 | 3. 它的成本是多少？ |
| | | | 6. 功能价值分析 | 4. 它的价值是多少？ |
| | | | 7. 确定改进范围 | |

**续表**

| 价值工程的工作阶段 | 设计程序 | 工作步骤 | | 价值工程对应问题 |
|---|---|---|---|---|
| | | 基本步骤 | 详细步骤 | |
| 创造阶段 | 初步设计（提出各种设计方案） | 制订改进方案 | 8. 方案创造 | 5. 有其他方法实现这一功能吗？ |
| | 评价各设计方案，对方案进行改进、选优 | | 9. 概略评价 | 6. 新方案的成本是多少？ |
| | | | 10. 调整完善 | |
| | | | 11. 详细评价 | |
| | 书面化 | | 12. 提出新方案 | 7. 新方案能满足功能要求吗？ |
| 实施阶段 | 检查实施情况并评价活动成果 | 实施评价成果 | 13. 审批 | 8. 偏离目标了吗？ |
| | | | 14. 实施与检查 | |
| | | | 15. 成果鉴定 | |

由于价值工程的应用范围广泛，其活动形式也不尽相同，因此在实际应用中，可参照这个工作程序，根据对象的具体情况，应用价值工程的基本原理和思想方法，考虑具体的实施措施和方法步骤。但是对象选择、功能分析、功能评价和方案创新与评价是工作程序的关键内容，体现了价值工程的基本原理和思想，是不可缺少的。

## 11.2.2　价值工程的对象选择与情报收集

**1. 价值工程对象选择的原则**

凡是为获取功能而发生费用的事物，都可以作为价值工程的研究对象，如产品、工艺、工程、服务或它们的组成部分等。但企业总不能对所有的产品、零件或工序、作业等同时进行分析研究，为节约资本，提高效率，必须分清主次轻重，有重点、有顺序地选取每次价值工程活动的对象。

价值工程的对象选择就是逐步收缩研究范围，寻找目标，确定主攻方向的过程。

选择价值工程对象时应遵循的一般原则：一是优先考虑在企业生产经营中有迫切需要的或对国计民生有重大影响的项目，二是优先选择改进潜力大、效益高、成功可能性大的产品或项目。

**2. 价值工程对象选择的方法**

价值工程对象选择的方法很多，下面着重介绍经验分析法（因素分析法）、百分比法、ABC 分析法和价值指数法。

*1）经验分析法*

经验分析法是利用一些有丰富经验的专业人员和管理人员对企业存在问题的直接感受，经过主观判断确定价值工程对象的一种方法。运用这种方法进行对象选择，要对各种影响因素进行综合分析，区分主次轻重，既考虑需要，也考虑可能，以保证对象选择的合理性。所以，经验分析法也叫因素分析法。

该方法的优点是简便易行，考虑问题综合全面；缺点是缺乏定量分析，在分析人员经验不足时容易影响结果的准确性，但用于初选阶段是可行的。

2）百分比法

百分比法是一种定量分析的方法。它是通过计算每个组成部分占整体的百分比，来考查每个产品的指标百分比的综合性比率来选择对象的方法。下面通过举例予以说明。

例如，某企业有5种产品，与同行业相比，发现企业的成本偏高而利润偏低。现运用百分比法分析这5种产品的成本及利润，从中找出本高利薄的产品进行分析（见表11-3）。

表11-3　百分比法分析表

| 产品 | 成本 | | 利润 | | 本利对比 | VE选择 |
|---|---|---|---|---|---|---|
| | 金额/万元 | 百分比/% | 金额/万元 | 百分比/% | | |
| A | 86 | 61.4 | 29 | 63.1 | 接近 | |
| B | 11 | 7.9 | 4 | 8.7 | 接近 | |
| C | 26 | 18.6 | 3 | 6.5 | 本高利薄 | √ |
| D | 9 | 6.4 | 6 | 13.0 | 本低利高 | |
| E | 8 | 5.7 | 4 | 8.7 | 本低利高 | |
| 合计 | 140 | 100 | 46 | 100 | | |

对比结果表明，产品C的成本比重大而利润比重小，是问题的症结，应列为价值工程的对象。企业中的各种费用，如运输费、燃料费、材料费、工具费、管理费等，都可用百分比法来发现问题，确定对象。这种方法具有较强的针对性和实用性。

3）ABC分析法

ABC分析法是将产品成本构成进行逐项统计，将每一种零件占产品成本的多少从高到低排列出来，分为A、B、C三类，找出少数零部件占多数成本的零部件项目，作为价值工程的重点分析对象。

一般按如图11-2所示对产品、零件或工序进行A、B、C分类。

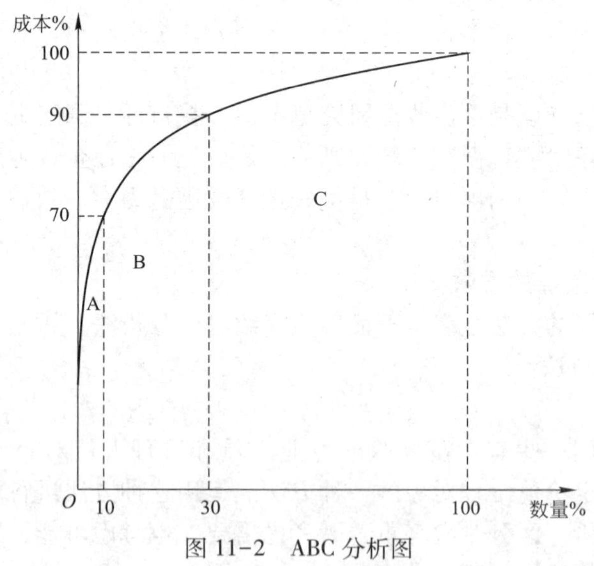


图11-2　ABC分析图

A类，数量比率占10%左右，而其成本费用占总成本的比重为70%左右，一般为价值工程的研究对象。

B 类，数量比率占 20%左右，而其成本费用占总成本的比重为 20%左右，如果人力、财力、物力允许，也可以作为价值工程的研究对象。

C 类，数量比率占 70%左右，而其成本费用占总成本的比重为 10%左右，一般不宜作为价值工程的研究对象。

ABC 分析法的步骤：将零部件按成本大小依次排队；根据零件排队的累计件数，求出占全部零件总数的百分比；根据零件累计成本，求出占总成本的百分比；将全部零件划分为 A、B、C 三类；首先以 A 类作为 VE 对象，其次以 B 类作为 VE 对象。

ABC 分析法的优点是能抓住重点，把数量少而成本高的零部件或工序作为 VE 对象，利于集中精力，重点突破，取得较好效果。ABC 分析法的缺点是在实际工作中，由于成本分配不合理，常会出现有的零部件功能比较次要而成本高，而有的零部件功能比较重要而成本低，致使后一种零部件不能被选为 VE 对象。

百分比法亦可与 ABC 分析法联用，如先用 ABC 分析法找出 A 类费用后，再用百分比法找出其中某项费用作为 VE 对象。

4）价值指数法

根据价值的表达式 $V=\frac{F}{C}$，在产品成本已知的基础上，将产品功能定量化，就可以计算出产品价值，然后根据价值指数的大小来确定价值工程的研究对象。

如果价值系数<1，说明产品或部件重要程度小而成本高，应作为研究对象；如果价值系数>1，说明产品或部件重要程度大而成本低，可作为研究对象；如果价值系数=1，说明产品或部件重要程度和成本相当，不作为研究对象；如果价值系数=0，说明产品或部件不重要，可以取消或合并。

在应用该方法选择价值工程的对象时，应当综合考虑价值指数偏离 1 的程度和改变幅度，优先选择价值系数<1 且改进幅度大的产品。

**3. 情报收集**

价值工程的对象确定之后，围绕有关问题，搜集情报和资料是十分重要的。一般应收集以下几个方面的信息资料。

1）用户需求方面的信息

这包括用户使用产品的目的、使用条件、使用环境、维护保养条件等；用户对产品的性能及外观方面的要求；用户对产品价格、交货期限、技术服务方面的要求；用户对产品的可靠性、安全性、可操作性及寿命的要求。

2）销售方面的信息

这包括产品的产销情况、市场需求、市场容量、销售量与市场需求量的预测、产品竞争的情况；目前有哪些竞争的厂家和竞争的产品，竞争产品的价格、利润、销售量、质量指标、用户反映、市场划分和占有率情况；同类企业和同类产品的发展计划，拟增加的投资额，改扩建及合并调整情况。

3）科学技术方面的信息

这包括产品的功能、水平高低，实现功能的方式和方法；本企业产品设计、工艺、制造等技术档案资料；国内同类产品的设计方案、产品结构、加工工艺、设备、材料、标准；新技术、新材料、新工艺、新设备发展方面的情报；有关技术法规和标准的要求等。

4）制造和供应方面的信息

这包括产品加工方法、生产能力、工艺装备、检验方法、废次品率、厂内运输方式、包装方法等；原材料及外购件种类、质量、数量、价格、材料利用率等；供应与协作单位的布局、生产经营情况、技术水平与成本、利润、价格等；厂外运输方式及运输情况等。

5）成本方面的信息

这包括产品及零部件的定额成本、工时定额、材料消耗定额、各种费用定额，材料、配件、半成品价格及厂内劳务的计划价格等。

6）本企业的基本情况

这包括企业的经营方针、生产能力及限制条件、经营情况、技术经济指标等。

7）政府和社会方面的信息

这包括有关法规、条例、政策、环境保护等方面的信息情报。

搜集信息时要注意目的性、可靠性、适时性。搜集信息要事先明确目的，要力争无遗漏又无浪费地搜集必要的信息。信息是行动和决策的依据，错用了不可靠、不准确的信息不仅达不到预期的效果，还可能导致价值工程的失败。

### 11.2.3 功能分析

功能分析是价值工程的核心和基本内容，包括功能定义和功能整理。其目的就是在满足用户基本功能的基础上，确保和增加产品的必要功能，剔除或减少不必要功能。

**1. 功能定义**

功能定义就是用简明的语言对价值工程对象及其组成部分的每项功能做一个确切的描述。通过这种描述，把功能的本质、内容及其水平准确地表达出来。定义方法和原则如下。

① 使用简洁语言。多用“两词”法，即动词加名词，如基础的功能定义为“承受荷载”，间隔墙的功能定义为“分隔空间”。

② 尽量准确，反映功能本质。

③ 适当抽象，不违反准确性为度，有助于开阔思路。

④ 全面。可参照产品从上到下、从主到次顺序分别定义。

功能定义举例见表11-4。

**表11-4 功能定义举例**

| 定义对象 | 功能 | |
|---|---|---|
| 主语（名词） | 谓语（动词） | 宾语（名词） |
| 手表 | 指示 | 时间 |
| 杯子 | 盛 | 水 |
| 电线 | 传输 | 电流 |
| 日光灯 | 照 | 明 |

功能定义应注意：①名词尽量要用可测量的词汇，以利于定量化；②动词要采用发散思维的词汇，以利开阔思路；③要站在物的立场上；④一个功能下一个定义。

**2. 功能整理**

产品的结构间、功能间都有着复杂的联系。因此，仅仅把产品的功能定义出来是不够的，价值工程还要求在大量的功能定义基础上进行功能整理。

功能整理就是用系统的观点将已经定义了的功能加以系统化，找出各局部功能相互之间的逻辑关系，并用图表形式表达（如图 11-3 所示），以明确产品的功能系统，从而为功能评价和方案构思提供依据。

功能整理的步骤如下。

① 分析产品的基本功能和辅助功能。

② 明确功能的上下位和并列关系。

③ 建立功能系统图。

在图 11-3 中，每一分支形成一级。$F_0$为一级功能，$F_1$、$F_2$、$F_3$为二级功能，$F_{11}$，$F_{12}$，…，$F_{32}$为三级功能。某功能和它的分支全体形成功能区，如 $F_2$、$F_{21}$、$F_{22}$和 $F_{23}$是一个功能区。同一功能区中的级别用“位”表示，高一级功能称为“上位”，低一级功能称为“下位”，同级功能称为“同位”。$F_2$是 $F_{21}$、$F_{22}$、$F_{23}$的上位功能，$F_{21}$、$F_{22}$、$F_{23}$之间则是同位关系。功能整理采取的逻辑是：目的—手段，即上位功能（目的功能）是目的，下位功能（手段功能）是手段。

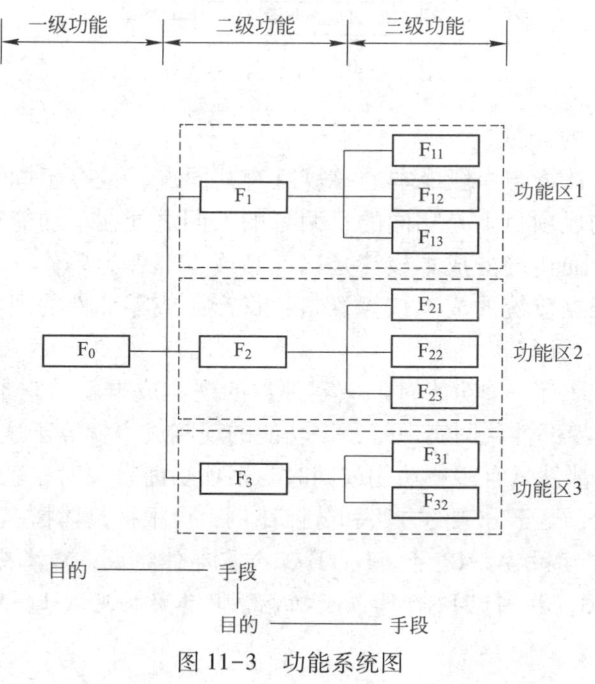


图 11-3　功能系统图

功能系统图表明了整个功能系统的内部联系，更进一步地阐明了分析对象的“功能是什么”的问题，它反映了设计意图和构思。功能系统图为功能评价和改进创新提供了基础。

### 11.2.4　功能评价

**1. 功能评价的概念**

功能评价是在功能分析的基础上，应用一定的科学方法，进一步求出实现某种功能的最低成本（或目标成本 $F$），并以此作为功能评价的基准，也称为功能评价值，通过与现实该功能的现实成本（或称目前成本 $C$）相比较，求得两者的比值即为功能价值 $V$；两者差值为成本改善期望值 $H$，也就是成本降低幅度。价值工程活动的重点改进对象应选择功能价值低、改善期望值大的功能。

**2. 功能评价的步骤**

功能评价的步骤如下。

① 计算功能现实成本 $C$；

② 求出功能目标成本 $F$（功能评价值）；

③ 计算功能价值 $V=F/C$ 和改进期望值 $H=C-F$，并根据计算结果选择功能的改进对象。

功能评价的程序如图 11-4 所示。

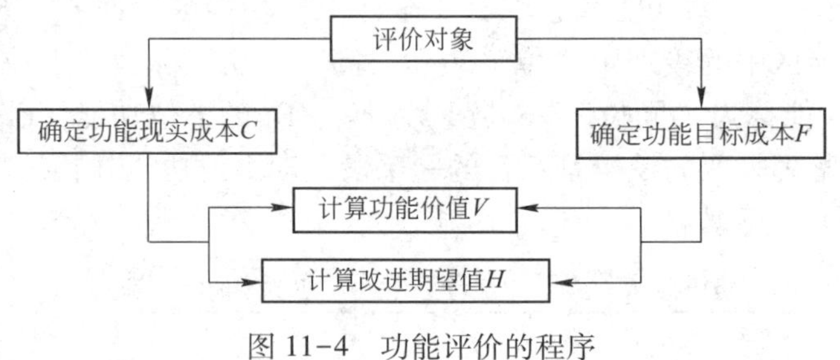


图 11-4　功能评价的程序

**3. 功能现实成本的计算**

功能现实成本的计算与一般成本的核算既有共同点，也有不同之处。两者相同点是它们在成本费用的构成项目上是相同的；两者的不同之处在于功能现实成本的计算是以对象的功能为单位，而传统的成本核算是以产品或零部件为单位。因此，在计算功能现实成本时，就需要根据传统的成本核算资料，将产品或零部件的现实成本转化为功能现实成本。

当一个零部件只具有一个功能时，该零部件的现实成本就是它本身的功能现实成本；当一项功能要由多个零部件共同实现时，该功能的现实成本就等于这些零部件的现实功能成本之和；当一个零部件具有多项功能或同时与多项功能有关时，就需要将零部件的现实成本分摊给各个功能，至于分摊的方法和分摊比例，可根据具体情况确定。

**【例 11-1】** 某产品由 A、B、C、D、E 五个零部件组成，成本分别为 180 元、90 元、200 元、70 元和 60 元，共实现 $F_1$ 至 $F_5$ 五项功能，具体数据见表 11-5，求各项功能的现实成本。

**表 11-5　某产品功能现实成本计算**　　单位：元

| 零部件 | | | 功能（或功能区） | | | | |
|---|---|---|---|---|---|---|---|
| 序号 | 名称 | 成本 | $F_1$ | $F_2$ | $F_3$ | $F_4$ | $F_5$ |
| 1 | A | 180 | 60 | 60 | 30 | | 30 |
| 2 | B | 90 | | 30 | | 60 | |
| 3 | C | 200 | 50 | 60 | 30 | 60 | |

续表

| 零部件 | | | 功能（或功能区） | | | | |
|---|---|---|---|---|---|---|---|
| 序号 | 名称 | 成本 | $F_1$ | $F_2$ | $F_3$ | $F_4$ | $F_5$ |
| 4 | D | 70 | | 50 | | 20 | |
| 5 | E | 60 | | | | | 60 |
| 合　计 | | $C$ | $C_1$ | $C_2$ | $C_3$ | $C_4$ | $C_5$ |
| | | 600 | 110 | 200 | 60 | 140 | 90 |

**【解】**　表 11-5 中的 A 零部件是用来实现 $F_1$、$F_2$、$F_3$和 $F_5$功能的，将 A 零部件的成本分配给其所实现的 4 项功能，分别为 60 元、60 元、30 元和 30 元。以此类推，将 B、C、D、E 的成本分别分摊到各自实现的功能中，然后将各功能分配的成本合计起来，得到了各功能的现实成本，如 $F_1$的现实成本为 110 元，$F_2$的现实成本为 200 元。

**4. 功能目标成本的计算**

功能目标成本（功能评价值）是指可靠地实现用户要求功能的最低成本，可以根据图纸和定额，也可以根据国内外先进水平或根据市场竞争的价格等来确定，它可以理解为企业应该达到的实现用户要求功能的最低成本。功能目标成本计算方法有多种，这里仅介绍功能评价值分配法。

功能评价值分配法是根据功能的重要性系数确定功能评价值的方法，其基本思路是：首先确定产品总目标成本，并根据各功能的重要程度和复杂程度确定功能重要性系数，然后按功能重要性系数分配产品的目标成本，从而求出各个功能的目标成本。可以看出，功能评价值分配法的核心是确定产品总目标成本及计算功能评价系数。

1）产品总目标成本的确定

确定产品总目标成本时可根据经验对初步构想的几个方案的成本进行估算，经分析比较，以其中最低成本作为产品总目标成本；也可以同类产品中的最低成本作为产品总目标成本，或者依靠统计资料和数理统计知识进行预测。

2）功能评价系数的计算

功能评价系数是评价对象的某项功能占总功能的比例，又称功能重要性系数、功能系数等。确定功能重要性系数的计算方法有："01"评分法、直接评分法、"04"评分法、倍比法等。

（1）"01"评分法

"01"评分法的做法是请 5～15 个对产品熟悉的人员各自参加功能的评价。评价两个功能的重要性时，重要者得 1 分，不重要者得 0 分，自己与自己相比不得分，用"X"表示。

"01"评分法得分总和为 $n(n-1)/2$，$n$ 为对比的零件数量，例如，某产品有 5 个零件，总分应为 10 分。

为避免不重要的功能得零分，可将各功能累计得分加 1 分进行修正，用修正后的总分分别去除各功能累计得分即得到功能重要性系数。

例如，某产品有 5 个零件，某评价人员采用"01"评分法确定的功能评价系数的计算见表 11-6。

表 11-6 “01”评分法功能评价系数表

| 零件功能 | 一对一比较结果 | | | | | 得分 | 修正得分 | 功能评价系数 |
|---|---|---|---|---|---|---|---|---|
| | A | B | C | D | E | | | |
| A | × | 1 | 0 | 1 | 1 | 3 | 4 | 0.27 |
| B | 0 | × | 0 | 1 | 1 | 2 | 3 | 0.20 |
| C | 1 | 1 | × | 1 | 1 | 4 | 5 | 0.33 |
| D | 0 | 0 | 0 | × | 0 | 0 | 1 | 0.07 |
| E | 0 | 0 | 0 | 1 | × | 1 | 2 | 0.13 |
| 合计 | | | | | | 10 | 15 | 1.00 |

若有多个评价人员对这 5 种零件进行评价，可计算每个功能平均得分值，再以平均得分值除以平均得分值总和可得每个功能的评价系数值。

（2）直接评分法

直接评分法是由专业人员对各功能直接打分，评价时规定总分标准，每个参评人员对各零件功能的评分之和必须等于总分。

例如，有 10 位专业人员对 5 个零件功能进行评分，总分为 10 分，功能评价系数计算见表 11-7。

表 11-7 直接评分法功能评价系数表

| 零件功能 | 评价人员 | | | | | | | | | | 各零件得分 | 功能评价系数 |
|---|---|---|---|---|---|---|---|---|---|---|---|---|
| | 1 | 2 | 3 | 4 | 5 | 6 | 7 | 8 | 9 | 10 | | |
| A | 3 | 3 | 2 | 2 | 3 | 3 | 1 | 2 | 3 | 2 | 24 | 0.24 |
| B | 2 | 2 | 2 | 2 | 3 | 2 | 2 | 2 | 2 | 2 | 21 | 0.21 |
| C | 4 | 3 | 4 | 4 | 3 | 4 | 4 | 3 | 4 | 4 | 37 | 0.37 |
| D | 0 | 1 | 1 | 0 | 0 | 0 | 1 | 0 | 1 | 1 | 5 | 0.05 |
| E | 1 | 1 | 1 | 2 | 1 | 1 | 2 | 3 | 0 | 1 | 13 | 0.13 |
| 合计 | 10 | 10 | 10 | 10 | 10 | 10 | 10 | 10 | 10 | 10 | 100 | 1.00 |

（3）“04”评分法

“04”评分法是对“01”评分法的改进，它更能反映功能之间的真实差别，其打分矩阵仍同“01”评分法，档次划分如下。

① $F_1$比 $F_2$重要得多：$F_1$得 4 分，$F_2$得 0 分

② $F_1$比 $F_2$重要：$F_1$得 3 分，$F_2$得 1 分

③ $F_1$与 $F_2$同等重要：$F_1$得 2 分，$F_2$得 2 分

④ $F_1$不如 $F_2$重要：$F_1$得 1 分，$F_2$得 3 分

⑤ $F_1$远不如 $F_2$重要：$F_1$得 0 分，$F_2$得 4 分

“04”评分法得分总和为 $2n(n-1)$，$n$ 为对比的零件数量。

例如，某专业人员采用“04”评分法对 5 个零件功能进行评分，功能评价系数计算见表 11-8。

**表 11-8 “04”评分法功能评价系数表**

| 零件功能 | 一对一比较结果 | | | | | 得分 | 功能评价系数 |
|---|---|---|---|---|---|---|---|
| | A | B | C | D | E | | |
| A | × | 3 | 1 | 4 | 4 | 12 | 0.30 |
| B | 1 | × | 3 | 1 | 4 | 9 | 0.225 |
| C | 3 | 1 | × | 3 | 0 | 7 | 0.175 |
| D | 0 | 3 | 1 | × | 3 | 7 | 0.175 |
| E | 0 | 0 | 4 | 1 | × | 5 | 0.125 |
| 合计 | | | | | | 40 | 1.00 |

(4) 倍比法

倍比法是利用评价对象之间的相关性进行比较来得出功能评价系数，其具体步骤如下。

① 根据评价对象功能的重要性程度，按上高下低的原则排序。

② 从上至下按倍数比较相邻两个评价对象，在表 11-9 中，$F_1$是 $F_2$的 2 倍。

③ 令最后一个评分对象得分为 1 分，按上述各对象之间的相比值计算其他对象的得分。

例如，某专业人员采用倍比法对评价对象进行评分，功能评价系数计算见表 11-9。

**表 11-9 倍比法功能评价系数表**

| 评价对象 | 相对比值 | 得　分 | 功能评价系数 |
|---|---|---|---|
| $F_1$ | | 12 | 0.55 |
| $F_2$ | $F_1/F_2=2$ | 6 | 0.27 |
| $F_3$ | $F_2/F_3=2$ | 3 | 0.14 |
| $F_4$ | $F_3/F_4=3$ | 1 | 0.04 |
| 合　计 | | 22 | 1.00 |

3) 功能目标成本的计算

对于老产品，在改进设计之前，已经有了产品和各个功能的现实成本，但成本的分配不一定合理，因此可利用功能重要性系数重新分配成本，从而确定功能评价值。

例如，假设产品总目标成本为 600 元，各功能的现实成本为 110 元、200 元、60 元、140 元、90 元，功能评价系数采用表 11-7 直接评分法的结果，具体计算过程见表 11-10。

**表 11-10 功能目标成本计算表**

| 功　能 | 现实成本/元<br>① | 功能评价系数<br>② | 功能目标成本/元<br>③=②×600 |
|---|---|---|---|
| $F_1$ | 110 | 0.24 | 144 |
| $F_2$ | 200 | 0.21 | 126 |
| $F_3$ | 60 | 0.37 | 222 |
| $F_4$ | 140 | 0.05 | 30 |
| $F_5$ | 90 | 0.13 | 78 |
| 合　计 | 600 | 1.00 | 600 |

对新产品设计时产品的目标成本基本上已确定，因此可将设定好的新产品目标成本按功能评价系数进行分配，求出各功能的目标成本。

**5. 功能价值 *V* 及改进期望值 *H* 的计算**

1）功能成本法

功能成本法是将评价对象的功能评价值与功能的现实成本进行比较，求得评价对象的价值系数和成本降低期望值，进而确定价值工程改进对象。计算公式如下：

$$V=\frac{F}{C} \tag{11-3}$$

$$\text{功能改善期望值 } H=C-F \tag{11-4}$$

例如，假设产品总目标成本为 600 元，各功能的现实成本分别为 110 元、200 元、60 元、140 元、90 元，功能评价系数采用表 11-7 直接评分法的结果，功能目标成本采用表 11-10 中的结果，根据式（11-3）和式（11-4），即可计算出每一功能的价值及成本改进期望值，具体计算过程见表11-11。

**表 11-11　功能价值及成本改进期望值计算表**

| 功能 | $C$<br>功能现实成本/元 | $F$<br>功能目标成本/元 | $V=F/C$<br>功能价值 | $H=C-F$<br>成本改进期望值/元 | 功能改进优先顺序 |
|---|---|---|---|---|---|
| $F_1$ | 110 | 144 | 1. 31 | — | |
| $F_2$ | 200 | 126 | 0. 63 | 74 | 2 |
| $F_3$ | 60 | 222 | 3. 7 | — | |
| $F_4$ | 140 | 30 | 0. 21 | 110 | 1 |
| $F_5$ | 90 | 78 | 0. 86 | 12 | 3 |
| 合计 | 600 | 600 | — | 196 | — |

2）功能系数法

功能系数法是将评价对象的功能系数与相对应的成本系数进行比较，得出该评价对象的价值系数，从而确定改进对象。其表达式为：

$$\text{价值系数}(V)=\frac{\text{功能系数}(\mathrm{FI})}{\text{成本系数}(\mathrm{CI})} \tag{11-5}$$

成本系数可按下式计算：

$$\text{成本系数}(\mathrm{CI}_i)=\frac{\text{第 } i \text{ 个评价对象的目前成本}}{\text{全部成本}} \tag{11-6}$$

**【例 11-2】** 某产品有 4 项功能，其功能系数已通过表 11-9 的倍比法确定，其现实成本见表 11-12，试确定该产品的功能改进目标。

**【解】** 该产品的功能改进目标见表 11-12，由表 11-12 可知 $F_4$ 需要改进。

**表 11-12　价值系数计算表**

| 功能 | 功能系数（FI） | 现实成本 | 成本系数（CI） | 价值系数（$V$） | 功能改进目标 |
|---|---|---|---|---|---|
| $F_1$ | 0. 55 | 550 | 0. 500 | 1. 10 | |

续表

| 功能 | 功能系数（FI） | 现实成本 | 成本系数（CI） | 价值系数（V） | 功能改进目标 |
| --- | --- | --- | --- | --- | --- |
| $F_2$ | 0.27 | 290 | 0.264 | 1.02 | |
| $F_3$ | 0.14 | 140 | 0.127 | 1.10 | |
| $F_4$ | 0.04 | 120 | 0.109 | 0.37 | √ |
| 合计 | 1.00 | 1100 | 1.000 | | |

功能的价值系数计算出来以后，就需要进行分析，进而确定功能改进目标。一般来说，采用功能系数法所计算出的价值系数不外乎有以下 3 种结果。

① $V=1$，表示功能与成本达到了合理匹配，一般无须改进。

② $V<1$，此时成本对于所实现的功能来说偏高。一种可能是存在过剩功能；另一种可能是功能虽无过剩，但实现功能的条件或方法不佳，致使实现功能的成本过高，这种情形一般应列为改进范围。

③ $V>1$，说明该功能比较重要，但分配的成本较少。这种情况应具体分析，若是成本偏低，使功能不足，则应作为改进对象；若对象目前具有的功能已经超过了其应该具有的水平，即存在过剩功能，则应作为改进对象；若确实属于以较低成本实现了必要功能，则一般不列为价值工程的改进范围。

**6. 确定价值工程对象的改进范围**

从以上分析可以看出，确定价值工程对象的改进范围，应综合考虑 $V$ 偏离 1 的程度以及成本降低的幅度，优先选择 $V$ 远小于 1 且成本改进幅度大的功能。由表 11-12 可知，应把 $F_4$ 作为功能改善对象。

## 11.2.5　方案创造与评价

通过功能分析和功能评价，对价值工程对象整体及其各功能的价值进行了分析计算和评价，选出了价值低且成本改善期望值大的作为重点改进对象。它的改进是通过方案创造与评价来实现的。

**1. 方案创造**

方案创造是从提高对象的功能价值出发，针对应改进的具体目标，依据已建立的功能系统图和功能目标成本，通过创造性的思维活动，提出各种不同的实现功能方案的过程。

方案创造是价值工程活动成败的关键，主要依赖于创造能力和创造性思维。在价值工程中常用的方案创造的方法有以下几种。

1）头脑风暴法

这种方法是通过开会的方式获取方案。会上不批判别人的意见，鼓励提案人要自由奔放、打破常规、创造性地思考问题，抓住瞬时的灵感或意识得到新的构思方案。这种方法的特点是简单易行，且能互相启发，集思广益，比同样人数单独提方案的效果高 70%，其缺点是会后整理工作量大。

2）模糊目标法

这种方法由美国人 W. J. Gordon 提出。这种方法的指导思想是把研究的问题适当抽象化，以利于寻求新解法。会议主持人开始并不全部摊开要解决的问题，而是只对大家作一番抽象笼统的介绍，要求大家提出各种设想，以激发出有价值的改进方案，待讨论到一定程度后才把中心议题提出来，以作进一步研究。

3）专家调查法

这种方法是将所要咨询的问题和有关的背景资料，以信函的方式寄给各有关专家，使他们在互不商量的情况下提出各种建议和设想，待专家们将方案寄回后，组织者经过综合、归纳、整理后，再反馈给各位专家，并进一步征求意见，如此反复多次直到咨询的问题得到较为满意的结果。

方案创造的方法很多，总的原则是要充分发挥有关人员的聪明才智，集思广益，多提方案，从而为方案评价创造条件。

**2. 方案评价和选择**

方案评价是在方案创造的基础上对新构思方案的技术、经济和社会效果等几方面进行的评估，以便选择最佳方案。按其做法，方案评价分为概略评价和详细评价。

1）概略评价

概略评价是对新构思方案从技术、经济和社会三个方面进行初步研究，其目的是从众多的方案中进行粗略的筛选，以减少详细评价的工作量，使精力集中于优秀方案的评价。

2）详细评价

详细评价是在概略评价所得的比较抽象的方案中，评选出准备实施的最佳方案，其评价结论是方案审批的依据。

详细评价的主要内容包括技术评价、经济评价和社会评价，有时还需在三者的基础上对方案进行综合评价。

（1）技术评价

技术评价是评估各个方案对产品功能的实现程度及方案在技术上的可行程度的一种方法。它是以各项技术性能指标作为标准，评价的内容包括：产品的整体功能及各项性能；产品的外观造型、商标图案、色彩及外包装，产品的操作性能、安全性和可靠性；产品的使用期限及可维修性；产品生产工艺的可实施性；生产流程的协调性等。

（2）经济评价

经济评价是对方案实施后经济效益的评估。它通常是以各项经济指标来反映方案的投入与产出之间的关系，这些指标包括：成本指标、利润指标、投资回收期指标。在经济评价中，不能只从企业的短期利益和局部利益来决定方案的优劣，应更多地兼顾企业未来的发展规划，兼顾国家、厂商、用户三者之间的利益，从而确定多赢的方案。

（3）社会评价

社会评价是指从宏观角度上来评价方案实施后对社会产生影响的一种方法。社会评价的主要内容包括：是否符合国家和有关行政部门的政策、法规和条例；是否符合本地区发展规划的要求；是否影响生态环境；是否影响周边生产资源的布局等。

（4）综合评价

综合评价是在技术评价、经济评价和社会评价基础上进行的总体评价。前述的评价方法是着眼于对方案的技术性、经济性或社会性某一方面的单项评价，在实际工作中，经常会遇到若干个方案在上述三个方面各存在优势，就单项指标而言，很难作出正确的选择。在这种情况下就需要对方案进行综合评价，选出总体价值最大的方案，即技术合理、经济合理、对社会有利的最优方案，以综合优势来定取舍。

### 11.2.6　方案实施

在方案实施过程中，要经常检查，以保证实施的质量达到预期目标。方案实施之后，需要全面总结价值工程活动的成果，比较新方案实施所取得的实际效果和原方案的效果，以利于开展今后的价值工程活动。

## 11.3　案例分析

本例运用价值工程的原理和方法对胜利油田海上单井平台工艺流程进行优化，在保证功能的前提下降低建设成本。

**1. 选择对象**

海上油田建设为滚动开发，每年都有新的平台投入使用，其中以卫星采油平台为主。该类建设项目具有投资高、风险大，施工费用和运行费用高的特点。而油井平台的工艺流程直接决定投资费用、运行费用及其经济效益。特别是单井平台，由于只有一口油井，产油量不大，不可能配置整套的油气设施。因此，选择单井平台的工艺流程进行分析和优化。

**2. 功能分析**

1）功能定义

功能是指一种产品（或作业）所起的作用、负担的职能和具有的使用价值。功能定义的目的是搞清现有产品已经存在的功能，明确用户所要求的功能，为改进或创造新的功能方式开阔思路，为功能评价提供依据。

单井平台的主要功能有油气输送、数据采集远传、变配电、消防、通信等。单井平台的组成主要包括平台结构、平台油气设施、外输系统、供配电系统、消防系统、通信系统、自控系统等。此外，对于原油凝固点比较高的平台应有加热装置，终端平台还应考虑添加海底管道紧急替挤橇块。

平台结构用于平台设施的支撑；平台油气设施及外输系统用于油气处理及外输；供配电系统用于平台变电、供电；消防系统用于平台安全消防；通信系统用于平台对内和对外通信；自控系统用于各系统的自动控制和运行。

2）功能评价

功能评价就是对实现功能的构成要素的价值系数与改善幅度进行定性和定量的评价，为工程改进提供科学的依据。

（1）确定功能的成本

根据初步方案，应用概算的方法估算工程投资，从而得出功能成本，见表 11-13。

（2）计算功能的评价系数

首先，应用强制确定法排列功能重要性的顺序为 $A>B>C>D>E>F$，然后应用倍数确定法计算功能重要性系数，其中倍数是通过征求有关专家和工程技术人员的意见后综合评定的，结果见表 11-14。

**表 11-13　功能成本（包括改进前、后）**

| 平台的构成要素及成本 | | | 各功能成本/万元 | | | | | | | | | | | |
|---|---|---|---|---|---|---|---|---|---|---|---|---|---|---|
| 名称 | 成本/万元 | | 平台设施的支撑（$A$） | | 油气处理及外输（$B$） | | 变电、供电（$C$） | | 自动化控制和运行（$D$） | | 安全消防（$E$） | | 平台对内和对外通信（$F$） | |
| | 改进前 | 改进后 | 改进前 | 改进后 | 改进前 | 改进后 | 改进前 | 改进后 | 改进前 | 改进后 | 改进前 | 改进后 | 改进前 | 改进后 |
| 平台结构 | 620 | 543 | 620 | 543 | | | | | | | | | | |
| 平台油气设备及外输系统 | 1 250 | 20 | | | 1 250 | 20 | | | | | | | | |
| 供配电系统 | 160 | 10 | | | | | 160 | 10 | | | | | | |
| 自控系统 | 60 | 10 | | | | | | | 60 | 10 | | | | |
| 消防系统 | 2 | 2 | | | | | | | | | 2 | 2 | | |
| 通信系统 | 4 | 4 | | | | | | | | | | | 4 | 4 |
| 工程费合计 | 2 096 | 589 | | | | | | | | | | | | |

**表 11-14　功能评价系数**

| 功　　能 | 相邻功能比值（本项/下项） | 功能得分 | 功能评价系数/% |
|---|---|---|---|
| 平台设施的支撑（$A$） | $A/B=5$ | 67.5 | 67.5/99=68.18 |
| 油气处理及外输（$B$） | $B/C=1.5$ | 13.5 | 13.64 |
| 变电、供电（$C$） | $C/D=1.5$ | 9 | 9.09 |
| 自动化控制和运行（$D$） | $D/E=3$ | 6 | 6.06 |
| 安全消防（$E$） | $E/F=2$ | 2 | 2.02 |
| 平台对内和对外的通信（$F$） | — | 1 | 1.01 |
| 合　　计 | — | 99 | 100 |

(3) 计算功能的价值系数

功能的价值系数是指产品功能评价系数与产品功能成本系数的比值。$V=1$，说明产品功能价值合理；$V<1$，说明产品功能价值低劣，需要进行改进；$V>1$，说明产品功能价值优良。

因目标成本一时无法确定，不能采用绝对计算法计算价值系数，而应采用相对计算法，由功能评价系数及功能成本系数计算功能价值系数，计算结果见表 11-15。

**表 11-15　功能价值系数**

| 功　能 | ① 功能重要性系数/% | ② 功能成本/万元 | ④ 功能成本系数/%（②/③） | ⑤ 功能价值系数（①/④） |
| --- | --- | --- | --- | --- |
| 平台设施的支撑（$A$） | 68.18 | 620 | 29.58 | 2.30 |
| 油气处理及外输（$B$） | 13.64 | 1 250 | 59.64 | 0.23 |
| 变电、供电（$C$） | 9.09 | 160 | 7.63 | 1.19 |
| 自动化控制和运行（$D$） | 6.06 | 60 | 2.86 | 2.12 |
| 安全消防（$E$） | 2.02 | 2 | 0.10 | 20.2 |
| 平台对内和对外的通信（$F$） | 1.01 | 4 | 0.19 | 5.32 |
| 合　计 | 100 | ③2 096 | 100 | |

从表 11-16 中可以看出，功能价值系数的排列顺序为 $B<C<D<A<F<E$，且油气处理及外输（$B$）功能的价值系数远小于 1，即成本偏高，功能与成本不匹配，需要改进；平台设施的支撑（$A$）、变电和供电（$C$）、自动化控制和运行（$D$）功能的价值系数，虽然大于 1，但也较低，有待于改进；安全消防（$E$）、平台对内和对外的通信（$F$）功能的成本系数很低，可不进行改进。

**3. 改进方案**

1) 油气处理及外输

油气处理及外输价值系数小，主要是因为油气处理设施以及海底油气外输管道的投资较大，并且对于产液量不大的单井来讲，1 250 万元的初期投资显然太高了，同时由于设备数量的增加也使平台的尺寸和载荷增大了，即增加了结构部分的投资。油气处理及外输设施由两部分组成：一是平台的油气管道设备，包括电加热器、替挤橇块共计 50 万元；二是外输系统，即将油气混合物从一个平台输送到其他平台的海底管道（直径为 76 mm，海底管道每千米的投资也在 800 万元以上）。因此，考虑到单井平台产液量不很大，并且产量衰减速度较快，平台可以不设置海底管道，即取消海底管道和电加热器、替挤橇块等与海底管道配套的设施，增加两相分离装置和低压火炬装置，改为船拉油的方式生产，这样就可以减少初期投资。

2) 平台设施的支撑

(1) 优化平台结构

工艺流程的简化，使平台尺寸减小、载荷降低，减少平台结构投资约 70 万元。

(2) 改进导管架结构

①把具有多种功能的平台分开设置，减少单个平台的质量，从而满足浅海施工船舶吃水及吊重的要求；②在材料上，除主要构件采用具有低温性能的钢材外，大部分上部组块

及附属构件都采用常用国产钢材；③对于环境荷载重现期的选择，现有规范建议 100 年，但根据该海域油藏情况及采油年限一般不超过 15 年的要求，将重现期降为不超过 50 年，从而降低造价。

(3) 选择国产导管架封隔器

对于导管架平台，桩与导管架主腿柱之间的环形空间必须灌水泥浆，使桩与导管架成为一体，增加抗载能力。导管架封隔器安装在导管架底部，能够防止灌浆时水泥浆从导管架主腿柱底部漏出，是导管架主要构件之一。本平台采用国产封隔器替代进口产品，平均价格仅为 1.2 万元人民币，与进口产品相比，节约投资约 7 万元。

3) 自动化控制和运行

由于平台采用船拉油流程，很大程度上降低了平台的自控要求，不必设海底管道的紧急切断装置，很多数据也不用采集远传，相应节约投资近 50 万元。

4) 变电供电

由于平台本身没有大功率用电装置，因此不用设置高压配电间，可以采用太阳能或风力发电装置满足平台上的航标灯、边界灯、安全阀控制柜及电伴热带等设施的用电，这样可一次性节约投资 150 万元。

**4. 成果评价**

1) 经济效益评价

比较表 11-13 中改进前、后可以看出，改进后，平台投资减少 1 500 余万元，经济效益显而易见。

2) 社会效益评价

由于采用太阳能或风力发电装置，每年节约电量 144 万 kW · h。

## 延伸阅读

1. 臧靖. 基于价值工程理论的房地产开发项目成本控制研究. 经济研究导刊，2013 (30)：183-186，282.

2. 姜忠辉，王梦晓. 基于价值工程理论的体验价值研究. 商业研究，2012，421 (5)：79-85.

3. 张金兰，纪鹏飞，董纪昌. 基于价值工程的房地产项目管理应用研究. 数学的实践与认识，2011，41 (17)：76-84.

4. 向鹏成，钟韵，任宏. 基于价值工程理论的房地产性价比确定. 价值工程，2004 (1)：74-75.

## 复习思考题

**1. 单项选择题**

(1) 功能整理的主要任务是（　　）。

A. 确定功能系统图　　　　B. 确定功能定义

C. 确定功能成本　　　　D. 确定功能系数

(2) 价值工程的总成本是（　　）。

A. 产品寿命周期成本　　　　B. 生产成本

C. 使用成本　　　　D. 维修成本

(3) 价值工程的核心是（　　）。

A. 功能分析　　　　B. 对象选择

C. 信息资料收集　　　　D. 功能评价

**2. 多项选择题**

(1) 选择价值工程研究对象的方法有（　　）。

A. 经验分析法　　　　B. 百分比法

C. 价值指数法　　　　D. ABC 分析法

(2) 提高价值的途径有（　　）。

A. 提高功能，降低成本　　　　B. 成本不变，提高功能

C. 功能不变，降低成本　　　　D. 功能降低，成本成倍降低

**3. 思考题**

(1) 提高产品价值有哪些途径？

(2) 简述价值工程的分析步骤。

(3) 如何选择价值工程对象？

**4. 计算题**

(1) 某产品由 5 个零件构成，各零件资料见表 11-16。产品目前成本为 15 元，要想通过价值工程技术使成本降至 10 元，试求该零件的功能评价系数、成本系数、价值系数并确定价值工程的重点对象。

**表 11-16　各零部件目前成本及得分**

| 零件名称 | A | B | C | D | E |
|---|---|---|---|---|---|
| 目前成本/元 | 3 | 2 | 4 | 1 | 5 |
| 得分 | 2 | 2 | 1 | 2 | 3 |

(2) 某产品有 A、B、C、D、E、F、G 等 7 种零部件，其成本分别为 260 元、220 元、140 元、34 元、460 元、80 元、150 元，对于该产品的重要程度依次是 E、A、D、G、B、C、F。试用“01”评分法确定价值工程的对象（列表计算以后再进行分析）。

(3) 某建设项目由业主经过设计竞赛的方式，选择了 3 种设计方案作为候选方案，各候选设计方案对比项目如下所述。

A 方案：结构方案为大柱网框架轻墙体系，采用预应力大跨度叠合楼板，墙体材料采用多孔砖及移动式可拆装式分室隔墙，窗户采用单框双玻璃塑钢窗，面积利用系数为 91%，单方造价为 5 600 元/$m^2$；

B 方案：结构方案采用框架剪力墙结构，面积利用系数为 86%，单方造价为5 300 元/$m^2$；

C 方案：结构方案采用砖混结构体系，采用多孔预应力板，墙体材料采用标准黏土砖，窗户采用单玻璃空腹塑钢窗，面积利用系数为 82%，单方造价为 5 100 元/$m^2$。

各设计方案各功能的权重及各方案的功能得分见表 11-17。

**表 11-17　各设计方案各功能的权重及各方案的功能得分**

| 方案功能 | 功能权重 | 方案功能得分 | | |
|---|---|---|---|---|
| | | A | B | C |
| 结构体系 | 0.25 | 10 | 10 | 8 |
| 模板类型 | 0.05 | 10 | 10 | 9 |
| 墙体材料 | 0.25 | 8 | 9 | 7 |
| 面积系数 | 0.35 | 9 | 8 | 7 |
| 窗户类型 | 0.10 | 9 | 7 | 8 |

试运用价值工程原理选择最优设计方案计算指数的结果保留三位小数。

(4) 某产品由 12 种零件组成，各零件的个数和单个零件的成本见表 11-18，请运用 ABC 分析法选择价值工程的对象。

**表 11-18　各零件的个数和单个零件的成本**

| 零件名称 | A | B | C | D | E | F | G | H | I | J | K | L |
|---|---|---|---|---|---|---|---|---|---|---|---|---|
| 零件个数 | 2 | 4 | 2 | 6 | 2 | 8 | 12 | 5 | 2 | 4 | 4 | 2 |
| 单个成本 | 19 | 1 | 4.5 | 1.5 | 3 | 0.75 | 0.5 | 0.6 | 1 | 10 | 1 | 1 |

答案

# 附录 A

# 复利系数表

常用折现率的复利系数表见表 A-1～表 A-16。

**表 A-1　复利系数表（$i$=2%）**

| 年份 | 一次支付 | | 等额支付 | | | |
|---|---|---|---|---|---|---|
| | 终值系数 | 现值系数 | 终值系数 | 偿债基金系数 | 现值系数 | 资金回收系数 |
| $n$ | ($F/P$, $i$, $n$) | ($P/F$, $i$, $n$) | ($F/A$, $i$, $n$) | ($A/F$, $i$, $n$) | ($P/A$, $i$, $n$) | ($A/P$, $i$, $n$) |
| 1 | 1.020 00 | 0.980 39 | 1.000 00 | 1.000 00 | 0.980 39 | 1.020 00 |
| 2 | 1.040 40 | 0.961 17 | 2.020 00 | 0.495 05 | 1.941 56 | 0.515 05 |
| 3 | 1.061 21 | 0.942 32 | 3.060 40 | 0.326 75 | 2.883 88 | 0.346 75 |
| 4 | 1.082 43 | 0.923 85 | 4.121 61 | 0.242 62 | 3.807 73 | 0.262 62 |
| 5 | 1.104 08 | 0.905 73 | 5.204 04 | 0.192 16 | 4.713 46 | 0.212 16 |
| 6 | 1.126 16 | 0.887 97 | 6.308 12 | 0.158 53 | 5.601 43 | 0.178 53 |
| 7 | 1.148 69 | 0.870 56 | 7.434 28 | 0.134 51 | 6.471 99 | 0.154 51 |
| 8 | 1.171 66 | 0.853 49 | 8.582 97 | 0.116 51 | 7.325 48 | 0.136 51 |
| 9 | 1.195 09 | 0.836 76 | 9.754 63 | 0.102 52 | 8.162 24 | 0.122 52 |
| 10 | 1.218 99 | 0.820 35 | 10.949 72 | 0.091 33 | 8.982 59 | 0.111 33 |
| 11 | 1.243 37 | 0.804 26 | 12.168 72 | 0.082 18 | 9.786 85 | 0.102 18 |
| 12 | 1.268 24 | 0.788 49 | 13.412 09 | 0.074 56 | 10.575 34 | 0.094 56 |
| 13 | 1.293 61 | 0.773 03 | 14.680 33 | 0.068 12 | 11.348 37 | 0.088 12 |
| 14 | 1.319 48 | 0.757 88 | 15.973 94 | 0.062 60 | 12.106 25 | 0.082 60 |
| 15 | 1.345 87 | 0.743 01 | 17.293 42 | 0.057 83 | 12.849 26 | 0.077 83 |
| 16 | 1.372 79 | 0.728 45 | 18.639 29 | 0.053 65 | 13.577 71 | 0.073 65 |
| 17 | 1.400 24 | 0.714 16 | 20.012 07 | 0.049 97 | 14.291 87 | 0.069 97 |
| 18 | 1.428 25 | 0.700 16 | 21.412 31 | 0.046 70 | 14.992 03 | 0.066 70 |
| 19 | 1.456 81 | 0.686 43 | 22.840 56 | 0.043 78 | 15.678 46 | 0.063 78 |
| 20 | 1.485 95 | 0.672 97 | 24.297 37 | 0.041 16 | 16.351 43 | 0.061 16 |
| 21 | 1.515 67 | 0.659 78 | 25.783 32 | 0.038 78 | 17.011 21 | 0.058 78 |
| 22 | 1.545 98 | 0.646 84 | 27.298 98 | 0.036 63 | 17.658 05 | 0.056 63 |
| 23 | 1.576 90 | 0.634 16 | 28.844 96 | 0.034 67 | 18.292 20 | 0.054 67 |
| 24 | 1.608 44 | 0.621 72 | 30.421 86 | 0.032 87 | 18.913 93 | 0.052 87 |
| 25 | 1.640 61 | 0.609 53 | 32.030 30 | 0.031 22 | 19.523 46 | 0.051 22 |
| 26 | 1.673 42 | 0.597 58 | 33.670 91 | 0.029 70 | 20.121 04 | 0.049 70 |
| 27 | 1.706 89 | 0.585 86 | 35.344 32 | 0.028 29 | 20.706 90 | 0.048 29 |
| 28 | 1.741 02 | 0.574 37 | 37.051 21 | 0.026 99 | 21.281 27 | 0.046 99 |
| 29 | 1.775 84 | 0.563 11 | 38.792 23 | 0.025 78 | 21.844 38 | 0.045 78 |
| 30 | 1.811 36 | 0.552 07 | 40.568 08 | 0.024 65 | 22.396 46 | 0.044 65 |
| 31 | 1.847 59 | 0.541 25 | 42.379 44 | 0.023 60 | 22.937 70 | 0.043 60 |
| 32 | 1.884 54 | 0.530 63 | 44.227 03 | 0.022 61 | 23.468 33 | 0.042 61 |
| 33 | 1.922 23 | 0.520 23 | 46.111 57 | 0.021 69 | 23.988 56 | 0.041 69 |
| 34 | 1.960 68 | 0.510 03 | 48.033 80 | 0.020 82 | 24.498 59 | 0.040 82 |
| 35 | 1.999 89 | 0.500 03 | 49.994 48 | 0.020 00 | 24.998 62 | 0.040 00 |

**表 A-2　复利系数表（$i=4\%$）**

| 年份 | 一次支付 | | 等额支付 | | | |
|---|---|---|---|---|---|---|
| | 终值系数 | 现值系数 | 终值系数 | 偿债基金系数 | 现值系数 | 资金回收系数 |
| $n$ | $(F/P, i, n)$ | $(P/F, i, n)$ | $(F/A, i, n)$ | $(A/F, i, n)$ | $(P/A, i, n)$ | $(A/P, i, n)$ |
| 1 | 1. 040 00 | 0. 961 54 | 1. 000 00 | 1. 000 00 | 0. 961 54 | 1. 040 00 |
| 2 | 1. 081 60 | 0. 924 56 | 2. 040 00 | 0. 490 20 | 1. 886 09 | 0. 530 20 |
| 3 | 1. 124 86 | 0. 889 00 | 3. 121 60 | 0. 320 35 | 2. 775 09 | 0. 360 35 |
| 4 | 1. 169 86 | 0. 854 80 | 4. 246 46 | 0. 235 49 | 3. 629 90 | 0. 275 49 |
| 5 | 1. 216 65 | 0. 821 93 | 5. 416 32 | 0. 184 63 | 4. 451 82 | 0. 224 63 |
| 6 | 1. 265 32 | 0. 790 31 | 6. 632 98 | 0. 150 76 | 5. 242 14 | 0. 190 76 |
| 7 | 1. 315 93 | 0. 759 92 | 7. 898 29 | 0. 126 61 | 6. 002 05 | 0. 166 61 |
| 8 | 1. 368 57 | 0. 730 69 | 9. 214 23 | 0. 108 53 | 6. 732 74 | 0. 148 53 |
| 9 | 1. 423 31 | 0. 702 59 | 10. 582 80 | 0. 094 49 | 7. 435 33 | 0. 134 49 |
| 10 | 1. 480 24 | 0. 675 56 | 12. 006 11 | 0. 083 29 | 8. 110 90 | 0. 123 29 |
| 11 | 1. 539 45 | 0. 649 58 | 13. 486 35 | 0. 074 15 | 8. 760 48 | 0. 114 15 |
| 12 | 1. 601 03 | 0. 624 60 | 15. 025 81 | 0. 066 55 | 9. 385 07 | 0. 106 55 |
| 13 | 1. 665 07 | 0. 600 57 | 16. 626 84 | 0. 060 14 | 9. 985 65 | 0. 100 14 |
| 14 | 1. 731 68 | 0. 577 48 | 18. 291 91 | 0. 054 67 | 10. 563 12 | 0. 094 67 |
| 15 | 1. 800 94 | 0. 555 26 | 20. 023 59 | 0. 049 94 | 11. 118 39 | 0. 089 94 |
| 16 | 1. 872 98 | 0. 533 91 | 21. 824 53 | 0. 045 82 | 11. 652 30 | 0. 085 82 |
| 17 | 1. 947 90 | 0. 513 37 | 23. 697 51 | 0. 042 20 | 12. 165 67 | 0. 082 20 |
| 18 | 2. 025 82 | 0. 493 63 | 25. 645 41 | 0. 038 99 | 12. 659 30 | 0. 078 99 |
| 19 | 2. 106 85 | 0. 474 64 | 27. 671 23 | 0. 036 14 | 13. 133 94 | 0. 076 14 |
| 20 | 2. 191 12 | 0. 456 39 | 29. 778 08 | 0. 033 58 | 13. 590 33 | 0. 073 58 |
| 21 | 2. 278 77 | 0. 438 83 | 31. 969 20 | 0. 031 28 | 14. 029 16 | 0. 071 28 |
| 22 | 2. 369 92 | 0. 421 96 | 34. 247 97 | 0. 029 20 | 14. 451 12 | 0. 069 20 |
| 23 | 2. 464 72 | 0. 405 73 | 36. 617 89 | 0. 027 31 | 14. 856 84 | 0. 067 31 |
| 24 | 2. 563 30 | 0. 390 12 | 39. 082 60 | 0. 025 59 | 15. 246 96 | 0. 065 59 |
| 25 | 2. 665 84 | 0. 375 12 | 41. 645 91 | 0. 024 01 | 15. 622 08 | 0. 064 01 |
| 26 | 2. 772 47 | 0. 360 69 | 44. 311 74 | 0. 022 57 | 15. 982 77 | 0. 062 57 |
| 27 | 2. 883 37 | 0. 346 82 | 47. 084 21 | 0. 021 24 | 16. 329 59 | 0. 061 24 |
| 28 | 2. 998 70 | 0. 333 48 | 49. 967 58 | 0. 020 01 | 16. 663 06 | 0. 060 01 |
| 29 | 3. 118 65 | 0. 320 65 | 52. 966 29 | 0. 018 88 | 16. 983 71 | 0. 058 88 |
| 30 | 3. 243 40 | 0. 308 32 | 56. 084 94 | 0. 017 83 | 17. 292 03 | 0. 057 83 |
| 31 | 3. 373 13 | 0. 296 46 | 59. 328 34 | 0. 016 86 | 17. 588 49 | 0. 056 86 |
| 32 | 3. 508 06 | 0. 285 06 | 62. 701 47 | 0. 015 95 | 17. 873 55 | 0. 055 95 |
| 33 | 3. 648 38 | 0. 274 09 | 66. 209 53 | 0. 015 10 | 18. 147 65 | 0. 055 10 |
| 34 | 3. 794 32 | 0. 263 55 | 69. 857 91 | 0. 014 31 | 18. 411 20 | 0. 054 31 |
| 35 | 3. 946 09 | 0. 253 42 | 73. 652 22 | 0. 013 58 | 18. 664 61 | 0. 053 58 |

## 表A-3 复利系数表（$i$=5%）

| 年份 | 一次支付 | | 等额支付 | | | |
|---|---|---|---|---|---|---|
| | 终值系数 | 现值系数 | 终值系数 | 偿债基金系数 | 现值系数 | 资金回收系数 |
| $n$ | $(F/P, i, n)$ | $(P/F, i, n)$ | $(F/A, i, n)$ | $(A/F, i, n)$ | $(P/A, i, n)$ | $(A/P, i, n)$ |
| 1 | 1.050 00 | 0.952 38 | 1.000 00 | 1.000 00 | 0.952 38 | 1.050 00 |
| 2 | 1.102 50 | 0.907 03 | 2.050 00 | 0.487 80 | 1.859 41 | 0.537 80 |
| 3 | 1.157 63 | 0.863 84 | 3.152 50 | 0.317 21 | 2.723 25 | 0.367 21 |
| 4 | 1.215 51 | 0.822 70 | 4.310 13 | 0.232 01 | 3.545 95 | 0.282 01 |
| 5 | 1.276 28 | 0.783 53 | 5.525 63 | 0.180 97 | 4.329 48 | 0.230 97 |
| 6 | 1.340 10 | 0.746 22 | 6.801 91 | 0.147 02 | 5.075 69 | 0.197 02 |
| 7 | 1.407 10 | 0.710 68 | 8.142 01 | 0.122 82 | 5.786 37 | 0.172 82 |
| 8 | 1.477 46 | 0.676 84 | 9.549 11 | 0.104 72 | 6.463 21 | 0.154 72 |
| 9 | 1.551 33 | 0.644 61 | 11.026 56 | 0.090 69 | 7.107 82 | 0.140 69 |
| 10 | 1.628 89 | 0.613 91 | 12.577 89 | 0.079 50 | 7.721 73 | 0.129 50 |
| 11 | 1.710 34 | 0.584 68 | 14.206 79 | 0.070 39 | 8.306 41 | 0.120 39 |
| 12 | 1.795 86 | 0.556 84 | 15.917 13 | 0.062 83 | 8.863 25 | 0.112 83 |
| 13 | 1.885 65 | 0.530 32 | 17.712 98 | 0.056 46 | 9.393 57 | 0.106 46 |
| 14 | 1.979 93 | 0.505 07 | 19.598 63 | 0.051 02 | 9.898 64 | 0.101 02 |
| 15 | 2.078 93 | 0.481 02 | 21.578 56 | 0.046 34 | 10.379 66 | 0.096 34 |
| 16 | 2.182 87 | 0.458 11 | 23.657 49 | 0.042 27 | 10.837 77 | 0.092 27 |
| 17 | 2.292 02 | 0.436 30 | 25.840 37 | 0.038 70 | 11.274 07 | 0.088 70 |
| 18 | 2.406 62 | 0.415 52 | 28.132 38 | 0.035 55 | 11.689 59 | 0.085 55 |
| 19 | 2.526 95 | 0.395 73 | 30.539 00 | 0.032 75 | 12.085 32 | 0.082 75 |
| 20 | 2.653 30 | 0.376 89 | 33.065 95 | 0.030 24 | 12.462 21 | 0.080 24 |
| 21 | 2.785 96 | 0.358 94 | 35.719 25 | 0.028 00 | 12.821 15 | 0.078 00 |
| 22 | 2.925 26 | 0.341 85 | 38.505 21 | 0.025 97 | 13.163 00 | 0.075 97 |
| 23 | 3.071 52 | 0.325 57 | 41.430 48 | 0.024 14 | 13.488 57 | 0.074 14 |
| 24 | 3.225 10 | 0.310 07 | 44.502 00 | 0.022 47 | 13.798 64 | 0.072 47 |
| 25 | 3.386 35 | 0.295 30 | 47.727 10 | 0.020 95 | 14.093 94 | 0.070 95 |
| 26 | 3.555 67 | 0.281 24 | 51.113 45 | 0.019 56 | 14.375 19 | 0.069 56 |
| 27 | 3.733 46 | 0.267 85 | 54.669 13 | 0.018 29 | 14.643 03 | 0.068 29 |
| 28 | 3.920 13 | 0.255 09 | 58.402 58 | 0.017 12 | 14.898 13 | 0.067 12 |
| 29 | 4.116 14 | 0.242 95 | 62.322 71 | 0.016 05 | 15.141 07 | 0.066 05 |
| 30 | 4.321 94 | 0.231 38 | 66.438 85 | 0.015 05 | 15.372 45 | 0.065 05 |
| 31 | 4.538 04 | 0.220 36 | 70.760 79 | 0.014 13 | 15.592 81 | 0.064 13 |
| 32 | 4.764 94 | 0.209 87 | 75.298 83 | 0.013 28 | 15.802 68 | 0.063 28 |
| 33 | 5.003 19 | 0.199 87 | 80.063 77 | 0.012 49 | 16.002 55 | 0.062 49 |
| 34 | 5.253 35 | 0.190 35 | 85.066 96 | 0.011 76 | 16.192 90 | 0.061 76 |
| 35 | 5.516 02 | 0.181 29 | 90.320 31 | 0.011 07 | 16.374 19 | 0.061 07 |

**表 A-4　复利系数表（$i$=6%）**

| 年份 | 一次支付 | | 等额支付 | | | |
|---|---|---|---|---|---|---|
| | 终值系数 | 现值系数 | 终值系数 | 偿债基金系数 | 现值系数 | 资金回收系数 |
| $n$ | $(F/P, i, n)$ | $(P/F, i, n)$ | $(F/A, i, n)$ | $(A/F, i, n)$ | $(P/A, i, n)$ | $(A/P, i, n)$ |
| 1 | 1. 060 00 | 0. 943 40 | 1. 000 00 | 1. 000 00 | 0. 943 40 | 1. 060 00 |
| 2 | 1. 123 60 | 0. 890 00 | 2. 060 00 | 0. 485 44 | 1. 833 39 | 0. 545 44 |
| 3 | 1. 191 02 | 0. 839 62 | 3. 183 60 | 0. 314 11 | 2. 673 01 | 0. 374 11 |
| 4 | 1. 262 48 | 0. 792 09 | 4. 374 62 | 0. 228 59 | 3. 465 11 | 0. 288 59 |
| 5 | 1. 338 23 | 0. 747 26 | 5. 637 09 | 0. 177 40 | 4. 212 36 | 0. 237 40 |
| 6 | 1. 418 52 | 0. 704 96 | 6. 975 32 | 0. 143 36 | 4. 917 32 | 0. 203 36 |
| 7 | 1. 503 63 | 0. 665 06 | 8. 393 84 | 0. 119 14 | 5. 582 38 | 0. 179 14 |
| 8 | 1. 593 85 | 0. 627 41 | 9. 897 47 | 0. 101 04 | 6. 209 79 | 0. 161 04 |
| 9 | 1. 689 48 | 0. 591 90 | 11. 491 32 | 0. 087 02 | 6. 801 69 | 0. 147 02 |
| 10 | 1. 790 85 | 0. 558 39 | 13. 180 79 | 0. 075 87 | 7. 360 09 | 0. 135 87 |
| 11 | 1. 898 30 | 0. 526 79 | 14. 971 64 | 0. 066 79 | 7. 886 87 | 0. 126 79 |
| 12 | 2. 012 20 | 0. 496 97 | 16. 869 94 | 0. 059 28 | 8. 383 84 | 0. 119 28 |
| 13 | 2. 132 93 | 0. 468 84 | 18. 882 14 | 0. 052 96 | 8. 852 68 | 0. 112 96 |
| 14 | 2. 260 90 | 0. 442 30 | 21. 015 07 | 0. 047 58 | 9. 294 98 | 0. 107 58 |
| 15 | 2. 396 56 | 0. 417 27 | 23. 275 97 | 0. 042 96 | 9. 712 25 | 0. 102 96 |
| 16 | 2. 540 35 | 0. 393 65 | 25. 672 53 | 0. 038 95 | 10. 105 90 | 0. 098 95 |
| 17 | 2. 692 77 | 0. 371 36 | 28. 212 88 | 0. 035 44 | 10. 477 26 | 0. 095 44 |
| 18 | 2. 854 34 | 0. 350 34 | 30. 905 65 | 0. 032 36 | 10. 827 60 | 0. 092 36 |
| 19 | 3. 025 60 | 0. 330 51 | 33. 759 99 | 0. 029 62 | 11. 158 12 | 0. 089 62 |
| 20 | 3. 207 14 | 0. 311 80 | 36. 785 59 | 0. 027 18 | 11. 469 92 | 0. 087 18 |
| 21 | 3. 399 56 | 0. 294 16 | 39. 992 73 | 0. 025 00 | 11. 764 08 | 0. 085 00 |
| 22 | 3. 603 54 | 0. 277 51 | 43. 392 29 | 0. 023 05 | 12. 041 58 | 0. 083 05 |
| 23 | 3. 819 75 | 0. 261 80 | 46. 995 83 | 0. 021 28 | 12. 303 38 | 0. 081 28 |
| 24 | 4. 048 93 | 0. 246 98 | 50. 815 58 | 0. 019 68 | 12. 550 36 | 0. 079 68 |
| 25 | 4. 291 87 | 0. 233 00 | 54. 864 51 | 0. 018 23 | 12. 783 36 | 0. 078 23 |
| 26 | 4. 549 38 | 0. 219 81 | 59. 156 38 | 0. 016 90 | 13. 003 17 | 0. 076 90 |
| 27 | 4. 822 35 | 0. 207 37 | 63. 705 77 | 0. 015 70 | 13. 210 53 | 0. 075 70 |
| 28 | 5. 111 69 | 0. 195 63 | 68. 528 11 | 0. 014 59 | 13. 406 16 | 0. 074 59 |
| 29 | 5. 418 39 | 0. 184 56 | 73. 639 80 | 0. 013 58 | 13. 590 72 | 0. 073 58 |
| 30 | 5. 743 49 | 0. 174 11 | 79. 058 19 | 0. 012 65 | 13. 764 83 | 0. 072 65 |
| 31 | 6. 088 10 | 0. 164 25 | 84. 801 68 | 0. 011 79 | 13. 929 09 | 0. 071 79 |
| 32 | 6. 453 39 | 0. 154 96 | 90. 889 78 | 0. 011 00 | 14. 084 04 | 0. 071 00 |
| 33 | 6. 840 59 | 0. 146 19 | 97. 343 16 | 0. 010 27 | 14. 230 23 | 0. 070 27 |
| 34 | 7. 251 03 | 0. 137 91 | 104. 183 75 | 0. 009 60 | 14. 368 14 | 0. 069 60 |
| 35 | 7. 686 09 | 0. 130 11 | 111. 434 78 | 0. 008 97 | 14. 498 25 | 0. 068 97 |

**表 A-5　复利系数表（$i$=7%）**

| 年份 | 一次支付 | | 等额支付 | | | |
|---|---|---|---|---|---|---|
| | 终值系数 | 现值系数 | 终值系数 | 偿债基金系数 | 现值系数 | 资金回收系数 |
| $n$ | $(F/P, i, n)$ | $(P/F, i, n)$ | $(F/A, i, n)$ | $(A/F, i, n)$ | $(P/A, i, n)$ | $(A/P, i, n)$ |
| 1 | 1. 070 00 | 0. 934 58 | 1. 000 00 | 1. 000 00 | 0. 934 58 | 1. 070 00 |
| 2 | 1. 144 90 | 0. 873 44 | 2. 070 00 | 0. 483 09 | 1. 808 02 | 0. 553 09 |
| 3 | 1. 225 04 | 0. 816 30 | 3. 214 90 | 0. 311 05 | 2. 624 32 | 0. 381 05 |
| 4 | 1. 310 80 | 0. 762 90 | 4. 439 94 | 0. 225 23 | 3. 387 21 | 0. 295 23 |
| 5 | 1. 402 55 | 0. 712 99 | 5. 750 74 | 0. 173 89 | 4. 100 20 | 0. 243 89 |
| 6 | 1. 500 73 | 0. 666 34 | 7. 153 29 | 0. 139 80 | 4. 766 54 | 0. 209 80 |
| 7 | 1. 605 78 | 0. 622 75 | 8. 654 02 | 0. 115 55 | 5. 389 29 | 0. 185 55 |
| 8 | 1. 718 19 | 0. 582 01 | 10. 259 80 | 0. 097 47 | 5. 971 30 | 0. 167 47 |
| 9 | 1. 838 46 | 0. 543 93 | 11. 977 99 | 0. 083 49 | 6. 515 23 | 0. 153 49 |
| 10 | 1. 967 15 | 0. 508 35 | 13. 816 45 | 0. 072 38 | 7. 023 58 | 0. 142 38 |
| 11 | 2. 104 85 | 0. 475 09 | 15. 783 60 | 0. 063 36 | 7. 498 67 | 0. 133 36 |
| 12 | 2. 252 19 | 0. 444 01 | 17. 888 45 | 0. 055 90 | 7. 942 69 | 0. 125 90 |
| 13 | 2. 409 85 | 0. 414 96 | 20. 140 64 | 0. 049 65 | 8. 357 65 | 0. 119 65 |
| 14 | 2. 578 53 | 0. 387 82 | 22. 550 49 | 0. 044 34 | 8. 745 47 | 0. 114 34 |
| 15 | 2. 759 03 | 0. 362 45 | 25. 129 02 | 0. 039 79 | 9. 107 91 | 0. 109 79 |
| 16 | 2. 952 16 | 0. 338 73 | 27. 888 05 | 0. 035 86 | 9. 446 65 | 0. 105 86 |
| 17 | 3. 158 82 | 0. 316 57 | 30. 840 22 | 0. 032 43 | 9. 763 22 | 0. 102 43 |
| 18 | 3. 379 93 | 0. 295 86 | 33. 999 03 | 0. 029 41 | 10. 059 09 | 0. 099 41 |
| 19 | 3. 616 53 | 0. 276 51 | 37. 378 96 | 0. 026 75 | 10. 335 60 | 0. 096 75 |
| 20 | 3. 869 68 | 0. 258 42 | 40. 995 49 | 0. 024 39 | 10. 594 01 | 0. 094 39 |
| 21 | 4. 140 56 | 0. 241 51 | 44. 865 18 | 0. 022 29 | 10. 835 53 | 0. 092 29 |
| 22 | 4. 430 40 | 0. 225 71 | 49. 005 74 | 0. 020 41 | 11. 061 24 | 0. 090 41 |
| 23 | 4. 740 53 | 0. 210 95 | 53. 436 14 | 0. 018 71 | 11. 272 19 | 0. 088 71 |
| 24 | 5. 072 37 | 0. 197 15 | 58. 176 67 | 0. 017 19 | 11. 469 33 | 0. 087 19 |
| 25 | 5. 427 43 | 0. 184 25 | 63. 249 04 | 0. 015 81 | 11. 653 58 | 0. 085 81 |
| 26 | 5. 807 35 | 0. 172 20 | 68. 676 47 | 0. 014 56 | 11. 825 78 | 0. 084 56 |
| 27 | 6. 213 87 | 0. 160 93 | 74. 483 82 | 0. 013 43 | 11. 986 71 | 0. 083 43 |
| 28 | 6. 648 84 | 0. 150 40 | 80. 697 69 | 0. 012 39 | 12. 137 11 | 0. 082 39 |
| 29 | 7. 114 26 | 0. 140 56 | 87. 346 53 | 0. 011 45 | 12. 277 67 | 0. 081 45 |
| 30 | 7. 612 26 | 0. 131 37 | 94. 460 79 | 0. 010 59 | 12. 409 04 | 0. 080 59 |
| 31 | 8. 145 11 | 0. 122 77 | 102. 073 04 | 0. 009 80 | 12. 531 81 | 0. 079 80 |
| 32 | 8. 715 27 | 0. 114 74 | 110. 218 15 | 0. 009 07 | 12. 646 56 | 0. 079 07 |
| 33 | 9. 325 34 | 0. 107 23 | 118. 933 43 | 0. 008 41 | 12. 753 79 | 0. 078 41 |
| 34 | 9. 978 11 | 0. 100 22 | 128. 258 76 | 0. 007 80 | 12. 854 01 | 0. 077 80 |
| 35 | 10. 676 58 | 0. 093 66 | 138. 236 88 | 0. 007 23 | 12. 947 67 | 0. 077 23 |

表 A-6 复利系数表（$i=8\%$）

| 年份 | 一次支付 | | 等额支付 | | | |
|---|---|---|---|---|---|---|
| | 终值系数 | 现值系数 | 终值系数 | 偿债基金系数 | 现值系数 | 资金回收系数 |
| $n$ | $(F/P, i, n)$ | $(P/F, i, n)$ | $(F/A, i, n)$ | $(A/F, i, n)$ | $(P/A, i, n)$ | $(A/P, i, n)$ |
| 1 | 1. 080 00 | 0. 925 93 | 1. 000 00 | 1. 000 00 | 0. 925 93 | 1. 080 00 |
| 2 | 1. 166 40 | 0. 857 34 | 2. 080 00 | 0. 480 77 | 1. 783 26 | 0. 560 77 |
| 3 | 1. 259 71 | 0. 793 83 | 3. 246 40 | 0. 308 03 | 2. 577 10 | 0. 388 03 |
| 4 | 1. 360 49 | 0. 735 03 | 4. 506 11 | 0. 221 92 | 3. 312 13 | 0. 301 92 |
| 5 | 1. 469 33 | 0. 680 58 | 5. 866 60 | 0. 170 46 | 3. 992 71 | 0. 250 46 |
| 6 | 1. 586 87 | 0. 630 17 | 7. 335 93 | 0. 136 32 | 4. 622 88 | 0. 216 32 |
| 7 | 1. 713 82 | 0. 583 49 | 8. 922 80 | 0. 112 07 | 5. 206 37 | 0. 192 07 |
| 8 | 1. 850 93 | 0. 540 27 | 10. 636 63 | 0. 094 01 | 5. 746 64 | 0. 174 01 |
| 9 | 1. 999 00 | 0. 500 25 | 12. 487 56 | 0. 080 08 | 6. 246 89 | 0. 160 08 |
| 10 | 2. 158 92 | 0. 463 19 | 14. 486 56 | 0. 069 03 | 6. 710 08 | 0. 149 03 |
| 11 | 2. 331 64 | 0. 428 88 | 16. 645 49 | 0. 060 08 | 7. 138 96 | 0. 140 08 |
| 12 | 2. 518 17 | 0. 397 11 | 18. 977 13 | 0. 052 70 | 7. 536 08 | 0. 132 70 |
| 13 | 2. 719 62 | 0. 367 70 | 21. 495 30 | 0. 046 52 | 7. 903 78 | 0. 126 52 |
| 14 | 2. 937 19 | 0. 340 46 | 24. 214 92 | 0. 041 30 | 8. 244 24 | 0. 121 30 |
| 15 | 3. 172 17 | 0. 315 24 | 27. 152 11 | 0. 036 83 | 8. 559 48 | 0. 116 83 |
| 16 | 3. 425 94 | 0. 291 89 | 30. 324 28 | 0. 032 98 | 8. 851 37 | 0. 112 98 |
| 17 | 3. 700 02 | 0. 270 27 | 33. 750 23 | 0. 029 63 | 9. 121 64 | 0. 109 63 |
| 18 | 3. 996 02 | 0. 250 25 | 37. 450 24 | 0. 026 70 | 9. 371 89 | 0. 106 70 |
| 19 | 4. 315 70 | 0. 231 71 | 41. 446 26 | 0. 024 13 | 9. 603 60 | 0. 104 13 |
| 20 | 4. 660 96 | 0. 214 55 | 45. 761 96 | 0. 021 85 | 9. 818 15 | 0. 101 85 |
| 21 | 5. 033 83 | 0. 198 66 | 50. 422 92 | 0. 019 83 | 10. 016 80 | 0. 099 83 |
| 22 | 5. 436 54 | 0. 183 94 | 55. 456 76 | 0. 018 03 | 10. 200 74 | 0. 098 03 |
| 23 | 5. 871 46 | 0. 170 32 | 60. 893 30 | 0. 016 42 | 10. 371 06 | 0. 096 42 |
| 24 | 6. 341 18 | 0. 157 70 | 66. 764 76 | 0. 014 98 | 10. 528 76 | 0. 094 98 |
| 25 | 6. 848 48 | 0. 146 02 | 73. 105 94 | 0. 013 68 | 10. 674 78 | 0. 093 68 |
| 26 | 7. 396 35 | 0. 135 20 | 79. 954 42 | 0. 012 51 | 10. 809 98 | 0. 092 51 |
| 27 | 7. 988 06 | 0. 125 19 | 87. 350 77 | 0. 011 45 | 10. 935 16 | 0. 091 45 |
| 28 | 8. 627 11 | 0. 115 91 | 95. 338 83 | 0. 010 49 | 11. 051 08 | 0. 090 49 |
| 29 | 9. 317 27 | 0. 107 33 | 103. 965 94 | 0. 009 62 | 11. 158 41 | 0. 089 62 |
| 30 | 10. 062 66 | 0. 099 38 | 113. 283 21 | 0. 008 83 | 11. 257 78 | 0. 088 83 |
| 31 | 10. 867 67 | 0. 092 02 | 123. 345 87 | 0. 008 11 | 11. 349 80 | 0. 088 11 |
| 32 | 11. 737 08 | 0. 085 20 | 134. 213 54 | 0. 007 45 | 11. 435 00 | 0. 087 45 |
| 33 | 12. 676 05 | 0. 078 89 | 145. 950 62 | 0. 006 85 | 11. 513 89 | 0. 086 85 |
| 34 | 13. 690 13 | 0. 073 05 | 158. 626 67 | 0. 006 30 | 11. 586 93 | 0. 086 30 |
| 35 | 14. 785 34 | 0. 067 63 | 172. 316 80 | 0. 005 80 | 11. 654 57 | 0. 085 80 |

表 A-7　复利系数表（$i=10\%$）

| 年份 | 一次支付 | | 等额支付 | | | |
|---|---|---|---|---|---|---|
| | 终值系数 | 现值系数 | 终值系数 | 偿债基金系数 | 现值系数 | 资金回收系数 |
| $n$ | $(F/P, i, n)$ | $(P/F, i, n)$ | $(F/A, i, n)$ | $(A/F, i, n)$ | $(P/A, i, n)$ | $(A/P, i, n)$ |
| 1 | 1. 100 00 | 0. 909 09 | 1. 000 00 | 1. 000 00 | 0. 909 09 | 1. 100 00 |
| 2 | 1. 210 00 | 0. 826 45 | 2. 100 00 | 0. 476 19 | 1. 735 54 | 0. 576 19 |
| 3 | 1. 331 00 | 0. 751 31 | 3. 310 00 | 0. 302 11 | 2. 486 85 | 0. 402 11 |
| 4 | 1. 464 10 | 0. 683 01 | 4. 641 00 | 0. 215 47 | 3. 169 87 | 0. 315 47 |
| 5 | 1. 610 51 | 0. 620 92 | 6. 105 10 | 0. 163 80 | 3. 790 79 | 0. 263 80 |
| 6 | 1. 771 56 | 0. 564 47 | 7. 715 61 | 0. 129 61 | 4. 355 26 | 0. 229 61 |
| 7 | 1. 948 72 | 0. 513 16 | 9. 487 17 | 0. 105 41 | 4. 868 42 | 0. 205 41 |
| 8 | 2. 143 59 | 0. 466 51 | 11. 435 89 | 0. 087 44 | 5. 334 93 | 0. 187 44 |
| 9 | 2. 357 95 | 0. 424 10 | 13. 579 48 | 0. 073 64 | 5. 759 02 | 0. 173 64 |
| 10 | 2. 593 74 | 0. 385 54 | 15. 937 42 | 0. 062 75 | 6. 144 57 | 0. 162 75 |
| 11 | 2. 853 12 | 0. 350 49 | 18. 531 17 | 0. 053 96 | 6. 495 06 | 0. 153 96 |
| 12 | 3. 138 43 | 0. 318 63 | 21. 384 28 | 0. 046 76 | 6. 813 69 | 0. 146 76 |
| 13 | 3. 452 27 | 0. 289 66 | 24. 522 71 | 0. 040 78 | 7. 103 36 | 0. 140 78 |
| 14 | 3. 797 50 | 0. 263 33 | 27. 974 98 | 0. 035 75 | 7. 366 69 | 0. 135 75 |
| 15 | 4. 177 25 | 0. 239 39 | 31. 772 48 | 0. 031 47 | 7. 606 08 | 0. 131 47 |
| 16 | 4. 594 97 | 0. 217 63 | 35. 949 73 | 0. 027 82 | 7. 823 71 | 0. 127 82 |
| 17 | 5. 054 47 | 0. 197 84 | 40. 544 70 | 0. 024 66 | 8. 021 55 | 0. 124 66 |
| 18 | 5. 559 92 | 0. 179 86 | 45. 599 17 | 0. 021 93 | 8. 201 41 | 0. 121 93 |
| 19 | 6. 115 91 | 0. 163 51 | 51. 159 09 | 0. 019 55 | 8. 364 92 | 0. 119 55 |
| 20 | 6. 727 50 | 0. 148 64 | 57. 275 00 | 0. 017 46 | 8. 513 56 | 0. 117 46 |
| 21 | 7. 400 25 | 0. 135 13 | 64. 002 50 | 0. 015 62 | 8. 648 69 | 0. 115 62 |
| 22 | 8. 140 27 | 0. 122 85 | 71. 402 75 | 0. 014 01 | 8. 771 54 | 0. 114 01 |
| 23 | 8. 954 30 | 0. 111 68 | 79. 543 02 | 0. 012 57 | 8. 883 22 | 0. 112 57 |
| 24 | 9. 849 73 | 0. 101 53 | 88. 497 33 | 0. 011 30 | 8. 984 74 | 0. 111 30 |
| 25 | 10. 834 71 | 0. 092 30 | 98. 347 06 | 0. 010 17 | 9. 077 04 | 0. 110 17 |
| 26 | 11. 918 18 | 0. 083 91 | 109. 181 77 | 0. 009 16 | 9. 160 95 | 0. 109 16 |
| 27 | 13. 109 99 | 0. 076 28 | 121. 099 94 | 0. 008 26 | 9. 237 22 | 0. 108 26 |
| 28 | 14. 420 99 | 0. 069 34 | 134. 209 94 | 0. 007 45 | 9. 306 57 | 0. 107 45 |
| 29 | 15. 863 09 | 0. 063 04 | 148. 630 93 | 0. 006 73 | 9. 369 61 | 0. 106 73 |
| 30 | 17. 449 40 | 0. 057 31 | 164. 494 02 | 0. 006 08 | 9. 426 91 | 0. 106 08 |
| 31 | 19. 194 34 | 0. 052 10 | 181. 943 42 | 0. 005 50 | 9. 479 01 | 0. 105 50 |
| 32 | 21. 113 78 | 0. 047 36 | 201. 137 77 | 0. 004 97 | 9. 526 38 | 0. 104 97 |
| 33 | 23. 225 15 | 0. 043 06 | 222. 251 54 | 0. 004 50 | 9. 569 43 | 0. 104 50 |
| 34 | 25. 547 67 | 0. 039 14 | 245. 476 70 | 0. 004 07 | 9. 608 57 | 0. 104 07 |
| 35 | 28. 102 44 | 0. 035 58 | 271. 024 37 | 0. 003 69 | 9. 644 16 | 0. 103 69 |

**表 A-8　复利系数表（$i$=12%）**

| 年份 | 一次支付 | | 等额支付 | | | |
|---|---|---|---|---|---|---|
| | 终值系数 | 现值系数 | 终值系数 | 偿债基金系数 | 现值系数 | 资金回收系数 |
| $n$ | ($F/P$, $i$, $n$) | ($P/F$, $i$, $n$) | ($F/A$, $i$, $n$) | ($A/F$, $i$, $n$) | ($P/A$, $i$, $n$) | ($A/P$, $i$, $n$) |
| 1 | 1. 120 00 | 0. 892 86 | 1. 000 00 | 1. 000 00 | 0. 892 86 | 1. 120 00 |
| 2 | 1. 254 40 | 0. 797 19 | 2. 120 00 | 0. 471 70 | 1. 690 05 | 0. 591 70 |
| 3 | 1. 404 93 | 0. 711 78 | 3. 374 40 | 0. 296 35 | 2. 401 83 | 0. 416 35 |
| 4 | 1. 573 52 | 0. 635 52 | 4. 779 33 | 0. 209 23 | 3. 037 35 | 0. 329 23 |
| 5 | 1. 762 34 | 0. 567 43 | 6. 352 85 | 0. 157 41 | 3. 604 78 | 0. 277 41 |
| 6 | 1. 973 82 | 0. 506 63 | 8. 115 19 | 0. 123 23 | 4. 111 41 | 0. 243 23 |
| 7 | 2. 210 68 | 0. 452 35 | 10. 089 01 | 0. 099 12 | 4. 563 76 | 0. 219 12 |
| 8 | 2. 475 96 | 0. 403 88 | 12. 299 69 | 0. 081 30 | 4. 967 64 | 0. 201 30 |
| 9 | 2. 773 08 | 0. 360 61 | 14. 775 66 | 0. 067 68 | 5. 328 25 | 0. 187 68 |
| 10 | 3. 105 85 | 0. 321 97 | 17. 548 74 | 0. 056 98 | 5. 650 22 | 0. 176 98 |
| 11 | 3. 478 55 | 0. 287 48 | 20. 654 58 | 0. 048 42 | 5. 937 70 | 0. 168 42 |
| 12 | 3. 895 98 | 0. 256 68 | 24. 133 13 | 0. 041 44 | 6. 194 37 | 0. 161 44 |
| 13 | 4. 363 49 | 0. 229 17 | 28. 029 11 | 0. 035 68 | 6. 423 55 | 0. 155 68 |
| 14 | 4. 887 11 | 0. 204 62 | 32. 392 60 | 0. 030 87 | 6. 628 17 | 0. 150 87 |
| 15 | 5. 473 57 | 0. 182 70 | 37. 279 71 | 0. 026 82 | 6. 810 86 | 0. 146 82 |
| 16 | 6. 130 39 | 0. 163 12 | 42. 753 28 | 0. 023 39 | 6. 973 99 | 0. 143 39 |
| 17 | 6. 866 04 | 0. 145 64 | 48. 883 67 | 0. 020 46 | 7. 119 63 | 0. 140 46 |
| 18 | 7. 689 97 | 0. 130 04 | 55. 749 71 | 0. 017 94 | 7. 249 67 | 0. 137 94 |
| 19 | 8. 612 76 | 0. 116 11 | 63. 439 68 | 0. 015 76 | 7. 365 78 | 0. 135 76 |
| 20 | 9. 646 29 | 0. 103 67 | 72. 052 44 | 0. 013 88 | 7. 469 44 | 0. 133 88 |
| 21 | 10. 803 85 | 0. 092 56 | 81. 698 74 | 0. 012 24 | 7. 562 00 | 0. 132 24 |
| 22 | 12. 100 31 | 0. 082 64 | 92. 502 58 | 0. 010 81 | 7. 644 65 | 0. 130 81 |
| 23 | 13. 552 35 | 0. 073 79 | 104. 602 89 | 0. 009 56 | 7. 718 43 | 0. 129 56 |
| 24 | 15. 178 63 | 0. 065 88 | 118. 155 24 | 0. 008 46 | 7. 784 32 | 0. 128 46 |
| 25 | 17. 000 06 | 0. 058 82 | 133. 33387 | 0. 007 50 | 7. 843 14 | 0. 127 50 |
| 26 | 19. 040 07 | 0. 052 52 | 150. 333 93 | 0. 006 65 | 7. 895 66 | 0. 126 65 |
| 27 | 21. 324 88 | 0. 046 89 | 169. 374 01 | 0. 005 90 | 7. 942 55 | 0. 125 90 |
| 28 | 23. 883 87 | 0. 041 87 | 190. 698 89 | 0. 005 24 | 7. 984 42 | 0. 125 24 |
| 29 | 26. 749 93 | 0. 037 38 | 214. 582 75 | 0. 004 66 | 8. 021 81 | 0. 124 66 |
| 30 | 29. 959 92 | 0. 033 38 | 241. 332 68 | 0. 004 14 | 8. 055 18 | 0. 124 14 |
| 31 | 33. 555 11 | 0. 029 80 | 271. 292 61 | 0. 003 69 | 8. 084 99 | 0. 123 69 |
| 32 | 37. 581 73 | 0. 026 61 | 304. 847 72 | 0. 003 28 | 8. 111 59 | 0. 123 28 |
| 33 | 42. 091 53 | 0. 023 76 | 342. 429 45 | 0. 002 92 | 8. 135 35 | 0. 122 92 |
| 34 | 47. 142 52 | 0. 021 21 | 384. 520 98 | 0. 002 60 | 8. 156 56 | 0. 122 60 |
| 35 | 52. 799 62 | 0. 018 94 | 431. 663 50 | 0. 002 32 | 8. 175 50 | 0. 122 32 |

表 A-9　复利系数表（$i=15\%$）

| 年份 | 一次支付 | | 等额支付 | | | |
|---|---|---|---|---|---|---|
| | 终值系数 | 现值系数 | 终值系数 | 偿债基金系数 | 现值系数 | 资金回收系数 |
| $n$ | $(F/P, i, n)$ | $(P/F, i, n)$ | $(F/A, i, n)$ | $(A/F, i, n)$ | $(P/A, i, n)$ | $(A/P, i, n)$ |
| 1 | 1.150 00 | 0.869 57 | 1.000 00 | 1.000 00 | 0.869 57 | 1.150 00 |
| 2 | 1.322 50 | 0.756 14 | 2.150 00 | 0.465 12 | 1.625 71 | 0.615 12 |
| 3 | 1.520 88 | 0.657 52 | 3.472 50 | 0.287 98 | 2.283 23 | 0.437 98 |
| 4 | 1.749 01 | 0.571 75 | 4.993 38 | 0.200 27 | 2.854 98 | 0.350 27 |
| 5 | 2.011 36 | 0.497 18 | 6.742 38 | 0.148 32 | 3.352 16 | 0.298 32 |
| 6 | 2.313 06 | 0.432 33 | 8.753 74 | 0.114 24 | 3.784 48 | 0.264 24 |
| 7 | 2.660 02 | 0.375 94 | 11.066 80 | 0.090 36 | 4.160 42 | 0.240 36 |
| 8 | 3.059 02 | 0.326 90 | 13.726 82 | 0.072 85 | 4.487 32 | 0.222 85 |
| 9 | 3.517 88 | 0.284 26 | 16.785 84 | 0.059 57 | 4.771 58 | 0.209 57 |
| 10 | 4.045 56 | 0.247 18 | 20.303 72 | 0.049 25 | 5.018 77 | 0.199 25 |
| 11 | 4.652 39 | 0.214 94 | 24.349 28 | 0.041 07 | 5.233 71 | 0.191 07 |
| 12 | 5.350 25 | 0.186 91 | 29.001 67 | 0.034 48 | 5.420 62 | 0.184 48 |
| 13 | 6.152 79 | 0.162 53 | 34.351 92 | 0.029 11 | 5.583 15 | 0.179 11 |
| 14 | 7.075 71 | 0.141 33 | 40.504 71 | 0.024 69 | 5.724 48 | 0.174 69 |
| 15 | 8.137 06 | 0.122 89 | 47.580 41 | 0.021 02 | 5.847 37 | 0.171 02 |
| 16 | 9.357 62 | 0.106 86 | 55.717 47 | 0.017 95 | 5.954 23 | 0.167 95 |
| 17 | 10.761 26 | 0.092 93 | 65.075 09 | 0.015 37 | 6.047 16 | 0.165 37 |
| 18 | 12.375 45 | 0.080 81 | 75.836 36 | 0.013 19 | 6.127 97 | 0.163 19 |
| 19 | 14.231 77 | 0.070 27 | 88.211 81 | 0.011 34 | 6.198 23 | 0.161 34 |
| 20 | 16.366 54 | 0.061 10 | 102.443 58 | 0.009 76 | 6.259 33 | 0.159 76 |
| 21 | 18.821 52 | 0.053 13 | 118.810 12 | 0.008 42 | 6.312 46 | 0.158 42 |
| 22 | 21.644 75 | 0.046 20 | 137.631 64 | 0.007 27 | 6.358 66 | 0.157 27 |
| 23 | 24.891 46 | 0.040 17 | 159.276 38 | 0.006 28 | 6.398 84 | 0.156 28 |
| 24 | 28.625 18 | 0.034 93 | 184.167 84 | 0.005 43 | 6.433 77 | 0.155 43 |
| 25 | 32.918 95 | 0.030 38 | 212.793 02 | 0.004 70 | 6.464 15 | 0.154 70 |
| 26 | 37.856 80 | 0.026 42 | 245.711 97 | 0.004 07 | 6.490 56 | 0.154 07 |
| 27 | 43.535 31 | 0.022 97 | 283.568 77 | 0.003 53 | 6.513 53 | 0.153 53 |
| 28 | 50.065 61 | 0.019 97 | 327.104 08 | 0.003 06 | 6.533 51 | 0.153 06 |
| 29 | 57.575 45 | 0.017 37 | 377.169 69 | 0.002 65 | 6.550 88 | 0.152 65 |
| 30 | 66.211 77 | 0.015 10 | 434.745 15 | 0.002 30 | 6.565 98 | 0.152 30 |
| 31 | 76.143 54 | 0.013 13 | 500.956 92 | 0.002 00 | 6.579 11 | 0.152 00 |
| 32 | 87.565 07 | 0.011 42 | 577.100 46 | 0.001 73 | 6.590 53 | 0.151 73 |
| 33 | 100.699 83 | 0.009 93 | 664.665 52 | 0.001 50 | 6.600 46 | 0.151 50 |
| 34 | 115.804 80 | 0.008 64 | 765.365 35 | 0.001 31 | 6.609 10 | 0.151 31 |
| 35 | 133.175 52 | 0.007 51 | 881.170 16 | 0.001 13 | 6.616 61 | 0.151 13 |

**表 A-10　复利系数表（$i=18\%$）**

| 年份 | 一次支付 | | 等额支付 | | | |
|---|---|---|---|---|---|---|
| | 终值系数 | 现值系数 | 终值系数 | 偿债基金系数 | 现值系数 | 资金回收系数 |
| $n$ | $(F/P, i, n)$ | $(P/F, i, n)$ | $(F/A, i, n)$ | $(A/F, i, n)$ | $(P/A, i, n)$ | $(A/P, i, n)$ |
| 1 | 1. 180 00 | 0. 847 46 | 1. 000 00 | 1. 000 00 | 0. 847 46 | 1. 180 00 |
| 2 | 1. 392 40 | 0. 718 18 | 2. 180 00 | 0. 458 72 | 1. 565 64 | 0. 638 72 |
| 3 | 1. 643 03 | 0. 608 63 | 3. 572 40 | 0. 279 92 | 2. 174 27 | 0. 459 92 |
| 4 | 1. 938 78 | 0. 515 79 | 5. 215 43 | 0. 191 74 | 2. 690 06 | 0. 371 74 |
| 5 | 2. 287 76 | 0. 437 11 | 7. 154 21 | 0. 139 78 | 3. 127 17 | 0. 319 78 |
| 6 | 2. 699 55 | 0. 370 43 | 9. 441 97 | 0. 105 91 | 3. 497 60 | 0. 285 91 |
| 7 | 3. 185 47 | 0. 313 93 | 12. 141 52 | 0. 082 36 | 3. 811 53 | 0. 262 36 |
| 8 | 3. 758 86 | 0. 266 04 | 15. 327 00 | 0. 065 24 | 4. 077 57 | 0. 245 24 |
| 9 | 4. 435 45 | 0. 225 46 | 19. 085 85 | 0. 052 39 | 4. 303 02 | 0. 232 39 |
| 10 | 5. 233 84 | 0. 191 06 | 23. 521 31 | 0. 042 51 | 4. 494 09 | 0. 222 51 |
| 11 | 6. 175 93 | 0. 161 92 | 28. 755 14 | 0. 034 78 | 4. 656 01 | 0. 214 78 |
| 12 | 7. 287 59 | 0. 137 22 | 34. 931 07 | 0. 028 63 | 4. 793 22 | 0. 208 63 |
| 13 | 8. 599 36 | 0. 116 29 | 42. 218 66 | 0. 023 69 | 4. 909 51 | 0. 203 69 |
| 14 | 10. 147 24 | 0. 098 55 | 50. 818 02 | 0. 019 68 | 5. 008 06 | 0. 199 68 |
| 15 | 11. 973 75 | 0. 083 52 | 60. 965 27 | 0. 016 40 | 5. 091 58 | 0. 196 40 |
| 16 | 14. 129 02 | 0. 070 78 | 72. 939 01 | 0. 013 71 | 5. 162 35 | 0. 193 71 |
| 17 | 16. 672 25 | 0. 059 98 | 87. 068 04 | 0. 011 49 | 5. 222 33 | 0. 191 49 |
| 18 | 19. 673 25 | 0. 050 83 | 103. 740 28 | 0. 009 64 | 5. 273 16 | 0. 189 64 |
| 19 | 23. 214 44 | 0. 043 08 | 123. 413 53 | 0. 008 10 | 5. 316 24 | 0. 188 10 |
| 20 | 27. 393 03 | 0. 036 51 | 146. 627 97 | 0. 006 82 | 5. 352 75 | 0. 186 82 |
| 21 | 32. 323 78 | 0. 030 94 | 174. 021 00 | 0. 005 75 | 5. 383 68 | 0. 185 75 |
| 22 | 38. 142 06 | 0. 026 22 | 206. 344 79 | 0. 004 85 | 5. 409 90 | 0. 184 85 |
| 23 | 45. 007 63 | 0. 022 22 | 244. 486 85 | 0. 004 09 | 5. 432 12 | 0. 184 09 |
| 24 | 53. 109 01 | 0. 018 83 | 289. 494 48 | 0. 003 45 | 5. 450 95 | 0. 183 45 |
| 25 | 62. 668 63 | 0. 015 96 | 342. 603 49 | 0. 002 92 | 5. 466 91 | 0. 182 92 |
| 26 | 73. 948 98 | 0. 013 52 | 405. 272 11 | 0. 002 47 | 5. 480 43 | 0. 182 47 |
| 27 | 87. 259 80 | 0. 011 46 | 479. 221 09 | 0. 002 09 | 5. 491 89 | 0. 182 09 |
| 28 | 102. 966 56 | 0. 009 71 | 566. 480 89 | 0. 001 77 | 5. 501 60 | 0. 181 77 |
| 29 | 121. 500 54 | 0. 008 23 | 669. 447 45 | 0. 001 49 | 5. 509 83 | 0. 181 49 |
| 30 | 143. 370 64 | 0. 006 97 | 790. 947 99 | 0. 001 26 | 5. 516 81 | 0. 181 26 |
| 31 | 169. 177 35 | 0. 005 91 | 934. 318 63 | 0. 001 07 | 5. 522 72 | 0. 181 07 |
| 32 | 199. 629 28 | 0. 005 01 | 1 103. 495 98 | 0. 000 91 | 5. 527 73 | 0. 180 91 |
| 33 | 235. 562 55 | 0. 004 25 | 1 303. 125 26 | 0. 000 77 | 5. 531 97 | 0. 180 77 |
| 34 | 277. 963 81 | 0. 003 60 | 1 538. 687 81 | 0. 000 65 | 5. 535 57 | 0. 180 65 |
| 35 | 327. 997 29 | 0. 003 05 | 1 816. 651 61 | 0. 000 55 | 5. 538 62 | 0. 180 55 |

**表 A-11　复利系数表（$i$=20%）**

| 年份 | 一次支付 | | 等额支付 | | | |
|---|---|---|---|---|---|---|
| | 终值系数 | 现值系数 | 终值系数 | 偿债基金系数 | 现值系数 | 资金回收系数 |
| $n$ | ($F/P$, $i$, $n$) | ($P/F$, $i$, $n$) | ($F/A$, $i$, $n$) | ($A/F$, $i$, $n$) | ($P/A$, $i$, $n$) | ($A/P$, $i$, $n$) |
| 1 | 1. 200 00 | 0. 833 33 | 1. 000 00 | 1. 000 00 | 0. 833 33 | 1. 200 00 |
| 2 | 1. 440 00 | 0. 694 44 | 2. 200 00 | 0. 454 55 | 1. 527 78 | 0. 654 55 |
| 3 | 1. 728 00 | 0. 578 70 | 3. 640 00 | 0. 274 73 | 2. 106 48 | 0. 474 73 |
| 4 | 2. 073 60 | 0. 482 25 | 5. 368 00 | 0. 186 29 | 2. 588 73 | 0. 386 29 |
| 5 | 2. 488 32 | 0. 401 88 | 7. 441 60 | 0. 134 38 | 2. 990 61 | 0. 334 38 |
| 6 | 2. 985 98 | 0. 334 90 | 9. 929 92 | 0. 100 71 | 3. 325 51 | 0. 300 71 |
| 7 | 3. 583 18 | 0. 279 08 | 12. 915 90 | 0. 077 42 | 3. 604 59 | 0. 277 42 |
| 8 | 4. 299 82 | 0. 232 57 | 16. 499 08 | 0. 060 61 | 3. 837 16 | 0. 260 61 |
| 9 | 5. 159 78 | 0. 193 81 | 20. 798 90 | 0. 048 08 | 4. 030 97 | 0. 248 08 |
| 10 | 6. 191 74 | 0. 161 51 | 25. 958 68 | 0. 038 52 | 4. 192 47 | 0. 238 52 |
| 11 | 7. 430 08 | 0. 134 59 | 32. 150 42 | 0. 031 10 | 4. 327 06 | 0. 231 10 |
| 12 | 8. 916 10 | 0. 112 16 | 39. 580 50 | 0. 025 26 | 4. 439 22 | 0. 225 26 |
| 13 | 10. 699 32 | 0. 093 46 | 48. 496 60 | 0. 020 62 | 4. 532 68 | 0. 220 62 |
| 14 | 12. 839 18 | 0. 077 89 | 59. 195 92 | 0. 016 89 | 4. 610 57 | 0. 216 89 |
| 15 | 15. 407 02 | 0. 064 91 | 72. 035 11 | 0. 013 88 | 4. 675 47 | 0. 213 88 |
| 16 | 18. 488 43 | 0. 054 09 | 87. 442 13 | 0. 011 44 | 4. 729 56 | 0. 211 44 |
| 17 | 22. 186 11 | 0. 045 07 | 105. 930 56 | 0. 009 44 | 4. 774 63 | 0. 209 44 |
| 18 | 26. 623 33 | 0. 037 56 | 128. 116 67 | 0. 007 81 | 4. 812 19 | 0. 207 81 |
| 19 | 31. 948 00 | 0. 031 30 | 154. 740 00 | 0. 006 46 | 4. 843 50 | 0. 206 46 |
| 20 | 38. 337 60 | 0. 026 08 | 186. 688 00 | 0. 005 36 | 4. 869 58 | 0. 205 36 |
| 21 | 46. 005 12 | 0. 021 74 | 225. 025 60 | 0. 004 44 | 4. 891 32 | 0. 204 44 |
| 22 | 55. 206 14 | 0. 018 11 | 271. 030 72 | 0. 003 69 | 4. 909 43 | 0. 203 69 |
| 23 | 66. 247 37 | 0. 015 09 | 326. 236 86 | 0. 003 07 | 4. 924 53 | 0. 203 07 |
| 24 | 79. 496 85 | 0. 012 58 | 392. 484 24 | 0. 002 55 | 4. 937 10 | 0. 202 55 |
| 25 | 95. 396 22 | 0. 010 48 | 471. 981 08 | 0. 002 12 | 4. 947 59 | 0. 202 12 |
| 26 | 114. 475 46 | 0. 008 74 | 567. 377 30 | 0. 001 76 | 4. 956 32 | 0. 201 76 |
| 27 | 137. 370 55 | 0. 007 28 | 681. 852 76 | 0. 001 47 | 4. 963 60 | 0. 201 47 |
| 28 | 164. 844 66 | 0. 006 07 | 819. 223 31 | 0. 001 22 | 4. 969 67 | 0. 201 22 |
| 29 | 197. 813 59 | 0. 005 06 | 984. 067 97 | 0. 001 02 | 4. 974 72 | 0. 201 02 |
| 30 | 237. 376 31 | 0. 004 21 | 1 181. 881 57 | 0. 000 85 | 4. 978 94 | 0. 200 85 |
| 31 | 284. 851 58 | 0. 003 51 | 1 419. 257 88 | 0. 000 70 | 4. 982 45 | 0. 200 70 |
| 32 | 341. 821 89 | 0. 002 93 | 1 704. 109 46 | 0. 000 59 | 4. 985 37 | 0. 200 59 |
| 33 | 410. 186 27 | 0. 002 44 | 2 045. 931 35 | 0. 000 49 | 4. 987 81 | 0. 200 49 |
| 34 | 492. 223 52 | 0. 002 03 | 2 456. 117 62 | 0. 000 41 | 4. 989 84 | 0. 200 41 |
| 35 | 590. 668 23 | 0. 001 69 | 2 948. 341 15 | 0. 000 34 | 4. 991 54 | 0. 200 34 |

表 A-12 复利系数表（$i=25\%$）

| 年份 | 一次支付 | | 等额支付 | | | |
|---|---|---|---|---|---|---|
| | 终值系数 | 现值系数 | 终值系数 | 偿债基金系数 | 现值系数 | 资金回收系数 |
| $n$ | $(F/P, i, n)$ | $(P/F, i, n)$ | $(F/A, i, n)$ | $(A/F, i, n)$ | $(P/A, i, n)$ | $(A/P, i, n)$ |
| 1 | 1. 250 00 | 0. 800 00 | 1. 000 00 | 1. 000 00 | 0. 800 00 | 1. 250 00 |
| 2 | 1. 562 50 | 0. 640 00 | 2. 250 00 | 0. 444 44 | 1. 440 00 | 0. 694 44 |
| 3 | 1. 953 13 | 0. 512 00 | 3. 812 50 | 0. 262 30 | 1. 952 00 | 0. 512 30 |
| 4 | 2. 441 41 | 0. 409 60 | 5. 765 63 | 0. 173 44 | 2. 361 60 | 0. 423 44 |
| 5 | 3. 051 76 | 0. 327 68 | 8. 207 03 | 0. 121 85 | 2. 689 28 | 0. 371 85 |
| 6 | 3. 814 70 | 0. 262 14 | 11. 258 79 | 0. 088 82 | 2. 951 42 | 0. 338 82 |
| 7 | 4. 768 37 | 0. 209 72 | 15. 073 49 | 0. 066 34 | 3. 161 14 | 0. 316 34 |
| 8 | 5. 960 46 | 0. 167 77 | 19. 841 86 | 0. 050 40 | 3. 328 91 | 0. 300 40 |
| 9 | 7. 450 58 | 0. 134 22 | 25. 802 32 | 0. 038 76 | 3. 463 13 | 0. 288 76 |
| 10 | 9. 313 23 | 0. 107 37 | 33. 252 90 | 0. 030 07 | 3. 570 50 | 0. 280 07 |
| 11 | 11. 641 53 | 0. 085 90 | 42. 566 13 | 0. 023 49 | 3. 656 40 | 0. 273 49 |
| 12 | 14. 551 92 | 0. 068 72 | 54. 207 66 | 0. 018 45 | 3. 725 12 | 0. 268 45 |
| 13 | 18. 189 89 | 0. 054 98 | 68. 759 58 | 0. 014 54 | 3. 780 10 | 0. 264 54 |
| 14 | 22. 737 37 | 0. 043 98 | 86. 949 47 | 0. 011 50 | 3. 824 08 | 0. 261 50 |
| 15 | 28. 421 71 | 0. 035 18 | 109. 686 84 | 0. 009 12 | 3. 859 26 | 0. 259 12 |
| 16 | 35. 527 14 | 0. 028 15 | 138. 108 55 | 0. 007 24 | 3. 887 41 | 0. 257 24 |
| 17 | 44. 408 92 | 0. 022 52 | 173. 635 68 | 0. 005 76 | 3. 909 93 | 0. 255 76 |
| 18 | 55. 511 15 | 0. 018 01 | 218. 044 60 | 0. 004 59 | 3. 927 94 | 0. 254 59 |
| 19 | 69. 388 94 | 0. 014 41 | 273. 555 76 | 0. 003 66 | 3. 942 35 | 0. 253 66 |
| 20 | 86. 736 17 | 0. 011 53 | 342. 944 70 | 0. 002 92 | 3. 953 88 | 0. 252 92 |
| 21 | 108. 420 22 | 0. 009 22 | 429. 680 87 | 0. 002 33 | 3. 963 11 | 0. 252 33 |
| 22 | 135. 525 27 | 0. 007 38 | 538. 101 09 | 0. 001 86 | 3. 970 49 | 0. 251 86 |
| 23 | 169. 406 59 | 0. 005 90 | 673. 626 36 | 0. 001 48 | 3. 976 39 | 0. 251 48 |
| 24 | 211. 758 24 | 0. 004 72 | 843. 032 95 | 0. 001 19 | 3. 981 11 | 0. 251 19 |
| 25 | 264. 697 80 | 0. 003 78 | 1 054. 791 18 | 0. 000 95 | 3. 984 89 | 0. 250 95 |
| 26 | 330. 872 25 | 0. 003 02 | 1 319. 488 98 | 0. 000 76 | 3. 987 91 | 0. 250 76 |
| 27 | 413. 590 31 | 0. 002 42 | 1 650. 361 23 | 0. 000 61 | 3. 990 33 | 0. 250 61 |
| 28 | 516. 987 88 | 0. 001 93 | 2 063. 951 53 | 0. 000 48 | 3. 992 26 | 0. 250 48 |
| 29 | 646. 234 85 | 0. 001 55 | 2 580. 939 41 | 0. 000 39 | 3. 993 81 | 0. 250 39 |
| 30 | 807. 793 57 | 0. 001 24 | 3 227. 174 27 | 0. 000 31 | 3. 995 05 | 0. 250 31 |
| 31 | 1 009. 741 96 | 0. 000 99 | 4 034. 967 83 | 0. 000 25 | 3. 996 04 | 0. 250 25 |
| 32 | 1 262. 177 45 | 0. 000 79 | 5 044. 709 79 | 0. 000 20 | 3. 996 83 | 0. 250 20 |
| 33 | 1 577. 721 81 | 0. 000 63 | 6 306. 887 24 | 0. 000 16 | 3. 997 46 | 0. 250 16 |
| 34 | 1 972. 152 26 | 0. 000 51 | 7 884. 609 05 | 0. 000 13 | 3. 997 97 | 0. 250 13 |
| 35 | 2 465. 190 33 | 0. 000 41 | 9 856. 761 32 | 0. 000 10 | 3. 998 38 | 0. 250 10 |

## 表 A-13　复利系数表（$i$=30%）

| 年份 | 一次支付 | | 等额支付 | | | |
|---|---|---|---|---|---|---|
| | 终值系数 | 现值系数 | 终值系数 | 偿债基金系数 | 现值系数 | 资金回收系数 |
| $n$ | ($F/P$, $i$, $n$) | ($P/F$, $i$, $n$) | ($F/A$, $i$, $n$) | ($A/F$, $i$, $n$) | ($P/A$, $i$, $n$) | ($A/P$, $i$, $n$) |
| 1 | 1. 300 00 | 0. 769 23 | 1. 000 00 | 1. 000 00 | 0. 769 23 | 1. 300 00 |
| 2 | 1. 690 00 | 0. 591 72 | 2. 300 00 | 0. 434 78 | 1. 360 95 | 0. 734 78 |
| 3 | 2. 197 00 | 0. 455 17 | 3. 990 00 | 0. 250 63 | 1. 816 11 | 0. 550 63 |
| 4 | 2. 856 10 | 0. 350 13 | 6. 187 00 | 0. 161 63 | 2. 166 24 | 0. 461 63 |
| 5 | 3. 712 93 | 0. 269 33 | 9. 043 10 | 0. 110 58 | 2. 435 57 | 0. 410 58 |
| 6 | 4. 826 81 | 0. 207 18 | 12. 756 03 | 0. 078 39 | 2. 642 75 | 0. 378 39 |
| 7 | 6. 274 85 | 0. 159 37 | 17. 582 84 | 0. 056 87 | 2. 802 11 | 0. 356 87 |
| 8 | 8. 157 31 | 0. 122 59 | 23. 857 69 | 0. 041 92 | 2. 924 70 | 0. 341 92 |
| 9 | 10. 604 50 | 0. 094 30 | 32. 015 00 | 0. 031 24 | 3. 019 00 | 0. 331 24 |
| 10 | 13. 785 85 | 0. 072 54 | 42. 619 50 | 0. 023 46 | 3. 091 54 | 0. 323 46 |
| 11 | 17. 921 60 | 0. 055 80 | 56. 405 35 | 0. 017 73 | 3. 147 34 | 0. 317 73 |
| 12 | 23. 298 09 | 0. 042 92 | 74. 326 95 | 0. 013 45 | 3. 190 26 | 0. 313 45 |
| 13 | 30. 287 51 | 0. 033 02 | 97. 625 04 | 0. 010 24 | 3. 223 28 | 0. 310 24 |
| 14 | 39. 373 76 | 0. 025 40 | 127. 912 55 | 0. 007 82 | 3. 248 67 | 0. 307 82 |
| 15 | 51. 185 89 | 0. 019 54 | 167. 286 31 | 0. 005 98 | 3. 268 21 | 0. 305 98 |
| 16 | 66. 541 66 | 0. 015 03 | 218. 472 20 | 0. 004 58 | 3. 283 24 | 0. 304 58 |
| 17 | 86. 504 16 | 0. 011 56 | 285. 013 86 | 0. 003 51 | 3. 294 80 | 0. 303 51 |
| 18 | 112. 455 41 | 0. 008 89 | 371. 518 02 | 0. 002 69 | 3. 303 69 | 0. 302 69 |
| 19 | 146. 192 03 | 0. 006 84 | 483. 973 43 | 0. 002 07 | 3. 310 53 | 0. 302 07 |
| 20 | 190. 049 64 | 0. 005 26 | 630. 165 46 | 0. 001 59 | 3. 315 79 | 0. 301 59 |
| 21 | 247. 064 53 | 0. 004 05 | 820. 215 10 | 0. 001 22 | 3. 319 84 | 0. 301 22 |
| 22 | 321. 183 89 | 0. 003 11 | 1 067. 279 63 | 0. 000 94 | 3. 322 96 | 0. 300 94 |
| 23 | 417. 539 05 | 0. 002 39 | 1 388. 463 51 | 0. 000 72 | 3. 325 35 | 0. 300 72 |
| 24 | 542. 800 77 | 0. 001 84 | 1 806. 002 57 | 0. 000 55 | 3. 327 19 | 0. 300 55 |
| 25 | 705. 641 00 | 0. 001 42 | 2 348. 803 34 | 0. 000 43 | 3. 328 61 | 0. 300 43 |
| 26 | 917. 333 30 | 0. 001 09 | 3 054. 444 34 | 0. 000 33 | 3. 329 70 | 0. 300 33 |
| 27 | 1 192. 533 29 | 0. 000 84 | 3 971. 777 64 | 0. 000 25 | 3. 330 54 | 0. 300 25 |
| 28 | 1 550. 293 28 | 0. 000 65 | 5 164. 310 93 | 0. 000 19 | 3. 331 18 | 0. 300 19 |
| 29 | 2 015. 381 26 | 0. 000 50 | 6 714. 604 21 | 0. 000 15 | 3. 331 68 | 0. 300 15 |
| 30 | 2 619. 995 64 | 0. 000 38 | 8 729. 985 48 | 0. 000 11 | 3. 332 06 | 0. 300 11 |
| 31 | 3 405. 994 34 | 0. 000 29 | 11 349. 981 12 | 0. 000 09 | 3. 332 35 | 0. 300 09 |
| 32 | 4 427. 792 64 | 0. 000 23 | 14 755. 975 46 | 0. 000 07 | 3. 332 58 | 0. 300 07 |
| 33 | 5 756. 130 43 | 0. 000 17 | 19 183. 768 10 | 0. 000 05 | 3. 332 75 | 0. 300 05 |
| 34 | 7 482. 969 56 | 0. 000 13 | 24 939. 898 53 | 0. 000 04 | 3. 332 89 | 0. 300 04 |
| 35 | 9 727. 860 43 | 0. 000 10 | 32 422. 868 08 | 0. 000 03 | 3. 332 99 | 0. 300 03 |

表 A-14　复利系数表（$i=35\%$）

| 年份 | 一次支付 | | 等额支付 | | | |
|---|---|---|---|---|---|---|
| | 终值系数 | 现值系数 | 终值系数 | 偿债基金系数 | 现值系数 | 资金回收系数 |
| $n$ | $(F/P, i, n)$ | $(P/F, i, n)$ | $(F/A, i, n)$ | $(A/F, i, n)$ | $(P/A, i, n)$ | $(A/P, i, n)$ |
| 1 | 1. 350 00 | 0. 740 74 | 1. 000 00 | 1. 000 00 | 0. 740 74 | 1. 350 00 |
| 2 | 1. 822 50 | 0. 548 70 | 2. 350 00 | 0. 425 53 | 1. 289 44 | 0. 775 53 |
| 3 | 2. 460 38 | 0. 406 44 | 4. 172 50 | 0. 239 66 | 1. 695 88 | 0. 589 66 |
| 4 | 3. 321 51 | 0. 301 07 | 6. 632 88 | 0. 150 76 | 1. 996 95 | 0. 500 76 |
| 5 | 4. 484 03 | 0. 223 01 | 9. 954 38 | 0. 100 46 | 2. 219 96 | 0. 450 46 |
| 6 | 6. 053 45 | 0. 165 20 | 14. 438 41 | 0. 069 26 | 2. 385 16 | 0. 419 26 |
| 7 | 8. 172 15 | 0. 122 37 | 20. 491 86 | 0. 048 80 | 2. 507 52 | 0. 398 80 |
| 8 | 11. 032 40 | 0. 090 64 | 28. 664 01 | 0. 034 89 | 2. 598 17 | 0. 384 89 |
| 9 | 14. 893 75 | 0. 067 14 | 39. 696 41 | 0. 025 19 | 2. 665 31 | 0. 375 19 |
| 10 | 20. 106 56 | 0. 049 74 | 54. 590 16 | 0. 018 32 | 2. 715 04 | 0. 368 32 |
| 11 | 27. 143 85 | 0. 036 84 | 74. 696 72 | 0. 013 39 | 2. 751 88 | 0. 363 39 |
| 12 | 36. 644 20 | 0. 027 29 | 101. 840 57 | 0. 009 82 | 2. 779 17 | 0. 359 82 |
| 13 | 49. 469 67 | 0. 020 21 | 138. 484 76 | 0. 007 22 | 2. 799 39 | 0. 357 22 |
| 14 | 66. 784 05 | 0. 014 97 | 187. 954 43 | 0. 005 32 | 2. 814 36 | 0. 355 32 |
| 15 | 90. 158 47 | 0. 011 09 | 254. 738 48 | 0. 003 93 | 2. 825 45 | 0. 353 93 |
| 16 | 121. 713 93 | 0. 008 22 | 344. 896 95 | 0. 002 90 | 2. 833 67 | 0. 352 90 |
| 17 | 164. 313 81 | 0. 006 09 | 466. 610 88 | 0. 002 14 | 2. 839 75 | 0. 352 14 |
| 18 | 221. 823 64 | 0. 004 51 | 630. 924 69 | 0. 001 58 | 2. 844 26 | 0. 351 58 |
| 19 | 299. 461 92 | 0. 003 34 | 852. 748 34 | 0. 001 17 | 2. 847 60 | 0. 351 17 |
| 20 | 404. 273 59 | 0. 002 47 | 1 152. 210 25 | 0. 000 87 | 2. 850 08 | 0. 350 87 |
| 21 | 545. 769 35 | 0. 001 83 | 1 556. 483 84 | 0. 000 64 | 2. 851 91 | 0. 350 64 |
| 22 | 736. 788 62 | 0. 001 36 | 2 102. 253 19 | 0. 000 48 | 2. 853 27 | 0. 350 48 |
| 23 | 994. 664 63 | 0. 001 01 | 2 839. 041 80 | 0. 000 35 | 2. 854 27 | 0. 350 35 |
| 24 | 1 342. 797 25 | 0. 000 74 | 3 833. 706 43 | 0. 000 26 | 2. 855 02 | 0. 350 26 |
| 25 | 1 812. 776 29 | 0. 000 55 | 5 176. 503 69 | 0. 000 19 | 2. 855 57 | 0. 350 19 |
| 26 | 2 447. 247 99 | 0. 000 41 | 6 989. 279 98 | 0. 000 14 | 2. 855 98 | 0. 350 14 |
| 27 | 3 303. 784 79 | 0. 000 30 | 9 436. 527 97 | 0. 000 11 | 2. 856 28 | 0. 350 11 |
| 28 | 4 460. 109 47 | 0. 000 22 | 12 740. 312 76 | 0. 000 08 | 2. 856 50 | 0. 350 08 |
| 29 | 6 021. 147 78 | 0. 000 17 | 17 200. 422 23 | 0. 000 06 | 2. 856 67 | 0. 350 06 |
| 30 | 8 128. 549 50 | 0. 000 12 | 23 221. 570 00 | 0. 000 04 | 2. 856 79 | 0. 350 04 |
| 31 | 10 973. 541 83 | 0. 000 09 | 31 350. 119 51 | 0. 000 03 | 2. 856 88 | 0. 350 03 |
| 32 | 14 814. 281 47 | 0. 000 07 | 42 323. 661 33 | 0. 000 02 | 2. 856 95 | 0. 350 02 |
| 33 | 19 999. 279 98 | 0. 000 05 | 57 137. 942 80 | 0. 000 02 | 2. 857 00 | 0. 350 02 |
| 34 | 26 999. 027 97 | 0. 000 04 | 77 137. 222 78 | 0. 000 01 | 2. 857 04 | 0. 350 01 |
| 35 | 36 448. 687 76 | 0. 000 03 | 104 136. 250 75 | 0. 000 01 | 2. 857 06 | 0. 350 01 |

表A-15　复利系数表（等差系列）

| 年份 | 等差系列（$i$=10%） | | |
|---|---|---|---|
| | 现值系数 | 终值系数 | 年金系数 |
| $n$ | ($P/G$, $i$, $n$) | ($F/G$, $i$, $n$) | ($A/G$, $i$, $n$) |
| 2 | 0.826 4 | 1.000 0 | 0.476 2 |
| 3 | 2.329 1 | 3.100 0 | 0.936 6 |
| 4 | 4.378 1 | 6.410 0 | 1.381 2 |
| 5 | 6.861 8 | 11.051 0 | 1.810 1 |
| 6 | 9.684 2 | 17.156 1 | 2.223 6 |
| 7 | 12.763 1 | 24.871 7 | 2.621 6 |
| 8 | 16.028 7 | 34.358 9 | 3.004 5 |
| 9 | 19.421 5 | 45.794 8 | 3.372 4 |
| 10 | 22.891 3 | 59.374 2 | 3.725 5 |
| 11 | 26.396 3 | 75.311 7 | 4.064 1 |
| 12 | 29.901 2 | 93.842 8 | 4.388 4 |
| 13 | 33.377 2 | 115.227 1 | 4.698 8 |
| 14 | 36.800 5 | 139.749 8 | 4.995 5 |
| 15 | 40.152 0 | 167.724 8 | 5.278 9 |
| 16 | 43.416 4 | 199.497 3 | 5.549 3 |
| 17 | 46.581 9 | 235.447 0 | 5.807 1 |
| 18 | 49.639 5 | 275.991 7 | 6.052 6 |
| 19 | 52.582 7 | 321.590 9 | 6.286 1 |
| 20 | 55.406 9 | 372.750 0 | 6.508 1 |
| 21 | 58.109 5 | 430.025 0 | 6.718 9 |
| 22 | 60.689 3 | 494.027 5 | 6.918 9 |
| 23 | 63.146 2 | 565.430 2 | 7.108 5 |
| 24 | 65.481 3 | 644.973 3 | 7.288 1 |
| 25 | 67.696 4 | 733.470 6 | 7.458 0 |
| 26 | 69.794 0 | 831.817 7 | 7.618 6 |
| 27 | 71.777 3 | 940.999 4 | 7.770 4 |
| 28 | 73.649 5 | 1 062.099 4 | 7.913 7 |
| 29 | 75.414 6 | 1 196.309 3 | 8.048 9 |
| 30 | 77.076 6 | 1 344.940 2 | 8.176 2 |
| 31 | 78.639 5 | 1 509.434 2 | 8.296 2 |
| 32 | 80.107 8 | 1 691.377 7 | 8.409 1 |
| 33 | 81.485 6 | 1 892.515 4 | 8.515 2 |
| 34 | 82.777 3 | 2 114.767 0 | 8.614 9 |
| 35 | 83.987 2 | 2 360.243 7 | 8.708 6 |

表 A-16 复利系数表（等差系列）

| 年份 | 等差系列（$i=12\%$） | | |
|---|---|---|---|
| | 现值系数 | 终值系数 | 年金系数 |
| $n$ | $(P/G, i, n)$ | $(F/G, i, n)$ | $(A/G, i, n)$ |
| 2 | 0.797 2 | 1.000 0 | 0.471 7 |
| 3 | 2.220 8 | 3.120 0 | 0.924 6 |
| 4 | 4.127 3 | 6.494 4 | 1.358 9 |
| 5 | 6.397 0 | 11.273 7 | 1.774 6 |
| 6 | 8.930 2 | 17.626 6 | 2.172 0 |
| 7 | 11.644 3 | 25.741 8 | 2.551 5 |
| 8 | 14.471 4 | 35.830 8 | 2.913 1 |
| 9 | 17.356 3 | 48.130 5 | 3.257 4 |
| 10 | 20.254 1 | 62.906 1 | 3.584 7 |
| 11 | 23.128 8 | 80.454 9 | 3.895 3 |
| 12 | 25.952 3 | 101.109 4 | 4.189 7 |
| 13 | 28.702 4 | 125.242 6 | 4.468 3 |
| 14 | 31.362 4 | 153.271 7 | 4.731 7 |
| 15 | 33.920 2 | 185.664 3 | 4.980 3 |
| 16 | 36.367 0 | 222.944 0 | 5.214 7 |
| 17 | 38.697 3 | 265.697 3 | 5.435 3 |
| 18 | 40.908 0 | 314.581 0 | 5.642 7 |
| 19 | 42.997 9 | 370.330 7 | 5.837 5 |
| 20 | 44.967 6 | 433.770 4 | 6.020 2 |
| 21 | 46.818 8 | 505.822 8 | 6.191 3 |
| 22 | 48.554 3 | 587.521 5 | 6.351 4 |
| 23 | 50.177 6 | 680.024 1 | 6.501 0 |
| 24 | 51.692 9 | 784.627 0 | 6.640 6 |
| 25 | 53.104 6 | 902.782 3 | 6.770 8 |
| 26 | 54.417 7 | 1 036.116 1 | 6.892 1 |
| 27 | 55.636 9 | 1 186.450 1 | 7.004 9 |
| 28 | 56.767 4 | 1 355.824 1 | 7.109 8 |
| 29 | 57.814 1 | 1 546.522 9 | 7.207 1 |
| 30 | 58.782 1 | 1 761.105 7 | 7.297 4 |
| 31 | 59.676 1 | 2 002.438 4 | 7.381 1 |
| 32 | 60.501 0 | 2 273.731 0 | 7.458 6 |
| 33 | 61.261 2 | 2 578.578 7 | 7.530 2 |
| 34 | 61.961 2 | 2 921.008 2 | 7.596 5 |
| 35 | 62.605 2 | 3 305.529 1 | 7.657 7 |

# 附录 B

# 标准正态分布表

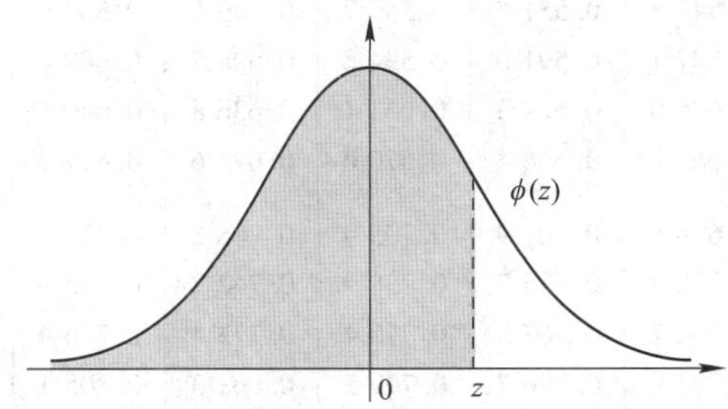


| Z | 0.00 | 0.01 | 0.02 | 0.03 | 0.04 | 0.05 | 0.06 | 0.07 | 0.08 | 0.09 |
|---|---|---|---|---|---|---|---|---|---|---|
| −3.0 | 0.001 3 | 0.001 3 | 0.001 3 | 0.001 2 | 0.001 2 | 0.001 1 | 0.001 1 | 0.001 1 | 0.001 0 | 0.001 0 |
| −2.9 | 0.001 9 | 0.001 8 | 0.001 8 | 0.001 7 | 0.001 6 | 0.001 6 | 0.001 5 | 0.001 5 | 0.001 4 | 0.001 4 |
| −2.8 | 0.002 6 | 0.002 5 | 0.002 4 | 0.002 3 | 0.002 3 | 0.002 2 | 0.002 1 | 0.002 1 | 0.002 0 | 0.001 9 |
| −2.7 | 0.003 5 | 0.003 4 | 0.003 3 | 0.003 2 | 0.003 1 | 0.003 0 | 0.002 9 | 0.002 8 | 0.002 7 | 0.002 6 |
| −2.6 | 0.004 7 | 0.004 5 | 0.004 4 | 0.004 3 | 0.004 1 | 0.004 0 | 0.003 9 | 0.003 8 | 0.003 7 | 0.003 6 |
| −2.5 | 0.006 2 | 0.006 0 | 0.005 9 | 0.005 7 | 0.005 5 | 0.005 4 | 0.005 2 | 0.005 1 | 0.004 9 | 0.004 8 |
| −2.4 | 0.008 2 | 0.008 0 | 0.007 8 | 0.007 5 | 0.007 3 | 0.007 1 | 0.006 9 | 0.006 8 | 0.006 6 | 0.006 4 |
| −2.3 | 0.010 7 | 0.010 4 | 0.010 2 | 0.009 9 | 0.009 6 | 0.009 4 | 0.009 1 | 0.008 9 | 0.008 7 | 0.008 4 |
| −2.2 | 0.013 9 | 0.013 6 | 0.013 2 | 0.012 9 | 0.012 5 | 0.012 2 | 0.011 9 | 0.011 6 | 0.011 3 | 0.011 0 |
| −2.1 | 0.017 9 | 0.017 4 | 0.017 0 | 0.016 6 | 0.016 2 | 0.015 8 | 0.015 4 | 0.015 0 | 0.014 6 | 0.014 3 |
| −2.0 | 0.022 8 | 0.022 2 | 0.021 7 | 0.021 2 | 0.020 7 | 0.020 2 | 0.019 7 | 0.019 2 | 0.018 8 | 0.018 3 |
| −1.9 | 0.028 7 | 0.028 1 | 0.027 4 | 0.026 8 | 0.026 2 | 0.025 6 | 0.025 0 | 0.024 4 | 0.023 9 | 0.023 3 |
| −1.8 | 0.035 9 | 0.035 1 | 0.034 4 | 0.033 6 | 0.032 9 | 0.032 2 | 0.031 4 | 0.030 7 | 0.030 1 | 0.029 4 |
| −1.7 | 0.044 6 | 0.043 6 | 0.042 7 | 0.041 8 | 0.040 9 | 0.040 1 | 0.039 2 | 0.038 4 | 0.037 5 | 0.036 7 |
| −1.6 | 0.054 8 | 0.053 7 | 0.052 6 | 0.051 6 | 0.050 5 | 0.049 5 | 0.048 5 | 0.047 5 | 0.046 5 | 0.045 5 |
| −1.5 | 0.066 8 | 0.065 5 | 0.064 3 | 0.063 0 | 0.061 8 | 0.060 6 | 0.059 4 | 0.058 2 | 0.057 1 | 0.055 9 |
| −1.4 | 0.080 8 | 0.079 3 | 0.077 8 | 0.076 4 | 0.074 9 | 0.073 5 | 0.072 1 | 0.070 8 | 0.069 4 | 0.068 1 |
| −1.3 | 0.096 8 | 0.095 1 | 0.093 4 | 0.091 8 | 0.090 1 | 0.088 5 | 0.086 9 | 0.085 3 | 0.083 8 | 0.082 3 |
| −1.2 | 0.115 1 | 0.113 1 | 0.111 2 | 0.109 3 | 0.107 5 | 0.105 6 | 0.103 8 | 0.102 0 | 0.100 3 | 0.098 5 |
| −1.1 | 0.135 7 | 0.133 5 | 0.131 4 | 0.129 2 | 0.127 1 | 0.125 1 | 0.123 0 | 0.121 0 | 0.119 0 | 0.117 0 |
| −1.0 | 0.158 7 | 0.156 2 | 0.153 9 | 0.151 5 | 0.149 2 | 0.146 9 | 0.144 6 | 0.142 3 | 0.140 1 | 0.137 9 |
| −0.9 | 0.184 1 | 0.181 4 | 0.178 8 | 0.176 2 | 0.173 6 | 0.171 1 | 0.168 5 | 0.166 0 | 0.163 5 | 0.161 1 |
| −0.8 | 0.211 9 | 0.209 0 | 0.206 1 | 0.203 3 | 0.200 5 | 0.197 7 | 0.194 9 | 0.192 2 | 0.189 4 | 0.186 7 |

续表

| Z | 0.00 | 0.01 | 0.02 | 0.03 | 0.04 | 0.05 | 0.06 | 0.07 | 0.08 | 0.09 |
|---|---|---|---|---|---|---|---|---|---|---|
| -0.7 | 0.242 0 | 0.238 9 | 0.235 8 | 0.232 7 | 0.229 6 | 0.226 6 | 0.223 6 | 0.220 6 | 0.217 7 | 0.214 8 |
| -0.6 | 0.274 3 | 0.270 9 | 0.267 6 | 0.264 3 | 0.261 1 | 0.257 8 | 0.254 6 | 0.251 4 | 0.248 3 | 0.245 1 |
| -0.5 | 0.308 5 | 0.305 0 | 0.301 5 | 0.298 1 | 0.294 6 | 0.291 2 | 0.287 7 | 0.284 3 | 0.281 0 | 0.277 6 |
| -0.4 | 0.344 6 | 0.340 9 | 0.337 2 | 0.333 6 | 0.330 0 | 0.326 4 | 0.322 8 | 0.319 2 | 0.315 6 | 0.312 1 |
| -0.3 | 0.382 1 | 0.378 3 | 0.374 5 | 0.370 7 | 0.366 9 | 0.363 2 | 0.359 4 | 0.355 7 | 0.352 0 | 0.348 3 |
| -0.2 | 0.420 7 | 0.416 8 | 0.412 9 | 0.409 0 | 0.405 2 | 0.401 3 | 0.397 4 | 0.393 6 | 0.389 7 | 0.385 9 |
| -0.1 | 0.460 2 | 0.456 2 | 0.452 2 | 0.448 3 | 0.444 3 | 0.440 4 | 0.436 4 | 0.432 5 | 0.428 6 | 0.424 7 |
| -0.0 | 0.500 0 | 0.496 0 | 0.492 0 | 0.488 0 | 0.484 0 | 0.480 1 | 0.476 1 | 0.472 1 | 0.468 1 | 0.464 1 |
| 0.0 | 0.500 0 | 0.504 0 | 0.508 0 | 0.512 0 | 0.516 0 | 0.519 9 | 0.523 9 | 0.527 9 | 0.531 9 | 0.535 9 |
| 0.1 | 0.539 8 | 0.543 8 | 0.547 8 | 0.551 7 | 0.555 7 | 0.559 6 | 0.563 6 | 0.567 5 | 0.571 4 | 0.575 3 |
| 0.2 | 0.579 3 | 0.583 2 | 0.587 1 | 0.591 0 | 0.594 8 | 0.598 7 | 0.602 6 | 0.606 4 | 0.610 3 | 0.614 1 |
| 0.3 | 0.617 9 | 0.621 7 | 0.625 5 | 0.629 3 | 0.633 1 | 0.636 8 | 0.640 6 | 0.644 3 | 0.648 0 | 0.651 7 |
| 0.4 | 0.655 4 | 0.659 1 | 0.662 8 | 0.666 4 | 0.670 0 | 0.673 6 | 0.677 2 | 0.680 8 | 0.684 4 | 0.687 9 |
| 0.5 | 0.691 5 | 0.695 0 | 0.698 5 | 0.701 9 | 0.705 4 | 0.708 8 | 0.712 3 | 0.715 7 | 0.719 0 | 0.722 4 |
| 0.6 | 0.725 7 | 0.729 1 | 0.732 4 | 0.735 7 | 0.738 9 | 0.742 2 | 0.745 4 | 0.748 6 | 0.751 7 | 0.754 9 |
| 0.7 | 0.758 0 | 0.761 1 | 0.764 2 | 0.767 3 | 0.770 4 | 0.773 4 | 0.776 4 | 0.779 4 | 0.782 3 | 0.785 2 |
| 0.8 | 0.788 1 | 0.791 0 | 0.793 9 | 0.796 7 | 0.799 5 | 0.802 3 | 0.805 1 | 0.807 8 | 0.810 6 | 0.813 3 |
| 0.9 | 0.815 9 | 0.818 6 | 0.821 2 | 0.823 8 | 0.826 4 | 0.828 9 | 0.831 5 | 0.834 0 | 0.836 5 | 0.838 9 |
| 1.0 | 0.841 3 | 0.843 8 | 0.846 1 | 0.848 5 | 0.850 8 | 0.853 1 | 0.855 4 | 0.857 7 | 0.859 9 | 0.862 1 |
| 1.1 | 0.864 3 | 0.866 5 | 0.868 6 | 0.870 8 | 0.872 9 | 0.874 9 | 0.877 0 | 0.879 0 | 0.881 0 | 0.883 0 |
| 1.2 | 0.884 9 | 0.886 9 | 0.888 8 | 0.890 7 | 0.892 5 | 0.894 4 | 0.896 2 | 0.898 0 | 0.899 7 | 0.901 5 |
| 1.3 | 0.903 2 | 0.904 9 | 0.906 6 | 0.908 2 | 0.909 9 | 0.911 5 | 0.913 1 | 0.914 7 | 0.916 2 | 0.917 7 |
| 1.4 | 0.919 2 | 0.920 7 | 0.922 2 | 0.923 6 | 0.925 1 | 0.926 5 | 0.927 9 | 0.929 2 | 0.930 6 | 0.931 9 |
| 1.5 | 0.933 2 | 0.934 5 | 0.935 7 | 0.937 0 | 0.938 2 | 0.939 4 | 0.940 6 | 0.941 8 | 0.942 9 | 0.944 1 |
| 1.6 | 0.945 2 | 0.946 3 | 0.947 4 | 0.948 4 | 0.949 5 | 0.950 5 | 0.951 5 | 0.952 5 | 0.953 5 | 0.954 5 |
| 1.7 | 0.955 4 | 0.956 4 | 0.957 3 | 0.958 2 | 0.959 1 | 0.959 9 | 0.960 8 | 0.961 6 | 0.962 5 | 0.963 3 |
| 1.8 | 0.964 1 | 0.964 9 | 0.965 6 | 0.966 4 | 0.967 1 | 0.967 8 | 0.968 6 | 0.969 3 | 0.969 9 | 0.970 6 |
| 1.9 | 0.971 3 | 0.971 9 | 0.972 6 | 0.973 2 | 0.973 8 | 0.974 4 | 0.975 0 | 0.975 6 | 0.976 1 | 0.976 7 |
| 2.0 | 0.977 2 | 0.977 8 | 0.978 3 | 0.978 8 | 0.979 3 | 0.979 8 | 0.980 3 | 0.980 8 | 0.981 2 | 0.981 7 |
| 2.1 | 0.982 1 | 0.982 6 | 0.983 0 | 0.983 4 | 0.983 8 | 0.984 2 | 0.984 6 | 0.985 0 | 0.985 4 | 0.985 7 |
| 2.2 | 0.986 1 | 0.986 4 | 0.986 8 | 0.987 1 | 0.987 5 | 0.987 8 | 0.988 1 | 0.988 4 | 0.988 7 | 0.989 0 |
| 2.3 | 0.989 3 | 0.989 6 | 0.989 8 | 0.990 1 | 0.990 4 | 0.990 6 | 0.990 9 | 0.991 1 | 0.991 3 | 0.991 6 |
| 2.4 | 0.991 8 | 0.992 0 | 0.992 2 | 0.992 5 | 0.992 7 | 0.992 9 | 0.993 1 | 0.993 2 | 0.993 4 | 0.993 6 |
| 2.5 | 0.993 8 | 0.994 0 | 0.994 1 | 0.994 3 | 0.994 5 | 0.994 6 | 0.994 8 | 0.994 9 | 0.995 1 | 0.995 2 |
| 2.6 | 0.995 3 | 0.995 5 | 0.995 6 | 0.995 7 | 0.995 9 | 0.996 0 | 0.996 1 | 0.996 2 | 0.996 3 | 0.996 4 |
| 2.7 | 0.996 5 | 0.996 6 | 0.996 7 | 0.996 8 | 0.996 9 | 0.997 0 | 0.997 1 | 0.997 2 | 0.997 3 | 0.997 4 |
| 2.8 | 0.997 4 | 0.997 5 | 0.997 6 | 0.997 7 | 0.997 7 | 0.997 8 | 0.997 9 | 0.997 9 | 0.998 0 | 0.998 1 |
| 2.9 | 0.998 1 | 0.998 2 | 0.998 2 | 0.998 3 | 0.998 4 | 0.998 4 | 0.998 5 | 0.998 5 | 0.998 6 | 0.998 6 |
| 3.0 | 0.998 7 | 0.998 7 | 0.998 7 | 0.998 8 | 0.998 8 | 0.998 9 | 0.998 9 | 0.998 9 | 0.999 0 | 0.999 0 |

# 附录 C

# 模拟试题

## 模拟试题一

**一、判断题（对的打“√”，错的打“×”，每题 1 分，共 10 分）**

1.（　　）在对多个计算期相等的互斥方案进行评价时，内部收益率最大的方案为最优方案。

2.（　　）非线性盈亏分析可能有几个盈亏平衡点。一般把最后出现的盈亏平衡点叫作盈利限制点。

3.（　　）财务分析和经济费用效益分析都是采用现行的市场价格或预测的市场价格。

4.（　　）$(F/A,\ i,\ n)\times(P/F,\ i,\ n)=(P/A,\ i,\ n)$。

5.（　　）公式 $A=P(A/P,\ i,\ n)$ 中的 $P$ 应发生在第一期等额支付时刻的同一期。

6.（　　）年金现值系数乘以资金回收系数之积为 1。

7.（　　）内部收益率假设项目所有的净收益按基准折现率再投资。

8.（　　）对于同一个方案来说，运用几种动态评价指标评价方案所得的结果是相同的。

9.（　　）净现值指数是指项目净现值与项目投资之比。

10.（　　）第Ⅱ种无形磨损是由于技术进步，出现效能更高的设备，使现有设备贬值（显得落后）。

**二、选择题（单选题或多选题，每小题 2 分，共 20 分）**

1. 被誉为“工程经济学之父”的人物是（　　）。

A. 里格斯　　B. 威灵顿　　C. 格兰特　　D. 布西

2. 在下述各项中，不构成现金流量的是（　　）。

A. 折旧　　B. 投资　　C. 经营成本　　D. 税金

3. 经营成本是指总成本费用中扣除（　　）以后的全部费用。

A. 折旧费　　B. 摊销费　　C. 税金及附加　　D. 利息支出

4. 公式 $A=F(A/F,\ i,\ n)$ 中的 $F$ 应发生在（　　）。

A. 第一期等额支付时刻的前一期　　B. 与最后一期等额支付时刻相同

C. 与第一期等额支付时刻相同　　　　D. 任意时期

5. 某人储备养老金，每年年末存款 1 000 元，已知银行存款年利率为 3%，20 年后他的养老金总数可以应用（　　）公式计算。

A. 等额支付终值　　　　B. 等额支付偿债基金

C. 等额支付现值　　　　D. 等额支付资本回收

6. 对同一个项目而言，其动态投资回收期（　　）静态投资回收期。

A. 等于　　B. 小于　　C. 大于　　D. 不能确定

7. 对某个特定的技术方案来说，（　　）可能是不存在的。

A. 内部收益率　　　　B. 净现值

C. 投资收益率　　　　D. 投资回收期

8. 若 A、B 两个互斥方案的净现值 $NPV_A > NPV_B$，则（　　）。

A. $IRR_A > IRR_B$　　　　B. $IRR_A = IRR_B$

C. $IRR_A < IRR_B$　　　　D. 不能确定 $IRR_A$ 与 $IRR_B$ 数值的关系

9. 下列（　　）属于第Ⅱ种有形磨损。

A. 市场上出现了生产效率更高的同种设备，使现有设备贬值

B. 设备金属部件在自然力作用下锈蚀

C. 由于摩擦造成设备精度下降

D. 在自然力作用下设备的橡胶件老化

E. 机器设备由于长期振动，造成部分金属构件疲劳

10. 某项目单因素敏感性分析图如图 C-1 所示，三个不确定因素Ⅰ、Ⅱ、Ⅲ，按敏感性由大到小的顺序排列为（　　）。

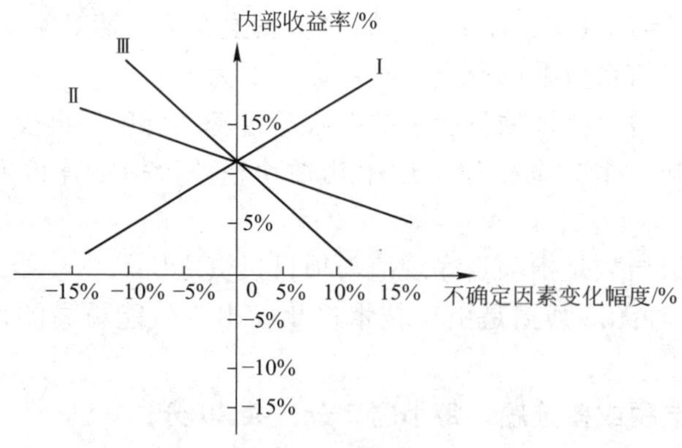


图 C-1　单因素敏感性分析图

A. Ⅱ－Ⅰ－Ⅲ　　　　B. Ⅱ－Ⅲ－Ⅰ

C. Ⅲ－Ⅰ－Ⅱ　　　　D. 以上都不对

**三、简答题（每题 8 分，共 16 分）**

1.（8 分）简要说明线性盈亏平衡分析的假设条件。

2.（8 分）简要说明财务评价中净现值法的优缺点。

## 四、计算题（共 54 分）

1.（14 分）某建设项目总投资 1 000 万元，建设期三年，现金流量见表 C-1（基准贴现率为 10%）。

表 C-1　现金流量表

单位：万元

| 年份 | 0 | 1 | 2 | 3 | 4 | 5 | 6 | 7～10 |
|---|---|---|---|---|---|---|---|---|
| 投资 | 300 | 500 | 200 | | | | | |
| 收益 | | | | 100 | 100 | 300 | 300 | 400 |

（1）计算项目的静态投资回收期（要求用现金流量表进行计算）？（5 分）（2）计算净现值？（6 分）（3）列出计算内部收益率的表达式（不求结果）。（3 分）

2.（9 分）两个互斥方案 A、B 的收益相同，但两方案的购置费、经营成本及寿命期不同。其中：A 方案的寿命期为 3 年，B 方案的寿命期为 8 年。A、B 方案的费用现金流量见表 C-2，试用年值法比较两个方案优劣（$i_c=10\%$）。

表 C-2　A、B 方案的现金流量表

单位：万元

| 年末 | 0 | 1～3 | 4～8 |
|---|---|---|---|
| A | 8 000 | 15 000 | |
| B | 40 000 | 10 000 | 10 000 |

3.（9 分）若你刚刚决定购买一套房子，需要借款 10 万元，一家银行向你提供抵押贷款，你可以在今后 30 年中分 360 次按月付清。如果年利率为 12%，你每月的付款额是多少？另一家银行向你提供 15 年的抵押贷款，每月支付 1 100 元。问：哪一家银行的贷款更有利？

4.（22 分）某房地产公司对某公寓项目的开发征集到若干设计方案，经筛选后对其中较为出色的四个设计方案作进一步的技术经济评价。有关专家决定从五个方面（分别以 $F_1$～$F_5$表示）对不同方案的功能进行评价，并对各功能的重要性达成以下共识：$F_2$和 $F_3$同样重要，$F_4$和 $F_5$同样重要，$F_1$相对于 $F_4$很重要，$F_1$相对于 $F_2$较重要；此后，各专家对四个设计方案的功能满足程度分别打分，其结果见表 C-3。根据造价工程师估算，A、B、C、D 四个设计方案的单方造价分别为 3 500 元/m$^2$、3 200 元/m$^2$、3 100 元/m$^2$、3 300 元/m$^2$。

表 C-3　四个设计方案功能得分

| 功能＼设计方案 | A | B | C | D |
|---|---|---|---|---|
| $F_1$ | 9 | 10 | 9 | 8 |
| $F_2$ | 10 | 10 | 8 | 9 |
| $F_3$ | 9 | 9 | 10 | 9 |
| $F_4$ | 8 | 8 | 8 | 7 |
| $F_5$ | 9 | 7 | 9 | 6 |

（1）计算各功能的权重。（6 分）

（2）运用价值指数法选择最佳设计方案计算指数的结果保留三位小数。（16 分）

# 模拟试题二

**一、判断题（对的打“√”，错的打“×”，每题1分，共10分）**

1.（　　）非线性盈亏分析可能有几个盈亏平衡点，一般把最后出现的盈亏平衡点叫作开关点。

2.（　　）线性盈亏平衡分析的前提之一是单位变动成本不变。

3.（　　）贷款的计息周期为月，月利率为1‰，则贷款的名义年利率为10%。

4.（　　）在对多个寿命期相同的互斥方案进行评价时，净年值最大的方案为最优。

5.（　　）在考虑资金时间价值的情况下，发生在不同时点的两笔数额相等的资金在价值上是不相等的。

6.（　　）$(A/F，i，n)+i=(A/P，i，n)$。

7.（　　）$(F/A，i，n)(P/F，i，n)=(A/P，i，n)$

8.（　　）同一时点上现金流入与现金流出之差为净现金流量。

9.（　　）财务分析和经济费用效益分析都是采用现行的市场价格或预测的市场价格。

10.（　　）用费用现值法对两个互斥方案进行比较时，只能比较方案的优劣，而不能用于判断方案是否可行。

**二、选择题（单选题或多选题，每小题2分，共20分）**

1. 最早研究工程经济问题的年代是（　　）。

A. 20世纪70年代　　B. 19世纪30年代

C. 20世纪20年代　　D. 19世纪80年代

2. 总成本中应不包括（　　）。

A. 折旧、摊销　　B. 利息支出

C. 所得税　　D. 经营成本

3. 新办企业的开办费用应计入（　　）。

A. 固定资产　　B. 流动资产

C. 无形资产　　D. 递延资产

4. 在$A$与$n$相等时，$(P/A，20\%，n)$和$(P/A，30\%，n)$这两者的大小为（　　）。

A. 前者比后者小　　B. 前者比后者大

C. 两者相等　　D. 不一定

5. 公式$A=P(A/P，i，n)$中的$P$应发生在（　　）。

A. 与第一期等额支付时刻相同　　B. 与最后一期等额支付时刻相同

C. 第一期等额支付时刻的前一期　　D. 任意时期

6. 某投资方案的基准收益率为10%，内部收益率为15%，则该方案（　　）。

A. 无法判断是否可行　　B. 该方案可行

C. 净现值小于零　　D. 该方案不可行

E. 净现值大于零

7. 生产性建设项目的市场需求量比盈亏平衡点产量大得越多，则项目（　　）。

A. 安全性越小　　　　　　　　　　　　B. 抗风险能力越小

C. 安全性越大　　　　　　　　　　　　D. 发生亏损的机会大

8.（　　）属于第Ⅱ种有形磨损。

A. 市场上出现了生产效率更高的同种设备，使现有设备贬值

B. 设备金属部件在自然力作用下锈蚀

C. 由于摩擦造成设备精度下降

D. 在自然力作用下设备的橡胶件老化

E. 机器设备由于长期振动，造成部分金属构件疲劳

9. 两个互斥方案寿命期不相等，投资额不同，求两方案的差额内部收益率可用的等式是（　　）。

A. 两方案的净现值相等　　　　　　　B. 两方案的净现值之差等于零

C. 两方案的净年值相等　　　　　　　D. 两方案的净年值之差等于零

10. 财务评价盈利能力分析的动态指标有（　　）。

A. 净现值　　　　　　　　　　　　　B. 投资利润率

C. 偿债备付率　　　　　　　　　　　D. 内部收益率

**三、简答题（共 20 分）**

1. 简述国民经济评价与财务评价的异同点。(12 分)

2. 敏感性分析的一般步骤是什么？衡量敏感性因素的指标有哪些？(8 分)

**四、计算题（共 50 分）**

1.（10 分）某一过河浮桥可使用 20 年，该浮桥的投资为 10 万元，每年年末支付日常维护费 1.5 万元；每 5 年中修一次，支付费用 4 万元；每 10 年大修一次，支付大修费用 8 万元。大修年无须进行中修，但中修、大修年需要进行日常维护。若基准收益率为 10%，该浮桥所需费用的现值是多少（请画出现金流量图）？

2.（12 分）某公司拟投资生产一种新产品，预计该产品的年销售收入 $S=610Q-3Q^2$（万元），固定成本为 60 000 万元，年总成本 $C=60\,000+110Q-2Q^2$（万元），试确定其盈亏平衡时的产量、利润最大时的产量及最大利润。

3.（15 分）有 5 个备选投资方案，各方案的净现金流量见表 C-4，这些方案之间的关系是：A 与 B 互斥，C 与 D 互斥，C、D 依存于 B，E 依存于 C。最低期望收益率为 10%。请列出所有可能的方案组合，并分别就资金限额为 60 万元与资金限额为 45 万元作出方案选择。

**表 C-4　各方案的净现金流量**　　　　单位：万元

| 年份 | 0 | 1～4 |
|---|---|---|
| 项目 A | 50 | 20 |
| 项目 B | 30 | 12 |
| 项目 C | 14 | 4 |
| 项目 D | 15 | 5 |
| 项目 E | 11 | 7 |

4.（13 分）某建设项目由业主经过设计竞赛的方式，选择了三种设计方案作为候选方案，各候选设计方案对比如下。

A 方案：结构方案为大柱网框架轻墙体系，采用预应力大跨度叠合楼板，墙体材料采用多孔砖及移动式可拆装式分室隔墙，窗户采用单框双玻璃塑钢窗，面积利用系数为 91%，单方造价为 5 500 元/m$^2$。

B 方案：结构方案采用框架剪力墙结构，面积利用系数为 86%，单方造价为 5 100 元/m$^2$。

C 方案：结构方案采用砖混结构体系，采用多孔预应力板，墙体材料采用标准黏土砖，窗户采用单玻璃空腹塑钢窗，面积利用系数为 82%，单方造价为 5 000 元/m$^2$。

各设计方案各功能的权重及各方案的功能得分见表 C-5。

**表 C-5　各设计方案各功能的权重及各方案的功能得分**

| 方案功能 | 功能权重 | 方案功能得分 | | |
| --- | --- | --- | --- | --- |
| | | A | B | C |
| 结构体系 | 0. 25 | 10 | 10 | 8 |
| 模板类型 | 0. 05 | 10 | 10 | 9 |
| 墙体材料 | 0. 25 | 8 | 9 | 7 |
| 面积系数 | 0. 35 | 9 | 8 | 7 |
| 窗户类型 | 0. 10 | 9 | 7 | 8 |

试运用价值工程原理选择最优设计方案计算指数的结果保留三位小数。

答案

# 参考文献

[1] 国家发展改革委，建设部. 建设项目经济评价方法与参数. 3版. 北京：中国计划出版社，2006.
[2] 建设部标准定额研究所. 建设项目经济评价案例. 北京：中国计划出版社，2006.
[3] 林晓言，王红梅. 技术经济学教程. 2版. 北京：经济管理出版社，2005.
[4] 王克强. Excel在工程技术经济学中的应用. 上海：上海财经大学出版社，2005.
[5] 张厚钧. 工程经济学. 北京：北京大学出版社，2009.
[6] 石勇民. 工程经济学. 北京：人民交通出版社，2008.
[7] 郭伟. 工程经济学. 北京：化学工业出版社，2011.
[8] 杜春艳. 工程经济学. 武汉：华中科技大学出版社，2007.
[9] 陆宁. 工程经济学. 北京：化学工业出版社，2008.
[10] 李明孝. 工程经济学. 北京：化学工业出版社，2011.
[11] 魏法杰，王玉灵，郑筠. 工程经济学. 北京：电子工业出版社，2010.
[12] 李相然. 工程经济学. 北京：中国电力出版社，2008.
[13] 刘新梅. 工程经济学. 北京：北京大学出版社，2009.
[14] 綦振平，温国锋. 工程经济学. 北京：机械工业出版社，2011.
[15] 胡珑瑛. 技术经济学. 哈尔滨：哈尔滨工业大学出版社，2004.
[16] 成其谦. 投资项目评价. 5版. 北京：中国人民大学出版社，2017.
[17] 邵颖红，黄渝祥，邢爱芳，等. 工程经济学. 4版. 上海：同济大学出版社，2009.
[18] 王永祥，陈进，李明. 工程项目经济分析. 北京：北京理工大学出版社，2011.
[19] 刘玉明. 工程经济学. 北京：清华大学出版社，2006.
[20] 高百宁，王凤科，郭新宝. 技术经济学. 北京：北京理工大学出版社，2006.
[21] 吴添祖. 技术经济学概论. 北京：高等教育出版社，2000.
[22] 刘晓君. 工程经济学. 3版. 北京：中国建筑工业出版社，2015.
[23] 石振武，张斌. 工程经济学. 北京：科学出版社，2009.
[24] 段力平，陈建. 实用技术经济学. 北京：高等教育出版社，2004.
[25] 武献华，石振武. 工程经济学. 北京：科学出版社，2006.
[26] 徐莉. 技术经济学. 武汉：武汉大学出版社，2003.
[27] 孙薇，李金颖. 技术经济学. 北京：机械工业出版社，2009.
[28] 杨克磊. 工程经济学. 上海：复旦大学出版社，2007.
[29] 蒋景楠，佘金凤，陆雷. 工程经济理论与实务. 上海：华东理工大学出版社，2008.
[30] 吴峰，叶锋. 工程经济学. 北京：机械工业出版社，2007.
[31] 洪跃. 工程经济学. 北京：化学工业出版社，2008.

[32] 周慧珍. 投资项目评估案例分析. 大连：东北财经大学出版社，2000.
[33] 武献华，宋维佳，屈哲. 工程经济学. 3 版. 大连：东北财经大学出版社，2011.
[34] 陈立文，陈敬武. 技术经济学概论. 北京：机械工业出版社，2009.
[35] 隽志才. 运输技术经济学. 4 版. 北京：人民交通出版社，2007.
[36] 刘秋华. 技术经济学. 2 版. 北京：机械工业出版社，2011.
[37] 技术经济学编写组. 技术经济学原理与实务. 北京：机械工业出版社，2009.
[38] 刘家顺，粟国敏. 技术经济学. 北京：机械工业出版社，2008.
[39] 李南. 工程经济学. 3 版. 北京：科学出版社，2009.
[40] 傅家骥，仝允桓. 工业技术经济学. 北京：清华大学出版社，1996.
[41] 谢海红，罗江浩，贾元华. 交通项目评估与管理. 北京：人民交通出版社，2009.
[42] 贾仁甫. 工程经济学. 南京：东南大学出版社，2010.
[43] 接建峰. 铁路建设项目经济评价算法与实例. 北京：中国铁道出版社，2001.
[44] 许晓峰，林晓言. 铁路建设项目经济评价理论与方法. 中国铁道出版社，2001.
[45] 杨青，胡艳，喻金田. 技术经济学. 武汉：武汉理工大学出版社，2003.
[46] 万君康，蔡希贤. 技术经济学. 武汉：华中理工大学出版社，1996.
[47] 汤炎非，杨青. 可行性研究与投资决策. 武汉：武汉大学出版社，1998.
[48] 孙怀玉. 实用价值工程教程. 北京：机械工业出版社，1999.
[49] 刘晓君，李玲燕. 技术经济学. 北京：科学出版社，2017.